Python

파이썬만으로 시작하는

1인 게임개발

파이썬만으로 시작하는
1인 게임 개발

PYTHON DE HAJIMERU GAME SEISAKU CHONYUMON
Copyright © 2023 Tsuyoshi Hirose
Korean translation rights arranged with Impress Corporation
through Japan UNI Agency, Inc., Tokyo and Lee&Lee Foreign Rights Agency, Gyeonggi-do

ISBN 978-89-314-8169-3

독자님의 의견을 받습니다.
이 책을 구입한 독자님은 영진닷컴의 가장 중요한 비평가이자 조언가입니다. 저희 책의 장점과 문제점이 무엇인지, 어떤 책이 출판되기를 바라는지, 책을 더욱 알차게 꾸밀 수 있는 아이디어가 있으면 이메일. 또는 우편으로 연락주시기 바랍니다. 의견을 주실 때에는 책 제목 및 독자님의 성함과 연락처(전화번호나 이메일)를 꼭 남겨 주시기 바랍니다. 독자님의 의견에 대해 바로 답변을 드리고, 또 독자님의 의견을 다음 책에 충분히 반영하도록 늘 노력하겠습니다.

이메일 : support@youngjin.com
주 소 : (우)08512 서울특별시 금천구 디지털로9길 32 갑을그레이트밸리 B동 1001호
등 록 : 2007. 4. 27. 제16-4189호
※ 파본이나 잘못된 도서는 구입처에서 교환 및 환불해드립니다.

STAFF
저자 히로세 츠요시 | **역자** 박동원 | **총괄** 김태경 | **진행** 현진영 | **디자인·편집** 곽은슬
영업 박준용, 임용수, 김도현, 이윤철 | **마케팅** 이승희, 김근주, 조민영, 김민지, 김진희, 이현아
제작 황장협 | **인쇄** 제이엠

Python

파이썬만으로 시작하는

1인 게임개발

히로세 츠요시 저 / 박동원 역

YoungJin.com Y.
영진닷컴

시작하며

이 책은 **프로 게임 제작자가 알기 쉽게 설명하는 게임 제작&프로그래밍 입문서**입니다.

게임을 제작하기 위해서는 프로그래밍이나 게임 제작 지식은 물론이고, 게임 알고리즘을 만들기 위한 수학 지식도 반드시 필요합니다. 그래서 **게임 제작이나 프로그래밍이 처음인** 분을 위해 이 책을 집필했습니다. Python이라는 배우기 쉬운 프로그래밍 언어를 이용해 게임을 만들면서 **프로그래밍의 기초 지식**, **게임 제작 방법**, 그리고 **게임 제작에 필요한 알고리즘이나 수학**을 알기 쉽게 배우는 내용을 담고 있습니다.

수학이라는 말이 나오자 마자 '어려워 보인다', '나는 못할 것 같다'고 생각하시는 분도 계실지 모르겠지만, 걱정하실 필요는 없습니다. 중학교나 고등학교에서 배우는 수학 중 게임 제작에 필요한 지식을 사용해서 간단하게 만들 수 있는 것부터 난계적으로 어려운 게임을 만들 수 있도록 하겠습니다. 그러기 위해서 이 책은 **수학을 싫어하시는 분들도 즐겁게 배우고 자연스럽게 이해할 수 있도록** 구성되어 있습니다.

또한 이 책은 **프로그래밍 입문서**로써 활용할 수 있습니다. 일본은 의무교육과 고등교육에서 프로그래밍이 필수가 되었습니다. 많은 대학에서도 프로그래밍이 필수 과목이 되었고, AI나 데이터 사이언스에 관한 지식을 문과, 이과 가리지 않고 모든 학생들에게 가르치는 대학들도 생겨나고 있습니다. 또한 사회인을 위한 프로그래밍 강좌도 인기를 끌고, 사원들에게 프로그래밍을 배우게 하여 사원들의 IT 지식을 상향평준화하려는 기업도 늘어나고 있습니다.

이런 시대에 **프로그래밍은 배울 가치가 있다는 사실**을 의심하는 사람을 없을 것입니다. 학생이라면 이 책을 보며 즐겁게 프로그래밍(혹은 알고리즘이나 수학)을 배울 수 있습니다. 사회인이라면 소프트웨어 개발에 널리 사용되는 Python의 지식이나 기술을 확실하게 배울 수 있습니다. 이 책을 전부 읽은 후 여러분의 실력은 확실하게 성장하게 될 것입니다.

히로세 츠요시 廣瀬 豪

이 책의 샘플 프로그램

이 책은 그래픽 소재 (일러스트 소재)를 사용해 게임을 제작합니다. 소재와 이 책에 게재된 프로그램은 다음 URL에서 다운로드할 수 있습니다.

https://github.com/Youngjin-com/PythonGameDev

다운로드한 파일은 zip으로 압축되어 있을 수 있습니다(PythonGameIntro.zip). 압축을 풀 수 있는 파일은 그림 A와 같이 폴더로 구성되어 있습니다. zip 파일 압축을 푸는 방법은 아래의 'zip 파일 압축을 푸는 방법'을 참고해 주시기 바랍니다.

Chapter1~8 및 AppendixA~B라는 폴더에 각 장에서 사용하는 소재와 이 책에 게재된 프로그램이 들어있습니다. 프로그래밍을 익히기 위해 프로그램은 python에 표준으로 부속된 통합 개발 환경 'IDLE'을 사용하여 스스로 입력하는 것을 추천합니다. 입력한 프로그램이 작동하지 않을 때는 다운로드한 프로그램과 비교하면서 입력을 실수하지 않았는지 확인해 봅시다.

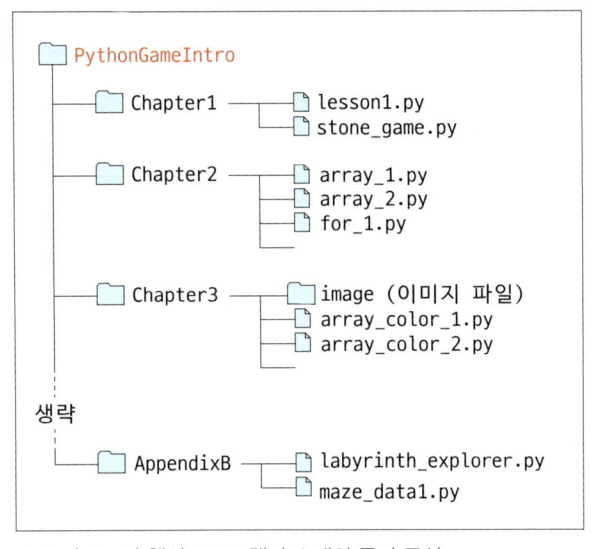

▲ 그림 A   이 책의 프로그램과 소재의 폴더 구성

● **Windows**

다운로드한 zip 파일 위에 마우스 커서를 올리고 오른쪽 클릭한 뒤 '압축 풀기'를 선택합니다. (그림 B) 압축을 푼 폴더는 사용하기 쉬운 위치(예를 들어 바탕화면)로 이동시킨 뒤 폴더 안을 확인합시다.

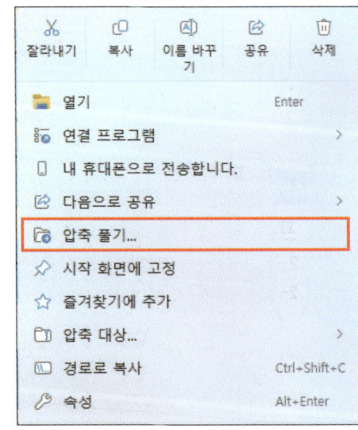

▶ 그림 B
Zip 파일 위에서 오른쪽 클릭한 뒤 '알아서 풀기'를 선택

● **Mac**

다운로드한 zip 파일은 자동으로 압축이 풀려 사용할 수 있습니다. 폴더는 사용하기 쉬운 위치(예를 들어 바탕화면)로 이동시킨 뒤 폴더 안을 확인합시다.

목차 contents

시작하며 ··· v
이 책의 샘플 프로그램 ·· vi
zip 파일의 압축을 푸는 방법 ····································· vii

CHAPTER 1

1장 게임 제작의 구조에 대해 알아보자 ····················· 001
　1-1 게임의 정체를 알아보자 ································· 002
　　(1) 컴퓨터 기기는 프로그램으로 움직인다 ················ 002
　　(2) 게임 내부는 어떻게 되어 있을까? ···················· 003
　　(3) 프로그램이란? ···································· 004
　　(4) 프로그램의 지시를 CPU가 이해한다 ·················· 005
　　(5) 컴퓨터의 기본 기능 '입력, 연산, 출력' ··············· 005
　　(6) 컴퓨터의 또 하나의 중요한 기능 – 기억 ············· 006
　1-2 게임 제작과 수학의 관계를 알아보자 ···················· 008
　　(1) 체력을 줄이거나 늘리는 변수 ······················ 008
　　(2) 적이 쫓아온다 – 물체는 어디에 있는가? (좌표) ········ 009
　　(3) 기꺼이 있을까? 밀리 있를까? – 게임 속에 펼쳐진 세계 (2차원 평면) ··· 010
　　(4) 수학의 다양한 지식을 활용하자 ····················· 010
　1-3 프로그래밍 준비 ······································ 011
　　(1) 확장자를 표시하자 ································· 011
　　(2) 작업 폴더를 만들자 ································· 013
　1-4 Python 설치 ··· 014
　　(1) Windows PC에 설치하는 방법 ······················ 014
　　(2) Mac에 설치하는 방법 ······························ 016
　1-5 IDLE을 사용해 보자 ① – 셸 윈도 ····················· 019
　　(1) IDLE이란? ·· 019
　　(2) IDLE을 실행해 보자 ································· 019
　　(3) IDLE로 계산이나 달력을 표시해 보자 ················ 020
　1-6 IDLE을 사용해 보자 ② – 에디터 윈도 ·················· 022
　　(1) 에디터 윈도 실행하기 ······························ 022
　　(2) 프로그램 입력하기 ································· 023
　　(3) 프로그램 저장하기 ································· 023
　　(4) 프로그램 실행하기 ································· 024
　　(5) 프로그램 입력 방법 정리 ··························· 024

CHAPTER 2

2장 프로그래밍 기초 지식 ································ 027
　2-1 이 장에서 배울 내용 ··································· 028
　2-2 입력과 출력 ··· 029
　　(1) 컴퓨터의 기본 기능 ································· 029
　　(2) print( ) 사용법 ···································· 029
　　(3) 계산식의 값을 출력하자 ··························· 030
　　(4) input( ) 사용법 ···································· 030
　　(5) 주석 ··· 031
　2-3 변수 ··· 032
　　(1) 변수란? ·· 032
　　(2) 대입연산자 ······································· 033
　　(3) 변수명 붙이기 ····································· 033
　　(4) 변수 값을 계산식으로 바꾸자 ······················ 034
　　(5) 연산자 ··· 034

(6) 타입(데이터 타입) · 035
(7) 문자열과 숫자는 종류가 다른 데이터 · · · · · · · · · · · · · 036
(8) 형변환 · 036

2-4 배열 · 037
(1) Python의 리스트(데이터를 담는 상자) · · · · · · · · · · · 037
(2) 배열이란? · 037
(3) 배열 선언 · 038
(4) 배열을 사용한 프로그래밍 · 038
(5) 2차원 배열 · 039

2-5 조건 분기 · 041
(1) 조건 분기 · 041
(2) if의 3가지 작성법 · 041
(3) if 사용법 · 042
(4) 들여쓰기 · 042
(5) if를 사용한 프로그래밍 · 042
(6) 조건식 · 043
(7) True와 False · 043
(8) if~else 사용법 · 044
(9) if~elif~else 사용법 · 044
(10) and 와 or (논리연산자) · 045

2-6 반복 · 046
(1) 반복 · 046
(2) 2종류의 반복 명령 · 046
(3) for의 사용법 · 047
(4) range( )로 범위를 지정하기 · · · · · · · · · · · · · · · · · · · 047
(5) for를 사용한 프로그래밍 – 기본 · · · · · · · · · · · · · · · 048
(6) for를 사용한 프로그래밍 – range( )를 통한 범위 지정 · · 048
(7) 값을 줄이는 반복 · 049
(8) break와 continue · 050
(9) while의 사용법 · 051

2-7 함수 · 052
(1) 게임 속 함수 · 052
(2) 함수의 개념 · 052
(3) 함수를 정의하는 방법 · 053
(4) 매개 변수도 리턴 값도 없는 함수 · · · · · · · · · · · · · · · 053
(5) 매개 변수가 있고 리턴 값이 없는 함수 · · · · · · · · · · · 054
(6) 리턴 값을 가진 함수 · 054
(7) 전역 변수와 지역 변수, 변수의 유효 범위 · · · · · · · · · 055
2장 총 정리 · 056

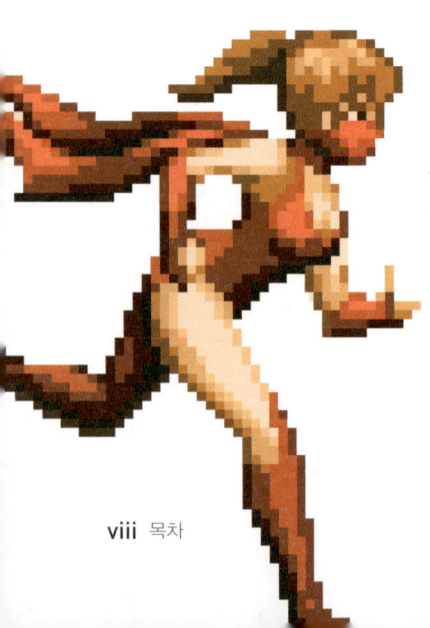

CHAPTER 3

3장 그래픽을 표시하자 · 059
3-1 이 장에서 배울 내용 · 060
3-2 tkinter로 윈도를 표시해 보자 · · · · · · · · · · · · · · · · 061
(1) 게임 제작에 필수적인 윈도 · 061
(2) 모듈 · 061
(3) Python으로 윈도를 표시하자 · · · · · · · · · · · · · · · · · · 062
(4) 타이틀과 윈도의 크기를 지정하자 · · · · · · · · · · · · · · · 062
3-3 캔버스에 선을 그어 보자 · 064
(1) 캔버스란? · 064
(2) 컴퓨터의 좌표에 대해 알아보자 · · · · · · · · · · · · · · · · 064
(3) 캔버스를 사용해 보자 · 065
(4) 축이 되는 선을 그어 보자 · 066

3-4 다양한 도형을 그려 보자 ······················· 068
　(1) 도형을 표시하는 명령 ······················· 068
　(2) 도형을 표시하는 명령을 사용해 보자 ······· 069
　(3) 캔버스에 문자열을 표시해 보자 ············· 070

3-5 이미지를 표시해 보자 ························· 070
　(1) 이미지 파일 준비 ························· 071
　(2) 프로그램 확인 ··························· 071
　(3) PhotoImage( ) – 이미지 불러오기 ········· 072
　(4) create_image( ) – 이미지 표시 ··········· 072
　(5) 내가 가진 이미지 파일을 표시해 보자 ····· 072

3-6 배열로 색을 다루어 보자 ··················· 073
　(1) 색의 문자열을 배열에 대입해 보자 ········· 073

3-7 2차원 배열을 사용해 보자 ················· 075
　(1) 2차원 배열로 색을 정의해 보자 ··········· 075
　(2) for의 중첩 반복문 ······················· 076

CHAPTER 4

4장　게임 제작을 위한 기초 지식　083

4-1 실시간 처리란? ···························· 084
　(1) Python으로 실시간 처리하기 ············· 084
　(2) 수를 세어 보자 ························· 084
　(3) 전역 변수 선언 ························· 085
　(4) 문자열 표시하기 ······················· 085
　(5) delete("all")이 필요한 또 하나의 이유 ··· 086
　(6) 실시간 처리의 과정 ····················· 086
　(7) 전역 변수와 지역 변수 ··················· 087

4-2 마우스의 움직임을 가져오자 ··············· 088
　(1) 이벤트란? ····························· 088
　(2) 이벤트가 발생한 사실을 알아내자 ········· 088
　(3) bind( )의 사용법 ······················· 089
　(4) 마우스 커서 좌표를 알아내는 프로그램 ····· 089
　(5) format( )의 사용법 ····················· 090
　(6) 마우스를 클릭한 사실을 알아내는 방법은? ··· 090

4-3 마우스로 도형을 움직여 보자 ············· 091
　(1) 어떻게 도형을 움직일까? ················· 091
　(2) 원이 커서를 따라가는 프로그램 ··········· 092
　(3) 마우스 커서를 움직였을 때 불러오는 함수 ··· 093
　(4) 실시간 처리를 하는 함수 ················· 093
　(5) 좌표 계산 ····························· 094
　(6) resizable( ) 명령 ······················· 094

4-4 입력된 키 값을 가져오자 ················· 095
　(1) 어떤 키를 눌렀는지 알아보자 ············· 095
　(2) 키 값을 표시하는 프로그램 ··············· 095
　(3) 키 코드와 심볼 ························· 096

4-5 숫자 키로 색을 표시해 보자 ··············· 097
　(1) 어떤 프로그램을 만드는 걸까? ··········· 097
　(2) 프로그램 확인 ··························· 097
　(3) 키가 눌렸을 때 배경색 바꾸기 ············· 098
　(4) 문자열의 대소 관계 ····················· 099
　(5) and 사용법 ··························· 099
　(6) 문자열을 숫자로 변환하기 ··············· 099

4-6 충돌 판정을 계산해 보자 ① – 원을 이용한 계산 방법 · · · · · · · · · · · · · · · · · · · 100
  (1) 충돌 판정 · 100
  (2) 2개의 원의 거리를 구하는 식 · 101
  (3) 수학식을 프로그램으로 입력하자 · 102
  (4) 프로그램 확인 · 103
  (5) 태그 · 104

4-7 충돌 판정을 계산해 보자 ② – 사각형을 이용한 계산 방법 · · · · · · · 105
  (1) 사각형을 이용한 충돌 판정 · 105
  (2) 사각형이 겹치는 조건을 알아보자 · · · · · · · · · · · · · · · · · · · 105
  (3) x축 방향의 거리와 y축 방향의 거리를 구해 보자 · · · · · · 107
  (4) 사각형이 겹치는 조건을 식으로 표현하자 · · · · · · · · · · · 107
  (5) 절댓값을 사용해 보자 · 108
  (6) 수식을 프로그램으로 입력하자 · 108
  (7) 프로그램 확인 · 109
  (8) 사각형을 표시하는 방법 · 110
  (9) 마우스로 사각형을 움직이는 처리 · · · · · · · · · · · · · · · · · · · 110
  (10) 충돌 판정을 하는 if문 · 111

CHAPTER 5

5장   두더지 잡기를 만들어 보자 · 117
5-1 이 장에서 만들 게임 · 118
  (1) 두더지 잡기란? · 118
  (2) 두더지 잡기를 만드는 이유 · 119
  (3) 이 장에서 만들 게임의 규칙 · 119
  (4) 사용할 이미지 파일 · 120
  (5) 어떤 순서로 완성시킬까? · 121

5-2 Python에서 난수를 사용해 보자 · 122
  (1) random 모듈을 사용하자 · 122
  (2) 난수를 발생시키는 명령 · 122
  (3) 프로그램 확인 · 123
  (4) 난수의 기본값 · 124

5-3 STEP 1 이미지를 불러와서 표시해 보자 · 127
  (1) 이미지 파일을 불러와서 표시하기 · · · · · · · · · · · · · · · · · · · 127

5-4 STEP 2 배열로 5개의 구덩이를 관리하자 · 129
  (1) 배열 사용하기 · 129
  (2) 프로그램 확인 · 129
  (3) 배열에 대입하는 값을 바꿔 보자 · 131

5-5 STEP 3 실시간 처리로 두더지가 나타나게 해 보자 · · · · · · · · · · · 132
  (1) 실시간 처리를 추가하자 · 132
  (2) 프로그램 확인 · 132

5-6 STEP 4 키 입력으로 두더지를 때려 보자 · 134
  (1) 키 입력 추가 · 134
  (2) 프로그램 확인 · 134
  (3) 변수 key에 키 값을 대입하자 · 135
  (4) 얼굴을 내민 두더지를 때려 보자 · 136
  (5) 뿅망치로 때린 두더지를 구덩이로 돌아가게 해 보자 · · · 136
  (6) 키 값의 해제 · 136

5-7 STEP 5 타이틀 화면과 게임 오버 화면을 만들어 게임을 완성시키자 · · · 137
  (1) 화면 전환 · 137
  (2) 두더지 잡기의 화면 전환 · 137
  (3) 씬을 관리하는 변수를 사용해 보자 · · · · · · · · · · · · · · · · · · · 138

    (4) 완성된 프로그램 확인 ···················· 138
    (5) 게임을 개조해 보자! ···················· 140

CHAPTER 6

6장　테니스 게임을 만들어 보자 ···················· 147

6-1 이 장에서 만들 게임 ···················· 148
    (1) 테니스 게임이란? ···················· 148
    (2) 테니스 게임을 만드는 이유 ···················· 149
    (3) 이 장에서 만들 게임의 규칙 ···················· 149
    (4) 사용하는 이미지 파일 ···················· 151
    (5) 어떤 순서로 완성시킬까? ···················· 151

6-2 벡터를 배워 보자 ···················· 152
    (1) 벡터는 크기와 방향을 가진다 ···················· 152
    (2) 속력과 속도 ···················· 153
    (3) 프로그램으로 물체의 움직임을 계산하는 방법은? ···················· 153
    (4) 공을 움직이기 위한 변수 ···················· 154

6-3 STEP 1 배경, 공, 바를 표시해 보자 ···················· 155
    (1) 표시할 것과 표시 위치를 다루는 변수 ···················· 155
    (2) 이미지와 도형을 표시해서 게임 화면을 만들자 ···················· 156
    (3) 변수에 초기 값을 대입하자 ···················· 157
    (4) int( )의 기능 ···················· 157
    (5) 이미지 불러오기와 표시 ···················· 157

6-4 STEP 2 공이 자동으로 움직이게 해 보자 ···················· 158
    (1) 공의 속력을 대입할 변수 ···················· 158
    (2) 좌표를 변화시키는 계산 ···················· 158
    (3) 화면 끝에서 튕기게 해 보자 ···················· 159
    (4) 공이 자동으로 움직이는 프로그램 ···················· 160
    (5) 화면 끝에서 튕기게 하는 방법 ···················· 161
    (6) 전역 선언을 잊어버리지 말자 ···················· 161
    (7) 계산과 표시를 실시간으로 반복하자 ···················· 162
    (8) 물체의 운동을 표현하는 알고리즘 ···················· 162

6-5 STEP 3 마우스의 움직임에 맞춰 바를 움직이게 해 보자 ···················· 163
    (1) 마우스 이벤트 추가 ···················· 163
    (2) 바의 좌표를 어떻게 변화시킬까? ···················· 163
    (3) 바를 움직이는 프로그램 확인 ···················· 164

6-6 STEP 4 바로 공이 튕기도록 만들어 보자 ···················· 166
    (1) 충돌 판정 ···················· 166
    (2) 원과 사각형의 충돌을 판정해 보자 ···················· 166
    (3) 공과 바의 충돌 판정 확인 ···················· 167

6-7 STEP 5 점수와 하이스코어를 계산해 보자 ···················· 170
    (1) 변수에 점수를 대입하고 문자열을 표시하자 ···················· 170
    (2) 프로그램 확인 ···················· 170
    (3) text( ) 함수의 구조 ···················· 172

6-8 STEP 6 타이틀 화면과 게임 오버 화면을 넣어 게임을 완성시키자 ···················· 173
    (1) 화면 전환을 관리하는 변수 ···················· 173
    (2) 완성된 프로그램 확인 ···················· 173
    (3) click( ) 함수 ···················· 176
    (4) 게임을 개조해 보자! ···················· 177

CHAPTER 7

7장　레이싱 게임을 만들어 보자 ···················· 181

7-1 이 장에서 만들 게임 ···················· 182

(1) 레이싱 게임이란? ·· 182
(2) 레이싱 게임을 만드는 이유 ··· 183
(3) 이 장에서 만들 게임의 규칙 ··· 183
(4) 사용하는 이미지 파일 ·· 185
(5) 어떤 순서로 완성시킬까? ··· 185

7-2 STEP 1 배경을 스크롤하자 ··· 186
(1) 배경 이미지 ·· 186
(2) 화면을 스크롤하는 방법 ·· 186
(3) 배경의 스크롤 처리 확인 ··· 187
(4) 계속 사용하는 값을 상수로 정의하기 ···························· 188
(5) 실시간 계산과 이미지 표시 ··· 188
(6) bg_y의 계산을 1줄로 입력하기 ····································· 189

7-3 STEP 2 플레이어의 차를 조작할 수 있게 해 보자 ········· 191
(1) 차의 좌표를 대입할 변수 ··· 191
(2) 마우스를 움직였을 때 차를 이동하기 ···························· 191
(3) 차를 움직이는 프로그램 확인 ·· 192
(4) 마우스 커서를 움직였을 때 좌표를 변화시키기 ·············· 193
(5) 선분의 내분점을 구하는 식 ··· 194
(6) 수식을 프로그램의 식으로 만들자 ································· 194
(7) 마우스 커서의 좌표를 직접 대입하면… ························· 195

7-4 STEP 3 적측 차량을 1대 움직여 보자 ·························· 196
(1) 적측 차량의 좌표를 대입할 변수 ··································· 196
(2) 적측 차량을 움직이는 프로그램의 확인 ························ 196
(3) 적측 차량을 움직이는 처리 ··· 198

7-5 STEP 4 플레이어와 적측 차량이 충돌했는지 확인해 보자 ·· 199
(1) 충돌 판정 ·· 199
(2) 프로그램 확인 ··· 199
(3) 충돌 판정 범위 ··· 201

7-6 STEP 5 적측 차량을 여러 대 움직여 보자 ···················· 202
(1) 배열을 사용해 보자 ·· 202
(2) 프로그램 확인 ··· 202
(3) for문으로 반복해서 배열의 값을 변경하기 ····················· 204
(4) 차의 초기 좌표를 대입하는 함수 ··································· 205

7-7 STEP 6 타이틀 화면과 게임 오버 화면을 넣어 게임을 완성시키자 ·· 207
(1) 화면 전환을 관리하는 변수 ··· 207
(2) 점수 계산을 추가해 보자 ··· 207
(3) 완성된 프로그램 확인 ·· 207
(4) 충돌 판정과 게임 오버 화면 전환 ·································· 211
(5) click( ) 함수 ··· 211
(6) 그 외에 추가한 내용 ·· 212
(7) 개조해 보자 ·· 212

CHAPTER 8

8장 슈팅 게임으로 복습해 보자 ··· 217
8-1 이 장에서 만들 프로그램과 복습할 내용 ······················· 218
(1) 슈팅 게임이란? ·· 218
(2) 실행해 보자 ·· 219
(3) 사용할 이미지 파일 ·· 220
(4) 복습할 내용 ·· 220

8-2 프로그램 내용을 살펴보자 ·· 221
(1) galaxy_defender.py 확인 ··· 221
(2) 기초 지식 없이는 소프트웨어를 만들 수 없다 ··············· 222

8-3 프로그램을 전체적으로 뜯어 보자 ·· 223
   (1) 동작 순서 ··· 223
   (2) 변수와 배열 ··· 223
   (3) 정의한 함수 ··· 224
8-4 동작의 자세한 내용을 이해해 보자 ·· 225
   (1) 수학 계산 ··· 225
   (2) 2차원 배열로 적을 관리하자 ·· 226
   (3) 이미지를 처리하는 법, 이벤트를 가져오는 법, 실시간 처리 복습 ········ 228
   (4) 각 함수의 역할 ·· 229
   (5) 개조해 보자 ··· 230

APPENDIX A

특별 부록 A   점프 액션 게임으로 배워 보자 ·································· 237
A-1 게임 내용 ··· 238
   (1) 액션 게임이란? ·· 238
   (2) 실행해 보자 ··· 238
   (3) 사용하는 이미지 파일 ··· 239
A-2 프로그램을 살펴보자 ·· 240
   (1) help_princess.py 확인하기 ··· 240
A-3 프로그램을 전체적으로 뜯어 보자 ·· 243
   (1) 게임 플레이 시의 동작 순서 ·· 243
   (2) 변수와 배열 ··· 243
   (3) 정의한 함수 ··· 244
A-4 기능을 자세히 이해해 보자 ① 주인공의 움직임 ······························· 245
   (1) 수학 계산 ··· 245
   (2) 주인공의 애니메이션 ·· 249
A-5 기능을 자세히 이해해 보자 ② 바닥과 구멍의 스크롤 ······················ 250
   (1) 배열을 사용해 바닥을 만들자 ·· 250
   (2) 요소의 삭제와 추가를 이용해 바닥을 스크롤하자 ··························· 250
   (3) 바닥에 구멍을 배치한다 ··· 252

APPENDIX B

특별 부록 B   3D 던전 탐색 프로그램으로 배워 보자 ······················ 253
B-1 게임 내용 ··· 254
   (1) 3D 게임 ··· 254
   (2) 라비린스 익스플로러의 3D 표현 방법 ·· 255
   (3) 실행해 보자 ··· 255
B-2 레이캐스팅 ··· 255
   (1) 레이캐스팅이란? ··· 257
   (2) 3차원 미로를 만드는 법 ·· 257
B-3 프로그램을 살펴보자 ·· 259
   (1) AppendixB 폴더에 있는 py 파일 ·· 259
   (2) 프로그램 확인 ①—labyrinth_explorer.py ······································· 259
   (3) 프로그램 확인 ②—maze_data1.py ·· 261
   (4) maze_data1.py를 임포트한다 ·· 262
B-4 프로그램을 전체적으로 뜯어 보자 ·· 263
   (1) 동작 순서 ··· 263
   (2) 변수와 배열 ··· 263
   (3) 정의한 함수 ··· 264
   (4) 삼각 함수 ··· 265
B-5 동작을 자세히 알아보자 ··· 266
   (1) maze_data1.py에서 데이터를 불러온다 ··· 266

(2) maze_data1.py의 함수 · 266
(3) labyrinth_explorer.py에서 정의한 함수 · · · · · · · · · · · · · · · · · · · 267

B-6 3차원 공간 표현 방법을 이해해 보자 · 270
(1) draw_3d_space( )를 확인해 보자 · 270
(2) draw_3d_space( ) 함수의 매개 변수 · 271
(3) 레이캐스팅 알고리즘 · 271
(4) 벽까지의 거리를 구하는 식 · 273
(5) 거리로 벽의 높이를 정한다 · 273
(6) 벽의 왜곡을 막는 계산을 넣자 · 274

MEMO

Python에 대응되는 IDE와 코드 에디터 · 020
input( )의 주의점 · 031
변수의 타입 지정에 대해 · 033
변수명 붙이는 법 · 036
range( )로 수열 만들기 · 049
컴퓨터의 최소 단위 · 049
프레임 레이트 · 087
피타고라스의 정리 · 101
sqrt( )를 사용하지 않고 제곱근 구하기 · 102
벡터 합성 · 154
플래그 · 224
포물선 운동 · 246
레이트레이싱 · 258
Python의 모듈 · 262

COLUMN

널리 사용되는 프로그래밍 언어는? · 007
게임 제작의 즐거움 · 018
돌 줍기 게임을 즐겨 보자 · 025
돌 줍기 게임 설명 · 057
픽셀과 도트 · 063
16진법으로 색을 표현해 보자 · 077
status.py의 내용 · 081
프로그래밍을 배우는 비법 · 111
변수 사용법 – 처리 순서와 애니메이션 · 112
난수를 만드는 알고리즘 · 125
컴퓨터로 원주율을 계산해 보자 · 141
두더지 잡기를 개조해 보자 · 145
알고리즘을 짜 보자 ① · 179
알고리즘을 짜 보자 ② · 214
계산 소프트웨어를 만들어 보자 · 233
나만의 미로를 만들어 보자 · 276

마치며 · 277
작가 소개 · 278
참가 크리에이터 · 278
리뷰 협력/ Special Thanks · 280

CHAPTER

게임 제작의 구조를 알아보자

이 장에서는 컴퓨터 게임 프로그램이 무엇인지 설명하고 프로그램과 수학의 관계를 살펴보겠습니다. 그 후 Python을 설치하는 방법을 설명하고 프로그래밍을 시작할 준비를 하겠습니다.

Contents

1-1	게임의 정체를 알아보자
COLUMN	널리 사용되는 프로그래밍 언어는?
1-2	게임 제작과 수학의 관계를 알아보자
1-3	프로그래밍 준비
1-4	Python 설치
COLUMN	게임 제작의 즐거움
1-5	IDLE을 사용해보자 ① – 셸 윈도
1-6	IDLE을 사용해보자 ② – 에디터 윈도
COLUMN	돌 줍기 게임을 즐겨보자

무슨 일이든 먼저 준비를 해야죠.

네, 사부님! 파이팅~

게임의 정체를 알아보자

먼저 스마트폰 게임이나 게임 애플리케이션, 가정용 콘솔의 게임 소프트 내부가 어떻게 이루어져 있는지 설명하겠습니다. 이 절의 내용을 읽으면 컴퓨터 프로그래밍이 어떤 것인지 알 수 있게 되어, 앞으로 배울 내용이 더욱 알기 쉬워질 것입니다. 여기선 컴퓨터 게임이나 프로그램이 무엇인지를 우선 생각해 봅시다.

(1) 컴퓨터 기기는 프로그램으로 움직인다

PC, 스마트폰, 게임기 등으로 즐기는 컴퓨터 게임(게임 소프트웨어)을 간단히 **게임**이라고 부르는 경우가 많기에, 이 책에서는 게임이라고 부르겠습니다. 게임의 정체를 알기 위해서 하드웨어와 소프트웨어에 관한 이야기부터 시작하겠습니다.

여러분들이 사용하는 PC, 스마트폰, 게임기 등은 모두 전자회로로 이루어져 있으며 그 속에서 다양한 프로그램이 작동하고 있습니다. 그러한 전자기기를 통틀어 '**하드웨어**(하드)'라고 부릅니다. 하드웨어를 제어하고 다양한 처리를 하고 있는 것이 '**소프트웨어**(소프트)'입니다. (그림 1-1 참조)

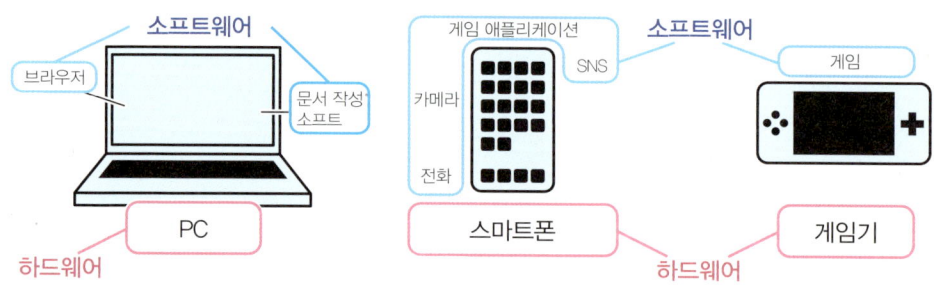

▲ 그림 1-1   하드웨어와 소프트웨어

예를 들어 PC에는 홈페이지를 보기 위한 브라우저, 문서 작성이나 계산 소프트가 들어있습니다. 스마트폰에는 전화를 걸기 위한 애플리케이션이나 계산기 애플리케이션이 들어있습니다. SNS 애플리케이션을 사용하거나 게임 애플리케이션을 즐기는 분도 많겠지요. 게임기는 다양한 게임 소프트를 즐길 수 있습니다. 그러한 소프트나 애플리케이션을 소프트웨어라 부릅니다.

게임과 같이 오락용 소프트도 일을 할 때 사용하는 업무용 소프트도 **소프트웨어라면 모두 컴퓨터 프로그램으로 이루어져 있습니다.** 프로그램을 만들기 위해서는 **프로그래밍 언어**를 사용합니다. 프로그래밍 언어란 컴퓨터를 일을 시키기 위한(작업을 명령하기 위한) 언어입니다. 유명한 프로그래밍에는 C언어, C++, C#, Java, JavaScript 등이 있습니다.

이 책에서는 Python(파이썬)이라는 프로그래밍 언어를 사용합니다. Python은 업무용 소프트 개발이나 학술 연구 분야에서 폭넓게 사용되는 프로그래밍 언어입니다. 공식 사이트에서 무료로 다운로드하여 사용 가능합니다. Python은 수치 계산 능력이 뛰어나며 AI(인공지능) 연구 개발에도 사용된다는 걸 아는 분도 있겠지요. Python은 고도의 소프트웨어 개발도 가능하지만 문법이 간단해서 초심자가 배우기 쉬운 언어이기도 하기 때문에 고등학교나 대학 등 교육 현장에서는 Python을 이용한 프로그래밍 학습이 보편화되었습니다.

여기서 한 가지 여러분에게 말씀드리고 싶은 이야기가 있습니다. **하드웨어는 소프트웨어가 없으면 움직이지 않는다**는 사실입니다. 아무리 뛰어난 컴퓨터 기기라도 저절로 움직일 수 없으며 기기를 움직이기 위해선 C언어나 Python 등 프로그래밍 언어로 만들어진 프로그램이 반드시 필요합니다. 여기서부턴 프로그램에 대해 자세히 설명하겠습니다.

C언어는 1970년대에 만들어진 프로그래밍 언어이며 지금도 다양한 개발에 사용되고 있습니다. Python은 1990년대 초반에 만들어진 언어입니다.

(2) 게임 내부는 어떻게 되어 있을까?

이제 게임이라는 소프트웨어의 내부가 어떻게 이루어져 있는지에 대해 생각해 봅시다. (그림 1-2)

게임에는 다양한 캐릭터가 등장합니다. 다양한 세상을 모험하는 게임도 있습니다. 여러분이 조작하는 주인공, 적으로 등장하는 캐릭터, 게임 세상을 이루고 있는 배경 등은 그래픽 데이터로서 게임 속에 들어있습니다.

또한 게임에는 장면마다 분위기를 끌어올리는 **BGM**이 흐르며, 조작에 맞춰 **효과음**이 나옵니다. 캐릭터가 말하는 게임도 있습니다. 그런 사운드는 사운드 데이터로서 게임 안에 들어 있습니다.

그림 1-2처럼 게임은 **프로그램**, **그래픽 데이터**, **사운드 데이터**로 이루어져 있습니다. 플레이어의 조작에 따라 캐릭터를 움직이거나 배경을 표시하고 소리를 내는 동작을 하는 것이 프로그램입니다.

이 그림에서는 생략되어 있지만 대사나 이야기 등 **텍스트 데이터**가 들어있는 게임도 있습니다. 예를 들어 대화 장면에서 캐릭터의 대사가 표시되는 게임은 대사가 텍스트 데이터로서 게임 안에 들어있습니다.

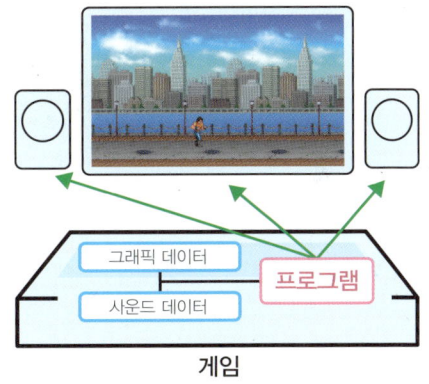

그래픽 데이터

프로그램

사운드 데이터

게임

▲ 그림 1-2 게임 소프트의 내부

화면이나 사운드를 사용하지 않는 게임, 프로그램으로만 이루어진 게임도 만들 수 있답니다.

그림도 못 그리고 작곡할 수 없더라도 게임을 만들 수 있다는 얘기구나.

(3) 프로그램이란?

게임은 프로그램으로 움직인다는 사실을 알았습니다. 그 프로그램이란 구체적으로 무엇일까요? 한마디로 표현하자면 **프로그램은 하드웨어에게 처리를 명령하는 명령서**입니다. (그림 1-3)

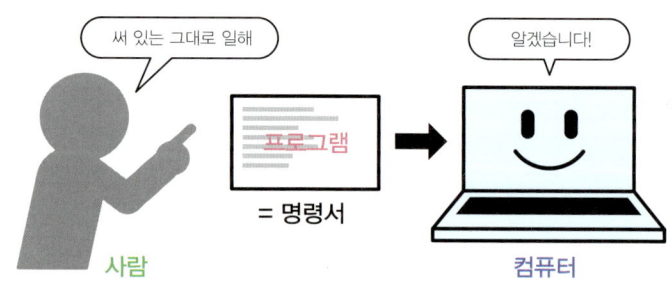

▲ 그림 1-3   프로그램은 명령서

명령서가 무엇인지는 게임으로 생각하면 이해하기 쉽습니다. 다양한 장르의 게임이 있지만 캐릭터를 컨트롤러로 조작하는 게임을 생각해 보겠습니다. (그림 1-4)

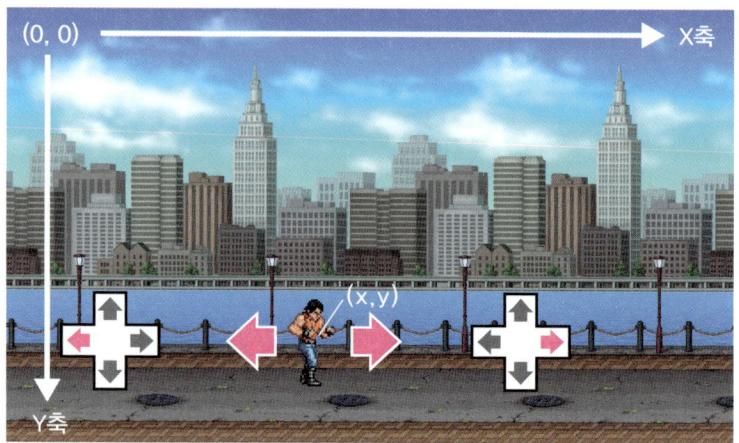

▲ 그림 1-4   주인공을 조작하는 게임

주인공 캐릭터는 왼쪽 키를 누르면 왼쪽으로 움직이고 오른쪽 키를 누르면 오른쪽으로 움직입니다. 그 동작은 프로그램으로 다음과 같이 지시를 게임기라는 하드웨어에게 명령하여 실현하고 있습니다.

프로그램에 의한 지시의 예시(캐릭터의 이동)

① 캐릭터 좌표를 넣을 x라는 상자와 y라는 상자※를 준비하라
② 왼쪽 키를 누르면 x 상자의 수치를 조금 감소시켜라
③ 오른쪽 키를 누르면 x 상자의 수치를 조금 증가시켜라
④ 화면의 (x, y) 위치에 캐릭터를 표시하라

※이 상자는 변수라고 부릅니다. 2장에서 설명하겠습니다.

(4) 프로그램의 지시를 CPU가 이해한다

프로그램의 지시에 따라 컴퓨터 기기 안에 있는 CPU라는 부품이 다양한 **계산**을 합니다. **CPU**란 Central Processing Unit의 약자로 한국어로는 **중앙 처리 장치**라고 부릅니다. 그 이름 그대로 컴퓨터 기기의 중심 역할을 담당하고 있으며 고속으로 계산(연산)하는 기능을 합니다. (그림 1-5)

CPU는 계산 결과에 따라 하드웨어의 각종 부품에 명령을 내립니다. 그 명령에 따라 화면에 영상이 표시되거나 스피커에서 소리가 나옵니다.

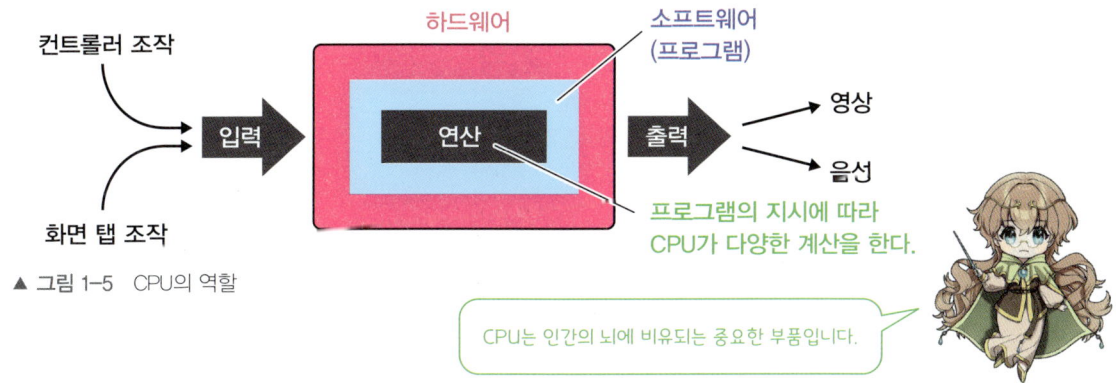

▲ 그림 1-5 CPU의 역할

CPU는 인간의 뇌에 비유되는 중요한 부품입니다.

게임기의 컨트롤러를 조작하거나 스마트폰 화면을 만지는 조작을 **입력**이라고 합니다. 화면이나 문장을 표시하거나 소리나 나는 걸 **출력**이라고 합니다.

여기서 나온 '입력' '계산' '출력'이란 세 단어는 프로그램을 만들 때 가장 중요한 키워드입니다. 컴퓨터가 하는 계산을 '**연산**'이라고 부르는 경우가 많으며 이제부터는 계산을 '연산'이라는 단어로 설명하겠습니다.

(5) 컴퓨터의 기본 기능 '입력, 연산, 출력'

여러분은 이 책으로 게임을 만들면서 수학 지식을 배웁니다. 프로그래밍은 하드웨어에게 보낼 명령서를 작성하는 일이기 때문에 명령을 내릴 상대(컴퓨터)가 어떤 기능을 가지는지 아는 것이 가장 중요합니다.

컴퓨터의 기본 기능은 앞서 나왔던 입력, 연산, 출력입니다. 컴퓨터의 기본적인 동작은 **입력한 데이터를 연산하여 필요한 형태로 변화시켜 출력하는** 것입니다.

게임도 입력, 연산, 출력이라는 순서로 작동합니다. 이 처리 순서는 게임뿐만 아니라 모든 소프트웨어 공통입니다. 컴퓨터에 관한 중요한 지식이니 기억해 둡시다.

컴퓨터의 기초 지식을 알아 둡시다.

프로그래밍으로 입력, 연산, 출력 기능의 순서를 만듭니다. 어떤 순서로 만들지는 만들고자 하는 소프트웨어 내용에 따라 다릅니다. 이 책에서 여러 게임을 만들면서 각 게임 제작에 필요한 지식과 기술 그리고 어떤 기능을 구현하면 되는지를 배워 갑시다.

어떤 순서로 만들면 게임이 될까?

(6) 컴퓨터의 또 하나의 중요한 기능 - 기억

입력, 연산, 출력 외에 컴퓨터에는 중요한 기능인 '**기억**'이 있습니다. 기억이란 하드웨어에 전원이 켜져 있는 동안 데이터를 일시적으로 보관하거나 전원을 끄더라도 데이터가 남아있도록 보관하는 기능입니다.

일시적인 데이터 보관은 CPU 안에 있는 기억회로나 CPU에 연결된 **메인 메모리**(줄여서 메모리라고도 한다)란 부품이 담당합니다. (그림 1-6) 영구적인 데이터 보관은 하드 디스크(HDD)[1] 나 SSD(Solid-state drive), USB 메모리 같은 기기로 이루어집니다[2].

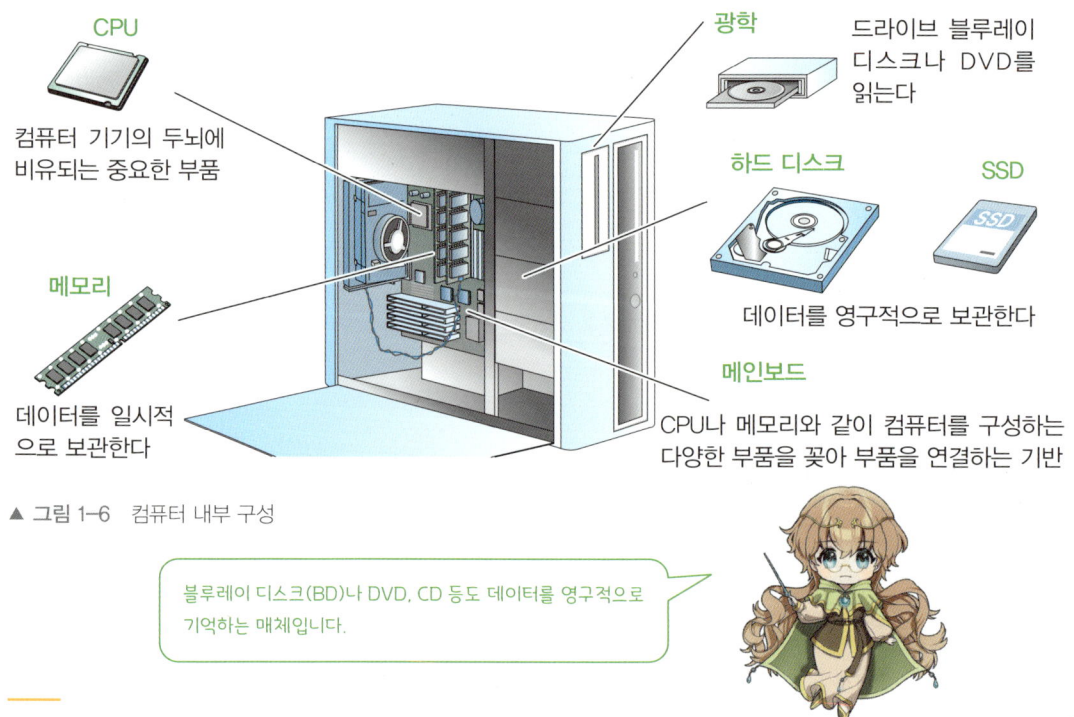

CPU
컴퓨터 기기의 두뇌에
비유되는 중요한 부품

메모리
데이터를 일시적
으로 보관한다

광학
드라이브 블루레이
디스크나 DVD를
읽는다

하드 디스크

SSD

데이터를 영구적으로 보관한다

메인보드
CPU나 메모리와 같이 컴퓨터를 구성하는
다양한 부품을 꽂아 부품을 연결하는 기반

▲ 그림 1-6 컴퓨터 내부 구성

블루레이 디스크(BD)나 DVD, CD 등도 데이터를 영구적으로
기억하는 매체입니다.

---

[1] 하드 디스크 드라이브(HDD)라고도 부릅니다.

[2] 프로그래밍 언어에서는 하드 디스크 등에 데이터를 입력하는 명령도 있지만 이 책에서는 다루지 않습니다.

널리 사용되는 프로그래밍 언어는?

소프트웨어 개발에 널리 사용되는 프로그래밍 언어를 소개합니다.

C언어, C++

C언어는 1970년대, C++은 1980년대에 만들어진 역사가 있는 프로그래밍 언어입니다. 기업 시스템 개발, 기기나 기계를 움직이는 프로그램 개발(임베디드 시스템 개발), 게임 개발 등 폭넓은 분야에서 사용하고 있습니다.

Java

1990년대에 등장한 언어로 다양한 하드에서 프로그램을 움직이는 구조(가상머신)를 가진 것이 특징입니다. C언어나 C++와 같이 다양한 개발에 사용합니다.

JavaScript

1990년대에 등장한 언어로 홈페이지 내부(브라우저 상)에서 작동합니다. 웹 애플리케이션 개발에 사용합니다.

C#

2000년대 Microsoft 사에서 개발한 언어입니다. Windows용 애플리케이션 개발이나 Unity라는 툴과 함께 다양한 기기의 애플리케이션 개발에 사용합니다.

Swift

2010년대에 등장한 Apple 사 제품의 프로그램 개발에 사용되는 언어입니다.

VBA(Visual Basic for Applications)

Microsoft 사의 Office 소프트를 제어하는 언어입니다. Excel 등 동작을 자동화하는 프로그램 개발에 사용합니다.

다양한 프로그래밍 언어가 있네요.
이 책에서는 Python을 배우지만, 다음엔 뭘 배울지 고민돼요~

의욕이 넘치는 건 좋지만 조금 성급해요.
앞으로 배울 Python 지식이 다른 프로그래밍 언어를 배울 때 도움이 될 거예요. 그러니 먼저 Python을 확실하게 사용할 수 있도록 합시다.

1 2 게임 제작과 수학의 관계를 알아보자

이 절에서는 게임 프로그램과 수학의 관계에 대해 알아봅시다. 프로그래밍과 수학은 밀접한 관계가 있으며 이 것을 이해해야 앞으로 공부하는 데에 도움이 됩니다. 수학이라고 해도 어려운 이야기는 아니니 마음 편히 진행합 시다.

(1) 체력을 줄이거나 늘리는 변수

캐릭터에게 체력(HP나 LIFE 등)이 설정된 게임이 있습니다. 주인공이나 동료들의 체력은 중요한 값입니다. 게 임에 따라서는 적 캐릭터에도 체력이 있습니다.

체력과 같은 값은 프로그램에서는 **변수**가 들어있습니다. 변수는 수치와 같은 데이터를 넣어두는 상자와 같은 것으로 게임 제작뿐만 아니라 소프트웨어 제작에 반드시 사용됩니다. 변수를 이미지로 표현하면 그림 1-7과 같습 니다.

주인공 체력을 넣는 변수

700

적의 체력을 넣는 변수

5000

▲ 그림 1-7 변수의 이미지

특히 보스의 체력은 중요한 값이죠. 쓰러트리기 위해 공격을 몇 번이고 맞춰서 값을 0으로 만들어야 하니까요.

언젠가 보스가 되는 게 내 꿈이야~.

변수는 2장에서 배우지만 여기선 **체력이나 점수 값을 보관해두는 상자를 프로그램으로 사용한다**고 생각합시다.

프로그램의 변수는 수학에서 사용하는 변수와 비슷한 것입니다. 프로그램에서는 주인공이 대미지를 입으면 체력이 줄어들고 회복 아이템을 사용하면 체력이 늘어나는 등의 계산을 변수 값을 늘리거나 줄여서 처리합니다.

프로그램의 변수는 수학과 비슷한 사용법 외에도 다양한 일을 하기 위해 사용합니다. 예를 들어 플레이어가 게임을 어디까지 진행했는지 관리하는 변수를 준비해서 값이 1일땐 '출발하는 마을에 있다', 값이 2일땐 '첫 번째 던전에 있다'처럼 게임 진행을 관리하기 위해서도 사용합니다.

(2) 적이 쫓아온다 - 물체는 어디에 있는가? (좌표)

컴퓨터 화면 좌표에 대해 게임과 수학의 관계를 엮어서 설명하겠습니다. **좌표**란 직선상, 평면상, 공간 내부 등 물체가 어디에 있는지를 나타내는 값입니다.

예를 들어 적 캐릭터가 플레이어가 조종하는 주인공을 쫓아오는 세임을 상상해 봅시다. 주인공 체력이 줄어들었을 때 적 무리가 나타났습니다. 싸우는 건 불리하기에 도망쳤지만 적 캐릭터들은 집요하게 당신을 쫓아오고 있습니다. 이대로는 잡히고 맙니다!

이런 상황을 맞닥뜨렸을 때 마치 적 캐릭터에게 의지가 있는 것처럼 느끼는 경우도 있습니다. 사실은 의지를 가진 건 아니고 캐릭터가 그렇게 움직이도록 프로그래밍되어 있습니다.

그럼 적 캐릭터가 주인공을 쫓아오는 구조는 어떤 식으로 만들어져 있을까요?

사실 어렵지 않습니다. 적 캐릭터와 주인공의 좌표 값을 비교해서 적이 어디로 움직일지 판단하고 적의 좌표를 변화시킵니다. 이러한 구조를 X축 위에 적과 주인공이 있다고 가정하고 설명하겠습니다. (그림 1-8)

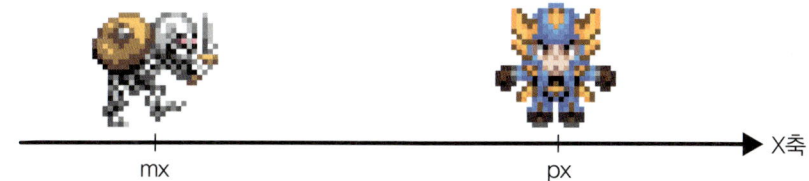

▲ 그림 1-8 캐릭터의 좌표 – 단순한 횡 이동

적은 mx, 주인공은 px라는 변수에 x 좌표 값이 들어있습니다. mx는 몬스터(`monster`)의 x 값, px는 플레이어(`player`)의 x 값이라고 생각합시다. x축의 값은 프로그램에서도 수학에서도 오른쪽으로 갈수록 커집니다.

적이 왼쪽, 주인공이 오른쪽에 있다면 **mx**의 값은 **px**보다 작고, 크고 작음을 나타내는 부등호로 나타내면 **mx 〈 px**가 됩니다. 그때 **mx** 값을 늘리면 적이 오른쪽으로 이동해 주인공에게 접근합니다.

주인공이 왼쪽, 적이 오른쪽에 있다면 **px 〈 mx** (혹은 **mx 〉 px**)입니다. 이 때 **mx**의 값을 줄이면 적이 주인공에게 접근합니다.

(3) 가까이 있을까? 멀리 있을까? - 게임 속에 펼쳐진 세계 (2차원 평면)

좌표에 대해 좀 더 생각해 봅시다. 그림 1-9처럼 평면 상에 3종류의 캐릭터가 있다고 합시다. 녹색 슬라임은 (mx1, my1), 보라색 유령은 (mx2, my2), 주인공은 (px, py)의 위치에 있습니다.

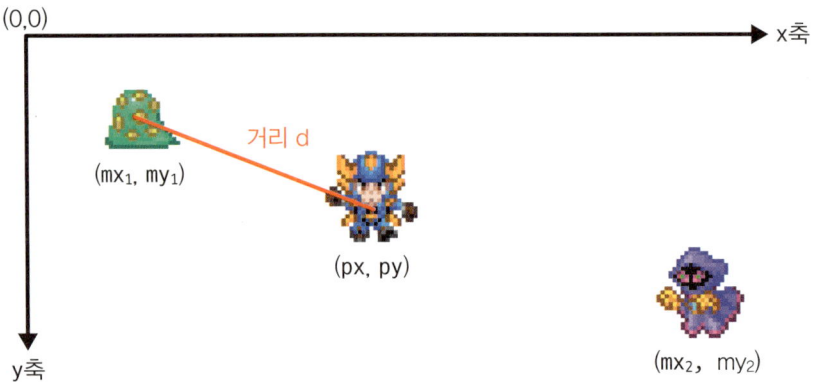

▲ 그림 1-9   캐릭터의 좌표 - 2차원 평면

컴퓨터 화면에서 좌표는 일반적으로 왼쪽 위 모서리가 원점(0,0)입니다. x축은 수학과 같은 방향이지만 **y축은 수학과 반대로 아래로 갈수록 값이 커집니다.**

적은 일정한 거리에 다가가면 주인공을 쫓아간다고 합시다. 이런 프로그램을 실현하기 위해선 주인공과 적이 얼마나 떨어져 있는지 두 점 사이의 거리를 구하는 공식을 이용해 계산합니다. 그리고 나서 예를 들어 그 값이 200 이내라면 추적을 시작하고 400 이상이라면 추적을 멈추는 행동 패턴을 프로그래밍합니다. 거리를 구하는 공식과 그 사용법은 게임 제작 기술을 배울 때 설명하겠습니다.

적의 행동을 프로그램으로 여러 패턴을 준비해두면 적 캐릭터가 마치 의지를 가지고 움직이는 것처럼 보이게 할 수 있습니다. 이런 구조의 기초가 되는 것이 수학입니다.

(4) 수학의 다양한 지식을 활용하자

여기선 변수와 좌표를 통해 게임과 수학의 관계를 설명했습니다. 이 외에도 도형, 절대값, n진수, 삼각 함수 등 수학 지식을 사용하면 정교한 게임을 만들 수 있습니다. 이 책에서는 실제로 게임 프로그램을 입력하며 이런 지식을 배워 봅시다.

프로그래밍 준비

이 절에서는 프로그래밍을 시작하기 전에 준비로 '(1)확장자 표시'와 '(2)작업 폴더 만들기'를 합니다.

(1) 확장자를 표시하자

확장자는 파일명 끝에 붙는 파일의 종류를 표시하는 문자열입니다. 파일명과 확장자는 마침표(.)로 구분합니다. (그림 1-10)

확장자가 무엇인지 알고 이미 피일 획징사를 표시해둔 분은 이 부분을 넘기고 (2) p.013으로 진행해 주세요.

파일명　확장자

▲ 그림 1-10　확장자

이미지, 문서, 동영상 등 파일 종류에 따라 확장자가 정해져 있으며, 예를 들어 이미지 파일이면 png나 jpeg, 동영상이면 mp4나 avi가 확장자입니다. (표 1-1) 확장자를 표시하면 파일을 열지 않아도 그 파일의 내용을 추측할 수 있습니다.

▼ 표 1-1　확장자 예시

파일 종류	확장자 예시
프로그램(소스 코드)	py, c, cpp, java, js
이미지	png, bmp, gif, jpg나 jpeg
음악	mp3, ogg, m4a, wav
문서	doc, docx, pdf
텍스트	txt

Python 프로그램의 확장자는 py구나.

※ c는 C언어, cpp는 C++, java는 Java, js는 JavaScript의 프로그램 확장자입니다.

확장자를 표시하면 파일을 관리하기 쉬워집니다. 프로그래밍 학습이나 소프트웨어 개발에서 확장자 표시는 필수입니다. Windows나 Mac 등 각자 다른 운영체제를 쓰고 있겠지만 다음 내용을 참고해 확장자를 표시합시다.

Windows에서 확장자를 표시하는 법

Windows 11에선 폴더를 열어 상단 메뉴 바에서 '보기' → '표시' → '파일 확장명'을 선택해 체크해 둡시다. (그림 1-11)

Windows 10에선 폴더를 열어 '보기' 탭을 클릭하고 '파일 확장명'을 체크해 둡시다. (그림 1-12)

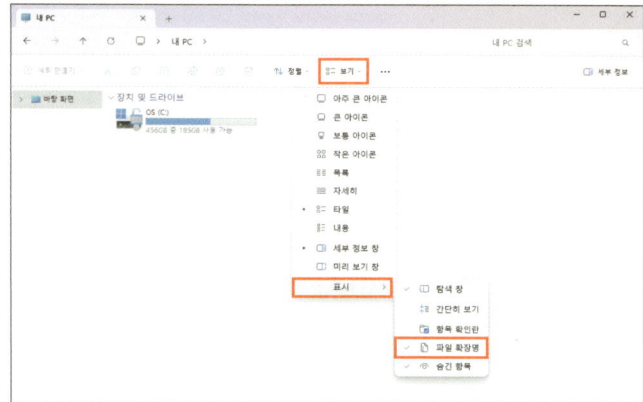

▲ 그림 1-11   Windows 11에서 확장자를 표시하는 방법

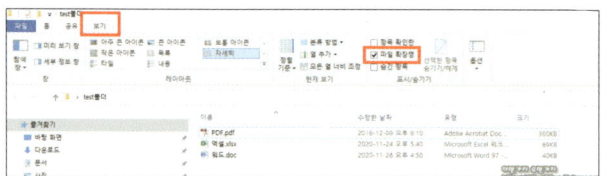

▲ 그림 1-12   Windows 10에서 확장자를 표시하는 방법

Mac에서 확장자를 표시하는 방법

Finder의 '환경설정'을 선택하고 '고급' 탭의 '모든 파일 확장자 보기'를 체크합니다. (그림 1-13)

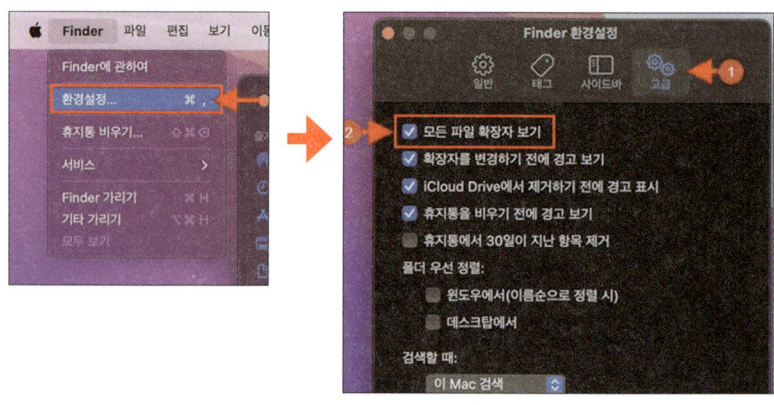

▲ 그림 1-13   Mac에서 확장자를 표시하는 방법

(2) 작업 폴더를 만들자

Windows에서 새 폴더 만들기

바탕 화면에서 오른쪽 클릭을 하면 나타나는 메뉴에서 '새로 만들기' → '폴더'를 누르면 새 폴더가 만들어집니다. (그림 1–14)

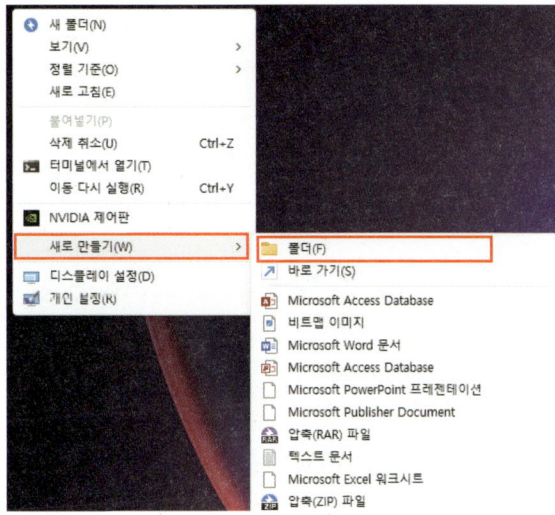

▲ 그림 1–14 Windows에서 폴더를 만드는 방법

Mac에서 새 폴더 만들기

바탕 화면에서 오른쪽 클릭을 하거나 Ctrl 키를 누르면서 클릭한 뒤 '새로운 폴더'를 누르면 새 폴더가 만들어집니다. Finder → '파일' → '새로운 폴더'를 선택해도 폴더를 만들 수 있습니다. (그림 1–15)

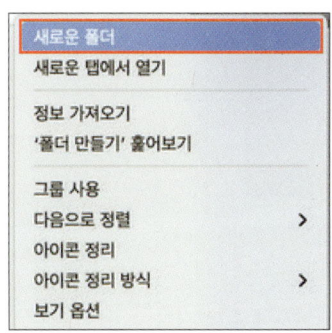

▲ 그림 1–15 Mac에서 폴더를 만드는 방법

새로 만든 폴더의 폴더명을 'PythonGame'과 같이 알기 쉽게 바꿔 둡시다.

Python 설치

Windows와 Mac에 설치하는 법을 각자 설명하겠습니다. Mac을 사용하는 분께서는 (2)로 이동해 주세요.

> Python 설치 순서는 간단합니다. 설치하면 바로 Python을 사용할 수 있어요.

(1) Windows PC에 설치하는 방법

웹 브라우저에서 Python 공식 사이트로 접속합니다. (그림 1-16)

https://www.python.org

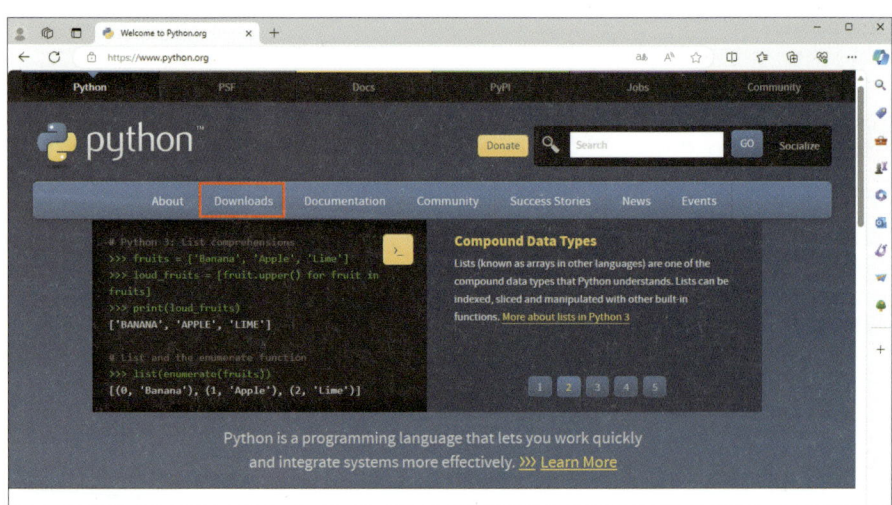

▲ 그림 1-16　Python 공식 사이트(Microsoft Edge로 접속했을 때)

'Downloads'에 있는 'Python 3.*.*' 버튼을 클릭합니다. (그림 1-17)

'파일 열기'(그림 1-18)를 클릭하거나 다운로드한 파일을 실행하면 설치를 시작합니다. 다운로드한 파일이 어떻게 표시되는지는 브라우저나 버전에 따라 다릅니다.

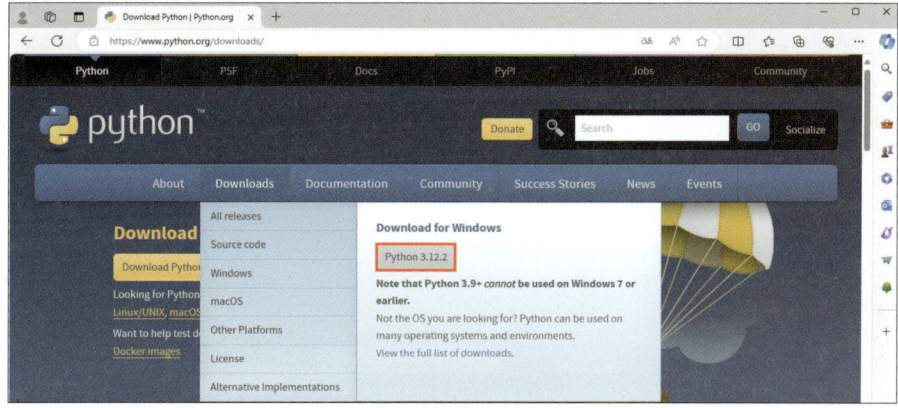

▲ 그림 1-17 'Downloads'를 클릭한 뒤

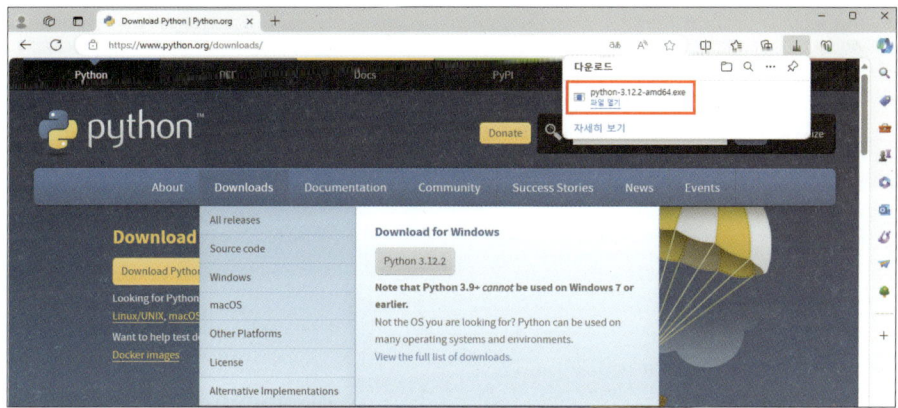

▲ 그림 1-18 Python을 다운로드한 뒤

Python 설치 화면(그림 1-19)에서 'Add python.exe to PATH'를 체크한 뒤 'Install Now'를 클릭해 설치를 진행합니다.

Setup was successful 화면(그림 1-20)에서 'Close'를 클릭하면 설치가 완료됩니다.

▲ 그림 1-19 Python 설치 화면

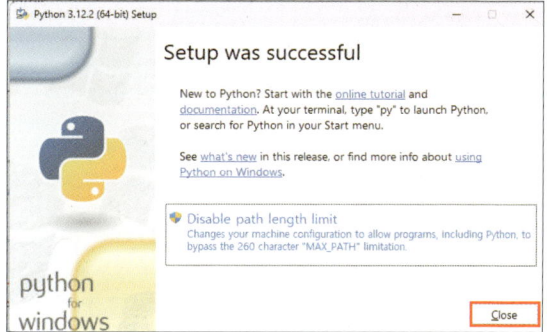

▲ 그림 1-20 Python 설치 종료 화면

(2) Mac에 설치하는 방법

웹 브라우저에서 Python 공식 사이트로 접속합니다. (그림 1-21)

https://www.python.org

나는 Mac을 사용하니까 이 순서대로 설치해야지♪

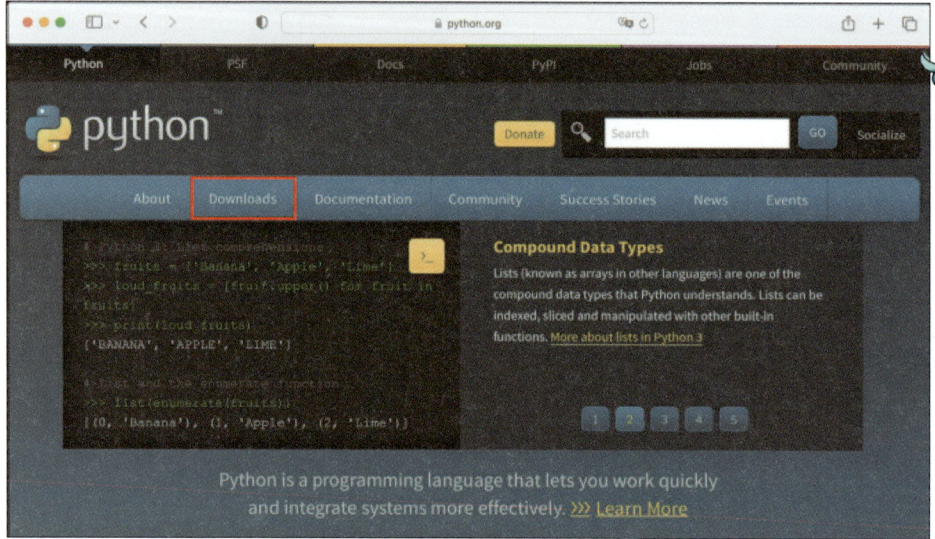

▲ 그림 1-21   Python 공식 사이트(Safari로 접속했을 경우)

'Downloads'에 있는 'Python 3.*.*' 버튼을 클릭합니다. (그림 1-22)

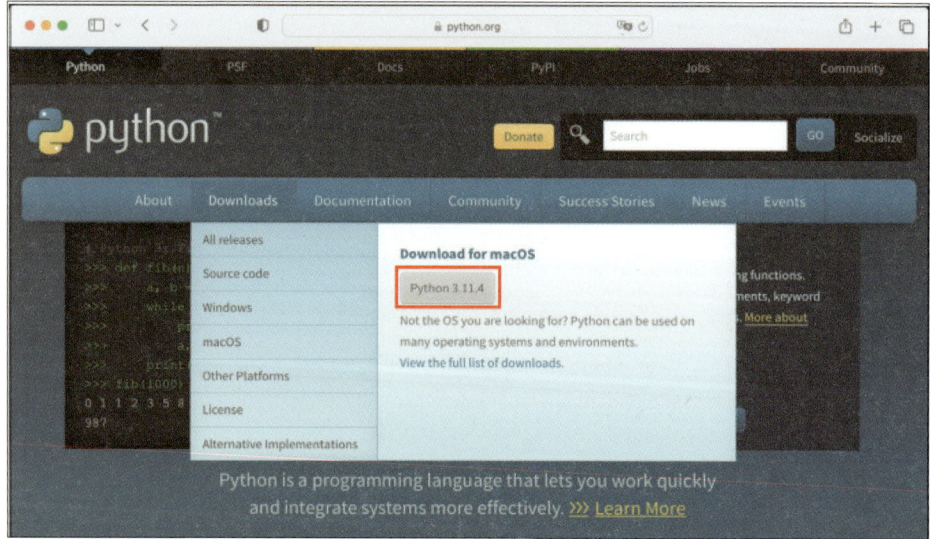

▲ 그림 1-22   Python 공식 사이트(Safari로 접속했을 경우)

다운로드한 'python–3.*.*–macos* *.pkg'를 실행합니다. (**그림 1–23**) 다운로드한 파일이 어떻게 표시되는지는 브라우저 종류나 OS 버전에 따라 다릅니다.

▲ 그림 1–23 다운로드한 뒤

　설치 화면(그림 1–24)에서 '계속'를 선택한 뒤 설치를 시작합니다.

　사용권 계약에 '동의'를 누르고 설치를 계속합니다.

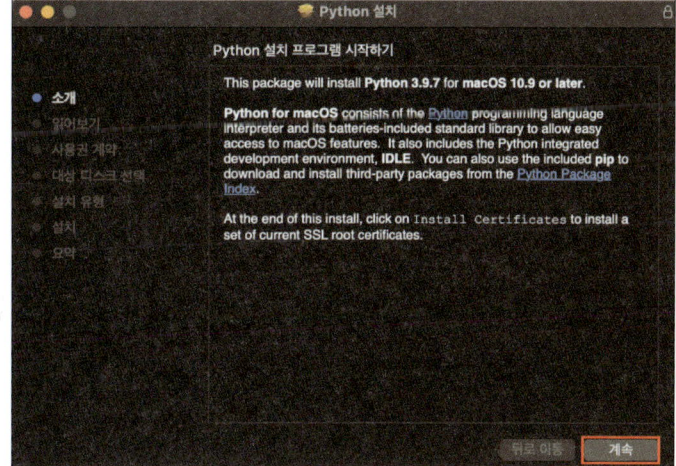

▲ 그림 1–24 설치 화면

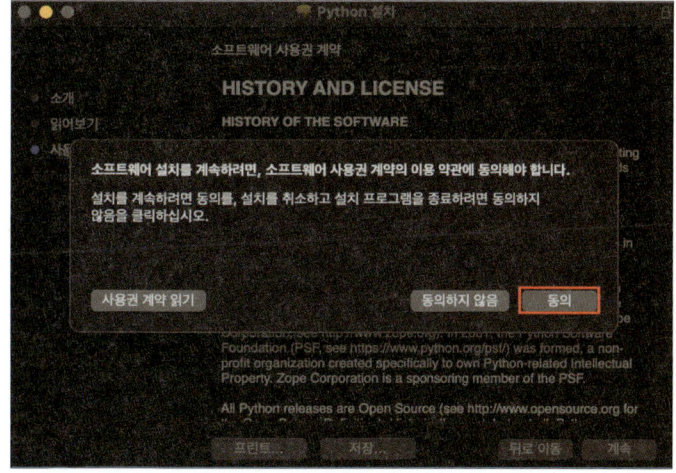

▲ 그림 1–25 설치 화면에서 사용권 계약에 동의하기

사용자화는 선택하지 않아도 됩니다. 화면에 나온 대로 설치를 진행합시다. '설치가 성공적으로 완료되었습니다.' 화면(그림 1-26)에서 '닫기'를 클릭하면 설치가 완료됩니다.

▲ 그림 1-26   설치 완료 화면

좋아 게임을 만들어 보자!
스승님! 빨리빨리~

그 전에 툴 사용법을 익혀 둡시다.
그리고 프로그래밍 기초 지식을 배우지 않으면 안됩니다.

게임 제작의 즐거움

필자는 중학생 시절부터 대학생 시절까지 취미로 게임을 만들었습니다. 그리고 대학을 졸업한 뒤 남코라는 게임 회사와 닌텐도의 자회사에서 일하며 자신만의 게임 회사를 설립했습니다. 이 책을 집필한 시점 기준 30년 가까이 게임 제작자로 지냈습니다. 취미로 시작한 게임 제작이 40년 가까이 지속되고 있습니다. 왜 그렇게 오랫동안 게임을 만들고 있을까요?

그 이유는 단순하게 **게임 프로그래밍이 너무나 즐겁기 때문**입니다.

어릴 때 갖고 싶었던 컴퓨터를 얻은 뒤 프로그래밍 잡지를 한 손에 들고 하나하나 입력한 프로그램이 움직였을 때 매우 감동했습니다. 그리고 프로그래밍 기초 지식을 배우고 스스로 만든 프로그램이 움직였을 때 그 감동은 이루 말할 수 없었습니다. 처음 자신만의 힘으로 완성한 게임을 플레이 했을 때 그 얼마나 기뻤는지. 그런 추억들이 필자에겐 보물과 같습니다.

여러분도 이 책으로 그런 즐거움이나 감동을 느꼈으면 하는 것이 필자의 바람입니다.

1 5

IDLE을 사용해 보자 ①
– 셸 윈도

Python에 기본으로 탑재된 IDLE이라는 툴을 사용하면 프로그램 입력과 동작 확인을 할 수 있습니다. IDLE은 Python과 함께 설치되기 때문에 어떤 PC라도 사용할 수 있습니다. 이 절과 다음 절에서는 IDLE의 사용법을 설명합니다.

(1) IDLE이란?

IDLE은 Python에 기본으로 탑재된 통합 개발 환경입니다. **통합 개발 환경**은 프로그램 작성, 실행, 동작 확인을 할 수 있는 툴입니다. 다양한 통합 개발 환경을 인터넷에서 찾을 수 있습니다. IDLE은 다른 통합 개발 환경에 비해 기능은 제한적이지만 동작이 가볍고 프로그래밍 학습에 좋은 툴입니다. 그래서 이 책에서는 IDLE을 이용해 프로그램을 입력하고 동작 확인을 합니다.

> 통합 개발 환경은 영어로 Integrated Development Environment 라고 하며 앞 글자를 따서 IDE라고도 부릅니다.

(2) IDLE을 실행해 보자

Windows에서 실행하기

시작 메뉴⊞에서 '모든 앱' → 'Python*.*' → 'IDLE (Python*.* *.*–bit)'을 선택하면 실행됩니다. (그림 1–27)

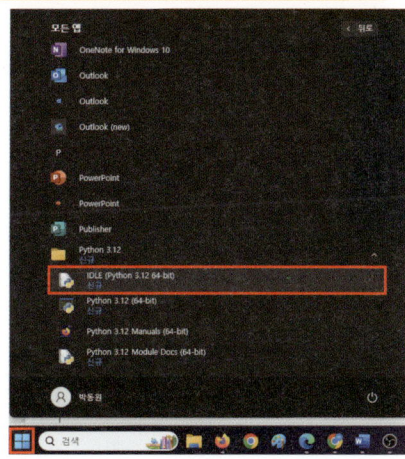

▲ 그림 1–27   시작 메뉴에서 IDLE을 실행

그림 1-28이 실행된 IDLE 화면입니다. 이 화면을 **Shell window(셸 윈도)**라고 부릅니다.

▲ 그림 1-28   셸 윈도

Mac에서 IDLE 실행하기

Lanchpad에서 IDLE을 선택합니다. (그림 1-29) 그림 1-30이 실행된 IDLE 화면이고 이 화면을 **Shell window (셸 윈도)**라고 부릅니다.

▲ 그림 1-29   Lanchpad에서 IDLE을 실행

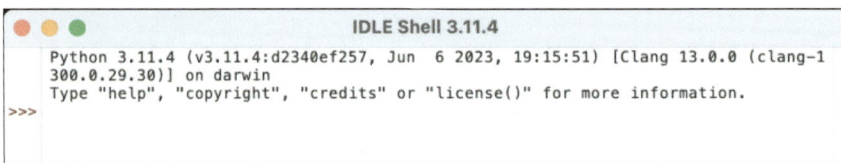

▲ 그림 1-30   셸 윈도

Python에 대응되는 IDE로 이 책의 프로그램이 작동하지 않는 경우엔 Python에 탑재된 IDLE을 사용해 봅시다.

MEMO   Python에 대응되는 IDE와 코드 에디터

Python에 대응되는 IDE(통합 개발 환경)에는 Anaconda(https://www.anaconda.com/), 코드 에디터는 Visual Studio Code(https://code.visualstudio.com/) 등이 있으며 인터넷에서 다운 로드할 수 있습니다. (대부분은 무료로 사용할 수 있습니다)

(3) IDLE로 계산이나 달력을 표시해 보자

여기서부터는 Windows 화면으로 IDLE 사용법을 설명합니다. Mac을 사용하는 분도 사용법은 같습니다.

IDLE로 계산하기

셸 윈도에 영어와 숫자로 계산식을 입력하고 `Enter` 키(`Return` 키)를 누르면 Python으로 계산을 할 수 있습니다. (그림 1-31) 곱셈 기호는 *(별표), 나눗셈의 기호는 /(슬래시)입니다. 덧셈과 뺄셈은 수학과 똑같이 +와 −를 사용합니다. 계산에 사용하는 기호는 2장에서 다시 설명하겠습니다.

▲ 그림 1-31   셸 윈도로 계산하기

달력 표시하기

달력을 처리하는 명령을 사용해 봅시다. 다음과 같이 입력하면 달력을 출력할 수 있습니다.

먼저 'import calendar'를 입력하고 `Enter` 키를 누릅니다. 그다음 `print(calendar.month(년도, 달))`을 입력하고 `Enter` 키를 누릅니다. 그러면 그림 1-32처럼 달력이 출력됩니다.

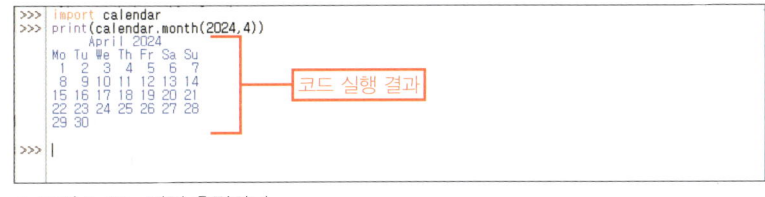

▲ 그림 1-32   달력 출력하기

import는 Python에 특별한 일을 시킬 때 사용합니다. 여기서는 달력 기능을 사용하기 위해 'import calendar'라고 입력했습니다.

print()는 문자열이나 값을 출력하는 명령입니다. 여기서는 달력을 표시하기 위해 사용했습니다. import나 print()의 사용법은 이 다음 장에서 다시 설명하겠습니다.

IDLE을 사용해 보자 ②
- 에디터 윈도

이전 절에서는 셸 윈도에 계산식이나 명령을 입력해 Python에게 동작을 시켰습니다. 이 절에서는 프로그램을 작성하고 실행하는 방법을 설명합니다.

(1) 에디터 윈도 실행하기

프로그램은 **에디터 윈도**(editor window)에서 입력합니다.

셸 윈도의 메뉴 바에서 'File' → 'New File'을 누르면 에디터 윈도가 실행됩니다. (그림 1-33, 그림 1-34)

에디터 윈도는 프로그램을 입력하는 텍스트 에디터입니다.

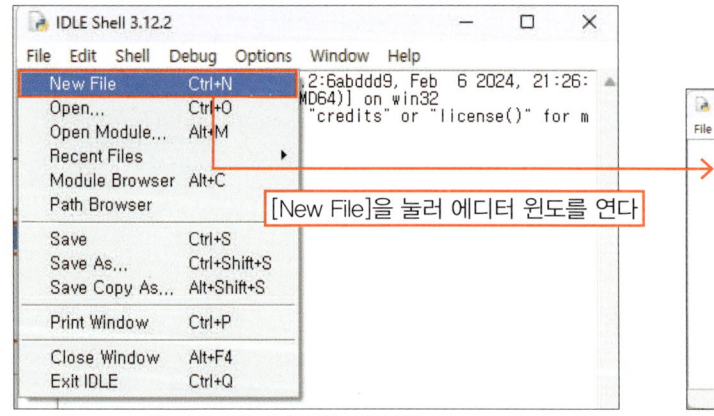

▲ 그림 1-33   셸 윈도에서 에디터 윈도를 실행

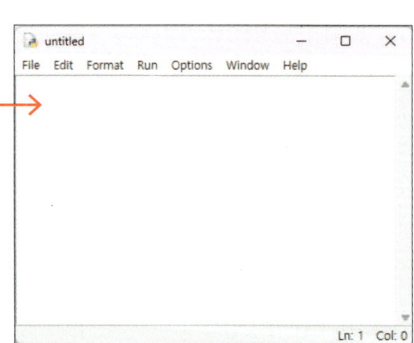

▲ 그림 1-34   에디터 윈도

에디터 윈도는 셸 윈도와 비슷하기 때문에 혼동하지 않도록 주의합시다. 제목 표시줄에 'untitled'라고 써 있는 것이 에디터 윈도입니다.

에디터 윈도의 메뉴 바에서 'Options' → 'Show Line Numbers'를 누르면(그림 1-35) 줄 번호가 표시됩니다.

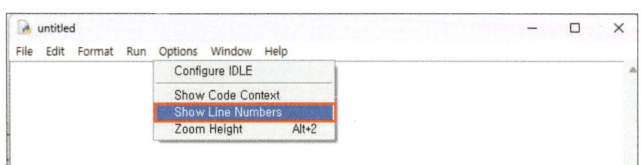

▲ 그림 1-35   'Show Line Numbers'를 누르면 줄 번호가 표시된다

(2) 프로그램 입력하기

에디터 윈도에 간단한 프로그램을 입력하고 동작을 확인합시다. 다음 두 줄을 입력해 봅시다. (그림 1-36)

```
01  s = "게임을 만들어 봅시다"          변수 s를 문자열에 대입
02  print(s)                          s값을 출력
```

프로그램은 대문자와 소문자를 구별합니다. Python에선 대부분 소문자를 사용한다고 생각하면 편합니다.

▲ 그림 1-36   에디터로 프로그램 입력

'게임을 만들어 봅시다'는 화면에 출력할 문자열입니다. 문자열을 사용할 때는 그 문자열 앞뒤에 **큰따옴표(")**를 입력한다는 규칙이 있습니다.

이 프로그램은 변수 s에 '게임을 만들이 봅시나'라는 문자열을 넣어 그걸 화면에 출력(print)합니다. 변수나 print()는 다음 장에서 설명하니 여기서 어렵게 생각할 필요는 없습니다. 먼저 프로그램 입력을 익혀 봅시다.

(3) 프로그램 저장하기

에디터 윈도의 메뉴 바에서 'File' → 'Save As'를 누르고 입력한 프로그램을 파일명을 붙여 저장합니다. (그림 1-37) 저장 위치는 챕터 1-3의 (2) (p.013)에서 만든 폴더로 합시다.

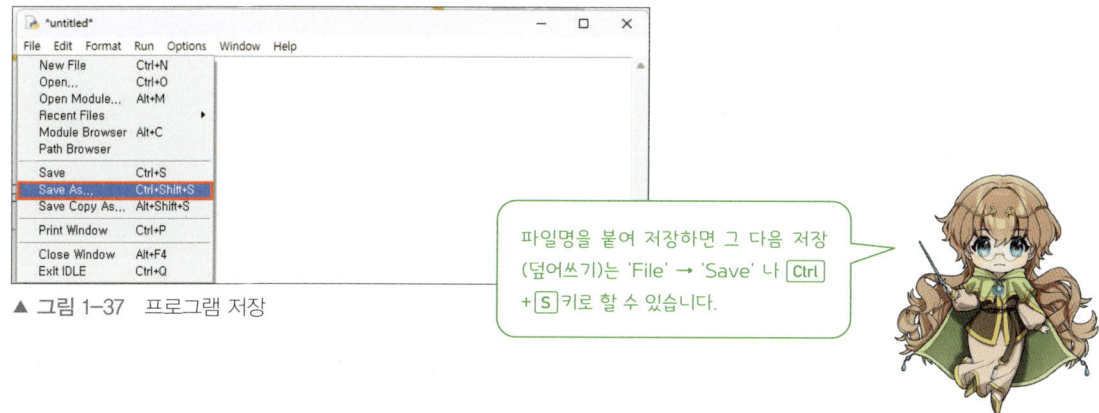

파일명을 붙여 저장하면 그 다음 저장(덮어쓰기)는 'File' → 'Save' 나 Ctrl + S 키로 할 수 있습니다.

▲ 그림 1-37   프로그램 저장

(4) 프로그램 실행하기

프로그램을 저장했으면 에디터 윈도 메뉴 바에서 'Run' → 'Run Module'을 누르고 프로그램을 실행합니다. (그림 1-38)

1.py - C:\Users\qed90\Desktop\PythonGame\1.py (3.12.2)
File Edit Format Run Options Window Help
s = "게임을 만들
print(s)
Run Module F5
Run... Customized Shift+F5
Check Module Alt+X
Python Shell

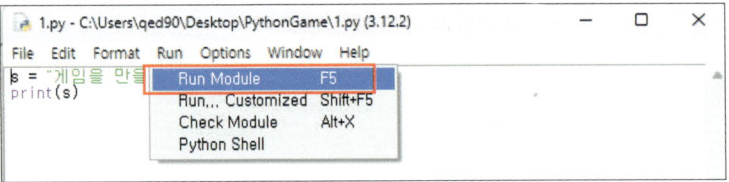

▲ 그림 1-38 프로그램 실행

셸 윈도에 실행 결과가 표시됩니다. (그림 1-39)

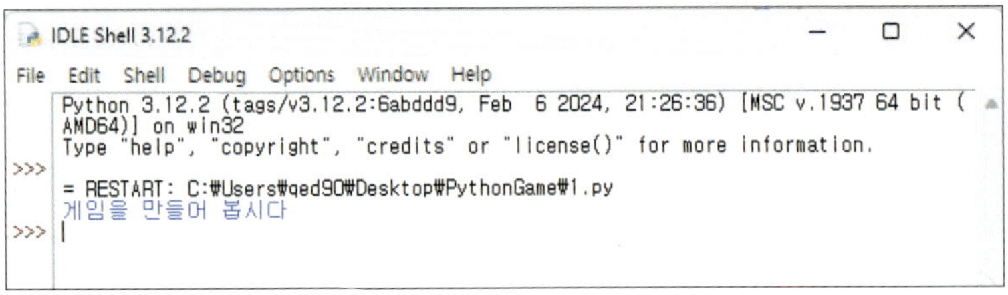

IDLE Shell 3.12.2
File Edit Shell Debug Options Window Help
Python 3.12.2 (tags/v3.12.2:6abddd9, Feb 6 2024, 21:26:36) [MSC v.1937 64 bit (AMD64)] on win32
Type "help", "copyright", "credits" or "license()" for more information.
>>>
= RESTART: C:\Users\qed90\Desktop\PythonGame\1.py
게임을 만들어 봅시다
>>>

▲ 그림 1-39 실행 결과(셸 윈도)

이렇게 '게임을 만들어 봅시다'가 출력되었습니다. 바르게 출력되지 않는 경우에는 작성한 프로그램이나 저장하고 실행하는 순서를 다시 검토해 봅시다.

(5) 프로그램 입력 방법 정리

IDLE로 프로그램을 입력하고 동작을 확인하는 방법을 정리하겠습니다.

프로그램 입력과 실행 순서

① IDLE을 실행하고 메뉴 바에서 'File' → 'New File' 로 에디터 윈도를 엽니다.
② 에디터 윈도에 프로그램을 입력합니다.
③ 메뉴 바에서 'File' → 'Save As'로 파일명을 붙이고 저장합니다.
④ 메뉴 바에서 'Run' → 'Run Module'로 프로그램을 실행합니다.
⑤ 셸 윈도에 결과가 출력됩니다.

※ F5 키를 눌러도 프로그램이 실행됩니다.

돌 줍기 게임을 즐겨 보자

프로그래밍을 시작할 준비가 완료되었습니다. 이제 여러분은 언제든지 Python 프로그램을 실행할 수 있습니다. 바로 Python으로 만든 미니 게임을 즐겨 봅시다.

이번에 즐길 것은 '돌 줍기 게임' 혹은 '병 줍기 게임'이라고 불리는 고전적인 게임입니다. 이 게임은 프로그래밍 학습 시 오래전부터 많은 학생들이 만든 게임입니다.

다운로드한 프로그램을 실행하자

프로그램은 이 책의 Github 페이지에서 다운로드한 zip 파일 안에 있습니다. zip의 압축을 풀고 나온 Chapter1 폴더에 stone_game.py라는 프로그램이 들어있습니다. (그림 1-A)

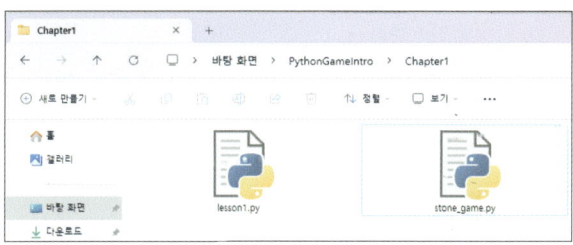

아직 다운로드를 하지 않은 분은 p.iv를 참고해 다운로드합시다.

▲ 그림 1-A Chapter1 폴더 안 stone_game.py

IDLE을 실행하고 메뉴 바에서 'File' → 'Open'을 눌러 stone_game.py를 지정합니다. 프로그램이 열리면 메뉴 바에서 'Run' → 'Run Module'로 실행합니다. F5 키를 눌러도 실행할 수 있습니다.

프로그래밍을 처음 배우는 분도 지금은 프로그램이 어떻게 이뤄져 있는지 신경 쓰지 말고 즐겨봅시다. 다음 장에서 기초 지식을 배우면 작성된 내용을 이해할 수 있습니다.

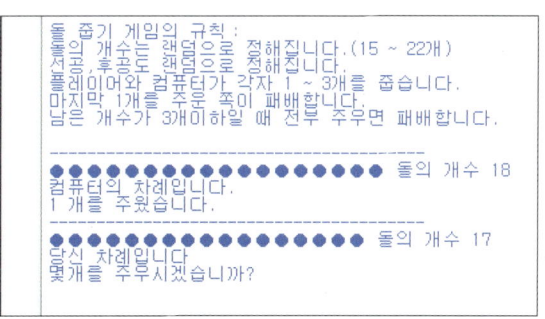

▲ 그림 1-B 실행 화면

와! 게임이다!

컴퓨터를 이겨보세요!

실행하면 규칙이 표시됩니다. (그림 1-B) 규칙에 따라 1, 2, 3 중 하나를 입력해서 돌을 줍니다. 마지막 1개를 주운 쪽이 패배하는 게임입니다.

이 프로그램을 문자열을 출력하는 것만으로 즐길 수 있습니다. 이미지를 이용한 프로그램은 3장부터 만듭니다.

컴퓨터가 너무 강하다

승부가 정해졌으면 다시 메뉴 바에서 'Run' → 'Run Module'을 눌러 즐겨봅시다. 컴퓨터가 강하다는 걸 아셨나요? 이 게임에는 필승법이 있어서 컴퓨터는 그 방법을 사용하기 때문에 강합니다. 필승법은 '어떤 수열 식'입니다. 즉 이 게임은 수학과 관계가 있습니다.

제 2장의 COLUMN에서, 프로그램의 내용과 필승법을 설명합니다. 즐겁게 즐겨 주시길!

CUI와 GUI

IDLE처럼 문자 입출력만으로 컴퓨터를 조작하는 구조를 Character User Interface, 줄여서 **CUI**라고 합니다.

CUI에 반대되는 말로 **GUI**라는 말이 있습니다. GUI는 Graphical User Interface의 약칭으로 어떻게 조작해야 할지 알기 쉽게 아이콘이나 그래픽을 사용한 인터페이스를 의미합니다. GUI 소프트웨어는 버튼이나 텍스트 입력 칸도 배치되어 있습니다. 여러분이 사용하는 대부분의 소프트웨어나 애플리케이션은 GUI입니다.

프로그래밍 기초 지식

이 장에서는 프로그래밍의 기초 지식인 입력과 출력, 변수와 배열, 조건 분기, 반복, 함수에 대해 배웁니다. 이런 지식은 모든 프로그램을 만들 때 반드시 필요합니다. 이 장에서 나오는 프로그램들은 몇 줄짜리 짧은 프로그램이기 때문에 하나씩 직접 입력하며 동작을 확인하며 배워 봅시다.

Contents

2-1		이 장에서 배울 내용
2-2		입력과 출력
2-3		변수
2-4		배열
2-5		조건 분기
2-6		반복
2-7		함수
COLUMN		돌 줍기 게임 설명

변수, 배열, 조건 분기를 배우면 게임을 만들 수 있게 되는 거구나! 열심히 해 보자~

게임뿐만 아니라 다양한 프로그램을 만들 때 필요한 지식이니까 확실하게 익혀 둡시다.

2 1 이 장에서 배울 내용

프로그램을 만들기 위해서는 입력과 출력, 변수와 배열, 조건 분기, 반복, 함수라는 프로그래밍의 기초 지식을 익힐 필요가 있습니다. 이 장에서는 짧은 예제 프로그램을 보면서 배워 봅시다.

어떤 지식을 배울지 퀴즈 게임 프로그램을 예시로 들어볼게요.

배열 (챕터 2-4)

```python
QUESTION = [
    "닌텐도의 가장 인기있는 빨간 모자를 쓴 배관공 캐릭터의 이름은?",
    "포켓몬과 함께 여행을 떠나는 게임 '포켓몬스터'에서 가장 인기 있는 마스코트 캐릭터의 이름은?",
    "온라인 RPG '메이플스토리'에 등장하는 주황색 갓을 쓴 마스코트 캐릭터의 이름은?"
    ]
ANSWER = ["마리오", "피카츄", "주황버섯"]
```

```python
def quiz():
    score = 0                      변수(챕터 2-3)
    for i in range(3):             반복 (챕터 2-6)
        ans = input(QUESTION[i])   입력 (챕터 2-2)
        if ans==ANSWER[i]:
            print("정답입니다!")
            score = score + 1      변수 계산 (챕터 2-3)
        else:
            print("틀렸습니다.정답은"+ANSWER[i])   출력 (챕터 2-2)
    print(score, "문제를 맞췄습니다!")
quiz()                             함수 호출 (챕터 2-7)
```

함수 (챕터 2-7) 조건 분기 (챕터 2-5)

▲ 그림 2-1 이 장에서 배울 내용

Chapter2 폴더 안에 **quiz_game.py**라는 파일이 이 프로그램입니다. 이걸 IDLE로 실행하면 실제로 퀴즈 게임을 해 볼 수 있습니다.

유명한 게임 퀴즈구나. 답을 입력하고 Enter 키를 눌러보자.

문제 수를 늘리려면 배열에서 정의한 데이터를 늘리고 for문의 범위를 변경하면 돼요. 이 장에서 배운 뒤에 프로그램 개조도 해 봅시다!

2 2 입력과 출력

컴퓨터는 입력 → 연산 → 출력의 순서로 처리를 진행합니다. 이 절에서는 입력과 출력을 담당하는 Python 명령을 확인해 봅시다.

(1) 컴퓨터의 기본 기능

컴퓨터는 입력한 데이터를 연산으로 변화시켜 목적한 값으로 출력하는 기능을 가지고 있습니다. (그림 2-2)

1장에서 배웠지, 예를 들면 컨트롤러 입력이나 액정화면을 터치하면 화면이나 소리가 출력되는 것처럼~

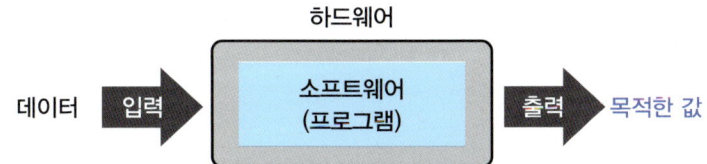

하드웨어

데이터 → 입력 → 소프트웨어 (프로그램) → 출력 → 목적한 값

▲ 그림 2-2 컴퓨터의 기본 기능

프로그램은 변수나 배열(다음 절에서 설명)로 수나 문자열을 처리합니다. 또한 다양한 명령을 조합해서 입력하고 출력하는 순서를 만듭니다. Python에서는 데이터 출력을 **print()**, 데이터 입력을 **input()**이란 명령으로 처리합니다. 이 명령 사용법을 순서대로 설명하겠습니다.

(2) print() 사용법

IDLE을 실행해 메뉴 바에서 'File' → 'New File'을 선택하고 에디터 윈도(텍스트 에디터)를 실행합니다. 그리고 코드 2-1의 프로그램을 입력합니다.

▼ 코드 2-1 print_1.py

줄 번호	프로그램	설명
01	print("스승과 제자가 나타났다!")	print()로 문자열을 출력

입력한 뒤 파일명을 붙여 저장하고 메뉴 바에서 'Run' → 'Run Module' (또는 F5 키)로 실행합니다.

스승과 제자가 나타났다!

와! 우리들이 나타났대요.

1줄짜리 짧은 프로그램입니다. 이 프로그램은 문자열이나 변수를 출력하는 **print()**로 메시지를 표시하고 있습니다. **문자열을 처리할 때는 앞뒤로 큰따옴표 ("")로 묶는 규칙이 있습니다.** Python에는 **작은따옴표 ('')**를 사용하는 경우도 많지만 이 책에선 널리 사용되는 C언어와 같은 규칙을 사용해 큰따옴표를 사용합니다.

print()처럼 ( )가 붙은 명령을 **함수**라고 합니다. 함수에 대해서는 2-7에서 다시 설명하겠습니다.

(3) 계산식의 값을 출력하자

print()의 ( ) 안에 계산식을 넣을 수 있습니다. 코드 2-2의 프로그램을 입력해서 시험해 봅시다.

▼ 코드 2-2   print_2.py

```
01 print(3+7)                                              print()로 계산 결과를 출력
```

▼ 실행 결과

```
10
```

스스로 입력하는 것이 프로그래밍을 배우는 지름길입니다. 책을 보기만 하지 말고 실제로 입력해 봅시다.

print()에 계산식을 입력해 그 답을 출력했습니다.

그러면 **print("3+7")**처럼 큰따옴표를 사용해 입력하면 어떻게 될까요?

큰따옴표로 묶은 내용은 문자열로 취급되어 **3+7이 그대로** 출력됩니다.

(4) input() 사용법

다음은 문자열을 입력하는 **input()**의 사용법을 알아봅시다. 코드 2-3의 프로그램을 입력하고 파일명을 붙여 저장하고 실행해 봅시다. 셀 윈도에 이름을 입력하라는 메시지가 나오고 I(텍스트 커서)가 깜빡거립니다. 거기에 문자열을 입력하고 Enter 키(Return 키)를 누릅시다.

▼ 코드 2-3   input_1.py

```
01 s = input("그대의 이름을 입력하라")               input()으로 입력한 문자열을 변수 s에 대입
02 print(s,", 모험을 떠나거라.")                     s의 값과 메시지를 print()로 출력
```

▼ 실행 결과

```
그대의 이름을 입력하라 애꾸눈의 늑대
애꾸눈의 늑대, 모험을 떠나거라.
```

1행의 **input()**으로 Python(IDLE)이 문자열을 입력하는 상태가 됩니다. 입력한 문자열은 변수 s에 대입됩니다.

2행에서 s의 값과, '모험을 떠나거라' 라는 문자열을 **print()** 로 출력합니다.

print()에 변수 s와 쉼표 (,)를 구분해서 입력했습니다. Python의 **print()**는 복수의 변수나 문자열을 쉼표로 나누어 입력하고, 그 값을 한번에 출력할 수 있습니다.

변수는 값이나 문자열을 넣는 상자 같은 것입니다. 다음 절에서 배울 거예요.

 MEMO

input()의 주의점

input()로 −1, 100, 3.14 같은 숫자도 입력할 수 있습니다. 단 Python의 **input()**로 입력한 숫자는 문자열로 취급합니다. 컴퓨터는 숫자와 문자열을 구분하기 때문에 **input()**로 입력한 숫자를 그대로 계산에 사용할 수 없습니다. 입력한 문자열을 숫자로 취급하기 위해서는 **int()**나 **float()** 같은 명령으로 값을 변환해야 합니다. 그 방법은 나중에 설명하겠습니다.

(5) 주석

프로그램 안에 명령의 사용법 등을 적어 둘 수 있습니다. 이걸 <mark>주석</mark> 혹은 <mark>코멘트</mark>라고 하고, Python에선 **#**을 이용해 입력합니다. (줄 앞머리에 #가 있으면 그 줄은 주석이 됩니다) 주석은 실행되지 않기 때문에 처리 내용을 주석으로 적어두면 나중에 프로그램을 다시 확인할 때 도움이 됩니다. 또한 프로그램 일부분을 주석으로 만들어 실행되지 않게 하는 걸 <mark>주석 처리</mark>라고 합니다.

▼ 코드 2-4   input_2.py

```
01 # input()의 사용법을 확인하는 프로그램                                        주석을 입력
02 s = input("그대의 동료의 이름은 무엇인가?") #문자열 입력                      input() 다음에 주석을 입력
03 print("흠,"+ s +"와(과)는 언젠가 다시 만날 수 있을 게다.")                    s의 값과 문자열을 +로 붙여서 출력
```

▼ 실행 결과

```
그대의 동료의 이름은 무엇인가? 붉은 날개
흠, 붉은 날개와(과)는 언젠가 다시 만날 수 있을 게다.
```

이 프로그램을 실행하면 1행은 무시하고 2행부터 실행됩니다.

2행의 # 부분은 무시되고 2행은 s = input(" …. ") 부분만 실행됩니다.

3행에선 '흠'과 s의 내용, '와(과)는 언젠가 다시 만날 수 있을 게다.'라는 3개의 문자열을 +로 붙여서 출력합니다. 문자열은 + 기호를 사용해 붙일 수 있습니다.

프로그래밍 기초 지식

2 ③ 변수

프로그래밍 시에는 변수나 배열을 사용해 다양한 데이터를 처리합니다. 이 절에서는 변수로 숫자나 문자열을 처리하는 방법을 설명합니다. 배열은 다음 절에서 설명하겠습니다.

(1) 변수란?

변수는 데이터를 넣어두는 컴퓨터 메모리 상에 만들어지는 상자와 같습니다 . 수학에 $x = 1$, $y = x^2$처럼 변수와 비슷한 개념이 있지만 프로그래밍에서는 변수에 문자열을 넣을 수도 있습니다.

그림 2–3은 life라는 이름의 변수에 100이라는 숫자를, score라는 변수에 0을 job이라는 변수에 용사라는 문자열을 대입했을 때의 이미지입니다.

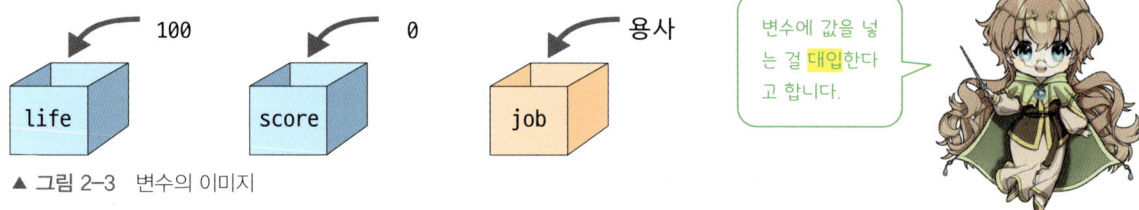

▲ 그림 2–3   변수의 이미지

알기 쉽게 변수명을 영단어로 지정했지만 i나 x같이 알파벳 1글자로 변수명을 지정할 수 있습니다. 변수명을 붙이는 방법은 (3) **p.033**에서 설명하겠습니다.

그림 2–3을 프로그램으로 입력하면 코드 2–5처럼 됩니다. 이 프로그램을 입력하고 파일명을 붙여 실행해서 동작을 확인해 봅시다.

3행의 '용사'는 문자열입니다. 문자열은 앞뒤에 큰따옴표("")를 입력하고 변수에 대입합니다.

▼ 코드 2–5   variable_1.py

```
01  life = 100                                     변수 life에 숫자를 대입
02  score = 0                                      변수 score에 숫자를 대입
03  job = "용사"                                    변수 job에 문자열을 대입
04  print("life에 대입한 체력 값은 ", life)          print()로 life의 값을 출력
05  print("score에 대입한 점수는 ", score)          print()로 score의 값을 출력
06  print("job에 대입한 직업의 문자열은 " , job)     print()로 job의 값을 출력
```

▼ 실행 결과

life에 대입한 체력 값은 **100**
score에 대입한 점수는 **0**
job에 대입한 직업의 문자열은 **용사**

(2) 대입연산자

Python의 변수는 등호(=)를 사용하고 가장 먼저 대입하는 값(**초기 값**)을 입력한 시점부터 사용할 수 있습니다. 이것을 변수의 **선언**이라고 하고 값을 넣는 등호(=)를 **대입연산자**라고 합니다.

 MEMO

변수의 타입 지정에 대해

Python의 변수는 선언할 때 타입 지정을 하지 않기 때문에 C언어나 C++, Java등을 배운 적이 있는 분은 헷갈릴지도 모릅니다. 타입 지정을 하지 않지만 Python의 변수에도 다양한 타입이 있습니다. 타입에 대해서는 다음에 설명하겠습니다.

(3) 변수명 붙이기

변수명은 알파벳, 숫자, 언더 바(_)를 조합해서 마음대로 붙일 수 있습니다. 하지만 다음 규칙을 따를 필요가 있습니다.

변수명 붙이는 규칙

- 알파벳과 언더 바를 사용한다
  예) ○ `hi_score = 10000`, ○ `job = "전사"`
- 숫자를 포함할 수 있지만 숫자부터 시작하지 않는다
  예) ○ `player1 = "용사"` ✕ `1player = "용사"`
- 예약어를 변수명으로 사용하지 않는다
  예) ✕ `if = 0`, ✕ `for = 2`

_old_data처럼 언더 바로 시작하는 변수명도 사용 가능합니다.

대문자 알파벳도 사용할 수 있지만 Python의 변수명은 일반적으로 소문자를 사용합니다. 대문자와 소문자를 구분하기 때문에 예를 들어 score와 Score는 다른 변수가 됩니다.

예약어란 컴퓨터가 기본적으로 처리를 명령할 때 쓰는 문자입니다. `if`, `elif`, `else`, `and`, `or`, `for`, `while`, `break`, `continue`, `def`, `import`, `False`, `True` 같은 예약어가 있으며 각각의 의미와 사용법은 다음에 설명하겠습니다. 여기선 이런 단어를 변수명으로 쓸 수 없다는 것만 이해해 둡시다.

변수명은 그 변수가 어떤 데이터를 다루는지 알기 쉽게 붙입시다. 예를 들어 점수를 대입하는 변수는 `score`, 체력을 대입하는 변수는 `life`, 플레이어의 좌표를 대입하는 변수는 `player_x` 나 `player_y` 등으로 누가 봐도 알기 쉽게 합시다. 학습 단계에서는 알파벳으로 `byunsoo`, `cheryuk` 등으로 좋습니다.

소프트웨어를 개발할 때 종종 오랜 시간을 들여 긴 프로그램을 입력할 때가 있습니다. 휴식을 취하고 다시 프로그래밍을 시작했을 때 변수명이 무슨 내용을 담고 있는지 바로 알 수 있다면 작업이나 학습할 때 큰 도움이 됩니다.

또한 한 번만 사용하는 변수의 경우, 알파벳 1글자로 해도 괜찮습니다. 이 책에서도 앞으로 배울 **for**에 의한 반복에서 **i**라는 알파벳 1글자 변수를 사용합니다.

(4) 변수 값을 계산식으로 바꾸자

계산식을 입력해서 변수 값을 변경할 수 있습니다. 변수에 대입한 초기 값을 계산식으로 다른 값으로 변경하는 프로그램을 알아봅시다. (코드 2-6)

▼ **코드 2-6**　variable_2.py

```
01  score = 0                        변수 score에 초기 값을 대입
02  print("스코어의 초기 값은 ", score)   그 값을 출력
03  score = score + 100              score에 100을 더해 score에 대입
04  print("계산 후 스코어는 ", score)      계산 후 변수 값을 출력
```

▼ **실행 결과**

```
스코어의 초기 값은 0
계산 후 스코어는 100
```

1행에서 변수 score에 초기 값 0을 대입해 2행에서 그 값을 출력합니다.

3항 score = score + 100은 'score에 100을 더한 값을 score에 대입하라'라는 뜻입니다. score = score + 100을 score += 100으로 쓸 수도 있습니다.

(5) 연산자

덧셈은 +, 뺄셈은 -, 곱셈은 *(별표), 나눗셈은 /(슬래시) 기호를 사용해 계산식을 입력합니다. (표 2-1) +, -, *, / 를 **연산자**라고 합니다.

▼ **표 2-1**

사칙연산	프로그래밍에서 사용하는 기호
덧셈(+)	+
뺄셈(-)	-
곱셈(×)	*
나눗셈(÷)	/

> 덧셈, 뺄셈은 수학이랑 기호가 같은데 곱셈이랑 나눗셈은 수학이랑 기호가 다르구나.

이 외에도 **제곱**을 구하는 * *, 나눗셈의 몫을 정수로 구하는 / /, 나눗셈의 **나머지**를 구하는 %과 같은 연산자가 있습니다. (표 2-2)

> 제곱이란 같은 수를 몇 번이고 곱하는 걸 의미합니다.

//와 %의 사용법은 그림 2-4에서 설명하겠습니다. 예를 들어 a=26//8이라고 입력하면 a에 3이 대입되고 b=26%8이면 b에 2가 대입됩니다.

▼ 표 2-2 기타 연산자

기능	프로그래밍에서 사용하는 기호
제곱	**
나눗셈의 몫(정수)	//
나머지	%

%는 게임 개발에 사용합니다. 사용법을 익혀 둡시다.

몫은 26//8로 구할 수 있다.

$$26 \div 8 = 3 \cdots 2$$

나머지는 26%8로 구할 수 있다.

▲ 그림 2-4 //와 %의 사용법

(6) 타입(데이터 타입)

컴퓨터에서 처리하는 데이터는 숫자나 문자열 등으로 종류를 구분하는데, 이를 **타입**이나 **데이터 타입**이라고 부릅니다. Python에는 표 2-3과 같은 형식이 있습니다.

▼ 표 2-3 Python의 데이터 타입

데이터 종류	타입 명칭	값의 예시
숫자	정수 타입(int 타입)	-10, 0, 7890
	소수 타입(float 타입)	-0.01, 3.141592
문자열	문자열 타입(string 타입)	Python, 게임 제작
논리값	논리 타입(bool 타입)	True와 False

데이터 타입이 처음엔 어렵게 느껴질 수도 있지만 다양한 프로그램을 만들다 보면 자연스럽게 이해할 수 있어요. 여기선 개념만 알고 넘어갑시다.

소수 타입은 엄밀하게 말하자면 **부동소수점 타입**이라고 합니다. **논리 타입**은 참/거짓 타입이라고도 하며 그 값은 True(참)와 False(거짓) 두 종류입니다. True와 False는 '2-5 조건 분기'에서 설명하겠습니다.

컴퓨터는 처리하는 데이터가 어떤 종류인지(숫자, 문자열 등)를 판단하고 그 데이터를 보존합니다. 그렇기 때문에 프로그래밍 언어에는 타입이라는 개념이 존재합니다.

(7) 문자열과 숫자는 종류가 다른 데이터

문자열을 다룰 때는 앞뒤를 큰따옴표로(" ") 묶어서 문자열이라고 컴퓨터가 알 수 있게 해줍니다. 숫자와 문자열은 다른 타입이기 때문에 예를 들어 1 + "1"이라고 입력할 수 없습니다. 1은 숫자이고 큰따옴표로 묶인 "1"은 문자열입니다.

(8) 형변환

문자열을 숫자처럼 취급하기 위해선 **형변환**을 합니다. Python에는 문자열이나 소수를 정수로 바꾸는 **int()**, 문자열이나 정수를 소수로 바꾸는 **float()**라는 명령이 있습니다.

코드 2–7 의 프로그램으로 int()의 사용법을 알아봅시다.

숫자를 문자열로 변환하는 str()이라는 명령도 있습니다.

▼ 코드 2–7   variable_3.py

```
01 dmg_s = "999"                              변수 dmg_s에 문자열 '999'를 대입
02 print("최대 대미지 값 " + dmg_s + "을(를) 문자열로 보존")    dmg_s를 문자열 그대로 +로 붙여서 출력
03 dmg_i = int(dmg_s)                         dmg_s의 값을 정수로 변환해서 dmg_i에 대입
04 print("int()로 dmg_s를 정수", dmg_i,"로 변환")    dmg_i의 값을 숫자로 출력
```

▼ 실행 결과

```
최대 대미지 값 999을(를) 문자열로 보존
int()로 dmg_s를 정수 999로 변환
```

1행에서 변수 dmg_s에 999라는 문자열을 대입합니다. 이 999는 큰따옴표로 묶여 있기 때문에 문자열입니다. 문자열끼리 2행처럼 + 연산자를 사용해 붙일 수 있습니다.

3행의 int()에서 문자열을 정수로 변환해 변수 dmg_i에 대입합니다.

2행에서 출력된 999는 문자열, 4행에서 출력된 999는 숫자라는 사실을 주의합시다.

숫자와 문자열을 구분해야겠구나~

맞아요. 프로그래밍의 기본 규칙을 하나씩 익혀갑시다.

MEMO   변수명 붙이는 법

이 프로그램에서 변수 dmg_s의 s는 string(문자열)의 s, dmg_i의 i는 integer(정수)의 i를 붙여서 변수명을 구분했습니다. 한번 사용하고 마는 변수는 i나 x 등 1글자로 써도 괜찮지만 중요한 데이터를 다룰 땐 어떤 내용인지 알기 쉬운 변수명을 붙입시다.

2 4 배열

배열은 복수의 데이터를 한번에 관리할 때 쓰는 번호가 붙은 변수입니다. 게임 제작으로 예를 들자면 복수의 캐릭터를 움직이기 위해 배열을 사용합니다. 이 절에서는 배열의 기초 지식을 배워 봅시다.

(1) Python의 리스트(데이터를 담는 상자)

Python에는 **리스트**라는 데이터를 담는 상자가 있습니다. 이 리스트는 프로그램이나 코드가 아니고 데이터를 효율적으로 처리하기 위해 만들어진 Python 전용 데이터 보관함입니다.

이 리스트는 일반적인 배열로 사용할 수 있습니다. 이 책에서 Python의 리스트를 '배열'이라고 부르겠습니다.

(2) 배열이란?

그림 2–5는 배열이 작동하는 모습을 묘사한 이미지입니다. **job**이란 이름의 상자가 n개 있는데 이 **job**이 배열입니다. 이 그림에서는 배열에 문자열을 대입했지만 숫자를 대입할 수도 있습니다.

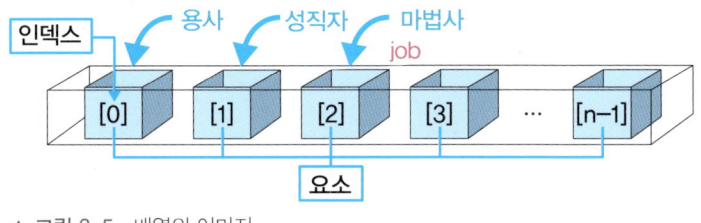

번호를 붙인 상자를 몇 개 준비하고
복수의 데이터를 한번에 정리한다

상자가 여러 개 있으니까 편리할 것 같아!

▲ 그림 2–5 배열의 이미지

job[0]부터 job[n-1]까지 각각의 상자가 **요소**입니다. 상자가 몇 개 있는지를 **요소의 개수**라고 합니다. 상자를 관리하는 번호를 **인덱스**라고 합니다. **인덱스는 0부터 시작하며 상자의 개수가 n개일 때 마지막 인덱스는 n-1이 됩니다.**

예를 들어 롤플레잉 게임(RPG) 캐릭터에겐 다양한 직업이 있습니다. 각 직업들을 job = ["용사", "성직자", "마법사", 격투가", "검술사"] 라고 정의하겠습니다. 이렇게 입력하면 5개의 상자가 생기고 job[0]에 용사, job[1]에 성직자. job[2]에 마법사. job[3]에 격투가, job[4]에 점술사라는 문자열이 대입됩니다.

이 다음에 대입한 프로그램을 확인해 보겠습니다.

(3) 배열 선언

배열을 사용하는 것을 컴퓨터에게 알리는 작업이 **배열 선언**입니다. 배열을 선언할 땐 몇 가지 작성법이 있으며 대표적인 방법은 그림 2-6과 같습니다.

변수나 배열을 사용할 때는 먼저 컴퓨터에게 사용한다는 사실을 알려야 합니다.

[ ]로 묶는다

배열명 = [데이터0, 데이터1, 데이터2, ….]

복수의 데이터를 쉼표로 구분해서 입력한다

▲ 그림 2-6 배열에 초기 값 대입하기

이렇게 입력하면 각 요소에 초기 값이 대입됩니다. 이 예시에서는 **배열명[0]**의 값이 **데이터0**, **배열명[1]**의 값이 **데이터1**, **배열명[2]**의 값이 **데이터2**가 됩니다.

(4) 배열을 사용한 프로그래밍

배열에 초기 값을 대입하는 프로그램을 알아봅시다. (**코드 2-8**) 이 프로그램에서는 life[0], life[1], life[2] 이렇게 3개의 요소를 가지는 배열을 만들고 각 요소에 숫자를 대입합니다.

▼ **코드 2-8** array_1.py

```
01 life = [100, 500, 1000]                     숫자와 초기 값으로 쓸 배열을 준비
02 print("life[0]의 값은", life[0])             0번째 요소 값을 출력
03 print("life[1]의 값은", life[1])             1번째 요소 값을 출력
04 print("life[2]의 값은", life[2])             2번째 요소 값을 출력
```

▼ 실행 결과

```
life[0]의 값은 100
life[1]의 값은 500
life[2]의 값은 1000
```

데이터를 한번에 처리하는 구조가 배열이구나.

배열에 문자열을 대입하는 프로그램을 알아봅시다. (**코드 2-9**) 이 프로그램은 5개의 요소를 가진 배열에 게임 캐릭터의 직업을 상정한 문자열을 대입합니다.

▼ **코드 2-9** array_2.py

```
01 job = ["용사", "성직자", "마법사", "격투가", "검술사"]      문자열과 초기 값으로 쓸 배열을 준비
02 print("job[0]의 내용은",job[0])              0번째 요소 값을 출력
03 print("job[1]의 내용은",job[1])              1번째 요소 값을 출력
04 print("job[2]의 내용은",job[2])              2번째 요소 값을 출력
05 print("job[3]의 내용은",job[3])              3번째 요소 값을 출력
06 print("job[4]의 내용은",job[4])              4번째 요소 값을 출력
```

job[0]의 내용은 용사
job[1]의 내용은 성직자
job[2]의 내용은 마법사
job[3]의 내용은 격투가
job[4]의 내용은 점술사

(5) 2차원 배열

세로 방향과 세로 방향으로 인덱스를 사용해서 데이터를 관리하는 2차원 배열이 있습니다. 이 책에서는 슈팅 게임이나 3D던전 탐색 프로그램에서 2차원 배열을 사용합니다. 여기서 2차원 배열의 개념을 알아 둡시다.

2차원 배열은 1개의 상자에 2개의 인덱스를 사용해 **배열명[y][x]**라고 입력합니다. 인덱스는 그림 2-7과 같이 세로 방향을 y, 가로 방향을 x로 하는 것이 일반적입니다.

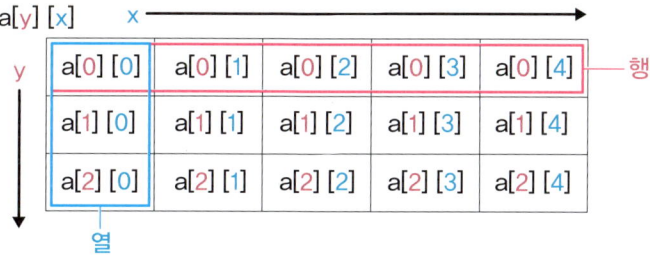

▲ 그림 2-7   2차원 배열

데이터의 가로 줄을 **행**, 세로 줄을 **열**이라고 합니다.

2차원 배열은 2차원 시점의 미로를 생각하면 이해하기 쉽습니다. 미로의 타일을 위에서부터 y행, 왼쪽부터 x열로 치고 어디에 무엇이 있는지 정합니다. 예를 들어 통로를 0, 벽을 1, 마법진을 2로 하고 그림 2-8같은 데이터를 준비해서 그 데이터를 바탕으로 미로를 화면에 표시합니다.

데이터로 정의하기 ──────→ 데이터를 바탕으로 미로를 표현한다

```
maze = [
    [1,1,1,1,1,1,1,1,1,1,1],
    [1,0,1,0,2,0,1,0,0,0,1],
    [1,0,1,0,1,0,1,0,1,1,1],
    [1,0,0,0,0,0,0,0,0,0,1],
    [1,0,1,0,1,0,1,0,1,0,1],
    [1,0,0,0,1,0,1,0,2,0,1],
    [1,0,1,0,1,0,1,1,1,0,1],
    [1,0,0,0,1,0,0,0,0,0,1],
    [1,1,1,1,1,1,1,1,1,1,1]
]
```

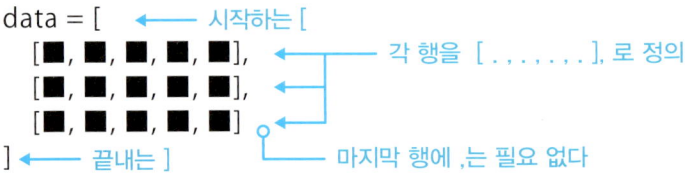

▲ 그림 2-8 2차원 배열로 미로를 정의하기

※ 이 그림은 2차원 배열을 데이터로 보존하는 예시를 시각화한 것입니다. 2차원 배열을 정의한 것뿐이므로 화면은 표시되지 않습니다.

2차원 배열을 만들 때 몇 가지 작성법이 있지만 기본적인 선언 방법은 그림 2-9와 같습니다.

data = [←── 시작하는 [
    [■,■,■,■,■], ←── 각 행을 [. . . . . . .], 로 정의
    [■,■,■,■,■],
    [■,■,■,■,■] ←── 마지막 행에 ,는 필요 없다
] ←── 끝내는]

▲ 그림 2-9 2차원 배열 작성법 예시

■에 데이터를 입력합니다.

배열은 처음 보기엔 어렵습니다. 바로 이해하지 못하더라도 3장에서 다시 설명하므로 그 때 복습합시다. 여기서는 개념만 알아 두고 조건 분기에 대해 알아봅시다.

배열은 어려워~ 1차원 배열은 대충 알겠는데 2차원 배열은 잘 모르겠어.

이 다음에 다시 한번 배울 거니까 걱정하지 마세요.

조건 분기

프로그램에 입력한 명령이나 계산식은 순서대로 실행되고 동작합니다. 이런 동작 순서를 특정 조건이 성립되었을 때 분기하는 구조가 <mark>조건 분기</mark>입니다.

(1) 조건 분기

조건 분기가 무엇인지 알기 쉽게 게임 프로그램으로 예를 들겠습니다.

게임에서 조건 분기를 활용하는 예시

- 점수가 하이스코어를 넘어서면 하이스코어에 점수 값을 대입하라
- 주인공과 적 캐릭터가 접촉하면 주인공 체력을 줄여라
- 주인공 체력이 0 이하가 되면 게임오버로 넘어가라

조금 어려운 예시를 들었지만 이 절에선 조건 분기의 기초를 배웁니다.

조건 분기는 'A라는 조건이 성립되면 B를 하라' 라는 지시를 프로그램으로 입력합니다. 그걸 위해 <mark>if</mark>라는 예약어를 사용합니다.

(2) if의 3가지 작성법

if는 다음 3가지 작성법이 있습니다.

① if

② if ~ else

③ if ~ elif ~ else

처리 순서를 나타내는 그림을 <mark>플로우 차트</mark>(순서도)라고 합니다.

①~③ 3가지 조건 분기 플로우 차트는 그림 2-10~ 그림 2-12와 같습니다.

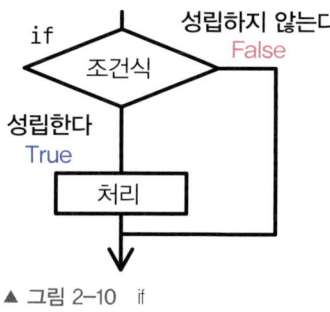

▲ 그림 2-10 if

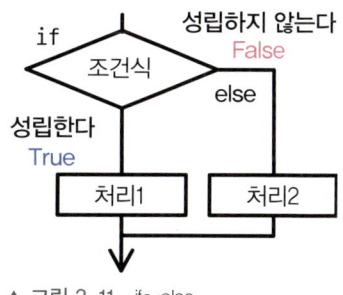

▲ 그림 2-11 if~else

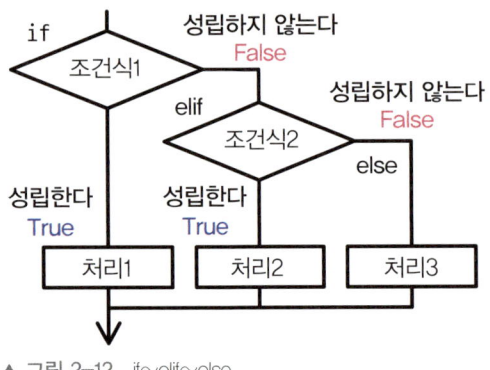

처리 순서를 도형으로 나타낸 것이 플로우 차트입니다.

▲ 그림 2-12 if~elif~else

(3) if 사용법

if의 기본적인 문법을 알아봅시다. (그림 2-13)

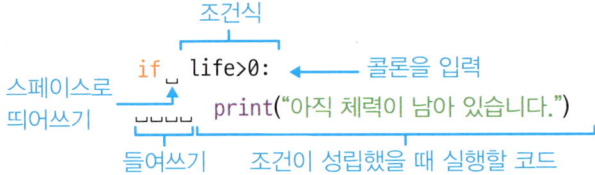

▲ 그림2-13 if문의 작성법

if와 조건식을 사용한 문법을 **if문**이라고 합니다. 조건이 성립했는지를 확인하는 식이 **조건식**입니다. 조건식은 if 바로 뒤에 쓰고 if와 조건식은 스페이스로 띄어 씁니다. if 다음 행은 조건이 성립되어 실행할 코드를 입력합니다. Python에서는 그림 2-13처럼 그 코드를 들여쓰기합니다.

(4) 들여쓰기

Python에서는 조건 성립시의 처리를 **들여쓰기**로 입력합니다. Python에서 들여쓰기는 일반적으로 스페이스 4문자만큼 간격을 둡니다.

들여쓰기한 부분은 **블록**이라고 하며 '처리 모음'입니다. 조건이 성립했을 때 여러 행에 걸쳐 처리를 하기 때문에 각 행을 전부 들여쓰기합니다.

(5) if를 사용한 프로그래밍

코드 2-10의 프로그램으로 if문을 알아봅시다.

Python의 들여쓰기는 중요한 의미를 가집니다. 프로그램을 확인하고 들여쓰기의 의미를 이해해 봅시다.

▼ 코드 2–10 if_1.py

01 life = 100	변수 life에 초기 값을 대입
02 print("체력 값은", life)	그 값을 출력
03 if life==0:	Life 의 값이 0이라면
04 print("더이상 싸울 수 없습니다.")	'더 이상 싸울 수 없습니다.'를 출력
05 if life!=0:	Life의 값이 0이 아니라면
06 print("아직 더 싸울 수 있습니다.")	'아직 더 싸울 수 있습니다.'를 출력

▼ 실행 결과

체력 값은 100
아직 더 싸울 수 있습니다.

1행에서 life = 0으로 하면 4행 이 실행되는지 확인해 봅시다.

3행이 `if lifc--0`은 '변수 lite가 0이라면'이라는 의미입니다. 1행에서 life에 100을 대입했기 때문에 이 조건식은 성립하지 않습니다.

5행의 `if life!=0`은 'life가 0이 아니라면'이라는 의미입니다. 이 조건식은 성립하기 때문에 6행이 실행됩니다.

(6) 조건식

조건식은 표 2–4와 같이 입력합니다. 좌변과 우변이 같은지를 확인하려면 등호(=)를 2개 붙여 쓰고, 같지 않은 지 확인하려면 !와 =를 같이 씁니다. 수의 크기 비교는 수학과 마찬가지로 〉와 〈를 사용합니다.

▼ 표 2–4 조건식

조건식	무엇을 확인하는가
a==b	a와 b가 같은 지
a!=b	a와 b가 같지 않은 지
a>b	a는 b보다 큰지
a<b	a는 b보다 작은지
a>=b	a는 b 이상인지
a<=b	a는 b 이하인지

==와 !=는 처음 봤어요. 기억해 둬야 겠다~

(7) True와 False

Python에는 참을 의미하는 True와 거짓을 의미하는 False라는 값이 있습니다. True와 False를 논리 값이나 참과 거짓, 혹은 bool 값이라고 합니다. 조건이 성립했을 때 그 조건식은 True가 되고, 성립되지 않으면 False가 됩니다. if문은 조건식이 True라면 블록에 입력한 처리가 실행됩니다.

(8) if~else 사용법

if~else를 사용하면 조건이 성립하지 않았을 때의 처리를 입력할 수 있습니다.

코드 2-11의 프로그램으로 if~else의 사용법을 알아봅시다. else 뒤에는 **:(콜론)**이 필요합니다. 콜론을 잊지 말고 붙여 주세요.

▼ 코드 2-11 if_2.py

```
01  score = 10000          변수 score에 초기 값을 대입
02  print("점수는", score)   그 값을 출력
03  if score>10000:         score 값이 10000보다 크면
04  print("10000점을 넘었습니다!")   '10000점을 넘었습니다!'를 출력
05  else:                   그렇지 않다면(10000이하라면)
06  print("아직 10000점 이하입니다.")   '아직 10000점 이하입니다'를 출력
```

▼ 실행 결과

```
점수는 10000
아직 10000점 이하입니다.
```

> score>10000은 score 값이 10000을 넘어서면 성립됩니다.

1행에서 **score**의 초기 값을 **10000**으로 했기 때문에 3행의 조건식은 성립하지 않습니다. 그렇기 때문에 else 뒤에 입력한 6행이 실행되었습니다.

(9) if~elif~else 사용법

if~elif~else를 사용하면 복수의 조건을 순서대로 확인할 수 있습니다. elif 는 else if의 줄임말입니다. C언어 등 else if를 사용하는 프로그래밍 언어도 있지만, Python에서는 elif로 씁니다.

코드 2- 12의 프로그램에서 if~elif~else의 사용법을 알아봅시다. elif의 조건식 뒤, else 뒤에는 콜론(:)이 필요합니다.

▼ 코드 2-12 if_3.py

```
01  attack = 0              변수 attack에 초기 값을 대입
02  print("적의 공격력은 ", attack)   그 값을 출력
03  if attack>=1000:        attack의 값이 1000 이상이라면
04  print("커다란 대미지를 받았다!")   '커다란 대미지를 받았다!'를 출력
05  elif attack>0:          그렇지 않고 attack이 0보다 크다면
06  print("대미지를 받았다.")   '대미지를 받았다.'를 출력
07  else:                   어떤 조건도 성립하지 않는다면(0 이하라면)
08  print("대미지를 받지 않았다.")   '대미지를 받지 않았다.'
```

▼ 실행 결과

```
적의 공격력은 0
대미지를 받지 않았다.
```

> 1행의 attack을 1000 이상이나 1~999로 바꿔도 작동하는지 확인해봅시다.

1행에서 변수 attack에 0을 대입합니다. 3행과 5행의 조건식은 둘 다 성립하지 않기 때문에 else 뒤의 8행이 실행됩니다.

이 프로그램은 elif를 하나만 입력했지만 if~elif~...~elif~else처럼 elif를 2개 이상 입력해 복수의 조건을 순서대로 판정할 수도 있습니다.

(10) and 와 or (논리연산자)

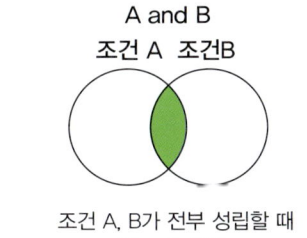

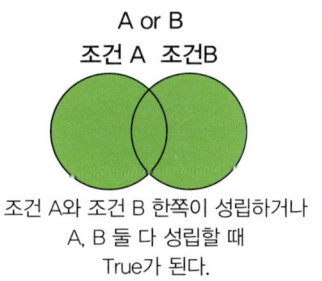

논리연산자라고 불리는 and 와 or를 사용해 'if 조건식1 and 조건식2'나 'if 조건식1 or 조건식2 or 조건식3' 와 같이 1개의 if문에 복수의 조건식을 입력할 수 있습니다. and 는 '~ 전부', or는 '~혹은'이라는 의미입니다. (그림 2- 14)

게임 프로그램에서는 다음 예시와 같이 if문에 복수의 조건식을 입력할 수 있습니다.

A and B
조건 A 조건B

조건 A, B가 전부 성립할 때
True가 된다.

A or B
조건 A 조건B

조건 A와 조건 B 한쪽이 성립하거나
A, B 둘 다 성립할 때
True가 된다.

▲ 그림 2-14   and 와 or

게임 속 if문과 논리연산자의 활용 예시

① 만약 ⬅️ 키를 누르면서 동시에(and) x좌표 값이 0 이상이라면 플레이어 캐릭터를 왼쪽으로 이동한다
② 만약 ➡️ 키를 누르면서 동시에(and) x좌표 값이 1200 이하라면 플레이어 캐릭터를 오른쪽으로 이동한다
③ 만약 Z 키가 눌렸거나 혹은(or) Space Bar 가 눌렸다면 점프한다

①와 ②의 예시는 게임 화면의 폭이 1200이라는 크기를 가졌을 때 플레이어 캐릭터를 화면 내에 보이는 범위에서 움직이게 하기 위한 조건식입니다. ③은 Z 키와 Space Bar 키 두 키 중 어떤 쪽으로도 점프할 수 있게 하는 조건 식입니다. 여기서는 간단한 설명만 하고 지나가지만 게임 제작 기술을 배우고 실제로 게임을 제작할 때 and 와 or를 사용하겠습니다.

외워야 할 게 너무 많아서 자신이 없어요…

괜찮아요. 저도 처음엔 마법의 ㅁ 자도 몰랐는 걸요.

유명한 대현자인 스승님이요? 태어났을 때부터 천재인 줄 알았어요.

그렇지 않아요. 저도 처음부터 하나하나 배웠는 걸요.

반복

반복이란 말 그대로 컴퓨터에게 반복해서 처리하도록 시키는 것입니다. 변수의 값이나 범위를 지정하거나 조건을 설정해서 반복할 수 있습니다.

(1) 반복

게임 프로그램에서 반복의 예시를 살펴봅시다.

반복은 루프(loop)라고도 합니다.

게임 속 반복의 활용 예시

- 적에게 0부터 9라는 번호를 붙이고, 그 중 1~3번 적을 움직여라
- 파티 멤버 5명의 체력을 1번 멤버부터 차례대로 회복시켜라
- 화면의 왼쪽 끝부터 오른쪽 끝까지 블록 이미지를 하나씩 표시하라

조금 어려운 예시를 들었지만 이 절에서 반복의 기초를 배워 봅시다.

(2) 2종류의 반복 명령

반복은 **for**나 **while**이라는 예약어를 사용합니다. 각각 다음과 같은 반복 동작을 합니다.

2종류의 반복

- **for** 반복 → 변수의 값을 지정한 범위에서 변화시키고 그 때 처리를 반복한다
- **while** 반복 → 조건이 성립했을 때 처리를 반복한다

반복을 플로우 차트로 나타내면 그림 2-15와 그림 2-16과 같습니다.

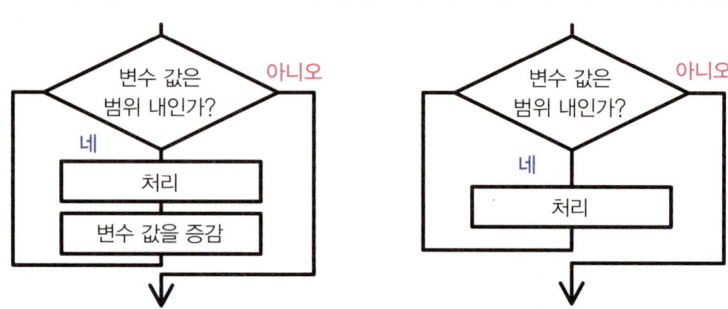

▲ 그림 2-15 for 반복 조건식이 성립하는가　▲ 그림 2-16 while 반복

for를 사용한 반복을 <mark>for문</mark>, while을 사용한 반복을 <mark>while문</mark>이라고 합니다.

for와 **while**의 작성법과 어떻게 처리가 이뤄지는지 순서대로 설명하겠습니다.

(3) for의 사용법

for문은 <mark>range()</mark>라는 명령으로 반복 범위를 지정합니다. for문의 기본적인 작성법은 그림 2–17과 같습니다.

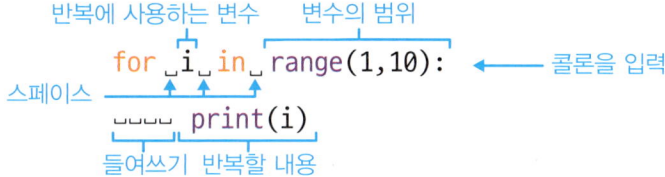

▲ 그림 2–17 for문의 작성법

(4) range()로 범위를 지정하기

반복에 사용할 변수 값의 범위를 range()로 지정합니다. range()는 표 2–5와 같은 작성법이 있습니다.

▼ 표 2–5 range() 작성법

	작성법	어떤 범위를 지정하는가
①	range(횟수)	변수 값은 0부터 시작해 지정한 횟수만큼 반복
②	range(초기 값, 마지막 값)	변수 값은 초기 값부터 시작해 1씩 늘려서 마지막 값의 직전 값만큼 반복
③	range (초기 값, 마지막 값, 증가량)	변수 값을 초기 값부터 마지막 값의 직전 값까지 지정한 증가량만큼 변화시키면서 반복

range()는 지정한 범위의 값의 나열을 의미합니다. 예를 들어 range(1,5)는 1, 2, 3, 4라는 값의 나열이고 마지막 값 5는 포함되지 않습니다. range(10, 20, 2)는 10, 12, 14, 16, 18이라는 값의 나열이고 이 또한 마지막 값 20은 포함되지 않습니다. range()로 범위를 지정할 때는 마지막 값이 포함되지 않는다는 사실에 주의합시다.

range()로 범위를 지정하는 건 Python뿐입니다. C언어나 java 등 다른 언어의 for문과는 다릅니다.

(5) for를 사용한 프로그래밍 - 기본

코드 2–13의 프로그램으로 for문의 기본적인 동작을 알아봅시다.

▼ 코드 2–13   for_1.py

```
01  for i in range(10):        i는 0부터 시작해 10번 반복한다
02  print(i)                   i 값을 출력
```

▼ 실행 결과

```
0
1
2
3
4
5
6
7
8
9
```

조금 어렵지만 게임을 만들기 위해서 열심히 익혀 보자~

바로 그 자세예요. 열심히 해 봅시다!

반복을 사용하는 변수는 일반적으로 i를 사용하는 경우가 많고 이 프로그램에서도 i를 사용했습니다.

반복 범위를 range(10)으로 했기 때문에 i의 값은 0부터 시작해 1씩 늘어나서 9가 될 때까지 2행의 처리를 반복합니다. 출력되는 마지막 값은 10이 아니라는 사실을 주의합시다.

이 프로그램은 학습을 위해 만든 간단한 for문이라 단순하게 0부터 9까지 출력할 뿐입니다. 그러나 예를 들어 게임 프로그래밍에서는 10명의 캐릭터에 0부터 9까지 번호를 붙여 한번에 처리하기 위해 for문을 사용합니다.

(6) for를 사용한 프로그래밍 - range()를 통한 범위 지정

range(초기 값, 마지막 값)으로 범위를 지정한 반복에 대해 알아봅시다. (코드 2–14)

▼ 코드 2–14   for_2.py

```
01  for i in range(1, 5):      i는 1부터 시작해 4까지 1씩 늘어난다
02  print(i)                   i의 값을 출력
```

▼ 실행 결과

```
1
2
3
4
```

for를 사용하면 같은 코드를 몇 번이고 실행할 수 있구나.

마지막 숫자는 매개 변수의 끝 값의 직전 값이 된다는 사실을 주의합시다.

(7) 값을 줄이는 반복

range(초기 값, 마지막 값, 증가량)의 증가량에 음수를 넣으면 값을 점점 줄일 수 있습니다. 이걸 코드 2-15의 프로그램으로 알아봅시다. 이 반복도 마지막 숫자는 마지막 값의 직전 값까지 출력됩니다.

▼ 코드 2-15 for_3.py

```
01 for i in range(10, 5, -1):          i는 10부터 시작해 6까지 1씩 줄어든다.
02 print(i)                            i의 값을 출력
```

▼ 실행 결과

```
10
9
8
7
6
```

for의 기본적인 사용법을 배웠습니다. for문 안에 다른 for문을 넣는 사용법도 있는데 그건 3장에서 배워 보겠습니다.

 **MEMO**

range()로 수열 만들기

Python에는 **range()**와 **list()**라는 명령으로 등차수열을 만들 수 있습니다. 등차수열이란 일정한 수를 점점 더해서 만드는 수의 나열입니다. 등차수열을 만드는 프로그램을 소개합니다. (코드 2-A)

▼ 코드 2-A arithmetic_progression.py

```
01 odd = list(range(1,10,2))           1~9의 홀수 수열을 만들어 odd에 대입
02 print(odd)                          그 수열을 출력
03 ten = list(range(0,101,10))         10 ~ 100의 등차 10의 수열을 만들어 ten에 대입
04 print(ten)                          그 수열을 출력
```

▼ 실행결과

```
[1, 3, 5, 7, 9]
[0, 10, 20, 30, 40, 50, 60, 70, 80, 90, 100]
```

1행에서 1부터 시작하는 등차 2의 수열을 만들었습니다. 마지막 값을 10으로 설정했기 때문에 그 직전인 9까지 나열된 수열이 만들어졌습니다. 3행에서 0부터 시작하는 등차 10의 수열을 만들었습니다. 마지막 값을 101로 설정했기 때문에 100까지 나열된 수열이 만들어졌습니다. 수열은 5장의 COLUMN에서 다시 설명하겠습니다.

(8) break와 continue

for문에서 break와 continue라는 명령을 사용해 반복하는 도중에 반복 조건을 변경할 수 있습니다. ==break== 는 반복을 중단하는 명령, ==continue==는 반복 맨 처음으로 돌아가는 명령입니다.

break와 continue의 사용법을 알아보겠습니다. break와 continue는 if와 조합해서 입력합니다.

코드 2-16이 break를 사용한 프로그램의 예시입니다. 1행에서 범위를 range(10)으로 설정하고 10번 반복하도록 입력했지만 3~4행에서 if와 break를 사용해 i의 값이 2가 되면 반복을 중단하기 때문에 0, 1, 2만 출력됩니다. break로 반복을 중단시키는 것을 '**반복에서 빠져나온다**'고 표현하기도 합니다.

▼ 코드 2-16 for_break.py

```
01  for i in range(10):          i는 0부터 시작해 10번 반복한다
02    print(i)                   i의 값을 출력
03    if i==2:                   i의 값이 2라면
04      break                    break로 반복에서 빠져나온다
```

▼ 실행 결과

```
0
1
2
```

코드 2-17이 continue를 사용한 프로그램의 예시입니다. 1행에서 i는 0부터 시작해 9까지 반복하도록 입력했지만 2~3행에서 if와 continue를 사용해 i가 6 미만이라면 반복 맨 처음으로 돌아가도록 합니다. 그래서 i가 6 미만일 때 4행은 실행되지 않습니다. i가 6 이상이라면 print(i)가 실행됩니다.

▼ 코드 2-17 for_continue.py

```
01  for i in range(10):          i는 0부터 시작해 10번 반복한다
02    if i<6:                    i가 6 미만이라면
03      continue                 continue로 반복의 맨 처음으로 돌아간다
04    print(i)                   i의 값을 출력
```

▼ 실행 결과

```
6
7
8
9
```

break와 continue가 어렵게 느껴지는 분은 for문의 기본적인 작성법을 익혀두고 넘어갑시다. 그리고 다음에 break와 continue가 나왔을 때 복습합시다.

(9) while의 사용법

while문에 대해 설명하겠습니다. while문은 그림 2-18처럼 입력합니다.

while␣조건식:

들여쓰기 ──→ ␣␣␣␣ 처리   조건이 성립했을 때
             :   반복 처리

▲ 그림 2-18 python의 while문

while문에서는 반복에 사용할 변수를 while 앞에 준비합니다. 코드 2-18의 프로그램에서 while의 동작을 알아봅시다.

▼ 코드 2-18 while_1.py

```
01  i = 1                          반복에 사용할 변수 i의 초기 값을 대입
02  while i<=256:                   while의 조건식을 i<=256으로 하고 반복
03  print(i, end=",")              i의 값을 출력
04  i = i * 2                      i의 값을 2배로 하고 i에 대입
```

▼ 실행 결과

```
1,2,4,8,16,32,64,128,256,
```

이건 수를 2배씩 늘리는 계산이구나!

1행에서 반복에 사용할 변수 i에 1을 대입합니다.

2행에서 while의 조건식을 i<=256으로 하고 i가 256 이하일 때 처리를 반복합니다.

4행의 식으로 i의 값이 1 → 2 → 4 → 8 … 처럼 2배씩 늘어납니다.

3행의 print()에 end=","라는 매개 변수가 있습니다. 이것을 넣으면 줄을 바꾸지 않고 쉼표로 구분되어 값이 출력됩니다. 복수의 데이터를 출력할 때 편리하므로 익혀 둡시다.

반복의 의미는 대충 알겠는데 while이 어려워요.

먼저 for를 익혀 둡시다. 이 챕터 맨 처음에 소개한 퀴즈 게임 프로그램 p.028도 참고해 보고요. 퀴즈를 3문제 내기 위해 for를 사용했어요.

컴퓨터가 하는 처리를 하나로 정리해서 입력하는 것이 <mark>함수</mark>입니다. 몇 번이고 동작해야 하는 코드를 함수로 정의해두면 프로그램이 간결하고 알아보기 쉬워집니다. 이 절에서는 함수의 정의와 사용법을 알아봅시다.

(1) 게임 속 함수

게임 프로그래밍 시에는 예를 들어

- 주인공을 움직이는 함수
- 적 캐릭터를 움직이는 함수
- 2개의 물체가 접촉했는지 확인하는 함수

처럼 복잡한 기능을 구현할 때마다 함수를 정의합니다.

프로그래밍은 버그를 수정하는 작업을 동반합니다. <mark>버그</mark>는 프로그램이나 데이터에 문제가 생겨 소프트웨어가 제대로 작동하지 않는 것입니다. 커다란 기능별로 함수를 정의해 두면 버그가 발생한 곳을 찾기 쉬워집니다.

> 이 책을 다 읽고 나서 함수를 스스로 만들 수 있도록 노력해 봅시다.

(2) 함수의 개념

함수에는 <mark>매개 변수</mark>로 데이터를 부여하고 함수 내에서 그 데이터를 바탕으로 계산해서 생성한 값을 <mark>리턴 값</mark>으로 반환하는 기능을 부여할 수 있습니다. 이 기능을 이미지로 표현하면 그림 2-19와 같습니다.

매개 변수와 리턴 값은 필수가 아니므로 매개 변수와 리턴 값이 없는 함수도 만들 수 있습니다.

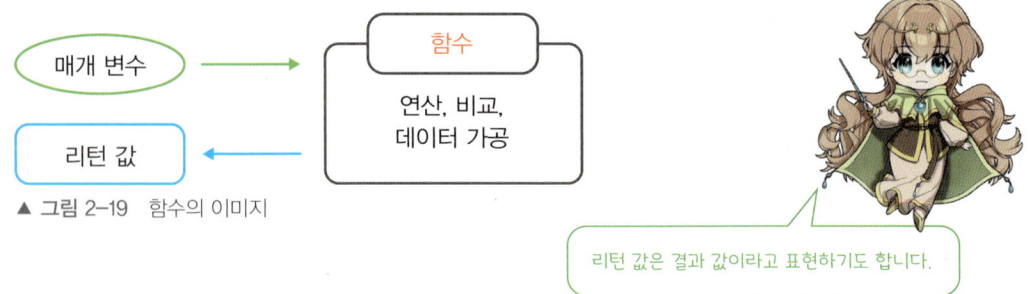

▲ 그림 2-19   함수의 이미지

> 리턴 값은 결과 값이라고 표현하기도 합니다.

(3) 함수를 정의하는 방법

Python에서는 함수를 <mark>def</mark>라는 예약어로 정의합니다. (그림 2-20)

함수명

```
def start() :  ←── 콜론을 입력
    print("모험을 시작할 준비가 되었습니다.")
```

들여쓰기   처리

▲ 그림 2-20   함수를 정의하는 방법

Python은 리턴 값의 유무와 관계 없이 모든 함수를 def로 정의하는 것이 규칙입니다.

함수명에는 ()를 붙입니다. 매개 변수를 지정할 때에는 () 안에 매개 변수가 될 변수를 입력합니다. 매개 변수에 대해서는 다음에 설명하겠습니다. 함수의 처리는 if나 for와 같이 들여 씁니다.

함수명을 붙이는 규칙은 p.033의 변수명을 붙이는 규칙과 같습니다. 규칙에 따라서 자유롭게 붙일 수 있습니다. 프로그램을 다시 확인할 때를 위해 알기 쉬운 함수명을 붙입시다.

또한 Python의 함수명은 일반적으로 소문자를 사용하지만 필요하다면 대문자를 사용해도 괜찮습니다.

(4) 매개 변수도 리턴 값도 없는 함수

매개 변수도 리턴 값도 없는 간단한 함수를 사용한 프로그래밍을 알아봅시다. (코드 2-19) 이 프로그램은 4행에서 함수가 실행되는 것을 알기 쉽게 3행을 비워두었습니다.

▼ 코드 2-19   function_1.py

```
01 def start():                                    start()라는 함수를 정의
02 print("모험을 시작할 준비가 되었습니다.")        문자열을 출력
03
04 start()                                         정의한 함수를 호출한다
```

▼ 실행 결과

모험을 시작할 준비가 되었습니다.

1~2행에서 start()라는 이름의 함수를 정의했습니다. 이 함수는 print()로 메시지를 출력하는 기능을 가집니다.

정의한 함수를 4행에서 호출했습니다. 함수를 실행하는 것을 '<mark>호출한다</mark>'고 표현합니다. **함수는 정의한다고 바로 실행되지 않습니다. 실행하기 위해서는 실행하고 싶은 위치에 그 함수명을 입력합니다.**

4행을 삭제하거나 앞부분에 #을 넣어서 #start()로 만들면 실행하더라도 아무 일도 일어나지 않습니다. 한번 해 보세요.

(5) 매개 변수가 있고 리턴 값이 없는 함수

매개 변수가 있고 리턴 값이 없는 함수를 알아봅시다. (코드 2-20)

▼ 코드 2-20 function_2.py

01 `def life_check(val):`	life_check()라는 함수를 정의
02 `if val>0:`	매개 변수의 값이 0보다 크면
03 `print("아직 싸울 수 있습니다.")`	'아직 싸울 수 있습니다.'를 출력
04 `else:`	그렇지 않다면(매개 변수가 0 이하라면)
05 `print("더 이상 싸울 수 없습니다.")`	'더 이상 싸울 수 없습니다.'를 출력
06	
07 `print("체력 값 100에서 함수를 실행")`	설명문을 출력
08 `life_check(100)`	매개 변수를 부여하고 함수를 호출한다
09 `print("체력 값 0에서 함수를 실행")`	설명문을 출력
10 `life_check(0)`	매개 변수를 부여하고 함수를 호출한다

▼ 실행 결과

```
체력 값 100에서 함수를 실행
아직 싸울 수 있습니다.
체력 값 0에서 함수를 실행
더 이상 싸울 수 없습니다.
```

체력을 확인한다는 뜻에서 `life_check()`라는 함수명을 붙였습니다.

매개 변수가 0보다 큰지 0 이하인지 판단해서 메시지를 출력하는 함수를 1~5행에서 정의하고 있습니다. 8행과 10행에서 각각 매개 변수를 부여하고 이 함수를 호출했습니다. 정의한 함수는 이렇게 몇 번이고 호출할 수 있습니다.

(6) 리턴 값을 가진 함수

리턴 값을 가지기 위해서는 함수 안에 **return 리턴 값**이라고 입력합니다. **리턴 값은 변수나 계산식을 입력하고 그 값을 생성하거나 조건에 따라 다른 값(예시: True나 False)을 반환합니다.**

매개 변수에 공격력이나 방어력을 부여하면 대미지 값을 리턴 값으로 반환하는 함수를 알아봅시다. (코드 2-21)

▼ 코드 2-21 function_3.py

01 `def damage(strength, defense):`	damage()라는 함수를 정의
02 `d = strength - defense`	매개 변수의 값에서 대미지를 계산해 d에 대입
03 `return d`	d의 값을 반환
04	
05 `d = damage(100, 20)`	함수에서 계산한 대미지 값을 d에 대입
06 `print("상대의 공격력이 100, 자신의 방어력이 20일 때 대미지 값은", d)`	print()로 d의 값을 출력
07 `print("상대의 공격력이 50, 자신의 방어력이 30일 때 대미지 값은", damage(50,30))`	print()로 매개 변수에 함수를 입력해서 값을 출력

▼ 실행 결과

```
상대의 공격력이 100, 자신의 방어력이 20일 때 대미지 값은 80
상대의 공격력이 50, 자신의 방어력이 30일 때 대미지 값은 20
```

1～3행에서 정의한 damage() 함수는 매개 변수에서 공격력과 방어력을 받습니다. d = strength - defense 로 대미지 값을 계산하고 변수 d에 대입합니다. 그리고 return d에서 그 값을 반환합니다.

5행에서 함수에 매개 변수를 부여하고 호출해서 리턴 값을 변수 d에 대입합니다. 그 값을 6행에서 출력합니다. 7행은 print() 안에 damage() 함수를 입력해 그 값을 출력했습니다. 함수에서 나온 리턴 값을 이렇게 매개 변수를 거치지 않고 처리할 수도 있습니다.

(7) 전역 변수와 지역 변수, 변수의 유효 범위

function_3.py의 2행과 5행에 d라는 변수가 있습니다. 변수명은 같지만 각자 다른 변수입니다. 이것에 대해 설명하겠습니다.

변수는 전역 변수와 지역 변수 2종류가 있습니다.

- 전역 변수 → 함수 외부에서 선언한 변수
- 지역 변수 → 함수 내부에서 선언한 변수

function_3.py 2행의 d는 지역 변수, 5행의 d는 전역 변수입니다.

지역 변수와 전역 변수는 각자 처리하는 범위(유효 범위)가 다릅니다. 변수의 유효 범위를 <mark>스코프</mark>라고 합니다. 변수의 유효 범위를 표시하면 그림 2-21과 같이 나타낼 수 있습니다.

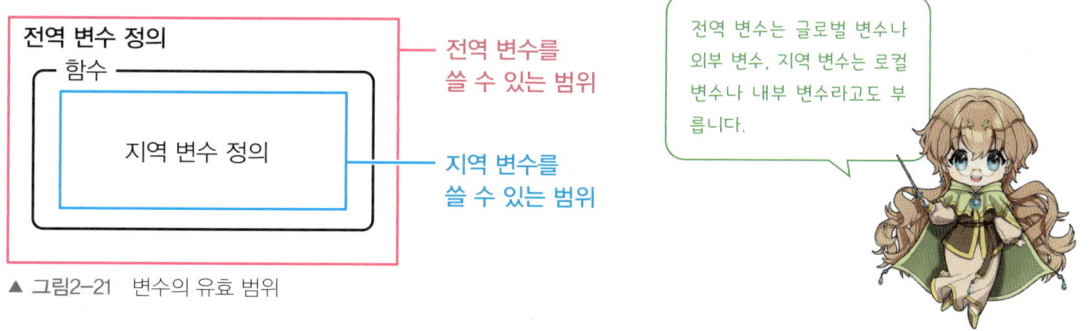

▲ 그림2-21 변수의 유효 범위

전역 변수는 **선언한 프로그램 안에서 어디서나** 사용할 수 있습니다.

지역 변수는 **선언한 함수 안에서만** 사용할 수 있습니다.

전역 변수는 값은 함수 안에서 변경할 수 있으며 Python에는 함수 안에서 그 변수를 global 선언하는 규칙이 있습니다. 이 규칙은 다른 프로그래밍 언어와 달리 Python에만 있기 때문에 게임 제작 중에 다시 설명하겠습니다.

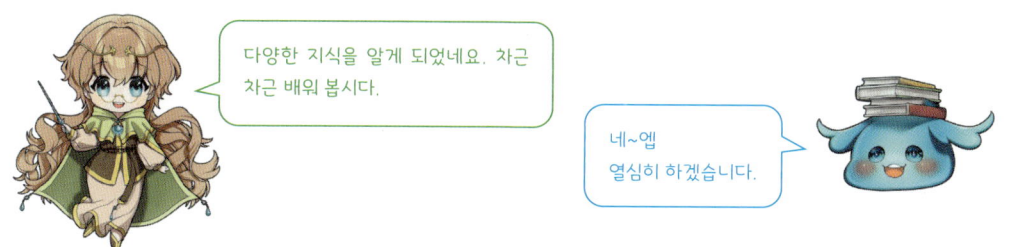

2장 총 정리

2-2

- `print()`로 문자열이나 변수의 값을 출력한다. p.029
- `input()`로 문자열을 입력하고 그 문자열을 변수에 대입한다. p.030
- 프로그램 안에 **주석**으로 설명 등을 넣을 수 있다. p.031

2-3

- **변수**에는 숫자나 문자열을 넣어서 처리한다. 변수를 사용할 때는 변수명 = 초기 값으로 입력한다. p.032
- 변수명에는 알파벳, 숫자, _(언더바)를 조합해서 붙인다. p.033
- 계산에 사용하는 기호를 **연산자**라고 하며 +, −, *, /, **, //, % 등이 있다. p.034
- 변수는 처리하는 데이터의 종류에 따라 몇 가지 타입으로 분류된다. p.035

2-4

- 복수의 데이터를 처리하기 위해서 이용하는, 번호를 붙인 변수를 **배열**이라고 한다. p.037
- 배열 상자를 **요소**라고 하며, 이것이 몇 개 있는지를 **요소의 개수**라고 한다. p.037
- **인덱스**라는 번호로 어떤 요소를 처리할지 지정한다. p.037

2-5

- `if`, `if~else`, `if~elif~else`로 **조건 분기**를 입력한다. p.041
- 조건이 성립했는지 확인하는 식을 **조건식**이라고 하며,
  성립했을 때는 **True**, 성립하지 않았을 때는 **False**가 된다. p.042–043
- A **and** B는 조건 A, B가 전부 성립하는 것을 의미한다. p.045
- A **or** B는 조건 A와 B중 어느 한쪽이 성립하거나 A, B 둘 다 성립하는 것을 의미한다. p.045

2-6

- Python에서는 **for**, **in**, **range()**, **while**로 **반복**해서 처리한다. p.046–047
- **break**로 반복 도중에 중단하거나 **continue**로 반복의 맨 처음으로 돌아간다. p.050

2-7

- 컴퓨터가 하는 처리를 하나로 정리해서 입력하는 것을 **함수**라고 한다. p.052
- Python은 **def**로 함수를 정의한다. 함수에는 **매개 변수**와 **리턴 값**을 가지게 할 수 있다. p.052–053
- 변수에는 전역 변수와 지역 변수가 있으며 각각 **유효범위**가 다르다. p.055

돌 줍기 게임 설명

1장 COLUMN에 나왔던 '돌 줍기 게임'의 필승법과 그 프로그래밍에 대해 설명하겠습니다.

돌 줍기 게임 필승법

돌 줍기 게임은 한번에 주울 수 있는 돌의 최대 값이 m일 때, 주운 후의 개수가 **(m+1)*n+1**이 되도록 하면 반드시 이길 수 있습니다. 이 책의 프로그램은 1개에서 3개를 줍는 규칙이기 때문에 m=3입니다. 주운 후의 값이 21, 17, 13, 9, 5, 1이면 컴퓨터를 상대로 이길 수 있습니다.

프로그래밍 설명

모든 코드와 설명을 가져왔습니다. 지금은 아직 읽을 수 없더라도 이 책을 전부 읽고 나면 이해할 수 있게 됩니다. 모르는 부분이 있더라도 신경 쓰지 말고 전체적으로 살펴보고 다음 장으로 넘어갑시다.

▼ 코드   stone_game.py

```
01  import random                              남수를 사용하기 위해 불러오기
02  import time                                n초를 기다리기 위해 불러오기
03  print("""                                  게임 설명을 출력
04  돌 줍기 게임의 규칙 :
05  돌의 개수는 랜덤으로 정해집니다.(15 ~ 22개)
06  선공,후공도 랜덤으로 정해집니다.
07  플레이어와 컴퓨터가 각자 1 ~ 3개를 줍습니다.
08  마지막 1개를 주운 쪽이 패배합니다.
09  남은 개수가 3개이하일 때 전부 주우면 패배합니다.
10  """)
11
12  stone = random.randint(15, 22)             돌의 개수를 난수로 정한다
13  turn = random.randint(0, 1)                누구 차례인지 난수로 정한다
14  take = 0                                   주운 돌의 개수를 대입하는 변수
15
16  while stone>0:                             돌이 0보다 클 때 반복
17      turn = 1 - turn                        누구 차례인지 변경
18      print("-"*40)                          구분선을 출력
19      for i in range(stone):                 for문으로 돌 개수만
20          print("●", end="")                 ●로 출력
21      print(" 돌의 개수", stone)               stone의 값을 출력
22      if turn==0:                            플레이어의 차례라면
23          print("당신 차례입니다")               '당신의 차례입니다'라고 출력
24          while True:                        while, input(), if로 몇 개
25              i = input("몇개를 주우시겠습니까?")     주울지 입력하는 처리를 입력
26              if i=="1" and stone>0:
27                  take = 1                   1에서 3을 입력했을 때는
28                  break                      take에 그 값을 넣고
29              if i=="2" and stone>1:         while에서 빠져나와 35행으로
30                  take = 2                   이동한다
31                  break                      1, 2, 3 이외의 숫자를 입력했을 때는
32              if i=="3" and stone>2:         while에서 빠져나오지 않고
33                  take = 3                   다시 입력시킨다
34                  break
35          print("당신은", take, "개를 주웠습니다.")    몇 개 주웠는지 출력
```

36	`    else:`	여기서부터 컴퓨터가 줍는다
37	`        print("컴퓨터의 차례입니다.")`	'컴퓨터의 차례입니다'라고 출력
38	`        take = (stone-1)%4`	주울 수를 이기는 수로 한다
39	`        if take==0:`	그 값이 0이 되었을 경우
40	`            take = random.randint(1,3)`	주울 개수를 난수로 정한다
41	`            if take>stone: take = stone`	돌의 남은 개수보다 크게 하지 않는다
42	`        time.sleep(2)`	2초 기다린다
43	`        print(take, "개를 주웠습니다.")`	몇 개 주웠는지 출력
44	`    stone = stone - take`	돌의 개수를 줄인다
45	`    time.sleep(2)`	2초 기다린다
46		
47	`print("------------- 게임 종료 -------------")`	구분선을 출력
48	`if turn==1:`	누가 이겼는지 출력
49	`    print("당신의 승리입니다!")`	
50	`else:`	
51	`    print("컴퓨터의 승리입니다!")`	

※ 학습을 위해 19~20행에서 for문을 사용했지만 19~21을 print("●"*stone, "돌의 개수", stone)과 같이 1줄로 줄여서 입력할 수 있습니다.

- 3~10행과 같이 " " 로 묶어 두는 것으로 복수의 행에 print()를 할 수 있습니다.
- 18행의 print("-"*40)은 **문자열*n**으로 그 문자열을 n개 출력할 수 있습니다.
- time 모듈이 가진 sleep() 함수로 매개 변수 초만큼 처리를 일시정지시킬 수 있습니다. (42행과 45행)

CHAPTER 3

그래픽을 표시하자

Python에는 윈도를 표시하거나 도형이나 이미지를 나타내는 기능이 있습니다. 이 장에서는 그 기능을 사용하는 법에 대해 설명하겠습니다. 또한 도형 묘사에 필요한 2차원 평면이나 좌표와 같은 수학 지식도 배워 봅시다. 그래픽을 사용한 게임 제작 준비를 위해 이 장을 읽어 봅시다.

Contents

3-1	이 장에서 배울 내용
3-2	tkinter로 윈도를 표시해 보자
COLUMN	픽셀과 도트
3-3	캔버스에 선을 그어 보자
3-4	다양한 도형을 그려 보자
3-5	이미지를 표시해 보자
3-6	배열로 색을 다루어 보자
3-7	2차원 배열을 사용해 보자
COLUMN	16진법으로 색을 표현해 보자
COLUMN	status.py의 내용

1 이 장에서 배울 내용

게임은 캐릭터나 오브젝트, 배경 등 다양한 그래픽을 사용합니다. 그래픽 사용을 위한 준비로 Python에서 윈도를 표시하는 방법, 도형이나 이미지를 표현하는 방법, 프로그램으로 나타내기 위해 필요한 수학 지식을 알아보겠습니다. (그림 3-1)

이 장에서 배운 지식을 이용해서 다음과 같은 화면을 나타낼 수 있어요.

와, 스승님의 스테이터스 화면이네요. 어디어디… 지, 지식이 9999? 최대치네요! 대단해요~!

▲ 그림 3-1　이 장에서 배우는 지식으로 나타낸 화면 (캐릭터의 스테이터스 표시)

Chapter3 폴더 안에 있는 **status.py**를 IDLE로 열어서 실행하면 이 화면을 확인할 수 있습니다. 이 프로그램은 이 장에서 배우는 지식을 이용해 만들었습니다. 프로그램 내용은 3장 마지막에 적어 두었습니다.

3 2 tkinker로 윈도를 표시해 보자

이 절에서는 Python으로 윈도를 표시하는 법에 대해 설명하겠습니다.

(1) 게임 제작에 필수적인 윈도

그래픽을 사용하는 게임을 만들기 위해서는 컴퓨터 화면에 윈도를 표시할 필요가 있습니다. Python에는 **tkinter**라는 모듈을 사용해 **윈도**를 만들고 거기에 캔버스라는 부품을 배치해 도형이나 이미지를 표현할 수 있습니다.

(2) 모듈

프로그래밍 기초 지식을 배운 2장에서 변수, 계산식, **if**나 **for**같은 명령을 사용해 간단한 프로그램을 만들었습니다. 이런 프로그램에서 변수를 사용해 계산을 하거나 문자열을 출력하는 기능을 사용했을 때 따로 준비가 필요하지 않았습니다. 하지만 '윈도를 표시한다'는 복잡한 기능은 Python의 **모듈**이라는 기능을 추가해야 사용할 수 있습니다.

이 책에서 사용하는 모듈은 표 3-1과 같습니다.

▼ 표 3-1   이 책에서 사용하는 모듈

모듈명	기능
tkinter	윈도를 만들어 GUI 부품을 동작시킨다
calendar	달력을 출력한다
random	난수를 처리한다
time	시간에 관련된 처리를 한다
math	수학 계산을 처리한다(삼각함수 등)

GUI는 Graphical User Interface의 약자로 버튼이나 텍스트 입력, 아이콘이나 그래픽 등으로 구성된 조작 화면을 의미합니다.

calendar는 1장 셀 윈도 사용법에서 체험했습니다. **random**과 **time**은 1장과 2장의 COLUMN '돌 줍기 게임'에서 사용했습니다.

random은 5장에서 사용법을 자세히 설명하고, 게임 제작에 사용합니다. **math**는 4장에서 설명하고 이 또한 게임 제작에 사용합니다.

이 장에서는 **tkinter** 모듈을 사용해 윈도를 만들고 그래픽을 나타내는 프로그램을 만들어 보겠습니다.

(3) Python으로 윈도를 표시하자

tkinter의 기능을 이용해 윈도를 표시해 봅시다. 코드 3-1의 프로그램을 입력해 실행하고 동작을 확인해 봅시다.

▼ 코드 3-1　window_1.py

```
01  import tkinter                    tkinter 모듈을 불러오기
02  root = tkinter.Tk()              윈도 오브젝트를 만든다※
03  root.mainloop()                  윈도 처리를 시작한다
```

※ tkinter에 탑재된 Tk()가 윈도를 만드는 명령입니다.

▼ 실행 화면

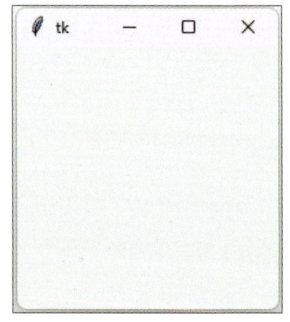

윈도가 나왔다~

root.mainloop()라고 입력하면 윈도 처리를 시작 한다고 생각합시다.

　tkinter 모듈을 사용하기 위해서는 1행과 같이 import tkinter라고 입력합니다.

　2행의 변수 = tkinter.Tk()로 윈도가 될 부품(**오브젝트**)을 만들어냅니다. 이 프로그램에서는 이 변수를 root로 설정합니다. Python에는 윈도를 만들 때 사용하는 변수명을 root로 하는 경우가 많으며 이 책의 프로그램에서도 root를 변수명으로 사용합니다.

　3행의 root.mainloop()로 윈도 기능을 시작합니다. 이 mainloop()는 tkinter를 사용하여 만드는 소프트의 동작을 시작하기 위한 정형문입니다. 3행은 어렵게 생각할 필요가 없습니다.

(4) 타이틀과 윈도의 크기를 지정하자

　코드 3-1에 윈도의 크기를 지정하는 명령과 윈도 타이틀을 지정하는 명령을 추가합니다. 코드 3-2에서 알아봅시다. 이 프로그램을 실행하면 지정한 크기로 타이틀 문자열이 표시된 윈도가 만들어집니다.

▼ 코드 3-2　window_2.py

```
01  import tkinter                    tkinter을 불러오기
02  root = tkinter.Tk()              윈도를 만든다
03  root.geometry("800x480")         윈도의 크기를 지정
04  root.title("타이틀")             윈도의 타이틀을 지정
05  root.mainloop()                  윈도 처리를 시작
```

코드 3-1의 프로그램에 3행과 4행을 추가하는 거구나.

> geometry는 기하학이라는 의미입니다. 기하학이란 도형과 공간의 성질을 연구하는 학문입니다.

윈도의 폭과 높이는 3행의 **geometry()**의 매개 변수에 "폭×높이"로 입력해서 지정합니다. 타이틀은 4행의 **title()**에 매개 변수로 지정합니다.

COLUMN

픽셀과 도트

PC나 스마트폰 등의 액정 화면은 발광하는 작은 점들이 무수하게 많이 모여 있습니다. 그 점 하나 하나를 **픽셀**(화소)나 도트라고 합니다.

화소란 화면을 구성하는 최소 단위를 의미합니다. 디지털 데이터로 저장된 사진이나 이 책을 배울 때 사용하는 일러스트 등의 그래픽 소재에는 수많은 화소, 즉 픽셀이 나열되어 있습니다.

픽셀 하나 하나는 각자 색 정보를 가지고 있습니다. 예를 들어 사과 사진에서 사과의 빨간 부분에는 빨간 픽셀이 나열되어 있고 그림자 부분에는 어두운 색의 픽셀이 나열되어 있습니다.

이 책에서는 캔버스나 도형의 폭과 높이를 'O 픽셀'이라고 설명하겠습니다. (O는 픽셀의 수를 나타내는 숫자가 들어갑니다.) 픽셀과 도트라는 말은 약간 다르게 사용하는 경우가 있지만 프로그래밍을 배울 때는 픽셀 ≒ 도트라고 생각해도 문제없습니다. 예를 들어 폭 800 픽셀, 높이 600 픽셀의 캔버스를 만들면 가로로 800개, 세로로 600개 합 48만개(800×600)의 도트가 나열됩니다.

> 그장에서 도트를 이용해 레이싱 게임을 만듭니다.

> 고전 게임같네요. 너무 기대돼요~

3

캔버스에 선을 그어 보자

이 절에서는 **tkinter**로 도형이나 이미지를 나타낼 캔버스의 사용법에 대해 알아보겠습니다. 또한 그래픽을 표현하기 위해서는 컴퓨터의 좌표에 대해 알아야 하기 때문에 좌표에 대해서 같이 설명하겠습니다.

(1) 캔버스란?

tkinter로 만든 윈도(화면)에는 입력을 할 버튼이나 문자열을 표시하는 라벨이라는 부품, 그래픽을 표현하는 **캔버스(canvas)**라는 부품 등을 배치할 수 있습니다. 이 책에서는 **tkinter**의 캔버스를 사용해 게임을 제작하겠습니다. (그림 3-2)

> tkinter로 만든 윈도 그래픽을 나타내는 캔버스라는 부품은 위젯(widget)이라고 부릅니다. 8장 COLUMN에서 버튼 등의 위젯을 이용한 프로그램을 소개하겠습니다.

tkinter로 만든 윈도   그래픽을 표현할 캔버스

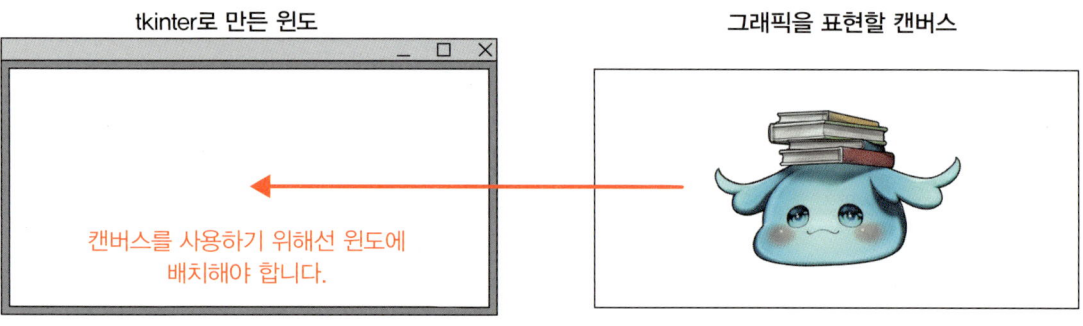

캔버스를 사용하기 위해선 윈도에
배치해야 합니다.

▲ 그림 3-2 캔버스

(2) 컴퓨터의 좌표에 대해 알아보자

그래픽을 사용한 소프트웨어를 만들기 위해서는 컴퓨터의 **좌표**(픽셀의 위치)에 대해 알아야 합니다. (그림 3-3) 여기서 그 개념을 알아 둡시다.

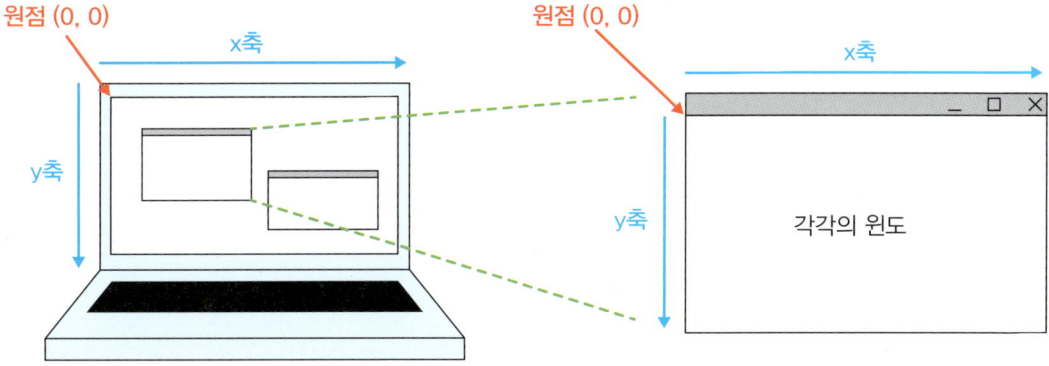

▲ 그림 3-3 컴퓨터의 원점

컴퓨터 화면은 왼쪽 위 모서리가 원점 (0, 0)이고 가로 방향이 x축, 세로 방향이 y축입니다. 컴퓨터 화면에 표시되는 각각의 윈도도 윈도 안 왼쪽 위 모서리가 원점, 가로 방향이 x축, 세로 방향이 y축입니다. **컴퓨터의 y축 방향은 수학과 반대**이기 때문에 아래 방향으로 갈수록 y값이 커집니다.

(3) 캔버스를 사용해 보자

윈도에 캔버스를 배치하고 거기에 선을 긋는 프로그램을 알아봅시다. (코드 3-3)

▼ 코드 canvas_1.py

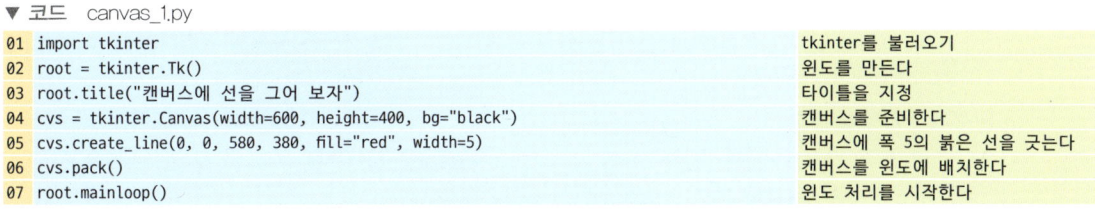

```
01  import tkinter                                          tkinter를 불러오기
02  root = tkinter.Tk()                                     윈도를 만든다
03  root.title("캔버스에 선을 그어 보자")                     타이틀을 지정
04  cvs = tkinter.Canvas(width=600, height=400, bg="black") 캔버스를 준비한다
05  cvs.create_line(0, 0, 580, 380, fill="red", width=5)    캔버스에 폭 5의 붉은 선을 긋는다
06  cvs.pack()                                              캔버스를 윈도에 배치한다
07  root.mainloop()                                         윈도 처리를 시작한다
```

▼ 실행 화면

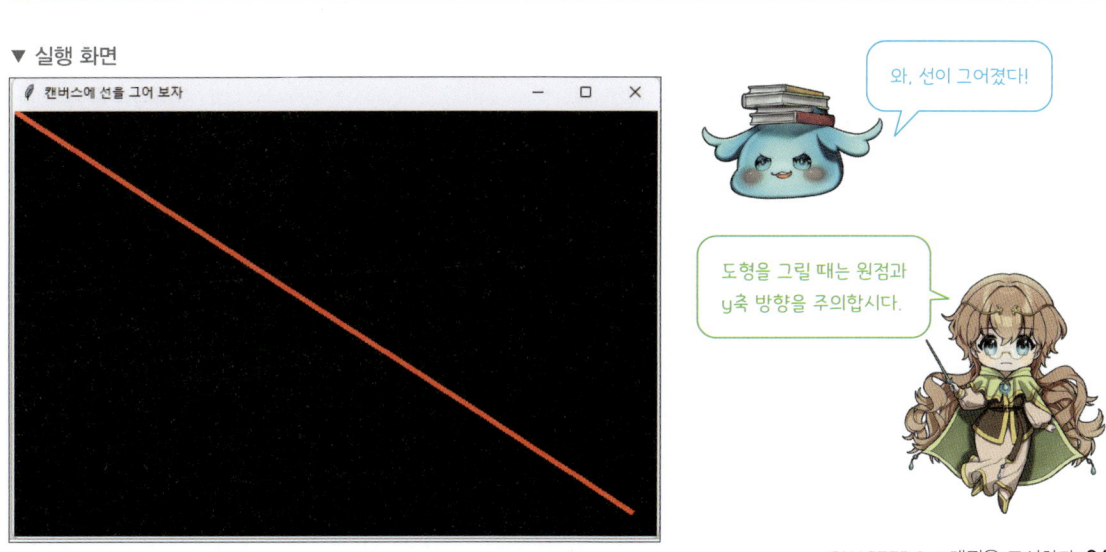

와, 선이 그어졌다!

도형을 그릴 때는 원점과 y축 방향을 주의합시다.

4행에서 폭 600 픽셀, 높이 400 픽셀의 캔버스 부품(오브젝트)를 준비합니다. 캔버스는 다음과 같이 입력해서 만듭니다.

```
캔버스의 변수명 = tkinter.Canvas(width=폭, height=높이, bg=배경색)
```

이 프로그램에서는 canvas를 줄여 **cvs**를 변수명으로 붙였습니다.

캔버스 배경색을 **bg=**로 지정했지만 이 지정은 생략할 수 있습니다. 색을 지정하려면 **bg=** 다음에 red, green, blue, black, white등의 영단어나, 16진법 색의 값을 입력합니다. 16진법에서는 이 장 마지막 COLUMN에서 설명하겠습니다.

선을 긋기 위해서는 5행과 같이 캔버스 변수에 **create_line()**이라는 명령을 사용합니다. 이 프로그램에서는 캔버스의 원점부터 오른쪽 아래 모서리에서 조금 모자란 (**580, 380**)까지 폭 5 픽셀의 붉은 선을 그었습니다.

create_line()의 매개 변수는 원점의 (x, y) 좌표, 종점의 (x, y) 좌표, **fill=**선의 색, **width=**선의 폭(굵기)입니다. **fill=**을 생략하면 검은 선이 되고, **width=**를 생략하면 폭 1 픽셀의 선이 됩니다.

6행의 **pack()**이란 명령으로 캔버스를 윈도에 배치했습니다. **pack()**으로 배치하면 윈도가 캔버스 사이즈에 맞춰서 커지므로 코드 3-2의 프로그램에서 사용한 **geometry()**는 생략할 수 있습니다.

코드 3-3의 프로그램에서는 캔버스를 준비한다 → 캔버스에 선을 긋는다 → 윈도에 캔버스를 배치한다와 같은 순서로 처리했지만 캔버스를 배치한 뒤에도 도형을 그릴 수 있습니다.

> canvas() 명령으로 캔버스를 준비하기만 해선 배치가 되지 않습니다. pack()과 같은 명령으로 윈도에 캔버스를 배치할 수 있습니다.

(4) 축이 되는 선을 그어 보자

다음으로 수학 그래프를 그림처럼 x축과 y축으로 상정하고 직선을 그어보겠습니다. 캔버스 좌표는 왼쪽 위가 원점, y축은 아래 방향으로 향한다는 사실을 주의합시다. 코드 3-4의 프로그램으로 x축과 y축을 긋는 법을 알아봅시다.

▼ 코드 3-4 canvas_xy.py

```
01  import tkinter                                          tkinter를 불러오기
02  root = tkinter.Tk()                                     윈도를 만든다
03  root.title("x축과 y축에 선을 긋는다")                    타이틀을 지정
04  cvs = tkinter.Canvas(width=800, height=600, bg="white") 캔버스를 준비
05  cvs.create_line(0, 300, 800, 300, fill="red")           붉은 선을 긋는다
06  cvs.create_line(400, 0, 400, 600, fill="blue")          파란 선을 긋는다
07  cvs.pack()                                              캔버스를 배치
08  root.mainloop()                                         윈도 처리를 시작
```

(400, 0)

x축과 y축에 선을 긋는다

(0, 300)   (800, 300)

(400, 600)

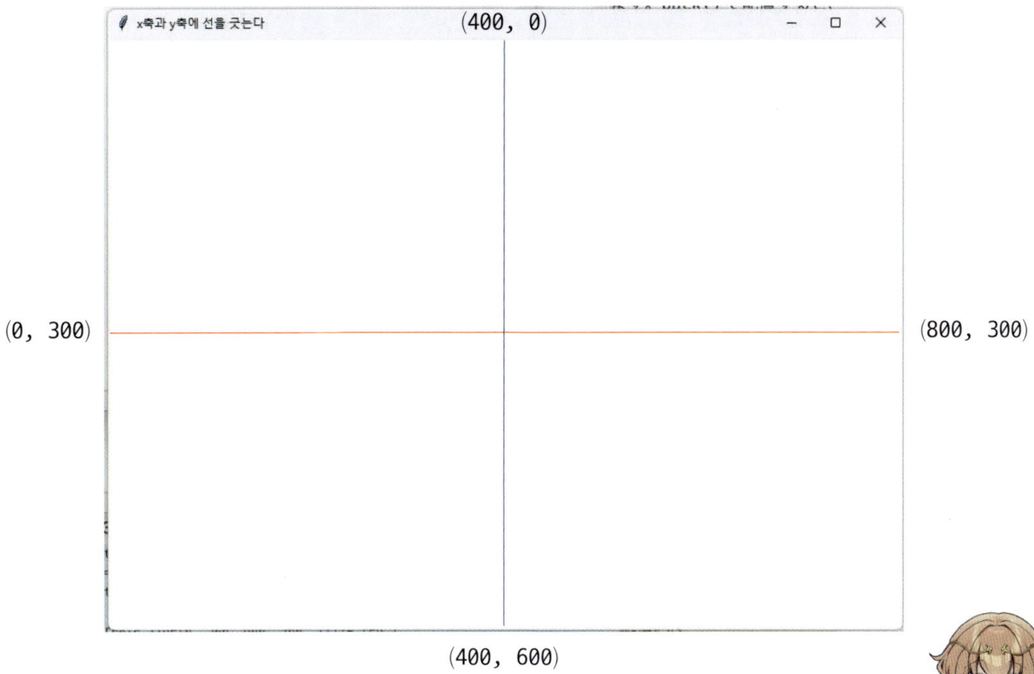

알기 쉽도록 x축과 y축의 색을 바꾸었습니다.

캔버스 폭을 800 픽셀, 높이를 600 픽셀로 정합니다.

5행에서 (0, 300)부터 (800, 300)까지 붉은 선을 긋습니다. 이것이 x축으로 상정한 선입니다.

6행에서 (400, 0)부터 (400, 600)까지 파란 선을 긋습니다. 이것이 y축으로 상정한 선입니다.

컴퓨터 상에서 2차원 평면의 원점과 축의 방향을 기억해 두고 다음으로 넘어갑시다. 다음 절에서는 다양한 도형을 그려보겠습니다.

명령 하나로 선을 그을 수 있다니 프로그래밍의 명령은 스승님이 사용하는 마법 같아요.

그렇죠? 마법 주문이랑 비슷할 지도 몰라요. 프로그래밍의 명령을 외우면 외울수록 컴퓨터에게 여러가지 명령을 시킬 수 있답니다.

다양한 도형을 그려 보자

이 절에서는 캔버스에 다양한 도형을 그려 보겠습니다.

> 이 명령들은 각 도형을 의미하는
> 영단어입니다.

(1) 도형을 표시하는 명령

캔버스에 도형을 표시하는 명령은 다음과 같습니다. line은 선, rectangle은 사각형(직사각형), oval은 타원형, polygon은 다각형, arc는 원호라는 의미입니다.

▼ 표 3-2

도형	표시하는 명령	이미지
선	create_line(x1, y1, x2, y2, fill=색, width=선의 굵기) 좌표의 매개 변수는 [x1, y1, x2, y2]와 같이 배열로 지정할 수 있습니다. • 3점 이상을 한번에 지정해 선으로 이을 수 있습니다. • 3점 이상을 한번에 지정해 선으로 이을 수 있습니다.	(x1, y1) (x2, y2)
사각형	create_rectangle(x1, y1, x2, y2, fill=칠할 색, outline=외곽선의 색, width=선의 굵기)	(x1, y1) (x2, y2)
타원형	create_oval(x1, y1, x2, y2, fill=칠할 색, outline=외곽선의 색, width=선의 굵기) • (x1, y1)을 왼쪽 위 모서리, (x2, y2)를 오른쪽 아래 모서리로 하는 사각형 안에 들어가는 타원형을 그립니다.	(x1, y1) (x2, y2)
다각형	create_polygon([x1, y1, x2, y2, x3, y3, …, ….], fill=칠할 색, outline=외곽선의 색, width=선의 굵기) 여러 개의 점을 지정합니다.	(x1, y1) (.. , ..) (x2, y2) (x3, y3)
부채꼴 (원호)	create_arc(x1, y1, x2, y2, fill=칠할 색, outline=외곽선의 색, start=시작 각도, extent=벌릴 각도, style=tkinter.형태) • 각도는 각도(degree)의 값으로 지정합니다. • style=은 생략할 수 있습니다. 만약 지정한다면 ARC, CHORD, PIESLICE 중 하나를 입력합니다. • ARC는 원호, CHORD는 현을 의미합니다. PIESLICE는 일부는 잘라낸 파이 모양입니다.	(x1, y1) (x2, y2)

이런 명령에는 세 매개 변수에 **fill**=칠할 색, **out_line**=외곽선의 색, **width**= 선의 굵기와 같은 식으로 지정해 줄 수 있습니다. 칠할 색을 지정하지 않으면 선으로만 이루어진 도형이 만들어집니다.

(2) 도형을 표시하는 명령을 사용해 보자

캔버스에 다양한 도형을 표시하는 프로그래밍 방법을 알아봅시다. (코드 3-5)

▼ 코드 3-5 canvas_figure.py

```
01  import tkinter                                                          tkinter를 불러오기
02  root = tkinter.Tk()                                                     윈도를 만든다
03  root.title("캔버스에 도형을 그려보자")                                    타이틀을 지정
04  cvs = tkinter.Canvas(width=800, height=500, bg="white")                 캔버스를 준비
05  cvs.create_line(0, 0, 100, 160, 200, 20, 300, 60, smooth=True)          곡선을 긋는다
06  cvs.create_rectangle(50, 150, 300, 400, fill="red", width=0)            붉은 사각형을 그린다
07  cvs.create_oval(400, 50, 700, 200, outline="blue", width=20)            파란 타원형을 그린다
08  cvs.create_polygon(450, 250, 350, 450, 550, 450, fill="green", outline="lime",    초록색 다각형(삼각형)을 그린다
    width=10)
09  cvs.create_arc(600, 220, 780, 400, start=45, extent=270, fill="orange", outline="")  오렌지색 원호를 그린다
10  cvs.pack()                                                              캔버스를 배치
11  root.mainloop()                                                         윈도 처리를 시작
```

▼ 실행

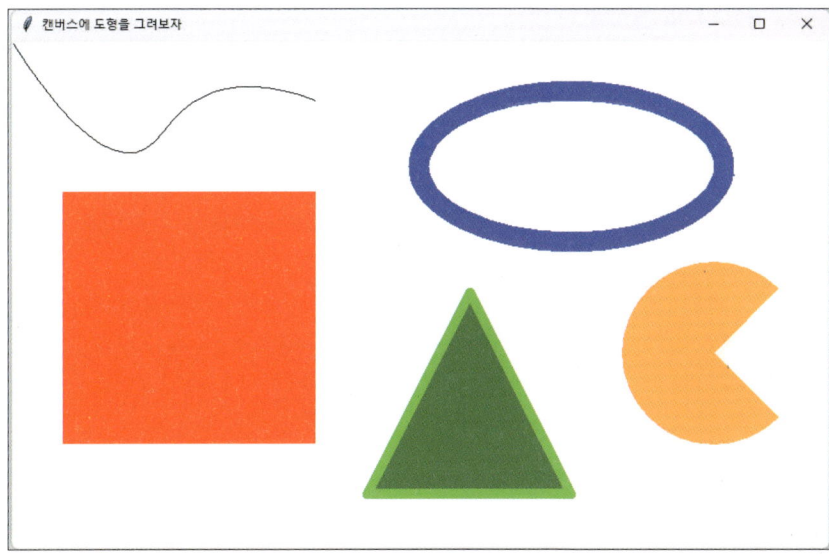

5행에서 **create_line()**으로 4개의 점을 지정하고 **smooth=True**로 곡선을 그었습니다.

6행에서 **create_rectangle()**로 왼쪽 위 모서리 좌표와 오른쪽 아래 모서리 좌표를 지정하고 사각형을 그렸습니다.

7행에서는 **create_oval()**로 타원에 접하는 테두리의 왼쪽 위와 오른쪽 아래 모서리 좌표를 지정하고 타원형을 그렸습니다. 이 프로그램에서는 폭을 높이보다 길게 설정해서 가로로 긴 모양을 만들었습니다.

8행에서 create_polygon()으로 점을 여러 개 지정하고, 점들을 이어 다각형을 그렸습니다. 이 프로그램에서는 세 점을 지정해서 삼각형을 만들었습니다.

9행에서 create_arc()로 부채꼴에 접하는 테두리의 왼쪽 위와 오른쪽 아래 모서리 좌표를 지정하고 부채꼴을 그렸습니다. 그리기 시작하는 각도는 start=, 벌릴 각도를 extent=로 지정합니다. 이 프로그램에서는 45도에서 270도로 벌어진 부채꼴을 만들었습니다.

6행의 create_rectangle()의 매개 변수에 있는 width=0나 9행의 create_arc()의 매개 변수에 있는 outline=" "로 도형 외곽선을 생략할 수 있습니다.

스승님, 다양한 도형을 그렸네요. 그런데 마름모꼴은 어떤 명령으로 그릴 수 있나요?

마름모꼴은 다각형 명령으로 그릴 수 있어요.

(3) 캔버스에 문자열을 표시해 보자

캔버스에 문자열을 표시하기 위해서는 다음과 같이 입력합니다.

```
cvs.create_text(x좌표, y좌표 , text=문자열, font=(폰트의 종류, 사이즈))
```

create_text()의 자세한 설명과 사용법은 이 장 마지막 p.081에 나오는 스승님의 스테이터스 화면을 표시하는 프로그램과 같이 설명하겠습니다.

중요한 건 좌표 지정입니다. 원하는 위치에 도형을 표시할 수 있으면 OK 입니다.

3 5 이미지를 표시해 보자

이 절에서는 이미지 파일을 불러와서 표시하는 방법에 대해 설명하겠습니다.

(1) 이미지 파일 준비

이미지를 다루는 방법을 배우기 전에 이미지 파일을 준비합시다. 이 책에 나온 프로그램이나 학습에 사용하는 소재는 모두 이 책의 정보 페이지에서 다운로드할 수 있습니다. 아직 다운로드하지 않으신 분은 p.iv를 참고해 다운로드해 주세요.

다운로드한 zip 파일을 풀면 각 장의 폴더가 나옵니다. 여기서 사용하는 이미지는 Chapter3 폴더에 들어있습니다.

(2) 프로그램 확인

코드 3-6의 프로그램을 입력하고 실행해 봅시다. chap3_ilust.png라는 이미지 파일을 불러와서 표시합니다. **이미지 파일은 프로그램과 같은 폴더 안 image 폴더에 저장합시다.**

▼ 코드 3-6　canvas_image.py

```
01  import tkinter                                         tkinter를 불러오기
02  root = tkinter.Tk()                                    윈도를 만든다
03  root.title("캔버스에 이미지를 표시해보자")                    타이틀을 지정
04  cvs = tkinter.Canvas(width=1080, height=720)           캔버스를 준비
05  img = tkinter.PhotoImage(file="image/chap3_illust.png") 변수 img에 이미지를 불러온다
06  cvs.create_image(540, 360, image=img)                  캔버스에 이미지를 표시
07  cvs.pack()                                             캔버스를 배치
08  root.mainloop()                                        윈도 처리를 시작
```

▼ 실행 화면

나랑 스승님 일러스트가 표시됐어요~

이 일러스트는 폭 1080 픽셀, 높이 720 픽셀의 크기를 가지고 있습니다. 4행 `cvs=(tkinter.Canvas(width=1080, height=720)`로 이 크기에 맞춰 캔버스를 준비했습니다.

(3) PhotoImage() - 이미지 불러오기

5행 `PhotoImage()` 명령의 `file=`이라는 매개 변수로 이미지 파일이 있는 폴더와 파일명을 지정해서 변수에 이미지를 불러옵니다. 이번에는 프로그램과 같은 폴더 안 `image` 폴더에 있는 `chap3_illust.png`를 지정했습니다.

파일을 다룰 때는 파일이 있는 위치를 정확하게 지정합시다.

(4) create_image() - 이미지 표시

불러온 이미지를 표시하기 위해서는 6행과 같이 캔버스의 변수에 대해 `create_image()` 명령을 사용합니다. `create_image()`의 매개 변수는 x 좌표, y 좌표, `image=`이미지를 불러온 변수입니다.

`create_image()`의 매개 변수의 좌표 값은 주의해야 할 점이 있습니다. 지정한 x좌표와 y좌표가 이미지의 중심이 된다는 사실입니다. 이 프로그램에서는 (540, 360)을 지정해서 캔버스 중앙에 이미지를 배치했습니다. 예를 들어 좌표를 (0, 0)으로 지정한다면 이미지가 왼쪽 위로 치우쳐서 1/4 밖에 표시되지 않습니다. 6행을 `cvs.create_image(0, 0, image=img)`로 바꾼 뒤 확인해 봅시다.

(5) 내가 가진 이미지 파일을 표시해 보자

사진같은 파일도 표시할 수 있습니다. `tkinter`로 처리할 수 있는 것은 `png` 형식이나 `gif` 형식의 이미지 파일입니다. 여기서 사용한 명령으로 `jpeg` 형식의 이미지 파일을 불러올 수 없습니다. 사진은 일반적으로 `jpeg` 형식으로 저장되기 때문에 프로그램으로 표시할 때는 `png` 형식으로 저장한 파일을 사용합시다.

직접 준비한 이미지를 사용할 때는 화면 크기에 맞춰 캔버스의 폭이나 높이, 화면에 표시할 좌표를 변경합시다.

이미지를 익숙하게 다루기 위해서 가지고 있는 이미지 파일을 표시해 봅시다. Windows에 탑재된 그림판으로 png 형식의 파일을 만들 수 있습니다.

어디어디… 얼마 전에 찍은 슬라임 모임 때 찍은 사진을 표시해 봐야지.

3 6 배열로 색을 다루어 보자

배열은 복수의 데이터를 처리할 때 사용하는 번호가 붙은 변수입니다. 배열은 게임 제작뿐 만 아니라 다양한 소프트웨어를 만들 때 사용합니다. 이 절에서는 배열로 정의한 색으로 도형을 표시하며 배열과 도형 그리기 지식을 더욱 자세히 배워 봅시다.

(1) 색의 문자열을 배열에 대입해 보자

무지개 색을 영단어로 배열에 대입하고 그 색을 사각형으로 만드는 프로그램을 알아봅시다. (코드 3–7)

▼ 코드 3–7　array_color_1.py

```
01  import tkinter                                              tkinter를 불러오기
02  root = tkinter.Tk()                                         윈도를 만든다
03  root.title("배열로 색을 정의해보자")                          타이틀을 지정
04  cvs = tkinter.Canvas(width=840, height=160)                 캔버스를 준비
05
06  rainbow = ["red", "orange", "yellow", "green", "blue", "indigo", "violet"]   배열로 색을 정의
07  for i in range(7):                                          i는 0부터 6까지 1씩 늘어난다
08      X = i*120                                               사각형을 그릴 x좌표를 계산해서 X에 대입
09      cvs.create_rectangle(X, 0, X+120, 160, fill=rainbow[i], width=0)   색을 지정해서 사각형을 그린다
10
11  cvs.pack()                                                  캔버스를 배치
12  root.mainloop()                                             윈도 처리를 시작
```

▼ 실행 결과

2장에서 배운 배열에 대한 지식을 사용해 봅시다.

rainbow[0] ← red
rainbow[1] ← orange
rainbow[2] ← yellow
rainbow[3] ← green
rainbow[4] ← blue
rainbow[5] ← indigo
rainbow[6] ← violet

▲ 그림 3–4　배열에 대입한 이미지

6행에 입력한 rainbow = ["red", "orange", "yellow", "green", "blue", "indigo", "violet"]으로 배열에 색을 대입합니다. 이렇게 입력하면 배열의 각 요소에 빨강, 주황, 노랑, 초록, 파랑, 남색, 보라색을 나타내는 영단어 문자열이 대입됩니다.

와, 무지개의 일곱 색깔이 나란히 있다! 배열의 요소 번호는 0에서부터 시작하는구나.

이 색들을 사용해 7〜9행의 **for**와 **create_rectangle()**로 캔버스에 일곱 색깔 사각형을 그렸습니다. 사각형이 어떻게 그려졌는지 설명하겠습니다.

for에서 사용하는 변수명을 **i**로 하고 변수 값의 범위를 **range(7)**로 지정합니다. 이렇게 하면 **i**는 0부터 시작해 6이 될 때까지 1씩 늘어나며 반복합니다.

8행에서 사각형을 그릴 x 좌표를 X=i*120으로 하고 변수 X를 대입했습니다. 9행에서는 **create_rectangle()**로 왼쪽 위 모서리 좌표를 (X, 0), 오른쪽 아래 모서리 좌표를 (X+120, 160)으로 지정하고 세로로 긴 직사각형을 그렸습니다. 이 때 사각형을 칠할 색을 **fill=rainbow[i]**로 지정하면 배열에서 정의한 색을 하나씩 가져와서 무지개 일곱 색이 나열되도록 만들어집니다.

그렇구나, 배열로 정의해 두면 정의한 내용을 가져다 사용할 수 있는 거네. 편리하네요~

말한대로 배열은 편리하니까 스스로 사용할 수 있도록 익혀 둡시다.

프로그래밍으로는 명령을 외우면 외울수록 다양한 일을 할 수 있군요.

맞아요. 너무 무리하지 말고 조금씩 익혀 봅시다.

3 7 2차원 배열을 사용해 보자

이 절에서는 2차원 배열로 색 데이터를 다뤄보고 캔버스에 여러 색을 칠하는 방법에 대해 배워 보겠습니다. 배열에 대해 더 자세히 알아봅시다.

(1) 2차원 배열로 색을 정의해 보자

3행 4열짜리 2차원 배열로 빨간색 계통, 초록색 계통, 파란색 계통의 색을 정의하고 각 색깔을 이용해 3열 4행에 원을 표시하는 프로그램을 알아봅시다. (코드 3-8)

▼ 코드 3-8　array_color_2.py

```
01 import tkinter                                         tkinter를 불러오기
02 root = tkinter.Tk()                                    윈도를 만든다
03 root.title("2차원 배열로 색을 정의해보자")                타이틀을 지정
04 cvs = tkinter.Canvas(width=800, height=600, bg="black") 캔버스를 준비
05
06 color = [                                              2차원 배열로 색을 정의
07     ["brown", "red", "orange", "gold"],                1행은 빨간색 계통
08     ["darkgreen", "green", "limegreen", "lime"],       2행은 초록색 계통
09     ["navy", "blue", "skyblue", "cyan"]                3행은 파란색 계통
10 ]
11
12 for y in range(3):                                     y는 0부터 2까지 1씩 늘어난다
13     for x in range(4):                                 x는 0부터 3까지 1씩 늘어난다
14         X = x*200                                      원을 그릴 x좌표를 계산
15         Y = y*200                                      원을 그릴 y좌표를 계산
16         cvs.create_oval(X, Y, X+200, Y+200, fill=color[y][x]) 색을 지정하고 원을 그린다
17
18 cvs.pack()                                             캔버스를 배치
19 root.mainloop()                                        윈도 처리를 시작
```

▼ 실행 결과

2장에서 배운 2차원 배열을 직접 사용해 봅시다.

6~10행에서 3행 4열짜리 2차원 배열을 정의했습니다. (그림 3-5) 2차원 배열은 2개의 인덱스를 사용해 **배열 명[행][열]**로 입력합니다. 가로줄이 행이고 세로줄이 열입니다. 일반적으로 행을 y, 열을 x로 합니다.

color[y][x]   x

brown	red	orange	gold
darkgreen	green	limegreen	lime
navy	blue	skyblue	cyan

▲ 그림 3-5   색을 나타내는 영단어를 대입한 2차원 배열

> color[0][0]에 brown, color[1][2]에 limegreen, color[2][3]에 cyan이라는 문자열이 대입되어 있습니다.

이 2차원 배열의 y값은 0~2, x값은 0~3입니다. 행과 열에 몇 개의 상자에 들어있고 각 상자에 무슨 데이터가 들어있는지 그림 3-5를 보면서 이해해 봅시다.

정의한 색의 문자열이라는 데이터를 for문을 2중으로 입력한 처리를 사용해 효율적으로 처리했습니다. 이 처리 구조를 설명하겠습니다.

(2) for의 중첩 반복문

for문의 반복 중에 다른 for문을 넣을 수 있습니다. 이것을 for문의 **2중 반복문**이라고 합니다. for문 안에 다른 for문을 넣는 것을 for를 **중첩한다**고 표현합니다. for를 3개나 4개를 중첩하는 등 복수의 for문을 넣는 것도 가능하며 이걸 통틀어서 for의 **중첩 반복문**이라고 표현합니다.

array_color_2.py의 12~16행에 2중 반복문을 입력해서 2차원 배열 color에 대입된 색의 문자열을 가져왔습니다. 이 2중 반복문은 변수 y를 사용한 for문에 변수 x를 사용한 for문이 들어간 구조입니다. 그림 3-6에서 그 구조를 확인해 봅시다.

```
for y in range(3):
    for x in range(4):
        X = x*200
        Y = y*200
        cvs.create_oval(X, Y, X+200, Y+200, fill=color[y][x])
```

▲ 그림 3-6   2중 반복문

for x가 네 글자만큼 들여쓰기되어 있고 for x 다음 3행은 추가로 네 글자만큼(합쳐서 여덟 글자만큼) 들여쓰기되어 있습니다. Python의 2중 반복문은 이렇게 입력합니다.

이 2중 반복문은 y값이 0부터 시작합니다. y가 0일 때 안쪽의 for문에서 x값이 0→1→2→3으로 변합니다. 이에 따라 먼저 빨간색 계통의 원이 그려집니다.

그 다음 y값이 1이 됩니다. 다시 안쪽에 있는 for문에서 x는 0→1→2→3으로 변하고 초록색 계통으로 원이 그려집니다.

그리고 y가 2가 되고 안쪽의 for문에서 x는 0→1→2→3으로 변하고 파란색 계통의 원이 그려집니다.

이처럼 2개의 변수 y와 x를 사용한 2중 반복문으로 2차원 배열에 대입된 데이터를 순서대로 가져올 수 있습니다.

마지막에 y는 2, x는 3이 되어 cyan(청록색) 원이 그려지고 2중 반복문 동작이 끝납니다.

조금 어렵지만 2중 반복문으로 복잡한 동작이 가능하구나. 나도 쓸 수 있도록 노력해야겠어.

COLUMN

16진수로 색을 표현해 보자

수학에서 배우는 <mark>n진수</mark>는 프로그래밍에선 아주 중요한 내용입니다. 특히 16진수는 색이나 문자 코드 정보를 다룰 때나 특정한 프로그래밍에서 사용합니다. 여기서는 16진수에 대해 설명하고 16진수로 색을 처리해 봅시다.

n진수를 이해해 보자

우리는 일반적으로 10진수를 사용합니다. 프로그래밍에서도 10진수를 사용하지만 2진수나 16진수를 사용하는 경우도 있습니다.

<mark>10진수</mark>는 0부터 9까지 10종류의 기호로 수를 표현합니다. 10진수는 값이 10이 되면 자릿수가 올라가 2자릿수(10~99)가 됩니다. 그 다음 10x10으로 100이 되면 자릿수가 올라가 3자릿수(100~999)가 됩니다. 그 다음 10x10x10으로 1000이 되면 4자릿수(1000~9999)가 되어 이후에도 10배에 도달할 때마다 자릿수가 올라갑니다.

n진수의 기본적인 이해법은

① n종류의 기호를 사용해 수를 나타낸다

② 값이 n이 되면 자릿수가 올라간다. 다음은 nxn, 그 다음은 nxnxn 처럼 n을 제곱한 값이 되면 자릿수가 올라간다.

입니다.

우리가 사용하는 0부터 9는 10진법으로 숫자를 셀 때 사용하는 기호였구나.

2진법은 값이 2가 되면 자릿수가 올라갑니다. 다음은 2x2인 4가 되었을 때, 그 다음은 2x2x2인 8이 되었을 때 자릿수가 올라갑니다. 16진법은 값이 16, 다음은 16x16인 256, 그 다음은 16x16x16인 4096이 되면 자릿수가 올라갑니다. 자릿수가 올라가는 것은 이 다음에 다시 설명하겠습니다.

또한 n진법은 0부터 n-1까지 기호로 수를 나타냅니다. 2진법은 0과 1로 수를 나타내고, 2라는 기호는 사용하지 않습니다. 16진법은 0~9에 추가로 A(10)~F(15)로 수를 나타내고 16을 의미하는 기호는 사용하지 않습니다.

이렇게 이해하고 2진법과 16진법이 무엇인지 설명하겠습니다.

2진법

2진법은 0과 1의 2종류의 기호로 수를 나타냅니다. (표 3-A) 2진법의 수는 2n에 도달할 때마다 자릿수가 올라갑니다. 구체적으로 10진법으로 2를 제곱한 값(2, 4, 8, 16, 32, 64, 128, 256, …)이 되면 자릿수가 하나씩 늘어납니다.

2진법은 0과 1을 나열한 거구나~

맞아요. 아무리 큰 수라도 2법으로는 0과 1만으로 나타낼 수 있습니다. 2진법은 중요하니까 꼭 알아 두세요.

▼ 표 3-A 2진법 표기 ※예를 들어 10진법의 10을 2진법에서는 1010으로 표기합니다.

2진법	10진법	2진법	10진법
0	0	1000	8
1	1	1001	9
10	2	1010	10
11	3	1011	11
100	4	1100	12
101	5	1101	13
110	6	1110	14
111	7	1111	15

2진법	10진법	2진법	10진법
10000	16	…	…
10001	17	11111001	249
10010	18	11111010	250
10011	19	11111011	251
10100	20	11111100	252
10101	21	11111101	253
10110	22	11111110	254
…	…	11111111	255

MEMO

컴퓨터의 최소 단위

0이나 1이 들어가는 최소 단위를 **비트**(bit)라고 합니다. 8개의 비트를 하나의 세트로 8비트를 1**바이트**(byte)라고 합니다. 1바이트로 0부터 255, 혹은 −128~127까지의 수를 나타낼 수 있습니다.

컴퓨터를 작동하는 소자의 최소 단위에서는 전기 신호가 ON(1)이나 OFF(0) 중 하나의 상태가 됩니다. 즉 컴퓨터 안에서는 정보가 2진법으로 이동합니다. 이 책에서는 컴퓨터 내부에 대한 설명은 하지 않지만 2진법에 대한 지식이 있으면 컴퓨터 구조를 더 쉽게 이해할 수 있습니다. 5장의 COLUMN에서 다시 설명하겠습니다.

16진법

16진법은 0, 1, 2, 3, 4, 5, 6, 7, 8, 9, A, B, C, D, E, F 16개의 기호로 수를 나타냅니다. 표(3-B) 16진법의 A~F는 일반적으로 대문자와 소문자를 구분하지 않기 때문에 a~f와 같이 소문자로 사용해도 괜찮습니다. 10진법은 16n의 값에 도달하면 자릿수가 올라갑니다.

▼ 표 3-B 16진법 표기 ※예를 들어 10진법의 10은 16진법에서는 A로 표기합니다.

16진법	10진법	16진법	10진법	16진법	10진법
0	0	10	16	20	32
1	1	11	17	21	33
2	2	12	18	22	34
3	3	13	19	23	35
4	4	14	20	24	36
5	5	15	21	25	37
6	6	16	22	26	38
7	7	17	23	27	39
8	8	18	24	...	...
9	9	19	25	F9	249
A	10	1A	26	FA	250
B	11	1B	27	FB	251
C	12	1C	28	FC	252
D	13	1D	29	FD	253
E	14	1E	30	FE	254
F	15	1F	31	FF	255

16진법에서는 **0**을 **00**, **F**를 **0F**와 같이 왼쪽을 0으로 채워서 표기하는 경우도 있지만 그 경우에도 **00**이나 **0F**는 1자릿수의 값입니다. 예를 들어 10진법의 **1000**을 표시 위치를 맞추기 위해 **00001000**이라고 표시해도 **1000**이라는 수는 4자릿수이고 8자릿수가 되지 않는 것과 같습니다.

16진법으로 색 지정하기

16진법으로 색을 지정하기 위해서는 빛의 3원색을 알아야 합니다. 먼저 빛의 3원색에 대해 알아봅시다.

빨간색, 초록색, 파란색 3개의 빛을 3원색이라고 합니다. 빨간색과 초록색을 섞으면 노란색이 되고, 빨간색과 파란색을 섞으면 마젠타가 됩니다. 초록색과 파란색을 섞으면 청록색이 됩니다. 빨간색, 초록색, 파란색 3가지를 섞으면 하얀색이 됩니다. 빛이 약한 색, 즉 어두운 색을 섞었을 때는 그림 3-A와 같이 섞은 색도 어두운 색이 됩니다.

▲ **그림 3-A** 빛의 3원색 (RGB: Red, Green, Blue)

컴퓨터에서는 빨간색(Red)의 빛의 세기, 초록색(Green)의 빛의 세기, 파란색(Blue)의 빛의 세기를 각각 0~255의 256단계의 값으로 나타냅니다. 0이 가장 어둡고 (0은 검정색 값) 255가 가장 밝습니다. 예를 들어 가장 밝은 빨간색은 R=255, 어두운 빨간색은 R=128과 같은 값이 됩니다. 어두운 청록색을 나타내고 싶다면 R=0, G=128, B=128 정도의 값, 옅은 핑크색은 R=255, G=224, B=255 정도의 값이 됩니다.

10진법의 256단계의 값을 16진법을 이용해 색을 지정하기 위해서는 #RRGGBB로 입력합니다. (RR에 빨간색 빛의 16진수 값, GG에 초록색 빛의 16진수 값, BB에 파란색 빛의 16진수 값을 입력합니다) 예를 들면 검정색은 #000000, 밝은 빨간색은 #FF0000, 밝은 초록색은 #00FF00, 노란색은 #FFFF00, 밝은 청록색은 #00FFFF, 회색은 #808080으로 표현할 수 있습니다. #은 뒤에 오는 기호가 16진법이라는 것을 나타내는 기호입니다.

Python에서 색 지정이나 웹 컬러(홈페이지의 색)를 지정하는 경우 빨간색, 초록색, 파란색 각 단계를 16단계로 하고, #RGB로 입력하는 경우도 있습니다. (R, G, B는 각 빛의 16진수 값) 예를 들어 검정색은 #000, 밝은 빨간색은 #F00, 노란색은 #FF0, 회색은 #888, 하얀색은 #FFF가 됩니다.

16진법을 사용하면 색을 나타내는 영단어를 사용할 때보다 더 세세하게 색을 지정할 수 있는 거네요?

맞아요. 만약 컴퓨터를 사용해 디자인 일을 하고 싶다면 16진법 색 지정은 반드시 알아야 해요.

status.py의 내용

이 장 맨 처음에 나온 스테이터스 화면을 표시하는 프로그램 내용은 다음과 같습니다.

▼ status.py

01	`import tkinter`	tkinter를 불러오기
02	`root = tkinter.Tk()`	윈도를 만든다
03	`root.title("게임 스테이터스 화면을 만들어 보자")`	타이틀을 지정
04	`cvs = tkinter.Canvas(width=960, height=640)`	캔버스를 준비
05	`img = tkinter.PhotoImage(file="image/character1.png")`	변수 img에 이미지를 불러온다
06	`cvs.create_image(480, 320, image=img)`	캔버스에 이미지를 표시
07	`cvs.create_rectangle(540, 60, 900, 580, fill="black", outline="white", width=3)`	화면 오른쪽에 틀을 만든다
08	`ability = ["H.P", "힘", "방어력", "지식", "정신력", "민첩함"]`	능력치의 명칭을 배열로 정의
09	`value = [1200, 800, 320, 9999, 3540, 780]`	능력치 값을 배열로 정의
10	`for i in range(6):`	i는 0부터 5까지 1씩 늘어난다
11	`    y = 120+80*i`	문자를 표시할 y좌표를 계산
12	`    cvs.create_text(660, y, text=ability[i], font=("Times New Roman", 20), fill="white")`	능력치 명칭이 표시
13	`    cvs.create_text(800, y, text=value[i], font=("Times New Roman", 24), fill="white")`	능력치를 표시
14	`cvs.pack()`	캔버스를 배치
15	`root.mainloop()`	윈도 처리 시작

이미지 불러오기, 이미지 표시, 사각형을 표시하는 방법은 이 장에서 배운 것입니다. 이 프로그램은 캔버스에 문자열이나 수치를 표시하는 **create_text()**로 각 능력치의 명칭과 그 값을 표시했습니다. 이 명령을 캔버스 명령에 대해

`create_text(x좌표, y좌표, text=문자열, font=(폰트의 종류, 사이즈))`

로 입력합니다. 이 프로그램에서는 폰트의 종류를 `Times New Roman`으로 했습니다. `Times New Roman`은 Windows, Mac 둘 다 기본으로 탑재된 폰트이므로 어떤 PC에서도 사용할 수 있습니다.

8~9행에서 HP나 힘과 같은 문자열과 그 값을 배열에 대입했습니다. 배열은 아주 중요합니다. 잘 익혀 둡시다.

Chapter3 폴더 안에 image 폴더에 있는 character2.png가 내 일러스트야. 내 스테이터스 화면도 만들어 봐!

다운로드한 폴더에서 Chapter3/image/character2.png를 활용해 자유롭게 스테이터스 화면을 만들어 봅시다.

▲ 그림 3-B　character2.png

게임 제작을 위한 기초 지식

이 장에서는 PC 게임 등을 처음부터 제작할 때 필요한 실시간 처리, 마우스나 키 입력을 감지하는 방법, 오브젝트끼리 접촉했는지 알아보는 방법을 배우겠습니다. 오브젝트가 접촉했는지는 수학 계산으로 알아냅니다. 이 장에서 배운 지식을 사용해 5장부터는 다양한 게임을 제작하겠습니다.

Contents

4-1	실시간 처리란?
4-2	마우스의 움직임을 가져오자
4-3	마우스로 도형을 움직여 보자
4-4	입력된 키 값을 가져오자
4-5	숫자 키로 색을 표시해 보자
4-6	충돌 판정을 계산해 보자 ① – 원을 이용한 계산 방법
4-7	충돌 판정을 계산해 보자 ② – 사각형을 이용한 계산 방법
COLUMN	프로그래밍을 배우는 비법
COLUMN	변수 사용법 – 처리 순서와 애니메이션

1 실시간 처리란?

게임 프로그램은 언제나 입력을 받아들이고 화면을 바꿔가며 처리를 이어 나갑니다. 배경이 움직이거나 캐릭터가 움직이는 등 시간에 따라 계속되는 처리를 **실시간 처리**라고 합니다. 이 절에서는 Python으로 실시간 처리를 하는 방법을 설명하겠습니다.

(1) Python으로 실시간 처리하기

실시간 처리는 게임 제작에 빠질 수 없는 기술 중 하나입니다. tkinter로 만든 윈도에서는 after()라는 명령을 사용해 실시간 처리를 할 수 있습니다. **after()**는 지정한 시간이 지나면 특정한 함수를 불러오는 명령으로 다음과 같이 입력합니다.

윈도의 오브젝트 변수. after(밀리초, 불러올 함수)

(2) 수를 세어 보자

수를 자동적으로 세는 프로그램으로 실시간 처리를 알아봅시다. 코드 4–1의 프로그램을 입력해서 동작을 확인해 봅시다. after()로 불러올 함수명은 ()를 붙이지 않고 입력하는 규칙이 있습니다. 9행에서 입력할 때 주의합시다.

▼ 코드 4–1   count_up.py

01	`import tkinter`	tikinter를 불러오기
02		
03	`n = 0`	초기 값이 0인 변수 n을 준비
04	`def count():`	실시간 처리를 할 함수
05	`    global n`	n을 전역 변수로 설정한다
06	`    n = n + 1`	n의 값을 1 늘린다
07	`    cvs.delete("all")`	캔버스에 그린 것을 삭제
08	`    cvs.create_text(200, 100, text=n, font=("System", 80))`	캔버스에 n의 값을 표시
09	`    root.after(1000, count)`	1000 밀리초 후에 count()를 불러온다
10		
11	`root = tkinter.Tk()`	윈도를 만든다
12	`root.title("실시간 처리")`	타이틀을 지정
13	`cvs = tkinter.Canvas(width=400, height=200)`	캔버스를 준비한다
14	`cvs.pack()`	캔버스를 배치한다
15	`count()`	count() 함수를 불러온다
16	`root.mainloop()`	윈도 처리를 시작

▼ 실행 결과

숫자를 하나씩 늘리는 계산과 화면 전환을 실시간으로 처리하고 있어요.

숫자가 자동으로 늘어난다~

표시된 숫자가 1초마다 늘어납니다. 4~9행에서 정의한 **count()** 함수로 이 처리를 합니다.

(3) 전역 변수 선언

숫자를 셀 때 사용하는 변수 n을 3행과 같이 **count()** 함수 밖에서 선언했습니다. 함수 밖에서 선언한 변수를 ==전역 변수==라고 합니다. 전역 변수의 값을 함수 내에서 변경할 때는 5행과 같이 그 함수 앞에 **global 변수명**이라고 입력합니다.

p.087에서 전역 변수에 대해 추가로 설명하겠습니다.

(4) 문자열 표시하기

6행에서 **n = n + 1** 코드로 n의 값을 1씩 늘렸습니다. 다음 7행의 **cvs.delete("all")**로 캔버스에 나타난 것을 삭제했습니다. **all**은 모든 것을 지운다는 뜻의 매개 변수입니다. **cvs.delete("all")**을 실행하지 않고 새로운 문자나 도형을 표시하면 표시된 내용이 겹칩니다. **(그림 4-1)** 이 명령이 필요한 이유가 하나 더 있는데 이 내용은 (5)에서 설명하겠습니다.

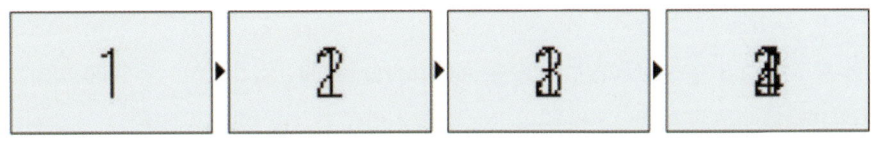

▲ 그림 4-1 delete("all")을 입력하지 않으면 표시한 내용이 사라지지 않고 점점 겹쳐진다

8행에서는 create_text()로 n의 값을 표시합니다. create_text()의 매개 변수는 다음과 같습니다.

```
cvs.create_text(x좌표, y좌표, text=문자열, font=(폰트의 종류, 사이즈))
```

이 프로그램에서는 폰트의 종류를 "System"으로 지정했습니다. System을 사용하면 도트 느낌의
문자가 표시됩니다.

System은 레트로 게임 같은 느낌의 폰트구나~

tkinter의 윈도에서 실시간 처리를 할 때는 delete("all")으로 화면을 지우고 화면을 새로 만듭니다.

(5) delete("all")이 필요한 또 하나의 이유

tkinter의 캔버스에 도형을 계속 덮어쓰면 연산이 무거워집니다. 하지만 표시한 내용을 delete("all")로
모두 삭제하고 새로 도형이나 문자를 표시하면 연산이 무거워지지 않습니다.

다음 5장부터 하나씩 게임을 만듭니다. 게임을 플레이할 때 동작이 느려지면 안되므로 게임을 만들 때도
delete("all")을 사용합니다.

(6) 실시간 처리의 과정

9행의 root.after(1000, count)로 실시간 처리를 하고 있습니다. 이 프로그램에서는 시간을 1000 밀리초,
즉 1초로 지정하고 1초 후에 다시 count()를 불러왔습니다. after()를 사용한 실시간 처리 과정을 그림으로 설
명하겠습니다. (그림 4-2)

```
def count ():            ← 1초 후에 count를 불러와서 계속 실행한다
    global n
    n = n + 1            ← count()를 불러올 때마다 n의 값이 1씩 늘어난다
    cvs.delete("all")
    cvs.create_text(200, 100, text=n, font=("System", 80))
    root.after(1000, count)
```

▲ 그림 4-2 after()를 사용한 실시간 처리의 과정

15행에서 count() 함수를 처음으로 불러옵니다. 그 다음은 root.after(1000, count)로 1초(1000 밀리초)
마다 계속 불러옵니다. count()를 실행할 때마다 n의 값이 1씩 늘어납니다. 그 값을 캔버스에 표시해서 숫자를
셉니다.

(7) 전역 변수와 지역 변수

2장 p.055에서 전역 변수와 지역 변수의 개념에 대해 설명했지만 중요하기 때문에 여기서 더 자세히 설명하겠습니다.

함수 밖에서 선언한 변수가 **전역 변수**, 함수 안에서 선언한 변수가 **지역 변수**입니다. (그림 4-3)

count_up.py 프로그램에서는 함수 밖에서 선언한 n이라는 전역 변수를 사용해 숫자를 셌습니다.

이 n은 함수 밖에서 선언되었기 때문에 전역 변수가 된다

```
n = 0
def count():
        global n  ——— n의 값을 함수 안에서 변경하기 때문에 전역 선언을 한다
        n = n + 1
```

▲ 그림 4-3   전역 변수와 전역 선언

Python에는 전역 변수의 값을 함수 안에서 변경할 경우 그 함수 앞에 전역 선언을 하는 규칙이 있습니다. global n이 변수 n의 전역 선언입니다.

전역 변수의 값은 프로그램이 종료될 때까지 저장됩니다. 그러나 지역 변수의 값은 지역 변수를 선언한 함수를 불러올 때마다 초기화됩니다. 대부분의 프로그래밍 언어에서도 같은 규칙을 가지고 있기 때문에 외워 둡시다.

> 변수 n을 count() 안에서 선언하면 count()를 불러올 때마다 n이 초기화되기 때문에 숫자를 셀 수 없습니다.

 **MEMO**

프레임 레이트

1초동안 화면이 전환되는 횟수를 **프레임 레이트**라고 합니다. 프레임 레이트는 frames per second를 줄여 **fps**라는 단위로 표시합니다. 이 프로그램은 1초에 1번 캔버스를 전환하기 때문에 프레임 레이트는 1fps입니다.

프레임 레이트의 값은 게임마다 다릅니다. 가정용 게임기나 PC게임에서는 일반적으로 1초동안 60번이나 30번 화면을 전환합니다. 스마트폰의 경우엔 게임기에 비해 처리 능력이 부족한 기종이 있기 때문에 스마트폰 게임 애플리케이션은 30fps 미만의 프레임 레이트를 가진 게임도 있습니다.

4 2 마우스의 움직임을 가져오자

윈도 안에서 마우스 커서를 움직이거나 마우스 버튼을 클릭한 사실을 알아내는 명령이 있습니다. 여기서는 그 명령에 대해 설명하고 마우스 커서의 좌표를 가져오기 위한 프로그램을 만들어 봅시다.

(1) 이벤트란?

사용자가 키나 마우스를 조작하는 것을 **이벤트**라고 합니다. (그림 4-4) 예를 들어 윈도를 클릭하면 윈도에 대한 클릭 이벤트가 발생합니다. 키보드에서 키를 누르면 키 이벤트가 발생합니다.

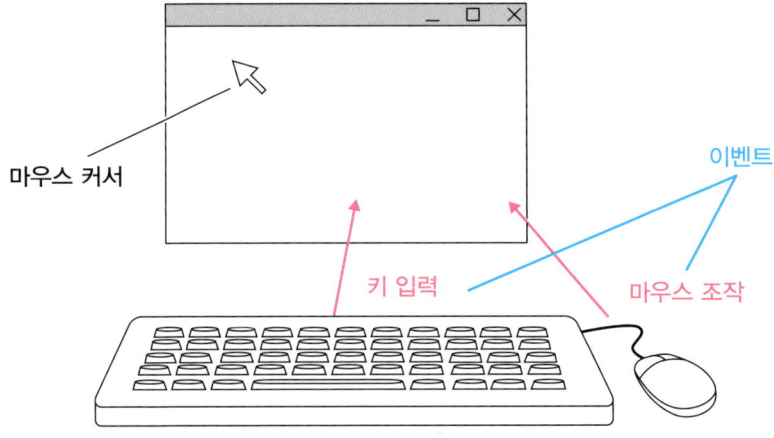

마우스 커서

이벤트

키 입력

마우스 조작

▲ 그림 4-4   이벤트

(2) 이벤트가 발생한 사실을 알아내자

이벤트가 발생했을 때 프로그램으로 그 이벤트를 가져올 수 있습니다. tkinter로 만든 윈도에서는 **bind()**라는 명령으로 이벤트를 가져옵니다. bind()는 다음과 같이 입력합니다.

```
윈도 오브젝트 변수.bind(이벤트의 종류, 불러올 함수)
```

마우스 조작이나 키 입력을
이벤트라고 하는구나.

(3) bind()의 사용법

bind()를 사용하기 위해서는 이벤트가 발생했을 때 불러올 함수를 정의해야 합니다. bind("<이벤트명>", 불러올 함수)로 입력하고 불러올 함수를 지정합니다.

bind()로 가져올 수 있는 이벤트는 표 4-1과 같습니다.

▼ 표 4-1 bind()로 가져올 수 있는 이벤트

이벤트	이벤트 내용
〈Motion〉	마우스 커서를 움직였다
〈Button〉혹은 〈ButtonPress〉	마우스 버튼을 눌렀다
〈ButtonRelease〉	마우스 버튼을 뗐다
〈Key〉혹은 〈KeyPress〉	키를 눌렀다
〈KeyRelease〉	키를 뗐다

(4) 마우스 커서 좌표를 알아내는 프로그램

마우스 커서의 움직임을 알기 위해서는 2가지 프로그램을 조합합니다.

마우스 커서 좌표 표시하기

① 마우스를 움직였을 때 불러올 함수를 정의한다
② bind() 명령을 입력하고 첫 번째 매개 변수의 이벤트를 "<Motion>"으로 설정한다. 두 번째 매개 변수로 ①의 함수를 지정한다. 지정할 함수명에는 ( )를 붙이지 않는다

①과 ②를 조합해서 마우스 커서 좌표를 캔버스에 표시합니다. 코드 4-2의 프로그램을 입력해서 동작을 확인해 봅시다.

▼ 코드 4-2 mouse_motion.py

```
01  import tkinter                                      tkinter를 불러오기
02
03  FNT = ("Times New Roman", 40)                       폰트 정의
04  def move(e):                                        마우스를 움직였을 때 불러올 함수
05      cvs.delete("all")                               캔버스에 표시된 것을 삭제
06      s = "({}, {})".format(e.x, e.y)                 커서 좌표 문자열을 준비
07      cvs.create_text(400, 200, text=s, font=FNT)     그 문자열을 캔버스에 표시
08
09  root = tkinter.Tk()                                 윈도를 만든다
10  root.title("마우스 커서 좌표")                         타이틀을 지정
11  root.bind("<Motion>", move)                         이벤트가 발생했을 때 불러올 함수를 지정
12  cvs = tkinter.Canvas(width=800, height=400)         캔버스를 준비
13  cvs.pack()                                          캔버스를 배치
14  root.mainloop()                                     윈도 처리를 시작
```

▼ 실행 결과

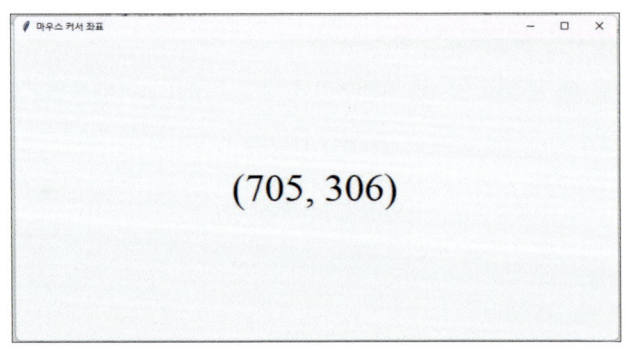

원도 안에서 마우스를 움직이면 커서의 좌표가 표시됩니다.

마우스를 움직였을 때 불러올 함수를 4~7행에서 move()라는 이름으로 정의했습니다. **이벤트를 가져올 함수에는 매개 변수를 준비해 그 매개 변수로 이벤트를 가져옵니다.** move() 함수에는 e라는 매개 변수를 준비했습니다. e에 .x와 .y를 붙인 e.x와 e.y가 마우스 커서의 좌표입니다.

이벤트를 가져오는 매개 변수는 move(event)와 같이 임의의 변수명을 붙일 수 있습니다. 변수명이 event라면 event.x, event.y가 마우스 커서의 좌표가 됩니다.

(5) format()의 사용법

6행에서는 **format()**이라는 명령으로 커서의 좌표를 문자열로 변수 s에 대입했습니다. 이 명령은 .format()의 앞에 입력한 문자열의 {} 부분을 매개 변수 값으로 바꿉니다. (그림 4-5)

```
s = "({}, {})".format(e.x, e.y)
```

▲ 그림 4-5 format()의 사용법

format() 매개 변수는 원하는 만큼 입력할 수 있습니다. 예를 들어 5개의 변수를 매개 변수로 한다면 format() 앞 문자열에 "({}, {}, {}, {}, {})" 과 같이 {}를 5개 입력합니다.

(6) 마우스를 클릭한 사실을 알아내는 방법은?

지금까지 마우스 커서의 움직임(좌표)을 알아내는 프로그램을 만들었습니다. 마우스 버튼이 눌렸는지(화면을 클릭했는지) 알아내는 방법도 이 절에서 배운 것과 같습니다. 구체적으로는 버튼이 눌렸을 때 불러내는 함수를 정의하고 bind()로 그 함수를 정의합니다. 예를 들어 def click(e)와 같이 함수를 정의하고 root.bind("<Button>", click)이라고 입력합니다. 이것으로 클릭 이벤트가 발생했을 때 click() 함수를 불러올 수 있습니다.

구조는 알았는데 너무 어려워…

다음 절에서는 커서를 따라서 도형을 이동시키는 프로그램을 만들어 보겠습니다. 그 때 복습해 봅시다.

4 3 마우스로 도형을 움직여 보자

챕터 4-1에서 배운 실시간 처리와 4-2에서 배운 마우스 커서의 좌표를 알아내는 방법을 조합해서 캔버스에 그린 원이 포인터를 따라오는 프로그램을 만들어 보겠습니다.

(1) 어떻게 도형을 움직일까?

마우스 커서의 좌표를 알아내는 함수와 실시간 처리를 하는 함수를 준비하고 다음과 같은 방법으로 원을 움직입니다. (그림 4-6)

도형(원)을 움직이는 방법

① 원의 좌표를 대입할 변수를 준비한다
　(x좌표를 cx, y좌표를 cy라는 변수에 대입합니다)
② 마우스 커서의 좌표를 대입할 변수를 준비한다
　(x좌표를 mx, y좌표를 my라는 변수에 대입합니다)
③ 마우스를 움직였을 때 불러올 함수를 정의하고 mx와 my에 커서의 좌표 값을 대입한다
④ 실시간 처리를 할 함수를 정의하고 cx의 값이 mx에 가까워지도록, cy의 값이 my에 가까워지도록 계산한다
⑤ (cx, cy)를 중심으로 하는 원을 그린다

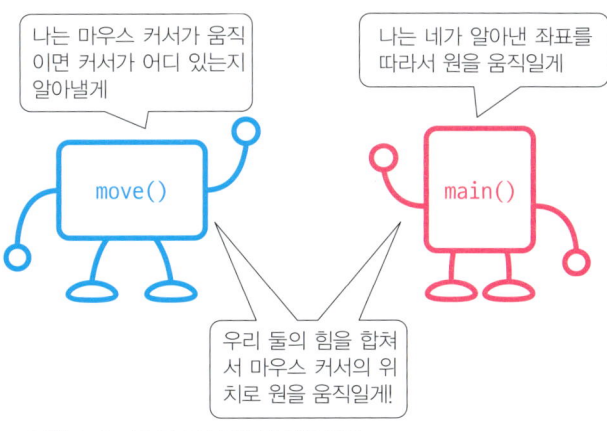

나는 마우스 커서가 움직이면 커서가 어디 있는지 알아낼게

move()

나는 네가 알아낸 좌표를 따라서 원을 움직일게

main()

우리 둘의 힘을 합쳐서 마우스 커서의 위치로 원을 움직일게!

각자 역할을 맡을 함수를 2개 준비합니다.

▲ 그림 4-6　두 함수로 역할을 분담하기

(2) 원이 커서를 따라가는 프로그램

프로그램이 조금 길지만 열심히 입력해보자!

코드 4-3의 프로그램을 입력해서 실행하면 마우스 커서가 있는 위치로 원이 움직입니다. 프로그램을 설명하기 전에 동작하는지 확인해 봅시다.

▼ 코드 4-3 mouse_circle.py

	코드	설명
01	`import tkinter`	tiknter를 불러오기
02		
03	`mx = 400`	커서의 x좌표를 대입할 변수
04	`my = 300`	커서의 y좌표를 대입할 변수
05	`def move(e):`	마우스를 움직였을 때 불러낼 함수
06	`    global mx, my`	이 변수들을 전역 선언
07	`    mx = e.x`	mx에 커서의 x좌표를 대입
08	`    my = e.y`	my에 커서의 y좌표를 대입
09		
10	`cx = 400`	원의 x좌표를 대입할 변수
11	`cy = 300`	원의 y좌표를 대입할 변수
12	`cr = 50`	원의 반지름을 정의(50으로 한다)
13	`def main():`	실시간 처리를 할 함수
14	`    global cx, cy`	이 변수들을 전역 선언
15	`    if cy>my: cy -= 5`	원이 커서보다 아래에 있다면 cy에서 5를 뺀다
16	`    if cy<my: cy += 5`	원이 커서보다 위에 있다면 cy에 5를 더한다
17	`    if cx>mx: cx -= 5`	원이 커서보다 오른쪽에 있다면 cx에서 5를 뺀다
18	`    if cx<mx: cx += 5`	원이 커서보다 왼쪽에 있다면 cx에 5를 더한다
19	`    cvs.delete("all")`	캔버스에 표시된 걸 삭제
20	`    cvs.create_oval(cx-cr, cy-cr, cx+cr, cy+cr, fill="blue", outline="cyan")`	(cx, cy)를 중심으로 하는 반지름이 cr인 원을 그린다
21	`    root.after(50, main)`	50 밀리초 후에 main()을 불러온다
22		
23	`root = tkinter.Tk()`	윈도를 만든다
24	`root.title("커서를 따라오는 도형")`	타이틀을 지정
25	`root.resizable(False, False)`	윈도 사이즈를 변경할 수 없게 한다
26	`root.bind("<Motion>", move)`	이벤트가 발생했을 때 불러낼 함수를 지정
27	`cvs = tkinter.Canvas(width=800, height=600, bg="black")`	캔버스를 준비
28	`cvs.pack()`	캔버스를 배치
29	`main()`	main() 함수를 불러온다
30	`root.mainloop()`	윈도 처리 시작

※15~18행의 if문은 짧으므로 콜론(:)으로 줄을 바꾸지 않고 1행으로 입력합니다.

▼ 실행 결과

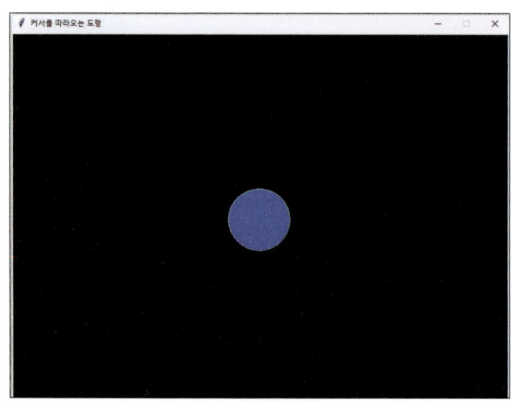

원이 움직인다! 게임 같아서 재밌다~

3~4행에서 선언한 변수 mx, my에 마우스 커서의 좌표를 대입합니다.

10~11행에서 선언한 변수 cx, cy에 원의 좌표를 대입하고 그 값을 바꿔 원을 움직입니다. 원의 반지름은 50 픽셀입니다. 12행의 cr = 50으로 반지름을 정의했습니다.

(3) 마우스 커서를 움직였을 때 불러오는 함수

5~8행에서 정의한 move(e)가 마우스 커서가 움직였을 때 불러오는 함수입니다. 26행의 root. bind("<Motion>", move)로 커서가 움직이면 이 함수를 불러오도록 했습니다. move() 함수는 변수 mx와 my에 커서의 좌표를 대입하는 역할을 합니다.

(4) 실시간 처리를 하는 함수

13~21행에서 정의한 main()이 실시간 처리를 하는 함수입니다. 이 함수에는 cy와 my의 값을 비교하고 동시에 cx와 mx의 값을 비교해 원의 좌표를 마우스 커서에 가까워지도록 하는 코드를 입력했습니다. 이 계산에 대해서는 (5)에서 설명하겠습니다.

좌표를 변화시킨 후 (cx, cy)를 중심으로 하는 반지름이 cr인 원을 그립니다.

main() 함수 마지막에 입력한 after() 명령으로 50 밀리초 후에 다시 main() 함수를 불러와 실시간으로 원의 좌표를 계산하고 그립니다.

(5) 좌표 계산

원이 마우스 커서를 따라 움직이는 계산에 대해 설명하겠습니다. 알기 쉽게 x좌표만 생각합시다. (그림 4-7)

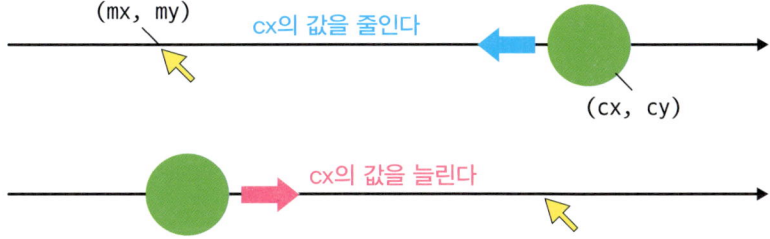

▲ 그림 4-7　x좌표 값을 변화시키기

원이 오른쪽이고 마우스 커서가 왼쪽에 있을 때 cx와 mx의 크기를 비교하면 cx>mx입니다. 이때 cx의 값을 줄이면 원은 왼쪽으로 이동해서 커서에 가까워집니다.

원이 왼쪽이고 마우스 커서가 오른쪽에 있을 때 두 변수의 크기를 비교하면 cx<mx입니다. 이때 cx의 값을 늘리면 원은 오른쪽으로 이동해서 커서에 가까워집니다.

y축 방향도 똑같은 방법으로 계산을 해서 평면에 있는 원을 커서로 이동시킬 수 있습니다. 이 기능을 다음과 같이 구현했습니다.

```
14    global cx, cy
15    if cy>my: cy -= 5
16    if cy<my: cy += 5
17    if cx>mx: cx -= 5
18    if cx<mx: cx += 5
```

※ cy -= 5는 cy = cy-5, cx += 5는 cx = cx + 5와 같은 뜻을 가진 식입니다.

main() 밖에서 선언한 cx, cy의 값을 함수 내에서 변경하기 때문에 global cx, cy라고 입력합니다.

그렇구나~ 원이랑 커서의 위치를 if로 알 수 있구나.

- 15행이 원이 커서보다 아래에 있으면 원을 위로 움직여라
- 16행이 원이 커서보다 위에 있으면 원을 아래로 움직여라
- 17행이 원이 커서보다 오른쪽에 있으면 원을 왼쪽으로 움직여라
- 18행이 원이 커서보다 왼쪽에 있으면 원을 오른쪽으로 움직여라

라는 의미의 if문입니다.

(6) resizable() 명령

25행에서 root.resizable(False, False)는 윈도 크기를 변경할 수 없게 하기 위해 입력했습니다. resizable()의 첫 번째 매개 변수로 가로 방향 사이즈 변경이 가능한지, 두 번째 매개 변수로 세로 방향 사이즈 변경이 가능한지 지정합니다. 가능하다면 True, 불가능하면 False를 입력합니다.

여기서 만든 mouse_circle.py 프로그램은 윈도 크기를 변경해도 문제가 생기지 않지만 게임 소프트는 화면 사이즈를 바꾸면 문제가 생길 수도 있습니다. resizable() 명령을 그것을 막을 수 있기 때문에 사용법을 익혀 둡시다.

resizable() 명령은 6장 이후에 게임을 완성시킬 때 사용합니다.

4 4 입력한 키 값을 가져오자

bind() 명령을 사용해서 입력된 키의 값을 알 수 있습니다. 이 절에서는 키 값을 가져와서 윈도에 표시하는 프로그램을 만들어 보겠습니다.

(1) 어떤 키를 눌렀는지 알아보자

키보드의 키 판정은 챕터 4–2에서 배운 마우스 포인터를 알아내는 방법과 같은 원리로 알 수 있습니다. 키를 입력했을 때 불러올 함수를 정의하고 그 함수를 pkey()라고 한다면, root.bind("<key>", pkey)와 같이 입력합니다.

이벤트를 기저울 함수에는 매개 변수를 준비합니다. def pkey(e)로 함수를 정의했을 때 e.keycode나 e.keysym이 누른 키의 값이 됩니다.

(2) 키 값을 표시하는 프로그램

키 값을 불러오는 프로그램을 알아봅시다. 코드 4–4의 프로그램을 실행해서 아무 키를 누르면 그 값이 표시됩니다.

▼ 코드 4–4 pressed_key.py

```
01 import tkinter                                          tkinter를 불러오기
02
03 FNT = ("Times New Roman", 30)                           폰트를 정의
04 def pkey(e):                                            키를 눌렀을 때 불러올 함수
05     cvs.delete("all")                                   캔버스에 표시된 걸 삭제
06     cvs.create_text(200, 50, text="코드="+str(e.keycode), font=FNT)    keycode의 값을 표시
07     cvs.create_text(200, 150, text="심볼="+e.keysym, font=FNT)         keysym의 값을 표시
08
09 root = tkinter.Tk()                                     윈도를 만든다
10 root.title("키 값")                                      타이틀을 지정
11 root.bind("<Key>", pkey)                                이벤트가 발생했을 때 불러올 함수를 지정
12 cvs = tkinter.Canvas(width=400, height=200)             캔버스를 준비
13 cvs.pack()                                              캔버스를 배치
14 root.mainloop()                                         윈도 처리 시작
```

3행에서 FNT라는 변수에 폰트의 정의를 대입하고 6행, 7행에서 font = FNT로 하면 그 폰트로 키 값이 표시됩니다.

▼ 실행 결과

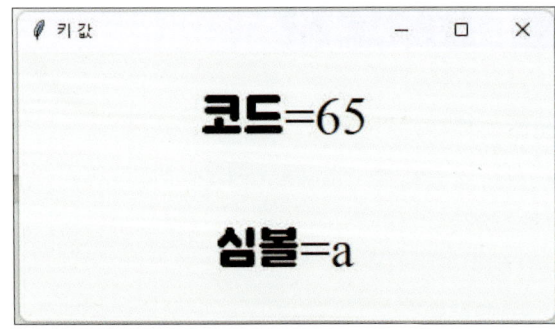

방향 키, Space Bar, Shift 등
다양하게 눌러 봅시다.

펑션 키(F1 ~ F12)도 반응한다!

※ 키를 눌러도 값이 표시되지 않는 경우에는
윈도를 클릭하고 키를 눌러봅시다.

키를 눌렀을 때 불러오는 함수를 4~7행에서 **pkey()**라는 함수명으로 정의했습니다. (press key를 줄여서 함수명으로 붙였습니다)

이 함수에는 이벤트를 가져오는 매개 변수 **e**를 준비했습니다. **e.keycode**가 눌린 키의 코드, **e.keysym**이 키의 심볼을 나타내고 있습니다.

(3) 키 코드와 심볼

키 코드와 심볼로 눌린 키를 판정할 수 있습니다. 키 코드는 키를 나타내는 수치로 Windows와 Mac 서로 값이 다른 경우가 있습니다. 심볼은 키의 이름을 나타내는 문자열로 Windows와 Mac이 같은 값을 가집니다. 주로 사용하는 심볼은 표 4-2와 같습니다.

▼ 표 4-2 키 심볼

키	심볼 (keysym의 값)
0 ~ 9	0~9
A ~ Z	a~z
↑ ↓ ← → (상하좌우)	Up, Down, Left, Right
Space Bar	space
Enter	Return
Shift (좌우)	Shift_L, Shift_R
Esc	Escape

※ space의 s는 소문자입니다

이 책에서는 Windows와 Mac이
같은 값을 가지는 Keysym의 값
으로 키 판정을 하겠습니다.

게임 제작을 위한 기초 지식

숫자 키로 색을 표시해 보자

이 절에서는 숫자 키를 눌렀을 때 색과 영어 단어를 표시하는 프로그램을 만들어 보겠습니다. 키 입력하는 법을 자세히 알아보고 배열을 사용해 데이터를 처리하는 방법을 알아봅시다.

(1) 어떤 프로그램을 만드는 걸까?

숫자 키 ①~⑦을 누르면 표 4-3과 같이 영어 단어를 표시합니다. 동시에 캔버스 전체에 해당하는 색깔을 칠하도록 만듭니다.

▼ 표 4-3　키와 문지열 대응 관계

키	표시할 영어 단어
①	red
②	orange
③	yellow
④	green
⑤	blue
⑥	indigo
⑦	violet

숫자 여러 개를 처리하기 쉽게 배열로 정의하는 거죠?

맞아요. 여러 개의 데이터를 배열로 정의하는 걸 이해한 것 같네요.

(2) 프로그램 확인

코드 4-5의 프로그램을 입력하고 실행해서 ①~⑦을 눌렀을 때 작동하는지 확인해 봅시다.

▼ 코드 4-5　pressed_key_color.py

```
01  import tkinter                                                              tkinter를 불러오기
02
03  FNT = ("Times New Roman", 60)                                              폰트 정의
04  COLOR = ["red", "orange", "yellow", "green", "blue", "indigo", "violet"]   배열로 영단어 색을 정의
05  def pkey(e):                                                               키를 눌렀을 때 가져올 함수
06      k = e.keysym                                                           변수 k에 키 심볼을 대입
07      if "1"<=k and k<="7":                                                  1 ~ 7 키가 눌렸을 때
08          c = int(k)-1                                                       k의 값을 정수로 하고 1을 빼서 c에 대입
09          cvs.delete("all")                                                  캔버스에 표시된 것을 삭제
10          cvs["bg"] = COLOR[c]                                              캔버스 배경색을 변경
11          cvs.create_text(300, 150, text=COLOR[c], fill="white", font=FNT)  영단어 색깔 표시
12
13  root = tkinter.Tk()                                                        윈도우를 만든다
```

```
14  root.title("1 ~ 7 키를 눌러 보자")                          타이틀을 지정
15  root.bind("<Key>", pkey)                                   이벤트가 발생했을 때 불러올 함수 지정
16  cvs = tkinter.Canvas(width=600, height=300)               캔버스를 준비
17  cvs.pack()                                                 캔버스를 배치
18  root.mainloop()                                            윈도 처리 시작
```

▼ 실행 결과

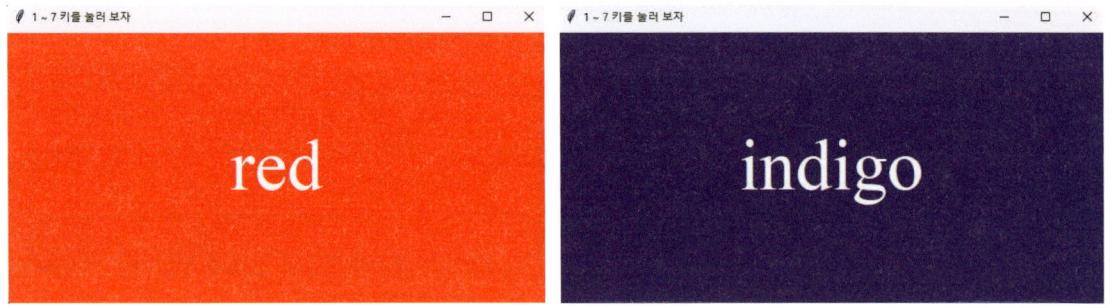

영단어 색깔을 나타내는 문자열을 4행에서 COLOR = ["red", "orange", "yellow", "green", "blue", "indigo", "violet"]과 같이 배열을 사용해 정의했습니다. COLOR[0]에 red, COLOR[1]에 orange, COLOR[2]에 yellow와 같이 배열 0번째 요소부터 순서대로 문자열을 대입했습니다.

프로그래밍에서는 **값을 변경하지 않을 변수명이나 배열명은 모두 대문자로 설정하는 것**을 추천합니다. 대문자로 설정해 두면 값을 변경할 변수와 값을 변경하지 않을 <mark>상수</mark>를 구분하기 쉬워집니다.

COLOR 배열에 정의한 문자열은 변경하지 하지 않기 때문에 배열명을 대문자로 표기했습니다.

(3) 키가 눌렸을 때 배경색 바꾸기

키가 눌렸을 때 불러올 함수를 5 ~ 11행에서 정의했습니다. 이 함수에는 다음과 같은 기능을 하는 코드를 입력했습니다.

- 6행에서 눌린 키 심볼을 변수 k에 대입한다.
- 7행에서 k의 값이 "1", "2", "3", "4", "5", "6", "7" 중 하나라면,
- 8행에서 k의 값을 int()로 정수로 변환하고 1을 빼서 변수 c에 대입한다.
- 9행에서 캔버스에 나타난 것을 모두 삭제한다.
- 10행에서 캔버스 배경색을 변경한다. (Canvas의 bg 속성을 COLOR[c]로 바꾼다)
- 11행에서 영단어 색깔을 create_text()로 표시한다.

(4) 문자열의 대소 관계

Python에는 7행과 같이 문자나 문자열의 대소 관계를 〉나 〈와 같은 기호로 비교할 수 있습니다. 숫자뿐만 아니라 예를 들어 "a"와 "b"를 비교할 수 있습니다. "a"<"b"는 True가 되고, "a">"b"는 False가 됩니다. 알파벳의 대소 관계는 알파벳 순서로 정해진다고 외워 둡시다.

(5) and 사용법

7행에서는 if "1"<=k and k<="7"에서 and를 사용했습니다. "1"<=k and k<="7"를 풀어서 표현하면 'k에 대입한 문자가 "1" 이상이면서 동시에 "7" 이하라면' 이라는 의미가 됩니다.

and나 or를 사용해서 if문에 복수의 조건식을 입력하고 조건이 성립하는지 확인할 수 있습니다.

(6) 문자열을 숫자로 변환하기

8행에서는 c = int(k)-1라는 식에 1 키를 눌렀을 때 변수 c에 0을 대입하고, 2 를 눌렀을 때 c에 1을 대입하는 것과 같이 누른 키에서 1을 뺀 값을 c에 대입했습니다.

이 c의 값을 사용해 10행에서 캔버스(cvs)의 배경(bg)을 COLOR[c]에 대입한 영단어 색깔로 바꿨습니다.

배열 요소의 번호는 0부터 시작하기 때문에 키에서 1을 뺀 값을 c에 대입한다는 사실을 주의합시다.

int()로 문자를 정수로 바꿨구나.

다양한 지식이 나오네. 외워야 할 게 너무 많아요.

아직 배우는 단계에선 어렵게 느껴질 수도 있지만 프로그램을 직접 입력하다 보면 어느새 이해할 수 있을 거예요. 너무 무리하지 말고 조금씩 익혀 봅시다.

충돌 판정을 계산해 보자 ①
- 원을 이용한 계산 방법

이 절에서는 원을 사용한 충돌 판정(물체끼리 접촉했는지 판정하는 알고리즘)에 대해서 설명하겠습니다. 2개의 원이 어떤 위치에 있으면 겹치는지를 수식으로 나타내는 방법과 그 프로그래밍을 입력하는 방법을 배워 보겠습니다.

(1) 충돌 판정

게임에서 등장하는 물체끼리 접촉했는지를 확인하는 것을 **충돌 판정**이라고 합니다. (그림 4-8) **히트 체크**, **접촉 판정**이라고 부르는 경우도 있습니다.

▲ 그림 4-8   충돌 판정 이미지

충돌 판정을 할 때는 다양한 방법이 있지만 이 책에서는 수학 지식을 사용해 원을 이용한 충돌 판정과 사각형을 이용한 충돌 판정 알고리즘을 배워보겠습니다. 사각형 충돌 판정은 다음 절에서 설명하겠습니다. 먼저 원을 이용한 충돌 판정을 알아봅시다. (그림 4-9)

게임에서는 원이 충돌한다 → 플레이어와 적이 부딪힌다 → 대미지 계산과 같은 순서로 처리를 진행합니다.

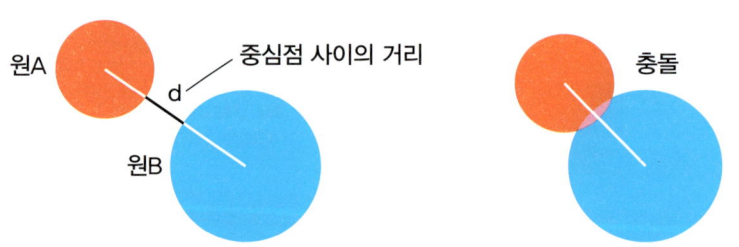

▲ 그림 4-9   원을 이용한 충돌 판정

예를 들어 그림 4-8의 붉은 머리를 가진 캐릭터를 반지름이 r_1인 원, 파란 몬스터를 반지름이 r_2인 원으로 가정해봅시다. 원의 중심점 사이의 거리 d를 구해서 d가 원의 반지름의 합인 $r_1 + r_2$이하라면 2개의 원이 겹치거나 외곽선이 닿은 상태입니다.

컴퓨터 화면(여기서는 2차원 평면)에 표시된 도형의 거리는 **도형이 몇 픽셀이나 떨어져 있는지**를 나타내는 값입니다.

(2) 2개의 원의 거리를 구하는 식

빨간 원의 중심 좌표를 $(x_1, \ y_1)$, 파란 원의 중심 좌표를 $(x_2, \ y_2)$라고 합시다. (그림 4-10) 2개의 원의 중심 좌표가 얼마나 떨어져 있는지를 수학에서 배운 2점 사이의 거리 공식 $d = \sqrt{(x_1 - x_2)^2 + (y_1 - y_2)^2}$로 구할 수 있습니다.

▲ 그림 4-10 물체를 원으로 가정하기

MEMO

피타고라스의 정리

2점 사이의 거리는 <mark>피타고라스의 정리</mark>로 구할 수 있습니다. 직각삼각형의 빗변의 길이의 제곱은 나머지 두 변의 길이의 제곱과 같다는 것이 피타고라스의 정리입니다. (그림 4-A)

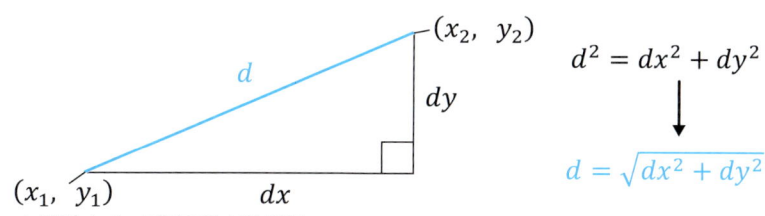

$$d^2 = dx^2 + dy^2$$
$$\downarrow$$
$$d = \sqrt{dx^2 + dy^2}$$

▲ 그림 4-A 피타고라스의 정리

이 그림에서 직각삼각형의 왼쪽 아래 꼭지점 좌표를 $(x_1, \ y_1)$, 오른쪽 위 꼭지점 좌표를 $(x_2, \ y_2)$로 했을 때 x_1과 x_2의 차가 dx, y_1과 y_2의 차가 dy입니다. 피타고라스의 정리 <mark>$d^2 = dx^2 + dy^2$</mark>에 의해 빗변의 길이 d는 $d = \sqrt{dx^2 + dy^2}$ 입니다. 이 d의 값이 $(x_1, \ y_1)$과 $(x_2, \ y_2)$의 거리가 됩니다.

(3) 수학식을 프로그램으로 입력하자

Python에는 루트를 **sqrt()**라는 명령으로 계산합니다. sqrt()는 많은 프로그래밍 언어에 탑재된 명령으로 다양한 수학 계산에서 사용하기 때문에 이 기회에 사용법을 익혀 둡시다. sqrt()를 사용하기 위해서는 `math` 모듈을 가져옵니다. `math` 모듈에는 수학 계산을 하는 다양한 명령이 탑재되어 있습니다.

2점 사이의 거리를 구하는 식을 프로그램으로 입력하면 그림 4-11과 같습니다.

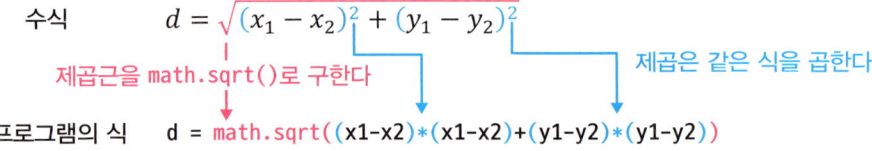

수식 $\qquad d = \sqrt{(x_1 - x_2)^2 + (y_1 - y_2)^2}$

제곱근을 math.sqrt()로 구한다   제곱은 같은 식을 곱한다

프로그램의 식 $\qquad$ d = math.sqrt((x1-x2)*(x1-x2)+(y1-y2)*(y1-y2))

▲ 그림 4-11 수학식을 프로그램의 식으로 바꾸기

d = math.sqrt((x1-x2)*(x1-x2)+(y1-y2)*(y1-y2))를 계산한 값이 원의 반지름의 합 r1+r2 이하라면 2개의 원이 겹쳐 있는 상태입니다 (그림 4-12). d=r1+r2라면 2개의 원의 외곽선이 닿아 있는 상태입니다.

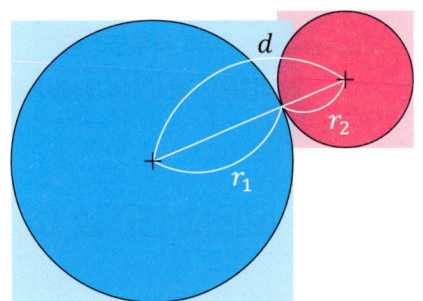

▲ 그림 4-12 원의 외곽선이 닿아 있는 상태 예

원의 중심 사이의 거리를 수학 공식으로 구하는데, 공식은 $\sqrt{}$ 를 사용하는 식이니까 프로그램에서는 sqrt()를 사용하는 거구나.

 **MEMO** ### sqrt()를 사용하지 않고 제곱근 구하기

Python에서는 계산식에 ＊＊n이라고 입력해서 n제곱의 값을 구할 수 있습니다. 제곱을 할 때는 ＊＊2이라고 입력합니다. 2개의 원의 거리는 ＊＊를 사용하면 d = math.sqrt((x1-x2)＊＊2+(y1-y2)＊＊2)가 됩니다. ＊＊2는 2번 곱한다는 의미입니다.

＊＊ 연산자는 ＊＊0.5로 입력하면 제곱근($\sqrt{}$)을 구할 수 있습니다. 이걸 이용하면 d = ((x1-x2)＊＊2+(y1-y2)＊＊2)＊＊0.5라는 식으로 2점 사이의 거리를 구할 수 있습니다. 이렇게 입력하면 sqrt()를 사용하지 않기 때문에 `math` 모듈을 가져올 필요가 없어집니다.

(4) 프로그램 확인

원이 겹쳐 있는지 판정하는 프로그램을 알아봅시다. 코드 4–6의 프로그램을 입력하고 실행하면 빨간색, 파란색 원이 표시됩니다. 방향 키로 빨간색 원을 상하좌우로 움직일 수 있습니다. 빨간색 원은 파란색 원에 닿으면 핑크색으로 변합니다. 다양한 방향으로 움직여 보고 충돌 판정이 제대로 실행되는지 확인해 봅시다.

▼ 코드 4–6 hitcheck_circle.py

```
01 import tkinter                                              tkinter를 불러오기
02 import math                                                 math를 불러오기
03
04 x1 = 200                                                    빨간색 원의 (x, y) 좌표를
05 y1 = 200                                                    대입할 변수
06 r1 = 60                                                     빨간색 원의 반지름을 정의
07 x2 = 500                                                    파란색 원의 (x, y) 좌표를
08 y2 = 300                                                    대입할 변수
09 r2 = 120                                                    파란색 원의 반지름을 정의
10
11 def pkey(e):                                                키를 눌렀을 때 불러올 함수
12     global x1, y1                                           이 변수들을 전역 선언
13     if e.keysym=="Up": y1 -= 10                             위 키를 누르면 y1을 줄인다
14     if e.keysym=="Down": y1 += 10                           아래키를 누르면 y1을 늘린다
15     if e.keysym=="Left": x1 -= 10                           왼쪽 키를 누르면 x1을 줄인다
16     if e.keysym=="Right": x1 += 10                          오른쪽 키를 누르면 x1을 늘린다
17     d = math.sqrt((x1-x2)*(x1-x2)+(y1-y2)*(y1-y2))          원의 중심점 사이의 거리를 d에 대입
18     col = "red"                                             변수 col에 "red"를 대입
19     if d<=r1+r2: col = "pink"                               접촉하면 "pink"를 대입
20     cvs.delete("RED_CIRCLE")                                빨간색 원을 삭제
21     cvs.create_oval(x1-r1, y1-r1, x1+r1, y1+r1, fill=col, outline="white", tag="RED_
   CIRCLE")                                                   빨간색 또는 핑크색 원을 그린다
22
23 root = tkinter.Tk()                                         윈도를 만든다
24 root.title("원을 사용한 충돌 판정")                          타이틀을 지정
25 root.bind("<Key>", pkey)                                    불러올 함수를 지정
26 cvs = tkinter.Canvas(width=800, height=600, bg="black")     캔버스를 준비
27 cvs.pack()                                                  캔버스를 배치
28 cvs.create_oval(x1-r1, y1-r1, x1+r1, y1+r1, fill="red", outline="white", tag="RED_
   CIRCLE")                                                   빨간색 원을 그린다
29 cvs.create_oval(x2-r2, y2-r2, x2+r2, y2+r2, fill="blue", outline="white")    파란색 원을 그린다
30 root.mainloop()                                             윈도 처리를 시작
```

▼ 실행 결과

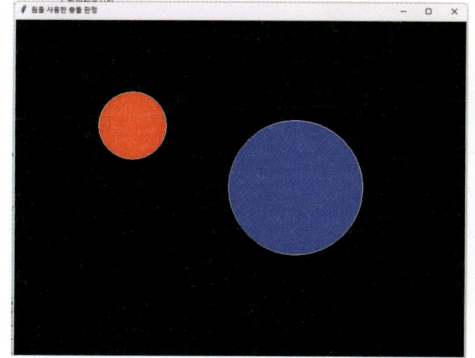 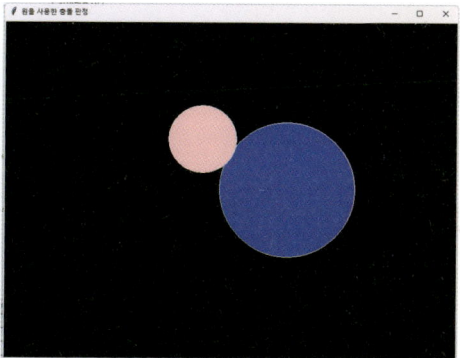

4~6행에서 빨간색 원의 중심의 x좌표, y좌표, 반지름을 대입할 변수를 선언했습니다.

7~9행에서 파란색 원의 중심의 x좌표, y좌표, 반지름을 대입할 변수를 선언했습니다.

11~21행에서 키를 눌렀을 때 불러올 함수를 정의했습니다. 이 함수의 13~16행에서 방향 키를 눌렀을 때 빨간색 원의 좌표가 변합니다.

13행의 `if`문을 확인해 봅시다. ↑키를 누르면 y좌표 값이 10 줄어듭니다. `y1 -= 10`은 `y1 = y1-10`과 같은 의미를 가진 식입니다. 컴퓨터에서 y축은 아래로 갈수록 값이 커지므로 y좌표 값을 줄이면 원은 위로 이동합니다.

14~16행에서도 똑같이 누른 키에 따라 원의 좌표가 변해 원이 움직입니다.

17행에서 `d = math.sqrt((x1-x2)*(x1-x2)+(y1-y2)*(y1-y2))`로 원의 중심점 사이의 거리를 변수 d에 대입했습니다.

18~21행에서 d가 r1+r2 이하일 경우 원을 핑크색으로 만들어 충돌했다는 사실을 알 수 있게 합니다.

(5) 태그

tkinter의 캔버스에 그린 도형이나 이미지는 태그(tag)라는 식별용 문자열을 붙일 수 있습니다. 이 프로그램에서는 빨간색 원을 그릴 때 다음과 같이 `tag=`라는 매개 변수로 RED_CIRCLE이라는 태그를 붙였습니다.

```
cvs.create_oval(x1-r1, y1-r1, x1+r1, y1+r1, fill=col, outline="white", tag="RED_CIRCLE")
```

태그는 표시한 그래픽을 구별할 때 사용합니다. 이 프로그램에서는 20행 `cvs.delete("RED_CIRCLE")`으로 빨간색 원만 삭제했습니다. 이렇게 `delete()` 명령의 매개 변수에 태그명을 입력하면 특정한 도형만 삭제할 수 있습니다.

태그를 사용하면 화면 전체를 삭제하지 않고 원하는 부분만 삭제할 수 있습니다. 다수의 도형을 그리고 그중 일부만 변경하고 싶을 때에도 태그를 사용할 수 있습니다.

파란색 원은 29행에서 1번만 그렸습니다. `cvs.delete("all")`이라고 입력하면 파란색 원도 삭제되지만 `cvs.delete("RED_CIRCLE")`으로 빨간색 원만 삭제했습니다.

충돌 판정을 계산해 보자 ②
- 사각형을 이용한 계산 방법

이 절에서는 사각형을 이용한 충돌 판정에 대해 설명하겠습니다. 2개의 사각형이 언제 겹치는지, 그것을 어떻게 수식으로 표현하는지, 또 프로그램으로는 어떻게 입력하는지 배워 봅시다.

(1) 사각형을 이용한 충돌 판정

직사각형은 4개의 직각을 가진 사각형을 의미합니다. 일반적으로 정사각형을 직사각형과 구분하지만 프로그래밍에서는 직사각형과 정사각형을 구분하지 않습니다. 그래서 이 책에서는 정사각형과 직사각형을 합쳐서 사각형이라고 부르겠습니다.

사각형이 충돌 판정은 다양한 계산 방법이 있습니다. 그 중에 사각형의 중심 좌표와 폭과 높이를 사용해 계산식과 if문을 간결하게 입력해 알아내는 방법이 있습니다. 이 책에서는 그 방법을 이용해 충돌 판정을 해 보겠습니다.

(2) 사각형이 겹치는 조건을 알아보자

사각형이 겹치는 조건에 대해 설명하겠습니다. 그림 4-13과 같이 중심 좌표가 (x_1, y_1), 폭이 w_1, 높이가 h_1인 사각형과 중심 좌표가 (x_2, y_2), 폭이 w_2, 높이가 h_2인 사각형이 있다고 합시다.

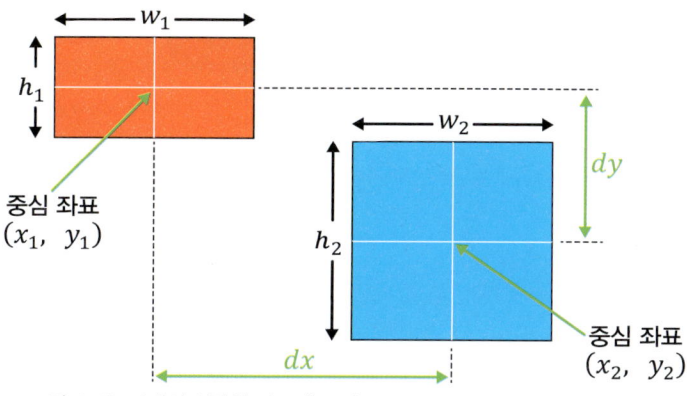

▲ 그림 4-13 2개의 사각형 좌표와 크기

2개의 사각형의 중심 사이의 x축 방향의 거리를 dx, y축 방향의 거리를 dy라고 합시다. dx의 값이 $\frac{w_1}{2} + \frac{w_2}{2}$ 이하이고 동시에 dy의 값이 $\frac{h_1}{2} + \frac{h_2}{2}$ 이하 라면 2개의 사각형은 겹쳐 있습니다. 이 조건으로 겹치는 이유를 그림 4-14와 같이 두 사각형이 옆으로 늘어서 있을 때를 가정해서 설명하겠습니다.

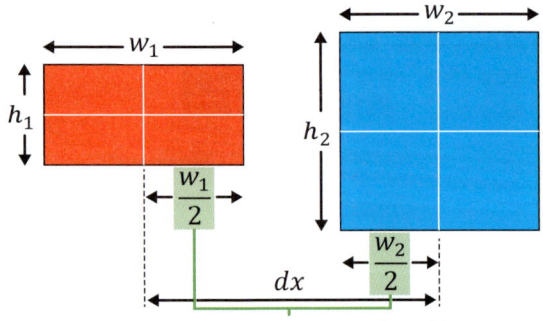

 이 부분을 텍스트로 설명

dx가 이 2개를 합한 값 이하라면 겹친다

▲ 그림 4-14　중심 사이의 x축 방향의 거리를 생각해 보자

　빨간색 사각형이 오른쪽으로 혹은 파란색 사각형이 왼쪽으로 이동하면 dx의 값은 줄어듭니다. 사각형이 점점 가까워져서 dx의 값이 빨간색 사각형의 폭의 절반과 파란색 사각형의 폭의 절반을 합한 값이 되었을 때 두 사각형의 외곽선이 접촉한다는 사실을 그림 4-14를 통해 알 수 있습니다. 이걸 수식으로 나타내면 $dx \leqq \dfrac{w_1}{2} + \dfrac{w_2}{2}$일 때 사각형이 겹칩니다.

　사각형이 세로로 늘어서 있는 경우도 생각해 봅시다. 그림 4-15에서 위아래 사각형을 접근시켜 dy의 값이 $\dfrac{h_1}{2} + \dfrac{h_2}{2}$이 되었을 때 두 사각형의 외곽선이 접촉합니다. 수식으로 나타내면 $dy \leqq \dfrac{h_1}{2} + \dfrac{h_2}{2}$일 때 사각형이 겹칩니다.

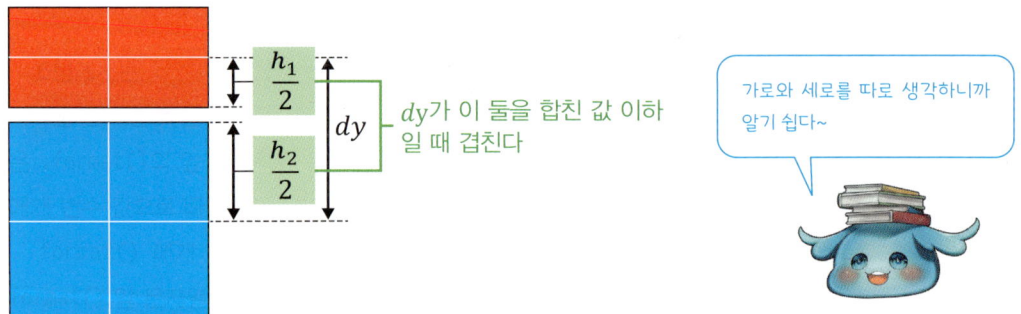

dy가 이 둘을 합친 값 이하일 때 겹친다

가로와 세로를 따로 생각하니까 알기 쉽다~

▲ 그림 4-15　중심 사이의 y축 방향의 거리를 생각해보자

　즉, $dx \leqq \dfrac{w_1}{2} + \dfrac{w_2}{2}$이고 동시에 $dy \leqq \dfrac{h_1}{2} + \dfrac{h_2}{2}$이 성립할 때 두 사각형이 겹칩니다. (그림 4-16)

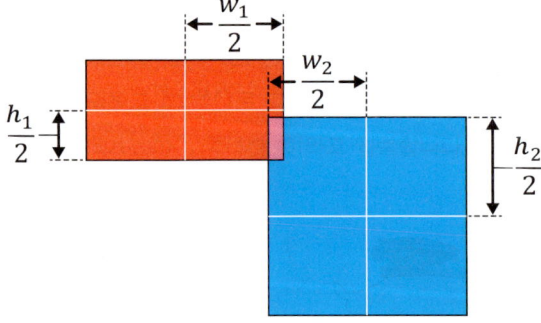

▲ 그림 4-16　사각형이 겹치는 예시

(3) x축 방향의 거리와 y축 방향의 거리를 구해 보자

dx와 dy의 값을 구하는 공식을 세워 봅시다.

빨간색 사각형의 중심 좌표는 $(x_1,\ y_1)$, 파란색 사각형의 중심 좌표는 $(x_2,\ y_2)$ 입니다.

dx는 빨간색 사각형의 x좌표와 파란색 사각형의 x좌표의 차이고, $dx = x_1 - x_2$입니다.

dy는 빨간색 사각형의 y좌표와 파란색 사각형의 y좌표의 차이고, $dy = y_1 - y_2$입니다.

> **① 중심 사이의 x축 방향 거리 dx와 y축 방향 거리 dy를 구하는 수식**
>
> $dx = x_1 - x_2$
> $dy = y_1 - y_2$

이 때 주의할 점이 있습니다. ①로 구한 값은 그림 4-17의 왼쪽과 같이 빨간색 사각형이 왼쪽 위, 파란색 사각형이 오른쪽 아래에 있을 때 dx, dy 모두 음수가 됩니다. 그림 4-17의 오른쪽과 같이 빨간 사각형이 오른쪽 이래, 파란색 사각형이 왼쪽 위에 있을 경우 dx, dy 모두 양수가 됩니다.

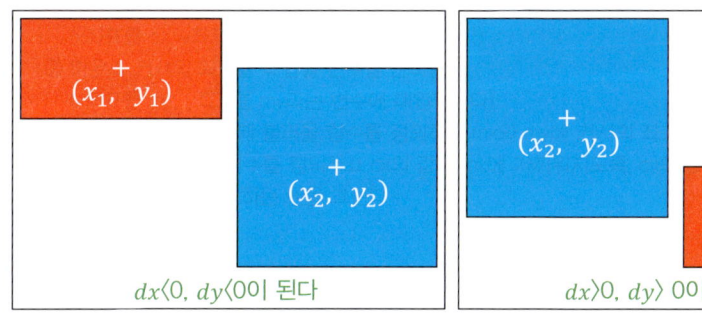

▲ 그림 4-17 사각형의 위치와 dx, dy가 음수, 양수가 되는 예시

두 사각형의 위치에 따라 dx와 dy가 음수나 양수가 되는구나.

dy가 음수나 양수일 때 주의합시다. 컴퓨터에서 y값은 아래로 갈수록 커집니다.

(4) 사각형이 겹치는 조건을 식으로 표현하자

①의 식으로 구한 dx와 dy는 두 사각형이 어떤 위치에 있는지에 따라 양수가 되기도 음수가 되기도 합니다. 이것을 고려해서 사각형이 겹치는 조건을 식으로 나타내면 다음과 같습니다.

$$-\left(\frac{w_1}{2} + \frac{w_2}{2}\right) \leqq x_1 - x_2 \leqq \frac{w_1}{2} + \frac{w_2}{2}$$

$$-\left(\frac{h_1}{2} + \frac{h_2}{2}\right) \leqq y_1 - y_2 \leqq \frac{h_1}{2} + \frac{h_2}{2}$$

$x_1 - x_2$가 dx 이고
$y_1 - y_2$가 dy 입니다.

이 조건을 프로그램으로 어떻게 입력할지 생각해도 괜찮지만 다른 방법으로 ②의 식을 더 간결하게 나타낼 수 있습니다. 그 방법은 **절댓값**입니다. 절댓값은 기준이 되는 원점(수학에서는 0)에서 얼마나 떨어져 있는지를 나타내는 값입니다.

(5) 절댓값을 사용해 보자

dx의 절댓값과 dy의 절댓값은 두 사각형의 위치가 어디에 있든지 모두 0 이상이 됩니다. 절댓값을 사용하면 ②의 식을 ③과 같이 간결하게 나타낼 수 있습니다.

③ 절댓값을 사용해 사각형이 겹치는 조건을 나타내는 수식

$$|x_1 - x_2| \leqq \frac{w_1}{2} + \frac{w_2}{2}$$

$$|y_1 - y_2| \leqq \frac{h_1}{2} + \frac{h_2}{2}$$

$a \geqq 0$일 때 a가 a의 절댓값입니다.
$a < 0$일 때 $-a$가 a의 절댓값입니다.
$-a$의 절댓값을 | | 기호를 사용해 $|a|$라고 나타냅니다.

(6) 수식을 프로그램으로 입력하자

$|x_1 - x_2|$와 $|y_1 - y_2|$를 프로그램으로 입력하면 그림 4-18과 같습니다.

$|x_1 - x_2|$ $|y_1 - y_2|$

↓ abs( )로 절댓값을 구한다 ↓

abs(x1-x2)   abs(y1-y2)

▲ 그림 4-18 수식을 프로그램 식으로 입력하기

Python에서는 절댓값을 **abs()**라는 명령으로 구합니다. abs()는 수학과 관련된 명령이지만 math 모듈을 가져오지 않고 사용할 수 있습니다.

abs(x1-x2)가 (w1+w2)/2 이하이고 동시에 abs(y1-y2)가 (h1+h2)/2일 때 두 사각형이 겹칩니다.

(7) 프로그램 확인

사각형이 겹치는지 판정하는 프로그램을 알아봅시다. 코드 4-7의 프로그램을 입력하고 실행하면 빨간색과 파란색 사각형이 표시됩니다. 마우스 커서를 움직이면 커서를 따라 빨간색 사각형이 움직이고 파란색 사각형에 닿으면 핑크색이 됩니다. 다양한 방향으로 움직여 보고 충돌 판정이 제대로 실행되는지 확인해 봅시다.

▼ 코드 4-7　hitcheck_rect.py

`01 import tkinter`	tkinter를 불러오기
`02 import math`	math를 불러오기
`03`	
`04 x1 = 200`	빨간색 사각형의 중심 좌표를
`05 y1 = 200`	대입할 변수
`06 w1 = 80`	빨간색 사각형의 폭과 높이를 정의
`07 h1 = 120`	
`08 x2 = 400`	파란색 사각형의 중심 좌표를
`09 y2 = 300`	대입할 변수
`10 w2 = 240`	파란색 사각형의 폭과 높이를 정의
`11 h2 = 120`	
`12`	
`13 def move(e):`	마우스를 움직였을 때 불러올 함수
`14     global x1, y1`	이 변수들을 전역 선언
`15     x1 = e.x`	빨간색 사각형의 (x, y)좌표를
`16     y1 = e.y`	커서의 좌표로 한다
`17     col = "red"`	변수 col에 "red"를 대입
`18     if abs(x1-x2)<=(w1+w2)/2 and abs(y1-y2)<=(h1+h2)/2:`	두 사각형이 접촉했다면
`19         col = "pink"`	col에 "pink"를 대입
`20     cvs.delete("RED_RECT")`	빨간색 사각형을 삭제
`21     cvs.create_rectangle(x1-w1/2, y1-h1/2, x1+w1/2, y1+h1/2, fill=col, outline="white", tag="RED_RECT")`	빨간색 혹은 핑크색으로 사각형을 그린다
`22`	
`23 root = tkinter.Tk()`	윈도를 만든다
`24 root.title("사각형을 이용한 충돌 판정")`	타이틀을 지정
`25 root.bind("<Motion>", move)`	불러올 함수를 지정
`26 cvs = tkinter.Canvas(width=800, height=600, bg="black")`	캔버스를 준비
`27 cvs.pack()`	캔버스를 배치
`28 cvs.create_rectangle(x1-w1/2, y1-h1/2, x1+w1/2, y1+h1/2, fill="red", outline="white", tag="RED_RECT")`	빨간색 사각형을 그린다
`29 cvs.create_rectangle(x2-w2/2, y2-h2/2, x2+w2/2, y2+h2/2, fill="blue", outline="white")`	파란색 사각형을 그린다
`30 root.mainloop()`	윈도 처리를 시작

▼ 실행 결과

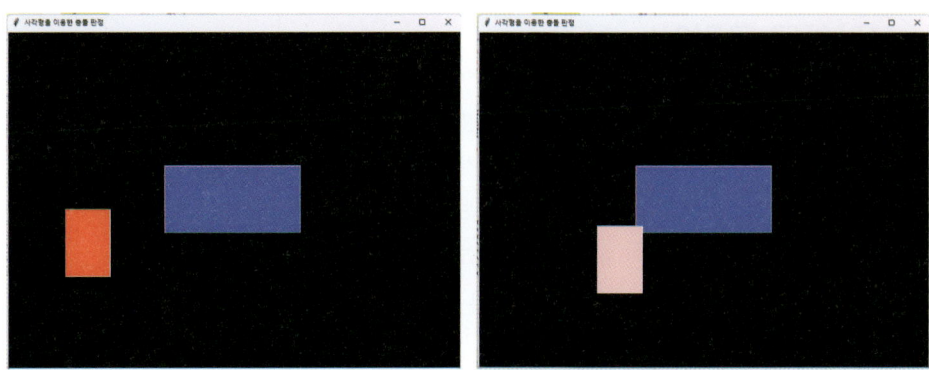

4~7행에서 빨간색 사각형의 중심 좌표를 대입할 변수를 x1, y1이라고 하고 폭과 높이를 대입할 변수를 w1, h1으로 선언했습니다.

8~11행에서 파란색 사각형의 중심 좌표를 대입할 변수를 x2, y2라고 하고 폭과 높이를 대입할 변수를 w2, h2으로 선언했습니다.

우와~ 신기하다. 마우스로 도형을 움직일 수 있네. Python으로 이런 것도 할 수 있구나~

놀라기엔 아직 일러요. 앞으로 다양한 게임을 만들면서 더 신기한 걸 만들 거예요.

(8) 사각형을 표시하는 방법

create_rectangle() 명령은 사각형을 그릴 왼쪽 위 모서리와 오른쪽 아래 모서리 좌표를 매개 변수로 지정합니다. (그림 4-19) 이 프로그램에서는 왼쪽 위 모서리를 $\left(x - \dfrac{w}{2},\ y - \dfrac{h}{2}\right)$, 오른쪽 아래 모서리를 $\left(x + \dfrac{w}{2},\ y + \dfrac{h}{2}\right)$로 지정하고 $(x,\ y)$가 사각형의 중심이 되도록 했습니다. w는 사각형의 폭, h는 사각형의 높이입니다.

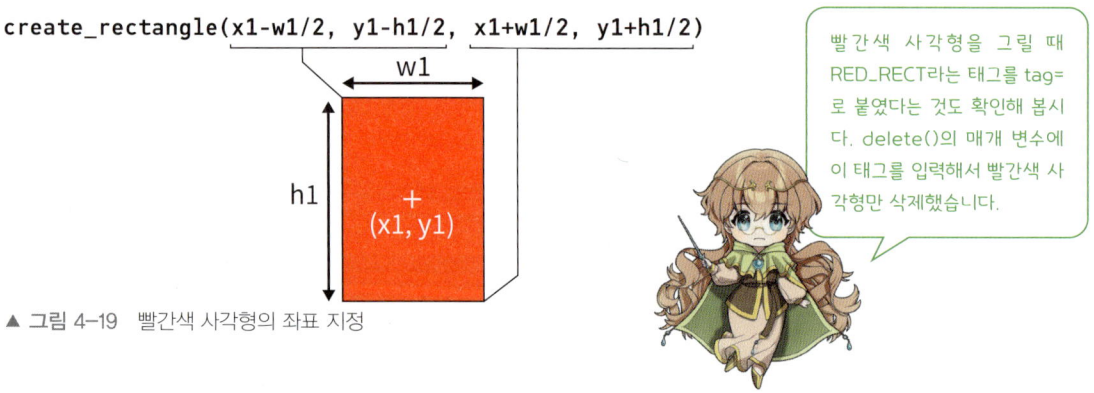

빨간색 사각형을 그릴 때 RED_RECT라는 태그를 tag=로 붙였다는 것도 확인해 봅시다. delete()의 매개 변수에 이 태그를 입력해서 빨간색 사각형만 삭제했습니다.

▲ 그림 4-19　빨간색 사각형의 좌표 지정

(9) 마우스로 사각형을 움직이는 처리

마우스 커서를 움직였을 때 불러올 함수를 move()라는 함수명으로 13~21행에서 정의했습니다. move()는 이벤트를 가져오는 함수이므로 매개 변수 e를 준비했습니다.

이 함수에서 빨간색 사각형의 중심 좌표인 변수 x1과 y1의 값을 변경합니다. x1과 y1은 함수 밖에서 선언한 전역 변수입니다. 이 값을 바꾸기 위해서 14행에서 global x1, y1과 같이 전역 선언을 했습니다.

15~16행에서 x1과 y1에 마우스 커서의 좌표를 대입하고 마우스를 움직인 위치로 사각형이 따라오도록 했습니다. e.x와 e.y가 마우스 커서의 좌표입니다.

(10) 충돌 판정을 하는 if문

18행의 if문으로 사각형 간의 충돌 판정을 합니다. 17~19행의 코드를 따로 설명하겠습니다.

```
17    col = "red"
18    if abs(x1-x2)<=(w1+w2)/2 and abs(y1-y2)<=(h1+h2)/2:
19        col = "pink"
```

abs(x1-x2)가 두 사각형의 중심 사이의 x축 방향의 거리, abs(y1-y2)가 y축 방향의 거리입니다. abs(x1-x2)가 (w1+w2)/2 이하이고 동시에 abs(y1-y2)가 (h1+h2)/2 이하일 때 두 사각형이 겹칩니다. 이 경우 빨간색 사각형이 핑크색으로 바뀌고 사각형이 겹친다는 사실을 알 수 있습니다.

COLUMN

프로그래밍을 배우는 비법

이 장에서는 게임 제작을 위한 지식과 기술을 설명하고 그것이 수학과 어떤 관계가 있는지를 배웠습니다. 충돌 판정과 같이 조금 어려운 알고리즘을 다루었기 때문에 어렵다고 생각한 분도 계실지 모르겠습니다.

어렵더라도 불안해하거나 초조할 필요는 없습니다. 배운 지식을 활용해서 다음 장부터는 게임을 만들겠습니다. 게임 프로그램을 입력할 때 아직 이해하지 못한 부분에서 막힌다면 그것을 배운 페이지를 다시 읽어 봅시다. (어디서 배웠는지는 목차로 알 수 있습니다)

프로그래밍은 실제로 프로그램을 입력해서 작동하는지 확인했을 때 '아, 그렇구나' 하고 이해되는 경우가 자주 있습니다. **이해하지 못한 내용은 복습한다, 직접 프로그램을 입력한다.** 이 두 가지가 프로그래밍을 배우는 지름길이자 비법입니다.

'뭐야, 수학이나 다른 과목하고 똑같네' 라고 생각한 분도 많겠죠. **배운 것을 복습하고, 스스로 문제를 풀고, 필기나 메모를 해서 손을 움직인다.** 어떤 학문이라도 지식이나 기술을 자신만의 것으로 하는 확실한 방법입니다. 그리고 프로그래밍도 똑같습니다.

그렇구나. 복습하고 손을 움직인다. 꾸준하게 연습하라는 거구나. 스승님은 얼마나 현자 수행을 하셨나요?

아직도 매일매일 수행하고 있답니다. 벌써 몇 년째 계속하고 있는 걸요.

변수 사용법 - 처리 순서와 애니메이션

수학의 변수는 계산을 위해 사용하지만 프로그래밍에서의 변수는 계산 외에도 다양한 사용법이 있습니다. 여기서는 변수를 사용해 프로그램의 처리를 분기하는 방법과 변수를 사용한 애니메이션의 구조를 설명하겠습니다.

먼저 실행해 보자

이 책의 샘플(p.iv)의 zip 파일 안 Chapter4 폴더에 ninja_run.py라는 프로그램이 있습니다. 이것을 IDLE로 열어서 실행해 봅시다. 그림 4-B와 같이 게임 타이틀을 상정한 화면이 표시됩니다.

이 화면에서 Space Bar 키를 누르면 그림 4-C와 같이 닌자가 달리는 게임이 나옵니다.

닌자는 끝없이 달려 나갑니다.

Enter 키를 누르면 타이틀 화면으로 돌아갑니다.

▲ 그림 4-B   타이틀 화면

▲ 그림 4-C   닌자가 달리는 화면

닌자 누나 멋지다!
우리 파티에 들어와 달라고
해 볼까?

프로그램 확인

이 프로그램 내용을 알아봅시다. (코드 4-A)

```01 import tkinter```	tkinter를 불러오기
```02```	
```03 scene = "타이틀"```	씬을 관리하는 변수
```04 ninja_x = 0```	닌자의 x좌표를 대입할 변수
```05 ninja_a = 0```	닌자의 애니메이션을 실행하기 위한 변수
```06```	
```07 def pkey(e):```	키를 눌렀을 때 불러올 함수
```08 global scene```	변수를 전역 선언
```09 if e.keysym=="space":```	스페이스 키를 누르면
```10 scene = "게임"```	닌자가 달리는 화면으로 전환
```11 if e.keysym=="Return":```	Enter 키를 누르면
```12 scene = "타이틀"```	타이틀로 돌아간다
```13```	
```14 def main():```	메인 처리를 담당하는 함수
```15 global ninja_x, ninja_a```	변수들을 전역 선언
```16 cvs.delete("all")```	캔버스에 표시한 걸 삭제
```17 cvs.create_image(480, 320, image=bg)```	배경을 표시
```18 if scene=="타이틀":```	┌타이틀 화면 기능
```19 cvs.create_image(480, 320, image=ilst)```	│ 뒤에서 자세히 설명
```20 cvs.create_text(480, 180, text="N i n j a r u n",```	│
``` font=("System",100), fill="lime")```	│
```21 cvs.create_text(480, 420, text="press [SPACE] key",```	│
``` font=("System",40), fill="cyan")```	└
```22 if scene=="게임":```	┌닌자가 달리는 기능
```23 ninja_x = ninja_x + 40```	│ 뒤에서 자세히 설명
```24 if ninja_x>960: ninja_x = 0```	│
```25 ninja_a = ninja_a + 1```	│
```26 cvs.create_image(ninja_x, 400, image=ninja[ninja_a%4])```	└
```27 root.after(100, main)```	100 밀리초 후에 main()을 실행
```28```	
```29 root = tkinter.Tk()```	윈도를 만든다
```30 root.bind("<Key>", pkey)```	키를 눌렀을 때 불러올 함수를 지정
```31 cvs = tkinter.Canvas(width=960, height=640)```	캔버스를 준비
```32 cvs.pack()```	캔버스를 배치
```33 ilst = tkinter.PhotoImage(file="image/illust.png")```	변수 ilst에 일러스트를 불러온다
```34 bg = tkinter.PhotoImage(file="image/bg.png")```	변수 bg에 배경을 불러 온다
```35 ninja = [```	┌ninja라는 배열에
```36 tkinter.PhotoImage(file="image/ninja0.png"),```	│ 4종류의 닌자 이미지를
```37 tkinter.PhotoImage(file="image/ninja1.png"),```	│ 불러온다
```38 tkinter.PhotoImage(file="image/ninja2.png"),```	│
```39 tkinter.PhotoImage(file="image/ninja3.png")```	│
```40]```	└
```41 main()```	main() 함수를 불러온다
```42 root.mainloop()```	윈도 처리를 시작

프로그램에서 중요한 부분을 설명하겠습니다.

(1) 실시간으로 처리하기

14~27행에서 정의한 main()이 실시간 처리를 하는 함수입니다. after() 명령으로 100 밀리초마다 이 함수를 계속 실행합니다.

main() 안에서 타이틀 화면 표시와 닌자가 달리는 기능을 처리합니다. 18~21행이 타이틀 화면, 22~26행이 닌자가 달리는 기능의 코드입니다. 3행에서 선언한 scene라는 변수와 if문으로 각각의 처리를 나누었습니다.

(2) 변수를 사용해 처리 분기하기

타이틀과 닌자가 달리는 처리 사이에서 분기하는 방법을 설명하겠습니다.

변수 scene에 '타이틀'이라는 문자열을 대입했을 때 if문을 사용해 타이틀 처리를 합니다. 또 '게임'이라는 문자열을 대입했을 때는 닌자가 달리는 처리를 합니다. 닌자의 이동과 애니메이션은 (4)와 (5)에서 설명하겠습니다.

(3) 키를 눌렀을 때 불러올 함수

7~12행에서 키를 눌렀을 때 불러오는 pkey()라는 함수를 정의했습니다. 이 함수로 [Space Bar] 키를 누르면 변수 scene에 '게임'이라는 문자열을 대입하고, [Enter]([Return]) 키를 누르면 '타이틀'이라는 문자열을 대입합니다.

> 변수 scene의 값이 '게임'이라면 main()은 닌자가 달리는 처리를 합니다. 즉 타이틀에서 [Space Bar] 키를 누르면 닌자가 달리는 화면으로 전환됩니다.

> 그렇구나. [Enter] 키를 누르면 변수 scene의 값이 '타이틀'이 되어 main()은 타이틀 처리를 하니까 타이틀 화면으로 돌아가는 거구나.

(4) 닌자의 이동

닌자의 x좌표를 ninja_x라는 변수로 관리합니다. main() 함수의 if scene =="게임" 블록의 23행에서 이 변수의 값을 늘려서 닌자를 오른쪽으로 이동시킵니다. 24행에서 if ninja_x>960으로 닌자가 화면 오른쪽 끝에 도달했는지 확인하고 도달했을 때 ninja_x를 0으로 만든 뒤 다시 닌자가 왼쪽 끝에서부터 달리도록 합니다.

(5) 닌자의 애니메이션

35~40행에서 ninja라는 배열에 4종류의 이미지를 불러왔습니다.

```
35  ninja = [
36      tkinter.PhotoImage(file="image/ninja0.png"),
37      tkinter.PhotoImage(file="image/ninja1.png"),
38      tkinter.PhotoImage(file="image/ninja2.png"),
39      tkinter.PhotoImage(file="image/ninja3.png")
40  ]
```

> 이미지는 Chapter4 폴더 안 image 폴더에 들어 있습니다.

이렇게 입력하면 ninja[0] ~ ninja[3]에 표 4-A와 같은 이미지를 불러옵니다.

▼ 표 4-A　닌자 이미지를 불러왔을 때의 배열

배열	ninja[0]	ninja[1]	ninja[2]	ninja[3]
파일명	ninja0.png	ninja1.png	ninja2.png	ninja3.png
이미지				

※ 이 이미지들은 **ninja0.png→ninja1.png→ninja2.png→ninja3.png**의 순서로 반복해서 표시되어 달리는 듯한 묘사를 할 수 있습니다.

닌자 이미지를 다음 처리로 순서대로 표시해서 달리는 애니메이션을 만듭니다.

- 25행에서 변수 **ninja_a**를 1씩 늘린다.
- 26행에서 **cvs.create_image(ninja_x, 400, image=ninja[ninja_a%4])**로 표시되는 이미지 번호를 **ninja_a%4**로 지정한다.

ninja_a의 값은 0 → 1 → 2 → 3 → 4 → 5 → 6 → 7 → … 과 같이 점점 늘어납니다. **ninja_a%4**는 이 값을 4로 나누었을 때의 나머지이기 때문에 0 → 1 → 2 → 3 → 0 → 1 → 2 → 3 → … 과 같이 0부터 3까지 반복됩니다.

%는 나머지를 구하는 연산자입니다. 이 계산으로 닌자 이미지를 0 → 1 → 2 → 3 순서로 반복해서 표시합니다.

변수로 좌표를 계산해서 이미지 패턴을 바꾸고 애니메이션을 만들었습니다.

그렇구나~ 캐릭터의 애니메이션도 변수와 계산식으로 만들어 냈구나.

드디어 준비가 끝났군요.
이제 다음 장부터 게임 제작이라는 여행이 시작됩니다.

여행을 떠날 때 필요한 지식은 지금까지 배운 내용
이면 충분할까요?

지금까지 배운 내용은 기초적인 지식입니다.
앞으로 다양한 내용을 배우고 경험을 쌓아 봅시다.

그렇구나. 이 여행은 더욱 성장하기 위한 여행
이군요?

맞아요.
자, 이제 프로그래밍 지식과 노하우를 쌓기 위한 여행을 떠나
봅시다.

네, 스승님! 출발하시죠!
두근두근거려~

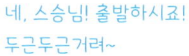

두더지 잡기를 만들어 보자

드디어 게임을 만듭니다. 이 장에서는 '두더지 잡기'라는 게임을 만들겠습니다. 2장에서 배운 배열이나 조건 분기, 3장에서 배운 윈도를 처리하는 방법, 4장에서 배운 키 입력과 실시간 처리를 사용해 프로그램을 만듭니다. 두더지가 얼굴을 내미는 구덩이를 난수로 정하기 때문에 난수 사용법도 설명하겠습니다.

Contents

5-1		이 장에서 만들 게임
5-2		Python에서 난수를 사용해 보자
COLUMN		난수를 만드는 알고리즘
5-3	STEP 1	이미지를 불러와서 표시해 보자
5-4	STEP 2	배열로 5개의 구덩이를 관리하자
5-5	STEP 3	실시간 처리로 두더지가 나타나게 해 보자
5-6	STEP 4	키 입력으로 두더지를 때려 보자
5-7	STEP 5	타이틀 화면과 게임 오버 화면을 만들어 게임을 완성시키자
COLUMN		컴퓨터로 원주율을 계산해 보자
COLUMN		두더지 잡기를 개조해 보자

이 장에서 만들 게임

먼저 이 장에서 만들 '두더지 잡기' 게임의 내용을 살펴봅시다. 소프트웨어 개발에서 컴퓨터 속에 만드는 프로그램이 어떤 구조를 가지고 있는지 명확하게 아는 것은 중요합니다. 완성된 게임이 어떤 모습일지 이 절의 내용을 읽고 상상해 봅시다.

(1) 두더지 잡기란?

여러 구덩이에서 두더지 같은 캐릭터가 나타나면 그 머리를 뽕망치로 때려서 제한시간 내에 얼마나 많이 때렸는지 겨루는 게임이 두더지 잡기입니다. (그림 5-1)

▲ 그림 5-1 두더지 잡기

두더지 잡기는 아케이드 게임기로 개발되어 오락실에서도 볼 수 있습니다. 또한 가정용 장난감으로도 발매되어 많은 분들이 아는 유명한 게임입니다.

두더지 잡기는 오락실이나 아케이드 게임장에서 볼 수 있어요.

뽕망치로 두더지를 때리는 게임이지!

(2) 두더지 잡기를 만드는 이유

원래 두더지 잡기는 기계식 아케이드 게임기로 나온, 규칙은 **적을 때리는 것뿐**인 단순한 게임입니다. 이렇게 단순한 게임은 코드를 복잡하게 짜지 않아도 만들 수 있기 때문에 **입문자가 프로그래밍을 배우기에 적절한 게임입니다.** 그래서 이 책에서는 제일 먼저 두더지 잡기를 만들겠습니다.

하지만 내용이 단순하더라도 게임을 만들기 위해선 프로그래밍 기초 지식을 총동원해야 합니다. 윈도를 표시하고 키 입력을 가져오는 등의 기능을 다양하게 조합해야 합니다. 또 점수 같은 값을 표시하는 변수에서 수학 지식도 필수입니다. 두더지 잡기를 만들면서 지금까지 배운 내용을 다시 한번 정리해 봅시다.

(3) 이 장에서 만들 게임의 규칙

여기서는 다음과 같은 규칙으로 두더지 잡기를 만듭니다.

두더지 잡기 규칙

- 5개의 구덩이가 있다. 구덩이에는 1부터 5까지 번호가 붙어있다
- 두더지는 구덩이에서 얼굴을 내민다. 어떤 구덩이에서 나올지는 난수로 정해진다
- 얼굴을 내민 구덩이에 대응되는 키를 누르면 때릴 수 있다
- 제한 시간 안에 몇 점을 얻었는지 겨루는 게임이다

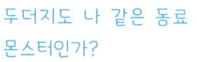
두더지도 나 같은 동료
몬스터인가?

아뇨, 두더지는 포유류 동물
이랍니다.

완성된 화면은 그림 5-2와 같습니다.

▲ 그림 5-2 두더지 잡기 게임 화면

게임이 작동하는 순서를 플로우 차트로 나타냈습니다. (그림 5-3) 플로우 차트가 있으면 어떤 기능을 만들어야 할지 상상하기 쉽습니다. 이 책에서는 게임에서 중요 부분만 간단하게 플로우 차트로 나타냈지만 실제 게임 개발을 하는 과정에서는 게임 만들기 전에 메뉴 화면 등을 모두 포함한 게임 전체의 플로우 차트를 준비하는 경우도 있습니다.

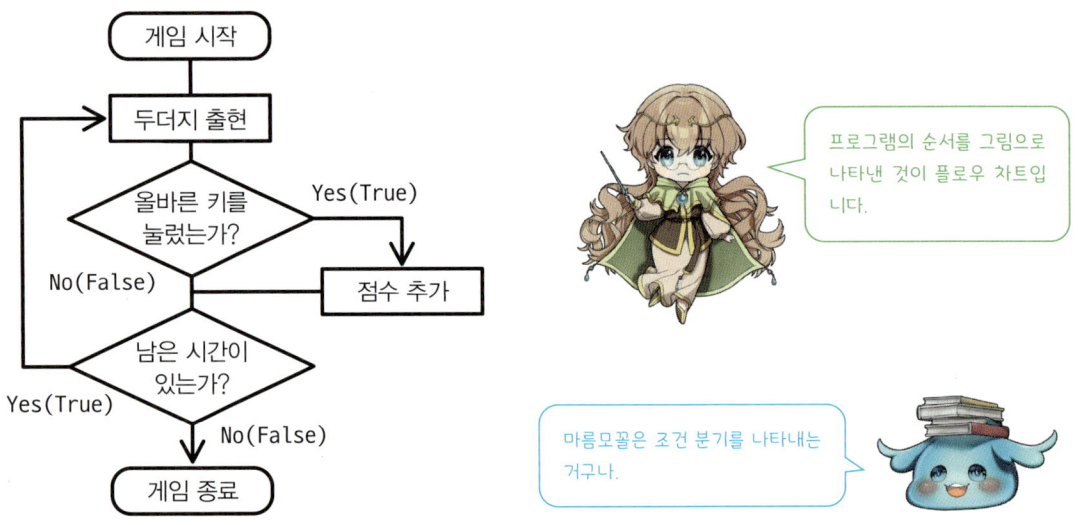

▲ 그림 5-3 두더지 잡기의 플로우 차트

(4) 사용할 이미지 파일

표 5-1의 이미지 파일을 사용해 게임을 만듭니다. 이미지 파일은 이 책의 샘플 zip 안에 들어 있습니다. p.iv를 참고해 다운로드합시다.

▼ 표 5-1 이미지 파일

hammer.png	hit.png	hole.png	mole.png

(5) 어떤 순서로 완성시킬까?

여기서는 각 부분을 5단계(표 5-2)로 나누어서 프로그램을 만들고 조합해 게임을 완성시키겠습니다.

▼ 표 5-2　게임 완성까지의 과정

단계	단락	프로그래밍 내용
STEP 1	5-3	이미지를 불러와서 표시하기
STEP 2	5-4	배열로 5개의 구덩이를 관리하기
STEP 3	5-5	실시간 처리로 두더지 출현시키기
STEP 4	5-6	키 입력으로 두더지 때리기
STEP 5	5-7	타이틀 화면과 게임 오버 화면을 만들고 완성시키기

어떤 두더지가 얼굴을 내밀지는 난수로 정합니다. **난수**란 주사위를 던져서 나오는 수와 같이 무작위(랜덤)하게 정해지는 값을 의미합니다. 게임 프로그래밍을 시작하기 전에 다음 절에서 난수를 만드는 방법을 설명하겠습니다.

난수를 사용하는 법을 배우고 나서 게임 제작을 시작합니다.

좋아, 열심히 해야지!

Python에서 난수를 사용해 보자

이 절에서는 난수를 발생시키는 명령과 사용법에 대해 설명하겠습니다. 게임에서 난수는 예를 들어 '테트리스와 같은 퍼즐 게임에서 떨어지는 블록의 종류 정하기', '롤플레잉 게임에서 치명타(대미지가 큰 공격)이 나오는 확률 계산하기', '카드 게임에서 나눠주는 카드의 종류 정하기'와 같은 상황에서 사용합니다. 이 장에서 만드는 두더지 잡기는 두더지가 얼굴을 내밀 구덩이를 난수로 정합니다.

(1) random 모듈을 사용하자

Python 프로그램에서 복잡한 처리를 하기 위해서는 모듈이라는 기능을 사용해야 합니다. 3장과 4장에서 tkinter 모듈을 사용해 윈도를 만들고 캔버스에 도형을 표시했습니다. 난수를 사용하기 위해서는 random 모듈을 가져와 난수를 발생시키는 명령을 입력합니다.

(2) 난수를 발생시키는 명령

random 모듈에 탑재되어 있는 난수를 발생시키는 명령은 주로 다음 표 5-3과 같습니다.

random 모듈에는 난수를 사용하기 위한 다양한 명령이 탑재되어 있습니다.

▼ 표 5-3 난수를 발생시키는 명령

난수의 종류	입력 예시	뜻
소수 난수	r = random.random()	r에 0.0 이상, 1.0 미만의 소수를 대입하라
정수 난수 ①	r = random.randint(1, 10)	r에 1부터 10까지의 정수를 대입하라
정수 난수②	r = random.randrange(10, 20, 2)[1]	r에 10, 12, 14, 16, 18 중 하나를 대입하라
복수의 항목에서 랜덤으로 정하기	r = random.choice([5, 6, 7])[2]	r에 5, 6, 7중 하나를 대입하라

[1] randrange(start, stop, step)로 발생하는 난수는 start 이상, stop 미만이 됩니다. stop 값은 포함되지 않습니다.

[2] 항목은 원하는 대로 입력할 수 있습니다. 예를 들어 random.choice(["가위", "바위", "보"])와 같이 문자열을 나열하고 그중 하나를 무작위로 고를 수 있습니다.

(3) 프로그램 확인

코드 5-1의 프로그램으로 random 모듈의 사용법을 확인해 봅시다. 입력하고 실행하면 1부터 6까지 중에서 난수로 10번 출력됩니다.

이 프로그램은 난수를 배우기 위한 프로그램으로 윈도가 필요하지 않기 때문에 표시하지 않고 IDLE의 셸 윈도에 난수를 출력합니다.

> 윈도를 출력하지 않으면 짧은 줄로도 난수를 배울 수 있어요.

▼ 코드 5-1   rand_int.py

```
01  import random                      random 모듈을 불러온다
02  for i in range(10):                10번 반복
03      r = random.randint(1, 6)       변수 r에 1부터 6까지의 난수를 대입
04      print(r)                       그 값을 출력
```

▼ 실행 결과

```
5
3
2
6
5
1
2
5
1
1
```

※ 난수이므로 값은 출력할 때마다 다릅니다.

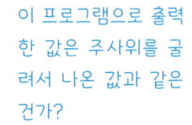

이 프로그램으로 출력한 값은 주사위를 굴려서 나온 값과 같은 건가?

실제 주사위를 굴리는 것과 비슷하지만 컴퓨터에서 난수는 계산으로 만들어집니다. 엄밀하게 말하자면 실제 주사위같이 완전히 무작위로 나오는 값과는 조금 다릅니다.

random 모듈을 사용하기 때문에 1행에서 `import random`을 입력합니다. 3행에서 random 모듈에 탑재된 함수로 난수를 발생시킵니다. 이 프로그램은 `randint()`로 최솟값과 최댓값을 지정하고 정수 값으로 난수를 발생시켰습니다.

(4) 난수의 기본값

random 모듈은 난수를 사용하기 위해 다양한 명령을 탑재하고 있습니다. 그 중에 하나는 ==난수의 기본값(시드)==을 정하는 seed()라는 명령이 있습니다.

컴퓨터에서 난수는 계산으로 만들어지는데 그 계산의 바탕이 되는 값이 시드입니다. 시드를 정한 뒤 발생하는 난수는 매번 같은 값이 나옵니다. 시드가 구체적으로 무엇인지는 이 절 마지막 COLUMN(p.125)에서 설명하겠습니다.

그러면 시드에 대해 코드 5-2의 프로그램으로 알아봅시다. 이 프로그램을 여러 번 실행해 보세요. 매번 같은 결과가 나옵니다.

▼ 코드 5-2 rand_seed.py

```
01  import random                      random 모듈을 불러온다
02  random.seed(0)                     시드를 0으로 한다
03  for i in range(20):                20번 반복
04      r = random.randint(0, 99)      변수 r에 0부터 99까지의 난수를 대입
05      print(r, end=",")              그 값을 쉼표로 구분해서 출력
```

▼ 실행 결과

```
49,97,53,5,33,65,62,51,38,61,45,74,27,64,17,36,17,96,12,79,
```

2행의 random.seed(0)으로 시드를 0으로 정했습니다. 원하는 값을 시드로 정할 수 있습니다. Python은 그 값을 바탕으로 난수를 계산합니다. 시드가 정해지면 시드를 정한 순간부터 같은 난수가 발생합니다.

원래 난수는 무작위로 정해지는 값입니다. 시드는 필요하지 않다고 생각하는 분도 있겠지요. 시드는 다양한 사용법이 있습니다. 예를 들어 컴퓨터에서 난수를 사용해 시뮬레이션을 할 때 시드를 정해서 같은 난수로 시뮬레이션을 재현할 수 있습니다. 시드가 있으면 실험 결과를 다시 확인할 때 도움이 됩니다.

난수를 만드는 알고리즘

컴퓨터에서 난수는 계산으로 만듭니다. 그 계산을 시작하기 위한 첫 번째 값이 시드입니다. 난수를 만드는 식이나 시드를 이해하기 위해선 **수열**에 대한 지식이 필요합니다. 이 COLUMN에서는 수학 시간에 배운 수열을 간단하게 복습하고 난수를 만드는 알고리즘에 대해 설명하겠습니다.

등차수열과 등비수열

널리 알려진 수열 중에 **등차수열**과 **등비수열**이 있습니다.

- 등차수열

1, 3, 5, 7, 9, 11 … 과 같은 수의 나열이 있다고 합시다. 이 수열은 어떤 자리에 있는 수도 앞뒤로 그 차이가 2입니다. 이 수열은 다음과 같은 수식으로 나타낼 수 있습니다.

$$a_1 = 1$$
$$a_{n+1} = a_n + 2$$

이와 같이 일정한 수를 계속 더해서 만드는 수의 나열이 **등차수열**입니다.

- 등비수열

1, 2, 4, 8, 16, 32 … 과 같은 수의 나열이 있다고 합시다. 이 수열은 뒤에 오는 수가 앞에 오는 수의 2배입니다. 이 수열은 다음과 같은 수식으로 나타낼 수 있습니다.

$$a_1 = 1$$
$$a_{n+1} = 2a_n$$

이와 같이 일정한 수를 계속 곱해서 만드는 수의 나열이 **등비수열**입니다.

수열의 맨 처음 오는 a_1을 **초항**이라고 하며 수열을 만드는 식을 **점화식**이라고 합니다.

난수를 만드는 알고리즘

난수를 만드는 식은 지금까지 다양한 방법이 고안되었습니다. 그 중에 다음과 같은 점화식이 있습니다. 이 점화식으로 난수를 만드는 알고리즘을 **선형합동법**이라고 합니다.

$$a_0 = 0$$
$$a_{n+1} = (Ba_n + C)\%M$$

※ 프로그래밍의 번호는 맨 처음 오는 값을 0번으로 부르기 때문에 이 식의 초항은 a_0이 됩니다.

선형합동법은 $x_n = (A * x_{n-1} + C)\%M$ 으로 나타내는 경우도 많지만 이 책에서는 위에 나온 식과 비교하기 쉽게 $a_{n+1} = (Ba_n + C)\%M$으로 나타냈습니다.

B, C, M을 특정한 규칙에 따라 정하면 수가 제멋대로 나열되는 수열을 만들 수 있습니다. 예를 들어 a_0을 0, B을 13, C를 1, M을 16으로 정하면 $a_n = (Ba_{n-1} + C)\%M$의 수식으로 다음과 같은 수열을 만들 수 있습니다.

```
0, 1, 14, 7, 12, 13, 10, 3, 8, 9, 6, 15, 4, 5, 2, 11, 0, 1, 14, 7, 12, 13, 10, 3, 8, 9, 6,
15, 4, 5, 2, 11....
```

'선형합동법'으로 검색하면 B, C, M을 정하는 방법에 대한 정보를 얻을 수 있습니다.

이 수열은 0, 1, 14, 7, 12, 13, 10, 3, 8, 9, 6, 15, 4, 5, 2, 11라는 나열이 끝없이 반복됩니다.

유사 난수

계산에 의해 난수처럼 보이는 수열을 만들 수 있다는 사실을 알았습니다. 계산식으로 만드는 난수는 진짜 난수(주사위를 굴렸을 때 나오는 값과 같이 무작위로 정해지는 값)와 구분하기 위해 <mark>유사 난수</mark>라고 부릅니다. 컴퓨터가 만드는 난수는 유사 난수입니다.

등차수열이나 등비수열은 초항의 값을 정하면 나오는 수가 정해져 있습니다. 선형합동법으로 만드는 수열도 점화식에서 B, C, M의 값을 바꾸지 않는 한 초항에 따라 나오는 수가 정해집니다.

즉,

- 유사 난수는 점화식으로 만드는 수열이다.
- 초항(시드)를 정하면 수열에서 나오는 수는 같다.

덧붙이자면 난수를 만드는 방법은 여러 가지가 있기 때문에 그 모든 초항이 시드가 되지는 않습니다.

이 두가지가 시드를 정하면 같은 값이 나오는 이유입니다.

난수를 만드는 새로운 알고리즘

난수를 발생시키는 알고리즘에서 주로 사용되는 선형합동법으로 시드에 대해 설명했습니다. 선형합동법은 오래전에 고안된 알고리즘으로 유사 난수를 간단한 식으로 만들 수 있다는 장점이 있지만 짧은 주기로 같은 수열이 반복되어 난수로 사용할 때 부족한 점이 있습니다. 현재는 일본인 수학자가 고안한 메르센 트위스터와 같이 진짜 난수에 가까운 값을 만드는 알고리즘을 사용하는 경우도 많습니다. 흥미가 있는 분은 '난수 알고리즘'을 검색해서 난수를 만드는 다양한 알고리즘을 알아봅시다.

이미지를 불러와서 표시해 보자

이제 게임을 만들어 봅시다. 먼저 구덩이나 두더지 이미지를 불러와서 표시하는 방법을 설명하겠습니다. 그리고 불러온 이미지를 캔버스에 배치하고 게임 화면 구성에 대해 알아봅시다.

(1) 이미지 파일을 불러와서 표시하기

이 게임은 폭 200 픽셀, 높이 320 픽셀인 이미지를 가로로 5개 표시합니다. 코드 5-3의 프로그램에서 이미지 파일의 불러오기와 표시를 알아봅시다. 프로그램을 입력하고 실행해보면 5개의 구덩이가 가로로 늘어선 화면이 표시됩니다

프로그램 파일명은 5장 게임의 1단계(STEP 1)라는 의미에서 step_5_1.py로 붙였습니다.

▼ 코드 5-3   step_5_1.py

```
01 import tkinter                                                    tkinter를 불러온다
02
03 def main():                                                       메인 처리를 담당하는 함수
04     for i in range(5):                                            i는 0부터 4까지 1씩 늘어난다
05         x = 200*i+100                                             이미지를 표시할 x좌표를 계산
06         cvs.create_image(x, 160, image=img[0])                    구덩이 이미지를 표시
07     cvs.create_image(x, 60, image=ham)                            뽕망치 이미지를 표시
08
09 root = tkinter.Tk()                                               윈도를 만든다
10 cvs = tkinter.Canvas(width=1000, height=320)                      캔버스를 준비
11 cvs.pack()                                                        캔버스를 배치
12 img = [                                                           배열에 구덩이, 두더지, 뽕망치에 맞은
13     tkinter.PhotoImage(file="image/hole.png"),                     두더지 이미지를 불러온다
14     tkinter.PhotoImage(file="image/mole.png"),
15     tkinter.PhotoImage(file="image/hit.png")
16 ]
17 ham = tkinter.PhotoImage(file="image/hammer.png")                 뽕망치 이미지를 불러온다
18 main()                                                            main() 함수를 불러온다
19 root.mainloop()                                                   윈도 처리를 시작
```

▼ 실행 결과

12~16행에서 **img**라는 배열(표 5-4)에 구덩이, 머리를 내민 두더지, 뿅망치에 맞은 두더지 이미지를 불러왔습니다. **ham**이라는 변수에는 뿅망치 이미지를 불러왔습니다.

▼ 표 5-4 이미지를 불러온 배열

배열	img[0]	img[1]	img[2]
파일명	hole.png	mole.png	hit.png
이미지			

> **img**는 **image**, **ham**은 **hammer**의 약자구나. 변수명이나 배열명은 프로그램을 다시 확인할 때 알아보기 쉽게 간단한 이름을 붙여 둬야 하는구나.

이 이미지 파일을 프로그램과 같은 폴더 안 image 폴더에 저장합시다. 이미지 불러오기는 PhotoImage() 명령을 사용합니다. 매개 변수 file="image/ * * *.png는 '프로그램과 같은 곳에 있는 image 폴더 안에 있는 * * *.png를 불러온다'는 뜻입니다.

3~7행에서 입력한 **main()**이라는 함수로 이미지를 표시합니다.

5개의 이미지를 배치하기 위해서 **for i range(5)** 반복문을 사용합니다. (그림 5-4) 이미지를 표시할 x좌표를 x =200*i+100으로 변수 x에 대입하고 create_image()의 매개 변수를 x, 160, image=img[0]으로 정하고 캔버스의 좌표 (x, 160)에 구덩이 이미지를 표시합니다. create_image()의 매개 변수의 좌표는 이미지의 중심을 지정한다는 사실을 주의합시다.

i=0일 때	i=1일 때	i=2일 때	i=3일 때	i=4일 때
(100, 160)	(300, 160)	(500, 160)	(700, 160)	(900, 160)

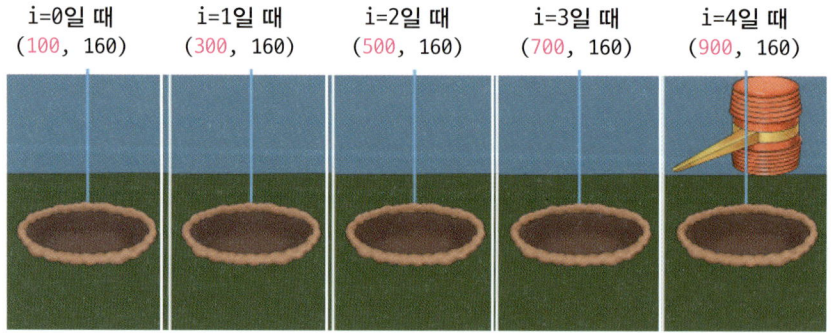

▲ 그림 5-4 반복으로 좌표를 계산하고 복수의 이미지를 표시하는 방법

5행의 x = 200*i+100으로 이 그림 5-4에서 빨간색으로 표시한 x좌표를 계산합니다.

이미지가 제대로 나오는지 확인하기 위해 7행에서 가장 오른쪽 구덩이 위에 뿅망치를 표시하겠습니다. 7행의 매개 변수 x에 for문이 끝났을 때의 값인 200*4+100, 즉 900을 대입합니다.

> **for문**은 이 다음 프로그램에서도 사용합니다. 게임 제작뿐만 아니라 소프트웨어 제작 전반에서 반복처리는 필수입니다. for문으로 반복하는 방법을 잘 익혀둡시다.

배열로 5개의 구덩이를 관리하자

다음으로 5개의 구덩이의 상태를 배열로 관리하는 방법을 설명하고 챕터 5-3의 프로그램(step_5_1.py)에 이 기능을 추가합니다.

(1) 배열 사용하기

이 게임은 5개의 구덩이에서 두더지가 얼굴을 내밉니다. 복수의 구덩이를 효율적으로 관리하기 위해서 배열을 사용합니다. 그 배열명은 holes로 하겠습니다.

이 배열에는 0, 1, 2 중 하나의 값을 대입합니다. 각 값으로 구덩이나 두더지가 표 5-5와 같은 상태를 나타냅니다.

▼ 표 5-5 요소의 값과 구덩이, 두더지의 상태

holes[n]의 값	0	1	2
상태	구덩이만 표시됨	얼굴을 내민 두더지	뽕망치를 맞은 두더지
이미지	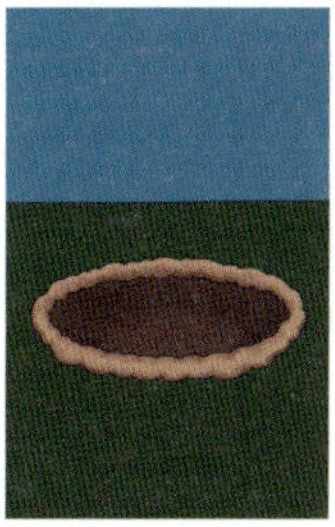	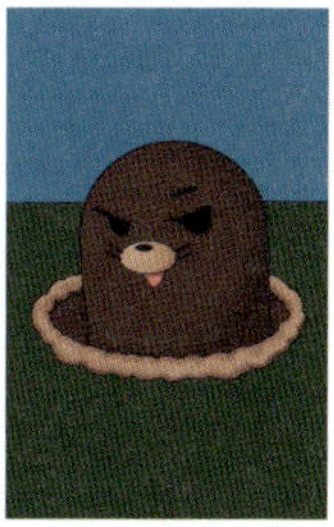	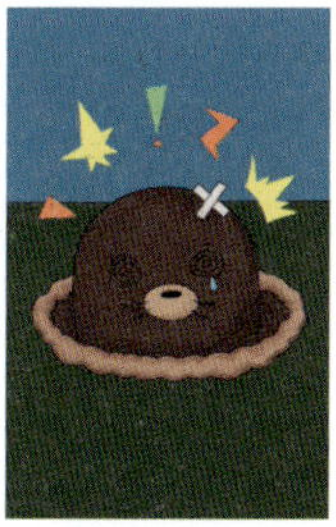

예를 들어

- hole[0]의 값이 1이라면 가장 왼쪽 구덩이에서 두더지가 얼굴을 내민다.
- hole[4]의 값이 2라면 가장 오른쪽 구덩이에서 뽕망치를 맞은 두더지가 표시된다.

와 같은 상태가 됩니다.

(2) 프로그램 확인

배열로 구덩이 상태를 관리하는 프로그램을 알아보겠습니다. (코드 5-4) 챕터 5-3의 프로그램(step_5_1.py)에서 색칠된 부분을 추가하거나 변경합니다. 프로그램을 실행하면 왼쪽부터 두더지, 구덩이, 뽕망치를 맞은 두더지, 구덩이, 두더지 순서로 이미지가 표시됩니다.

▼ 코드 5-4　step_5_2.py

```python
01  import tkinter                                          tkinter를 불러오기
02
03  FNT = ("System", 40)                                   폰트를 정의
04  holes = [1, 0, 2, 0, 1]                                구덩이의 상태를 관리하는 배열
05
06  def main():                                            메인 처리를 담당하는 함수
07      for i in range(5):                                 i는 0부터 4까지 1씩 늘어난다
08          x = 200*i+100                                  이미지를 표시할 x좌표를 계산
09          cvs.create_image(x, 160, image=img[holes[i]])  구덩이, 두더지 이미지를 표시
10          cvs.create_text(x, 280, text=i+1, font=FNT, fill="yellow")  구덩이의 번호를 표시
11
12  root = tkinter.Tk()                                    윈도를 만든다
13  cvs = tkinter.Canvas(width=1000, height=320)           캔버스를 준비
14  cvs.pack()                                             캔버스를 배치
15  img = [                                                배열에 구덩이, 두더지, 뿅망치에 맞은
16      tkinter.PhotoImage(file="image/hole.png"),         두더지 이미지를 불러온다
17      tkinter.PhotoImage(file="image/mole.png"),
18      tkinter.PhotoImage(file="image/hit.png")
19  ]
20  ham = tkinter.PhotoImage(file="image/hammer.png")      뿅망치 이미지를 불러온다
21  main()                                                 main() 함수를 불러온다
22  root.mainloop()                                        윈도 처리를 시작
```

▼ 실행 결과

　4행에 입력한 holes = [1, 0, 2, 0, 1]이 구덩이 상태를 관리하는 배열을 정의하는 부분입니다. 이걸로 holes[0], holes[1], holes[2], holes[3], holes[4]의 5개의 상자(요소)를 만들어 각각에 초기 값을 대입합니다. (그림 5-5)

holes = [1, 0, 2, 0, 1]

┌1　　　　┌0　　　　┌2　　　　┌0　　　　┌1
↓　　　　↓　　　　↓　　　　↓　　　　↓
holes[0]　holes[1]　holes[2]　holes[3]　holes[4]

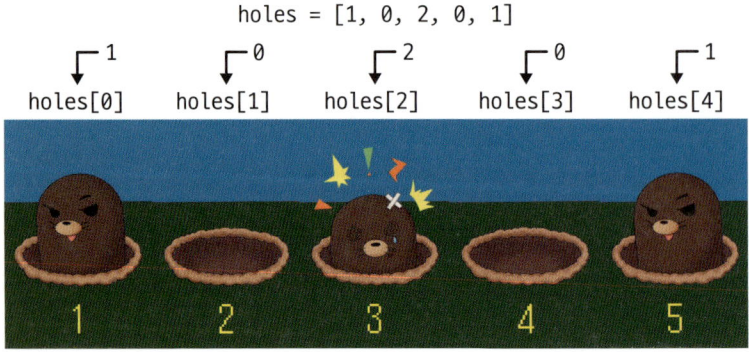

▲ 그림 5-5　배열과 구덩이(두더지)의 관계

9행에서 cvs.create_image(x, 160, image=img[holes[i]])에서 표시할 이미지를 holes[i]의 값으로 지정합니다. img[0]은 구덩이의 이미지, img[1]은 두더지의 이미지, img[2]는 뿅망치를 맞은 이미지입니다. 예를 들어 holes[0]이 2라면 img[holes[0]]은 img[2]가 되므로 가장 왼쪽에 뿅망치를 맞은 두더지가 표시되는 구조입니다.

10행에서 create_text()로 구덩이에 1부터 5까지 번호를 표시합니다. 문자열을 표시할 때 쓰는 폰트를 3행에서 FNT = ("System", 40)으로 정의했습니다. 폰트 종류를 System으로 하면 Windows PC에서는 레트로 게임 같은 느낌의 폰트가 되고 Mac에서는 간단한 디자인의 문자가 표시됩니다.

챕터 5-6(STEP 4)에서 숫자 키를 눌렀을 때 뿅망치로 두더지를 때리는 내용을 추가합니다. 배열 번호는 0부터 시작하지만, 두더지를 때리는 숫자 키는 1~5로 하겠습니다. 배열 번호에 맞춰 0~4키로 하지 않는 이유는 0키가 다른 키와 떨어진 위치에 있기 때문입니다.

(3) 배열에 대입하는 값을 바꿔 보자

4행을 holes = [1, 1, 1, 1, 1]로 하고 실행하면 모든 구덩이에서 두더지가 얼굴을 내밉니다. 또 holes = [2, 2, 2, 2, 2] 로 하면 모든 두더지가 뿅망치에 맞은 상태가 됩니다. 값을 바꾸면 이미지가 변한다는 사실을 알게 되었습니다. 그리고 holes 배열의 값과 구덩이나 두더지의 상태 사이의 관계도 이해해 봅시다.

변수, 배열, 계산식, 명령을 조합해서 게임을 만듭니다. 하나씩 알아 봅시다.

두더지 잡기를 만들어 보자

STEP 3 # 실시간 처리로 두더지가 나타나게 해 보자

이어서 챕터 5-4의 프로그램 (step_5_2.py)에 실시간 처리를 추가해 구덩이에서 두더지가 자동으로 얼굴을 내밀도록 합니다.

(1) 실시간 처리를 추가하자

after() 명령을 사용해 4장에서 실시간 처리를 하는 법에 대해 배웠습니다. 이 실시간 처리를 추가하겠습니다. 여기서는 얼굴을 내민 두더지가 다시 구덩이로 들어가도록 시간에 따라 진행되는 코드를 알아보겠습니다.

먼저, after() 명령의 사용법을 간단하게 복습합시다.

after()는 윈도 오브젝트(이 책의 프로그램에서는 root라는 변수)에 사용하는 명령입니다. root.after(밀리초, 불러올 함수)로 입력하면 매개 변수에 입력한 시간이 지난 뒤 지정한 함수를 불러옵니다. main() 함수 마지막에 root.after(밀리초, main)으로 입력하면 main()을 계속 실행할 수 있습니다.

> after()로 불러오는 함수 명은 ()을 붙이지 않고 입력하는 것이 규칙입니다.

(2) 프로그램 확인

실시간 처리를 추가한 프로그램을 확인해 봅시다. (코드 5-5) 챕터 5-4의 프로그램(step_5_2.py)에 색칠한 부분을 추가하거나 변경했습니다. 프로그램을 실행해 보면 두더지가 구덩이에서 얼굴을 내밀고 다시 구덩이로 돌아갑니다.

▼ **코드 5-5** step_5_3.py

```
01  import tkinter                                    tkinter를 불러오기
02  import random                                     random을 불러오기
03
04  FNT = ("System", 40)                              폰트를 정의
05  holes = [0, 0, 0, 0, 0]                           구덩이의 상태를 관리하는 배열
06
07  def main():                                       메인 처리를 담당하는 함수
08      cvs.delete("all")                             표시한 내용을 삭제한다
09      for i in range(5):                            i는 0부터 4까지 1씩 늘어난다
10          x = 200*i+100                             이미지를 표시할 x좌표를 계산
11          cvs.create_image(x, 160, image=img[holes[i]])   구덩이, 두더지 이미지를 표시
12          cvs.create_text(x, 280, text=i+1, font=FNT, fill="yellow")   구덩이의 번호를 표시
13
14      r = random.randint(0,4)                       변수 r에 0~4의 난수를 대입
15      if holes[r]==0:                               holes[r]이 0이면
```

```
16         holes[r] = 1                                    holes[r]을 1로 한다
17     else:                                               그렇지 않다면
18         holes[r] = 0                                    holes[r]을 0으로 한다
19
20     root.after(330, main)                               330 밀리초 후에 main()을 불러온다
21
22 root = tkinter.Tk()                                     윈도를 만든다
23 cvs = tkinter.Canvas(width=1000, height=320)            캔버스를 준비
24 cvs.pack()                                              캔버스를 배치
25 img = [                                            ┌─ 배열에 구덩이, 두더지, 뿅망치에 맞은
26     tkinter.PhotoImage(file="image/hole.png"),          두더지 이미지를 불러온다
27     tkinter.PhotoImage(file="image/mole.png"),
28     tkinter.PhotoImage(file="image/hit.png")
29 ]                                                  └─
30 ham = tkinter.PhotoImage(file="image/hammer.png")       뿅망치 이미지를 불러온다
31 main()                                                  main() 함수를 불러온다
32 root.mainloop()                                         윈도 처리를 시작
```

▼ 실행 결과

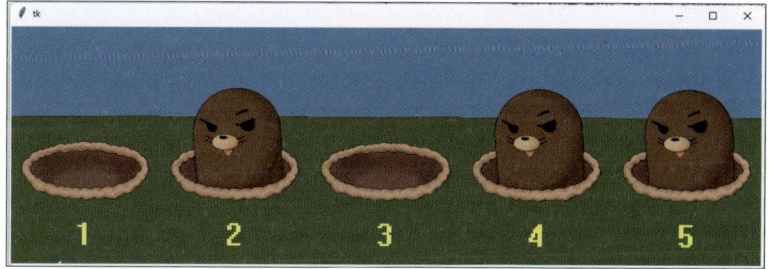

난수를 사용하기 때문에 2행에서 **random** 모듈을 가져왔습니다.

14~18행이 두더지가 구덩이에서 얼굴을 내밀고, 얼굴을 내민 두더지가 구덩이로 돌아가는 기능을 하는 코드입니다. 이 부분만 따로 설명하겠습니다.

```
14         r = random.randint(0,4)
15         if holes[r]==0:
16             holes[r] = 1
17         else:
18             holes[r] = 0
```

if 조건식 else 조건 분기를 사용하는구나~

15~18행의 **if~else**로 **holes[r]**이 0(구덩이)이면 **holes[r]**을 1로 변경해서 두더지가 얼굴을 내밀도록 합니다. **hole[r]**이 0이 아니라면, 즉 1인 얼굴을 내민 상태라면 **holes[r]**을 0으로 변경하여 구덩이로 돌아가도록 합니다.

main()의 마지막 20행의 **root.after(밀리초, main)**으로 지정한 시간이 지나면 다시 **main()**을 불러오도록 합니다. 이렇게 하면 **main()**을 계속 실행해서 실시간으로 동작합니다.

Python에는 after()로 실시간 처리를 하지만 각 프로그래밍 언어마다 실시간 처리를 하는 방법이 다릅니다.

5 6 STEP 4
키 입력으로 두더지를 때려 보자

다음으로 챕터 5-5의 프로그램(step_5_3.py)에 키 입력 기능을 추가해서 두더지를 때려 봅시다.

(1) 키 입력 추가

키 입력이나 마우스 조작을 이벤트라고 합니다. bind() 명령을 사용해 이벤트를 가져오는 방법은 4장에서 배웠습니다. 여기서는 bind()의 사용법을 간단하게 복습해 봅시다.

먼저 이벤트가 발생했을 때 불러올 함수를 준비합니다. 예를 들어 키를 눌렀을 때 실행할 함수를 def pkey(e)라고 정의합니다. 이벤트를 가져오는 함수에는 매개 변수를 준비합니다. pkey(e)에서 매개 변수는 e입니다.

그 다음 bind()로 이벤트의 종류와 불러올 함수를 지정합니다. 키 입력을 가져오고 싶다면 root.bind("<key>", pkey)라고 입력합니다. root는 윈도 오브젝트 변수입니다.

(2) 프로그램 확인

> 실시간 처리와 키 입력 처리를 추가한 프로그램입니다.

키 입력을 추가한 프로그램을 알아 봅시다. (코드 5-6) 챕터 5-5의 프로그램(step_5_3.py)에 색칠한 부분을 추가하거나 변경했습니다. 실행해서 1~5 키를 눌러보면 해당하는 구덩이에 뿅망치가 표시됩니다. 키를 눌러서 얼굴을 내민 두더지를 때려 봅시다. 뿅망치에 맞은 두더지가 구덩이로 돌아가는 기능도 추가했습니다.

▼ 코드 5-6 step_5_4.py

```
01  import tkinter                                                          tkinter를 불러오기
02  import random                                                          random을 불러오기
03
04  FNT = ("System", 40)                                                   폰트를 정의
05  holes = [0, 0, 0, 0, 0]                                                구덩이의 상태를 관리하는 배열
06  key = ""                                                               키 이름을 대입할 변수
07
08  def pkey(e):                                                           키를 눌렀을 때 불러올 함수
09      global key                                                         변수를 전역 선언
10      key = e.keysym                                                     key에 키 이름을 대입
11
12  def main():                                                            메인 처리를 담당하는 함수
13      global key                                                         변수를 전역 선언
14
15      cvs.delete("all")                                                  표시한 내용을 삭제한다
16      for i in range(5):                                                 i는 0부터 4까지 1씩 늘어난다
17          x = 200*i+100                                                  이미지를 표시할 x좌표를 계산
18          cvs.create_image(x, 160, image=img[holes[i]])                 구덩이, 두더지 이미지를 표시
19          cvs.create_text(x, 280, text=i+1, font=FNT, fill="yellow")    구덩이의 번호를 표시
```

20 `if holes[i]==2: holes[i] = 0`	맞은 두더지는 구덩이로 돌아간다
21	
22 `r = random.randint(0,4)`	변수 r에 0~4의 난수를 대입
23 `holes[r] = 1`	holes[r]을 1로 한다
24	
25 `if "1"<=key and key<="5":`	1부터 5 키를 눌렀을 때
26 `m = int(key)-1`	변수 m에 키-1의 값을 대입
27 `x = m*200+100`	뿅망치의 x좌표를 계산
28 `cvs.create_image(x, 60, image=ham)`	뿅망치를 표시
29 `if holes[m]==1: holes[m] = 2`	두더지가 있으면 뿅망치에 맞은 상태로 바꾼다
30	
31 `key = ""`	key의 값을 리셋
32 `root.after(330, main)`	330 밀리초 후에 main()을 불러온다
33	
34 `root = tkinter.Tk()`	윈도를 만든다
35 `root.bind("<Key>", pkey)`	bind()로 불러올 함수를 지정
36 `cvs = tkinter.Canvas(width=1000, height=320)`	캔버스를 준비
37 `cvs.pack()`	캔버스를 배치
38 `img = [`	┐배열에 구덩이, 두더지, 뿅망치에 맞은
39 `tkinter.PhotoImage(file="image/hole.png"),`	두더지 이미지를 불러온다
40 `tkinter.PhotoImage(file="image/mole.png"),`	
41 `tkinter.PhotoImage(file="image/hit.png")`	
42 `]`	┘
43 `ham = tkinter.PhotoImage(file="image/hammer.png")`	뿅망치 이미지를 불러온다
44 `main()`	main() 함수를 불러온다
45 `root.mainloop()`	윈도 처리를 시작

※ 20행과 29행의 if문은 짧기 때문에 콜론(:)으로 줄을 바꾸지 않고 입력했습니다.

▼ 실행 결과

얍, 에잇! 여기다! 어라? 아닌가?

(3) 변수 key에 키 값을 대입하자

키를 눌렀을 때 불러올 pkey()라는 함수를 8~10행에서 다음과 같이 정의했습니다.

```
08 def pkey(e): # 키를 눌렀을 때 불러올 함수
09     global key
10     key = e.keysym
```

press key를 줄여서 함수명(pkey)으로 붙였구나.

이 함수에서 변수 key에 키 이름을 대입했습니다. key는 함수 밖에서 선언했기 때문에 global key라고 입력해야 합니다.

키를 눌렀을 때 pkey()를 불러오도록 35행에 bind() 명령을 추가했습니다.

```
35 root.bind("<Key>", pkey)
```

(4) 얼굴을 내민 두더지를 때려 보자

①~⑤키를 눌렀을 때 해당하는 구덩이에서 두더지가 얼굴을 내밀고 있었다면 뿅망치에 맞은 상태로 바꾸는 기능을 따로 설명하겠습니다.

이 if문이 두더지 잡기에서 가장 중요한 처리입니다.

```
25        if "1"<=key and key<="5":
26            m = int(key)-1
27            x = m*200+100
28            cvs.create_image(x, 60, image=ham)
29            if holes[m]==1: holes[m] = 2
```

이 코드는 키 판정을 하는 if문 안에 두더지가 얼굴을 내밀고 있는지 판정하는 if문이 들어있는 구조입니다.

25행의 if문에서는 ①~⑤키를 눌렀는지 판정합니다. 키를 눌렀을 때 키 번호를 int()로 정수로 변환하고 그 값에서 1을 빼서 변수 m에 대입합니다. 그리고 x = m*200+100이라는 식으로 뿅망치를 표시할 x좌표를 계산합니다. m에 곱하는 200은 구덩이나 두더지 이미지의 가로 폭만큼의 픽셀 수입니다.

29행의 if holes[m]==1: holes[m] = 2 코드로 holes[m]이 1이면 holes[m]을 2로 변경합니다. 이 값이 1이면 두더지가 얼굴을 내밀고 있습니다. 이 값을 2로 바꾸면 두더지가 뿅망치에 맞은 상태로 바뀝니다.

(5) 뿅망치로 때린 두더지를 구덩이로 돌아가게 해 보자

뿅망치로 때린 두더지를 구덩이로 돌아가게 하는 동작은 구덩이나 두더지를 표시할 때 처리합니다. 이 부분을 따로 설명하겠습니다.

두더지 출현 → 키를 누르면 뿅망치에 맞은 이미지로 바꾼다 → 구덩이로 돌아간다는 동작을 배열 값을 바꿔서 만들었습니다.

```
15        cvs.delete("all")
16        for i in range(5):
17            x = 200*i+100
18            cvs.create_image(x, 160, image=img[holes[i]])
19            cvs.create_text(x, 280, text=i+1, font=FNT, fill="yellow")
20            if holes[i]==2: holes[i] = 0
```

create_image()로 구덩이나 두더지를 표시하고 create_text()로 구덩이 번호를 표시한 다음 20행의 if문으로 holes[i]가 2(뿅망치에 맞은 두더지)라면 holes[i]를 0으로 하고 구덩이로 돌아가도록 합니다.

(6) 키 값의 해제

main()에 작성한 일련의 처리의 마지막인 31행에서 변수 key에 대입된 값을 초기화합니다. 키를 누르면 pkey() 함수를 불러오기 때문에 다시 변수 key에 키 값을 대입합니다.

그렇구나, 이런 구조로 두더지를 나오거나 들어가게 하는 거구나~

5 7 STEP 5 타이틀 화면과 게임 오버 화면을 넣어 게임을 완성시키자

마지막으로 타이틀 화면과 게임 오버 화면을 추가해서 두더지 잡기를 완성시켜 봅시다.

(1) 화면 전환

타이틀 화면과 게임 오버 화면을 추가하기 위해서 게임 화면 전환에 대해 설명하겠습니다. <mark>화면 전환</mark>이란 소프트웨어 동작 중에 다양한 화면이나 장면으로 바꾸는 동작을 말합니다. 게임의 경우 실행하면 일반적으로 타이틀 화면이 표시됩니다. 가정용 게임기에서는 '버튼을 누른다', 스마트폰에서는 '화면을 터치한다'와 같은 입력으로 타이틀 화면에서 게임 플레이 화면으로 전환합니다. 클리어 조건을 달성하면 결과가 나오는 화면이 나오기도 합니다. 또 제한 시간이 지나거나 실수를 해서 게임 오버가 되면 게임 오버 화면으로 전환됩니다.

> 메뉴 화면을 열어서 캐릭터의 상태나 아이템을 확인하는 게임도 있지.

(2) 두더지 잡기의 화면 전환

지금 만드는 두더지 잡기 프로그램을 실행하면 타이틀 화면이 표시되고 ⓢ키를 누르면 게임이 시작되도록 만들겠습니다. (그림 5–6) 게임 중에 제한 시간이 지나면 게임 오버 화면으로 넘어가도록 합니다. 또 게임이 끝나면 ⓡ키를 눌러서 재시작할 수 있게 합니다.

게임 제작에서 게임 안의 장면이나 화면은 **씬**이라고 부르는 경우가 있습니다. 앞으로 타이틀 화면, 게임 플레이, 게임 오버 등 각 화면을 **씬**이라고 하고 설명하겠습니다.

이 게임은 어떤 씬에서나 구덩이나 두더지를 표시합니다. 타이틀 화면이나 게임 오버 화면에 구덩이나 두더지 위에 문자열을 표시해 각 씬이라는 사실을 알 수 있도록 합니다.

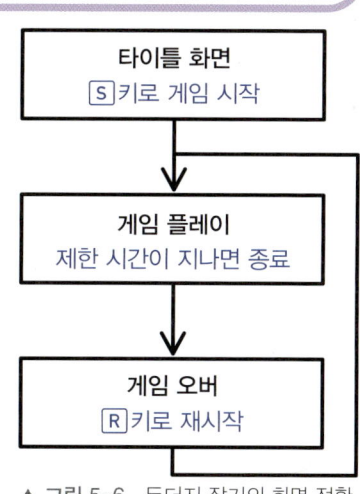

```
타이틀 화면
ⓢ키로 게임 시작
  ↓
게임 플레이
제한 시간이 지나면 종료
  ↓
게임 오버
ⓡ키로 재시작
```

▲ 그림 5–6 두더지 잡기의 화면 전환

(3) 씬을 관리하는 변수를 사용해 보자

씬을 전환하기 위해 표 5-6과 같이 현재 어떤 씬을 처리하고 있는지 관리하는 변수를 준비합니다. 이 변수의 이름은 scene으로 붙입니다.

scene에는 '타이틀', '게임', '게임 오버'라는 문자열 중 하나를 대입합니다. 화면 전환을 담당하는 변수는 예를 들어 0을 대입하면 타이틀을 표시하고 1을 대입하면 게임 플레이 화면을 표시하는 것과 같이 수치를 대입해서 씬을 관리할 수 있습니다. 이 책에서는 담당하는 화면을 의미하는 문자열을 대입하는 방법으로 씬을 분리해서 알기 쉽도록 만들겠습니다.

▼ 표 5-6 변수 scene의 값

scene의 값	어떤 씬인가
타이틀	타이틀 화면
게임	게임 플레이 화면
게임 오버	게임 오버 화면

4장 COLUMN(p.112)에서 닌자가 달리는 프로그램도 scene이라는 변수를 사용해 처리를 나누었습니다.

(4) 완성된 프로그램 확인

완성된 프로그램을 확인해 봅시다. (코드 5-7) 5-6의 프로그램(**step_5_4.py**)에 색칠한 부분을 추가하거나 변경했습니다. 제한 시간이 0이 될 때까지 최대한 두더지를 잡아 봅시다.

▼ 코드 5-7 whack_a_mole.py

```
01  import tkinter                                                          tkinter를 불러오기
02  import random                                                          random을 불러오기
03
04  FNT = ("System", 40)                                                   폰트를 정의
05  holes = [0, 0, 0, 0, 0]                                                구덩이의 상태를 관리하는 배열
06  scene = "타이틀"                                                        씬을 관리하는 변수
07  score = 0                                                              점수를 대입할 변수
08  time = 0                                                               시간(제한 시간) 변수
09  key = ""                                                               키 이름을 대입할 변수
10
11  def pkey(e):                                                           키를 눌렀을 때 불러올 함수
12      global key                                                         변수를 전역 선언
13      key = e.keysym                                                     key에 키 이름을 대입
14
15  def main():                                                            메인 처리를 담당하는 함수
16      global scene, score, time, key                                    변수를 전역 선언
17
18      cvs.delete("all")                                                 표시한 내용을 삭제한다
19      for i in range(5):                                                i는 0부터 4까지 1씩 늘어난다
20          x = 200*i+100                                                 이미지를 표시할 x좌표를 계산
21          cvs.create_image(x, 160, image=img[holes[i]])                구덩이, 두더지 이미지를 표시
22          cvs.create_text(x, 280, text=i+1, font=FNT, fill="yellow")   구덩이의 번호를 표시
23          if holes[i]==2: holes[i] = 0                                  맞은 두더지는 구덩이로 돌아간다
24      cvs.create_text(200, 30, text="SCORE "+str(score), font=FNT, fill="white")    점수를 표시
25      cvs.create_text(800, 30, text="TIME "+str(time), font=FNT, fill="yellow")     제한 시간을 표시
26
27      if scene=="타이틀":                                                ┌타이틀 화면 처리
```

28	`        cvs.create_text(500, 100, text="Whack a mole", font=FNT, fill="pink")`	뒤에서 자세히 설명
29	`        cvs.create_text(500, 200, text="[S]tart", font=FNT, fill="cyan")`	
30	`        if key=="s":`	
31	`            scene = "게임"`	
32	`            score = 0`	
33	`            time = 100`	
34		
35	`    if scene=="게임":`	게임 플레이 화면 처리
36	`        r = random.randint(0,4)`	뒤에서 자세히 설명
37	`        holes[r] = 1`	
38	`        if "1"<=key and key<="5":`	
39	`            m = int(key)-1`	
40	`            x = m*200+100`	
41	`            cvs.create_image(x, 60, image=ham)`	
42	`            if holes[m]==1:`	
43	`                holes[m] = 2`	
44	`                score = score + 100`	
45	`        time = time - 1`	
46	`        if time==0:`	
47	`            scene = "게임 오버"`	
48		
49	`    if scene=="게임 오버":`	게임 종료 처리
50	`        cvs.create_text(500, 100, text="GAME END", font=FNT, fill="red")`	뒤에서 자세히 설명
51	`        cvs.create_text(500, 200, text="[R]eplay", font=FNT, fill="lime")`	
52	`        if key=="r":`	
53	`            scene = "게임"`	
54	`            score = 0`	
55	`            time = 100`	
56		
57	`    key = ""`	key의 값을 리셋
58	`    root.after(330, main)`	330 밀리초 후에 main()을 불러온다
59		
60	`root = tkinter.Tk()`	윈도를 만든다
61	`root.title("두더지 잡기")`	타이틀을 지정
62	`root.resizable(False, False)`	윈도 사이즈를 변경할 수 없게 한다
63	`root.bind("<Key>", pkey)`	bind()로 불러올 함수를 지정
64	`cvs = tkinter.Canvas(width=1000, height=320)`	캔버스를 준비
65	`cvs.pack()`	캔버스를 배치
66	`img = [`	배열에 구덩이, 두더지, 뽕망치에 맞은
67	`    tkinter.PhotoImage(file="image/hole.png"),`	두더지 이미지를 불러온다
68	`    tkinter.PhotoImage(file="image/mole.png"),`	
69	`    tkinter.PhotoImage(file="image/hit.png")`	
70	`]`	
71	`ham = tkinter.PhotoImage(file="image/hammer.png")`	뽕망치 이미지를 불러온다
72	`main()`	main() 함수를 불러온다
73	`root.mainloop()`	윈도 처리를 시작

※ 윈도가 실행 결과와 같은 사이즈가 아니라면 62행 root.resizable(False, False)를 주석 처리하거나 삭제합시다.

▼ 실행 결과

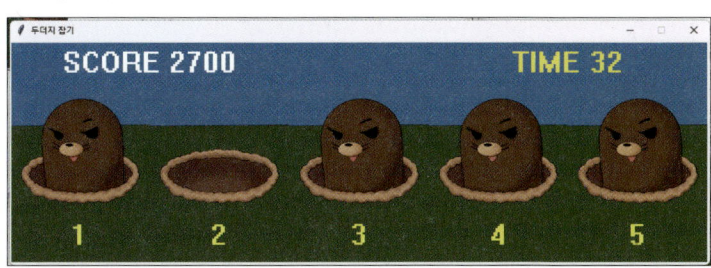

27행의 `if scene=="타이틀"`, 35행의 `if scene=="게임"`, 49행의 `if scene=="게임 오버"` 이 세 가지 조건 분기로 타이틀 화면, 게임 플레이 화면, 게임 오버 화면을 나누었습니다. 세 가지 분기에 대해 자세히 설명하겠습니다.

① 타이틀 화면 (27~33행)

`create_text()`로 타이틀과 '[S]tart'라는 문자열을 표시합니다. `if key=="s"`로 S 키를 눌렀는지 판정하고 `scene`에 '게임'이라는 문자열을 대입해서 `score`(점수를 나타내는 변수)를 `0`, `time`(제한 시간을 나타내는 변수)을 `100`으로 만든 뒤 게임 화면으로 넘어갑니다.

② 게임 플레이 화면 (35~47행)

기본적인 내용은 5-6에서 입력한 내용과 같습니다.

얼굴을 내민 두더지를 때리면 점수가 `100` 늘어날 수 있도록 `score = score + 100` 이라는 식을 추가했습니다. `if holes[m]==1`의 블록에 이 식을 추가해서 두더지를 때렸을 때 점수가 올라가도록 합니다.

45~47행에서 `time = time – 1` 로 제한 시간이 1씩 줄어들도록 만들고 `if time == 0`으로 `0`이 되었는지 판정합니다. `scene`에 '게임 오버'를 대입해서 게임 오버 화면으로 넘어갑니다.

③ 게임 오버 화면 (49~55행)

`create_text()`로 GAME END와 [R]eplay라는 문자열을 표시합니다. `if key=="r"`로 R 키를 눌렀는지 판정하고 `scene`에 '게임'을 대입하고 다시 게임 플레이 화면으로 돌아갑니다.

> 변수는 계산 외에도 다양한 방법으로 사용할 수 있습니다. 화면을 나눈 것처럼 프로그램 처리를 나눌 때도 사용할 수 있습니다.

(5) 게임을 개조해 보자!

학습 프로그램이나 샘플 프로그램을 스스로 개조해 보면 그 프로그램이 어떤 식으로 이루어져 있는지 이해할 수 있습니다. 프로그램 개조도 지식과 기술을 배우는 하나의 수단입니다.

어떻게 개조를 해야 좋을지 모르는 분은 먼저 간단하게 개조를 할 수 있는 부분이 없는지 생각해 봅시다. 예를 들어 '게임을 좀 더 빠르게 혹은 느리게 만들려면' 어떻게 해야 할까요?

속도를 바꾸는 개조는 입력한 내용에서 한 부분의 값만 바꾸면 개조할 수 있습니다.

또한 '두더지가 없는 구덩이를 때리면 제한 시간을 10 줄인다'와 같이 개조하면 더욱 신중하게 두더지를 노려야 합니다. 그런 개조를 하려면 어떤 코드를 추가로 입력해야 할까요?

여기서 예를 든 두 가지 개조 방법에 대한 답변은 이 장 마지막 2번째 COLUMN(p.145)에서 알 수 있습니다.

코드를 변경하기 전에 게임 프로그램에 좋아하는 이미지를 넣어보는 것도 좋습니다. 좋아하는 이미지가 나오는 게임을 플레이하면 '어떤 부분을 바꾸고 싶다'는 아이디어가 떠오를 수도 있고 더욱 배우고 싶은 의욕이 생길 것입니다.

수고하셨습니다~ 개조도 한번 도전해 보세요!

처음으로 만들어 본 게임, 어떠셨나요?

기능들을 조합해서 완성하는 과정이 즐거웠어요♪

COLUMN

컴퓨터로 원주율을 계산해 보자

난수를 사용해서 시뮬레이션이나 수치계산을 하는 **몬테 카를로 방법**이 있습니다. 몬테 카를로 방법으로 원주율을 계산하는 프로그램은 예로부터 프로그래밍 학습을 위해 널리 사용되었습니다. 여기서는 그 프로그램을 소개하겠습니다.

난수로 원주율을 구하는 방법

그림 5-A와 같이 한 변의 길이가 n인 정사각형 안에 무작위로 무수히 점을 찍는다고 합시다.

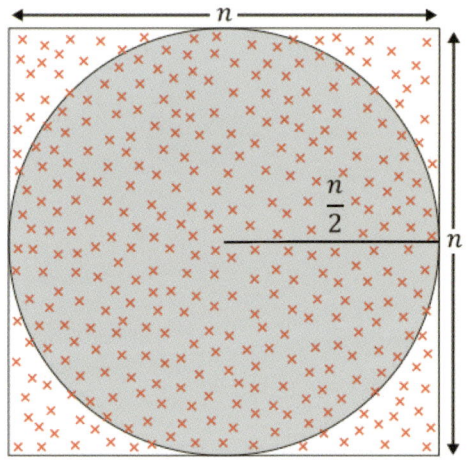

▲ 그림 5-A 정사각형 안에 무작위로 점을 찍는다

이 COLUMN에서는 정사각형과 원으로 예를 들었지만 1/4로 잘라낸 부채꼴로도 만들 수도 있습니다.

어느 쪽으로 만들어도 기본적인 방법은 같습니다.

정사각형의 네 변에 접하는 원이 정사각형 안에 들어 있습니다.

원의 면적은 $\frac{n}{2} \times \frac{n}{2} \times \pi$이고 정사각형의 면적은 $n \times n$입니다.

원과 정사각형의 면적비는 $\frac{n}{2} \times \frac{n}{2} \times \pi : n \times n$ 즉 $\frac{\pi}{4} : 1$이 됩니다.

정사각형 안에 무작위로 점을 찍고 점을 찍은 횟수를 셉니다. 이 횟수를 r이라고 합니다.

점이 원 안에 찍혔을 때 그 횟수를 따로 셉니다. 이 횟수를 c라고 합니다.

그러면 정사각형과 원의 원적비를 가져와 $c : r ≒ \frac{\pi}{4} : 1$이라는 식을 세울 수 있습니다. 이 식으로 $\pi = 4 * c/r$이라는 식을 이끌어 낼 수 있습니다. 단, 이 식이 성립하기 위해서는 무수한 점을 찍고 r, c 모두 매우 큰 값이 되어야 합니다.

$\pi = 4 * c/r$을 어떻게 이끌어 냈는지 그림 5–B로 알아봅시다.

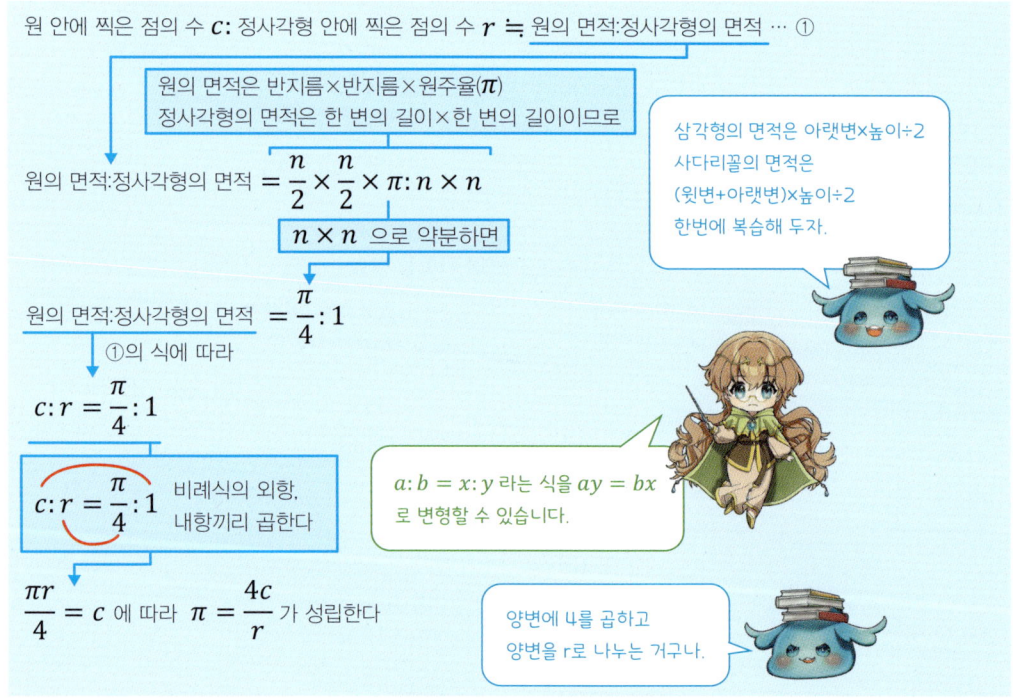

▲ 그림 5–B 면적비로 $\pi = 4 * c/r$를 이끌어 내기

프로그램으로 확인하기

정사각형에 무작위로 점을 찍어 원주율을 계산하는 프로그램을 확인해 봅시다. 코드 5–A의 프로그램은 난수로 정한 위치에 점을 찍고, 점이 원 안에 들어있을 때 횟수를 세어 그림 5–B에서 설명한대로 원주율을 구합니다.

이 프로그램은 **연산을 5000번 반복하므로, PC의 성능에 따라 완료될 때까지 시간이 걸릴 수 있습니다.**

01 `import tkinter`	tkinter를 불러오기
02 `import random`	random을 불러오기
03	
04 `root = tkinter.Tk()`	윈도를 만든다
05 `cvs = tkinter.Canvas(width=600, height=600, bg="black")`	캔버스를 준비
06 `cvs.pack()`	캔버스를 배치
07	
08 `pi = 0`	계산한 원주율을 대입할 변수
09 `c = 0`	원 안에 점을 찍을 횟수를 세는 변수
10 `for i in range(1, 5001):`	5000번 반복
11 `    x = random.randint(-300, 300)`	x에 -300~300의 난수를 대입
12 `    y = random.randint(-300, 300)`	y에 -300~300의 난수를 대입
13 `    col = "red"`	col에 red(빨강)이라는 문자열을 대입
14 `    if x*x+y*y<=300*300:`	점 (x, y)이 원 안에 있다면
15 `        c = c + 1`	원 안에 점을 찍은 횟수를 센다
16 `        col = "cyan"`	col에 cyan(하늘색)이라는 문자열을 대입
17 `    cvs.create_rectangle(x+300, y+300, x+302, y+302, fill=col, width=0)`	(x+300, y+300)에 col색의 점을 찍는다
18 `    cvs.update()`	캔버스를 갱신하고 즉시 표시한다
19 `    pi = 4*c/i`	원주율을 계산해서 pi에 대입
20 `    root.title("원주율 "+str(pi))`	pi의 값을 타이틀에 표시
21	
22 `root.mainloop()`	윈도 처리를 시작

※ 10행의 for문으로 i는 1부터 시작하고 마지막은 5000이 됩니다. 이 i의 값이 정사각형 안에 점을 찍은 횟수입니다.

▼ 실행 결과

와, 점이 점점 찍히고 있어~

점을 찍은 정사각형의 한 변의 길이는 600 픽셀로 합니다. 17행에서는 **create_rectangle()**로 폭 2, 높이 2 픽셀 (2x2 도트)인 점을 찍습니다. x와 y에 각각 **300**을 더하는 이유는 x와 y를 **-300~300**의 난수로 정했기 때문입니다. 캔버스의 원점 **(0, 0)**은 화면의 왼쪽 위 모서리라는 사실을 주의합시다.

8행에서 선언한 **pi**가 원주율을 대입할 변수, 9행에서 선언한 **c**가 원 안에 점이 찍힌 횟수를 세는 변수입니다.

10행의 **for**문으로 5000번 반복합니다.

11~12행에서는 **random.randint**(최솟값, 최댓값)으로 변수 x와 y에 -300부터 300까지의 난수를 대입합니다.

14행에서는 **if x*x+y*y<=300*300**으로 좌표 (x, y)가 원 안에 있는지 확인합니다. 이 조건식은 2점 사이의 거리를 구하는 $d = \sqrt{(x_1 - x_2)^2 + (y_1 - y_2)^2}$라는 식의 양 변을 제곱한 형태입니다. 제곱을 하면 $d^2 = (x_1 - x_2)^2 + (y_1 - y_2)^2$이 되어 $\sqrt{}$ 를 사용하지 않는 식이 됩니다. 이 식은 4장의 MEMO '피타고라스의 정리'(p.101)에서 다루었습니다. 자세한 내용은 그 부분을 참고해 주세요.

구한 원주율에 대해 알아보자

이 프로그램으로 구한 원주율은 정확한 원주율 값인 **3.141592…**가 되지 않습니다. 그 이유는 원의 크기를 반지름 300 픽셀의 크기로 설정해서 찍은 점이 원 안에 있는지 알기 쉽게 한 점, 시행 횟수가 시뮬레이션을 하기엔 부족한 **5000**번이라는 점을 들 수 있습니다. 몬테 카를로 방법을 사용한 시뮬레이션의 결과는 자연적인 값에 가까운 이상적인 난수를 사용하기 때문에 시행을 거듭할수록 정확한 값에 가까워집니다.

두더지 잡기를 개조해 보자

속도감이 있는 게임을 만들기 위해서는 실시간 처리를 담당하는 root.after(330, main)의 330을 200~300 정도로 바꿔봅시다. 반대로 천천히 플레이하고 싶다면 400~500 정도로 바꿉시다. 이 매개 변수의 값은 main() 함수를 불러오는 **밀리초**입니다. 작은 값으로 바꾸면 실시간 처리가 빨라지고 큰 값으로 바꾸면 처리가 느려집니다.

두더지가 없는 구덩이를 때리면 제한 시간을 10 줄이는 코드를 추가한 예시는 다음과 같습니다. 45~47행의 색칠한 부분이 추가한 부분입니다.

```
42            if holes[m]==1:
43                holes[m] = 2
44                score = score + 100
45            elif holes[m]==0:
46                time = time - 9
47                if time<1: time = 1
48        time = time - 1
49        if time==0:
50            scene = "게임 오버"
```

> 잘못된 구덩이를 때렸을 때 제한 시간을 줄이는 방법은 이 외에도 다양한 프로그래밍으로 추가할 수 있습니다.

42~44행이 두더지가 있는 구덩이를 때렸을 때 동작하는 부분입니다. 42행의 조건식이 성립하지 않는다면 45행의 elif 조건식으로 두더지가 없는 구덩이를 때렸는지 확인합니다. 이 때 46행에서 time을 9 줄입니다. 9를 줄이는 이유는 48행에서 time을 1 줄이기 때문에 합치면 time이 10 줄어듭니다.

47행의 if문에서 time이 1 미만이라면 1로 바꿉니다. 이 부분이 빼먹어서는 안되는 중요한 부분입니다. time을 1로 설정하는 이유는 그 다음 48행에서 time을 1 줄이고 49행에서 time이 0이 되었는지 판정하기 위해서입니다. 만약 47행을 입력하지 않고 46행 time = time - 9로 time이 1보다 작아졌을 때 48행의 time = time - 1 로 time이 0보다 작아집니다. 이렇게 되면 49행이 영원히 성립하지 않기 때문에 게임 오버가 발생하지 않습니다.

시험삼아 47행을 주석 처리하거나 삭제하고 실행해 봅시다. 두더지가 없는 구덩이를 때려서 time이 1 미만이 되었을 때 time은 마이너스 표시가 되고 게임이 끝나지 않는다는 사실을 알 수 있습니다.

> 47행의 if문이 없으면 게임이 끝나지 않게 되는구나…

두더지가 없는 구덩이를 때렸을 때 제한 시간이 줄어드는 개조 예시 화면을 확인해 봅시다. (그림 5-C)

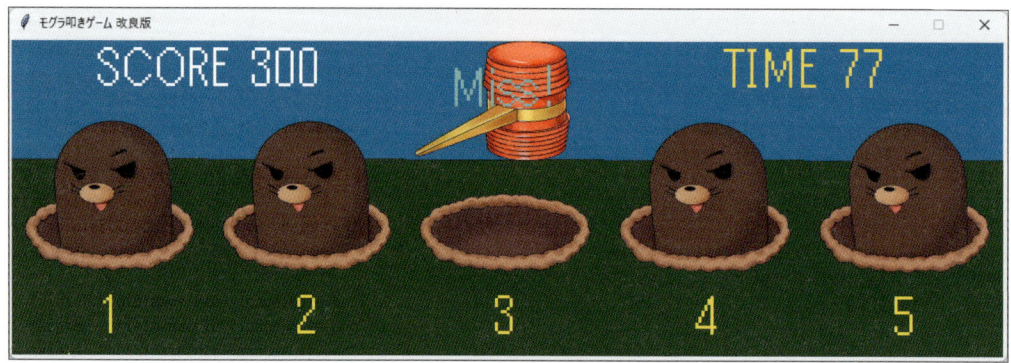

▲ 그림 5-C   개조 버전 실행 화면

이 개조 버전 프로그램은 Chapter5 폴더 안 Whack_a_mole_kai.py라는 파일입니다. 이 프로그램에서 48행에

```
cvs.create_text(x, 50, text="Miss!", font=FNT, fill="cyan")
```

라는 내용을 추가해서 두더지가 없는 구덩이를 때렸을 때 'Miss!'라는 문자열이 표시되도록 했습니다.

잘 노려서 때려야 하니까 긴장감이 있어요!

'한번이라도 실수하면 바로 게임 오버'로 하면 더 긴장감이 생기겠죠. 이런 개조도 한번 도전해 보세요.

테니스 게임을 만들어 보자

이 장에서는 테니스를 소재로 게임을 만듭니다. 몇 가지 알고리즘을 조합해서 게임을 완성하겠습니다. 프로그래밍을 하면서 벡터와 같은 수학 지식두 배우겠습니디.

5장 두더지 잡기와 같이 게임에 필요한 기능을 하나씩 추가해서 완성해 봅시다. 직접 코드를 입력하며 배워 봅시다.

Contents

6-1		이 장에서 만들 게임
6-2		벡터를 배워 보자
6-3	STEP 1	배경, 공, 바를 표시해 보자
6-4	STEP 2	공이 자동으로 움직이게 해 보자
6-5	STEP 3	마우스 움직임에 맞춰 바를 움직이게 해 보자
6-6	STEP 4	바로 공이 튕기도록 만들어 보자
6-7	STEP 5	점수와 하이스코어를 계산해 보자
6-8	STEP 6	타이틀 화면과 게임 오버 화면을 넣어 완성시키자
COLUMN		알고리즘을 짜 보자 ①

6 1 이 장에서 만들 게임

이 장에서 만들 '테니스 게임'의 내용을 알아봅시다. 테니스 게임은 고전적인 게임으로 유명하기 때문에 알고 계시는 분도 있겠지요. 무슨 게임인지 모르는 분은 이 절을 읽고 완성되었을 때 어떤 게임이 될지 상상해 봅시다.

(1) 테니스 게임이란?

지금 발매되어 판매 중인 대부분의 테니스 게임은 실제 테니스를 리얼하게 재현한 것입니다.

하지만 컴퓨터가 막 보급되기 시작한 시절에 만들어진 테니스 게임(탁구 게임이라고 불리기도 합니다)은 두 명의 플레이어가 라켓을 움직여서 공을 튕겨 내는 간단한 게임이었습니다. (그림 6-1) 당시의 테니스 게임 조작 방법은 라켓을 상하 혹은 좌우로 움직이는 것뿐입니다. 라켓에 맞은 공은 상대를 향해 날아가고 상대가 공을 튕겨 내지 못하면 점수를 얻습니다.

이 장에서 만들 테니스 게임은 위와 같이 간단한 내용으로 만들며, 학습용으로 코드를 간소화했습니다. 그래서 혼자서도 플레이할 수 있는 게임입니다.

Photo by Shadowgate – https://www.flickr. com/photos/ shadowgate/35522359383/, CC 표시 2.0, https://commons. wikimedia. org/w/index. php?curid=79839506를 따름

▲ 그림 6-1 1970년대 발매된 테니스 게임의 원형, ATARI 사의 PONG(퐁)

벽을 사용해 공을 튕기며 즐기는 스쿼시라는 스포츠가 있습니다. 앞으로 만들어질 게임의 모습으로는 스쿼시나 벽에 공을 튕기는 테니스를 상상해 봅시다.

벽에 공을 튕기는 게임이군요. 어떤 계산을 통해서 공을 움직일 수 있을까요?

(2) 테니스 게임을 만드는 이유

테니스 게임이 처음 등장했던 시절의 컴퓨터는 현대의 컴퓨터와 비교해 성능이 매우 부족했습니다. 옛날 컴퓨터는 할 수 있는 일이 한정적이었지만 **입력, 연산, 출력이라는 컴퓨터의 기본적인 동작은 예나 지금이나 변함이 없습니다.**

PONG과 같은 초기의 게임은 컴퓨터의 기본적인 구조만으로 만들어졌습니다. 이런 종류의 게임을 만들며 컴퓨터의 기본 동작을 이해할 수 있습니다.

또 테니스 게임을 만들면

① **물체를 움직인다**

② **공과 바(라켓)이 접촉했는지 판정한다**

는 알고리즘을 배울 수 있습니다. ①과 ②는 수학 지식을 사용합니다.

여기서도 수학이 나오네.
역시 수학은 중요하구나.

맞아요. ①과 ②는 본격적인 게임을 만들 때 반드시 필요한 지식입니다. 즐겁게 배워 봅시다.

(3) 이 장에서 만들 게임의 규칙

여기서는 다음과 같은 규칙을 가진 테니스 게임을 만듭니다.

> **테니스 게임의 규칙**
>
> - 공은 대각선으로 이동하고 화면의 오른쪽, 왼쪽, 위 모서리에 닿으면 튕긴다
> - 플레이어가 바※를 좌우로 움직여서 공을 맞추면 튕겨 낼 수 있다
> - 공이 튕길 때마다 점수가 올라간다
> - 공을 튕겨 내지 못하고 화면 아래로 떨어뜨리면 게임 오버

※ 이 책에서는 플레이어가 조작하는 라켓을 바라고 부릅니다. 바는 마우스로 움직입니다.

※ 이런 테니스 게임에서 라켓을 패들이라고 부르는 경우도 있습니다.

완성된 화면은 그림 6-2와 같습니다.

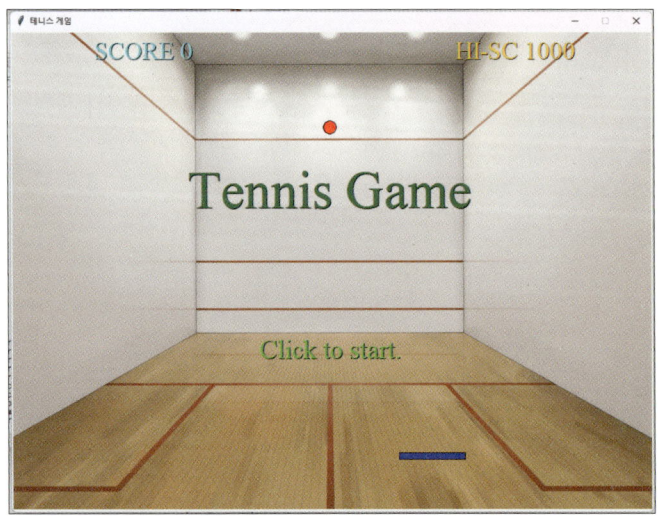

▲ 그림 6-2 테니스 게임 화면

게임의 주요 동작을 플로우 차트로 나타내면 다음과 같습니다. (그림 6-3)

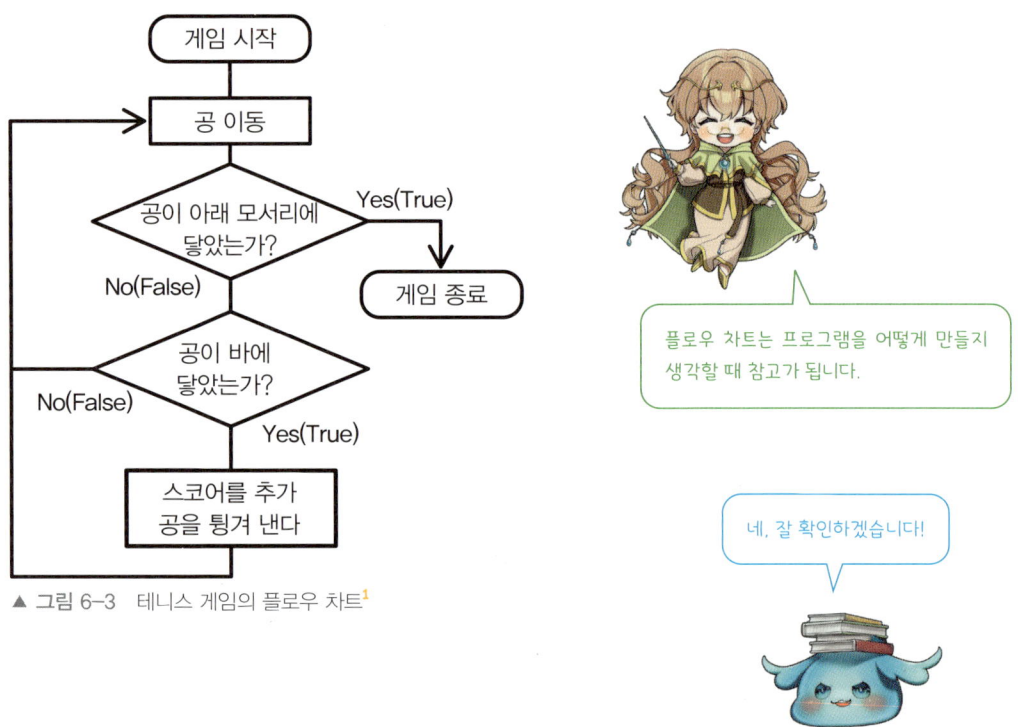

▲ 그림 6-3 테니스 게임의 플로우 차트[1]

---

1   바를 움직이는 동작은 마우스 커서를 움직일 때 불러오는 함수에서 담당합니다.

(4) 사용하는 이미지 파일

표 6-1의 이미지 파일을 사용해 만듭니다. 이미지 파일은 이 책의 샘플 zip 안에 들어있습니다. p.iv를 참고해 다운로드합시다.

▼ 표 6-1 이미지 파일

bg.png

공과 바는 도형을 그리는 명령으로 표시합니다.

(5) 어떤 순서로 완성시킬까?

여기서는 각 부분을 6단계(표 6-2)로 나누어서 프로그램을 만들고 조합해 게임을 완성시키겠습니다.

▼ 표 6-2 완성시키기까지의 흐름

단계	단락	프로그래밍 내용
STEP 1	6-3	배경 이미지, 공, 바를 표시하기
STEP 2	6-4	공의 이동(윈도 모서리에서 튕기게 하기)
STEP 3	6-5	마우스 움직임에 따라 바를 좌우로 움직이게 하기
STEP 4	6-6	바로 공을 튕겨나게 하기
STEP 5	6-7	점수와 하이스코어를 계산하기
STEP 6	6-8	타이틀 화면과 게임 오버 화면을 넣어 완성시키기

물체를 움직이는 처리를 만들 때 수학에서 나오는 벡터에 대한 지식이 도움이 됩니다. 게임 프로그래밍에 앞서 다음 절에서는 벡터에 대해 설명하겠습니다.

테니스 게임은 액션 요소가 있는 게임입니다. 만드는 방법을 배우면 그 노하우를 액션 게임을 만들 때 살릴 수 있습니다.

오오, 갑자기 의욕이 생겨나는 것 같아요. 나랑 스승님이 주인공인 액션 RPG를 만드는 게 꿈이에요~ 좋아, 열심히 해 보자!

6 2 벡터를 배워 보자

물체를 움직이는 프로그램을 만들 때 벡터에 대한 지식이 필요합니다. 이 절에서는 벡터에 대해서 설명하고, 물체를 움직일 준비로 공의 움직임을 계산하기 위한 변수도 설명하겠습니다.

(1) 벡터는 크기와 방향을 가진다

크기와 방향을 가진 단위를 **벡터**라고 합니다. 벡터가 구체적으로 무엇인지 알아봅시다. (그림 6-4)

> 벡터는 고등수학에서 배웁니다. 학교에서 배운 내용이 게임 제작에도 도움이 되는 거죠.

> 실은 저 수학을 잘 못했어요. 이제서야 수학이 얼마나 중요한지 알게 되었어요.

그림 6-4의 빨간색 화살표는 12시 방향을 향하고 있습니다. 파란색 화살표는 빨간색 화살표보다 2배의 길이로 3시 방향을 향하고, 초록색 화살표는 빨간색 화살표보다 3배의 길이로 8시 방향을 향하고 있습니다. 빨간색 화살표의 크기를 1이라고 했을 때 '파란색 화살표는 크기가 2이고 방향은 3시', '초록색 화살표는 크기가 3이고 방향은 8시'라고 표현할 수 있습니다.

이 3개의 화살표가 사람이 움직이는 모습을 나타낸다고 합시다. 빨간색 화살표는 천천히 걷는 사람의 속력과 방향, 파란색 화살표는 빠르게 걷는 사람의 속력과 방향, 초록색 화살표는 달리는 사람의 속력과 방향을 나타낸다고 생각해 봅시다. (그림 6-5) 화살표의 길이와 방향으로 누가 어느 정도의 속력으로, 어떤 방향으로 갔는지 알기 쉽습니다.

벡터로 나타낼 수 있는 것은 움직임만이 아닙니다. 벡터를 사용해서 물체에 가해지는 힘도 나타낼 수 있습니다. 벡터를 이해하면 물체의 운동이나 물체에 가해진 힘의 상태도 쉽게 알 수 있습니다.

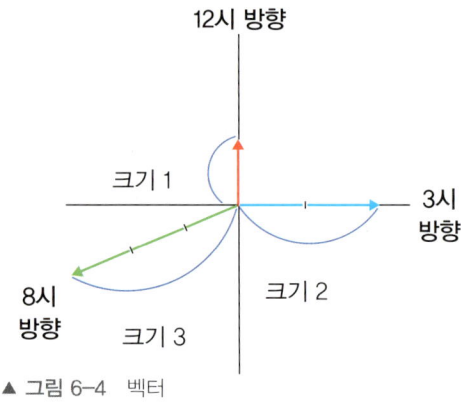

▲ 그림 6-4 벡터

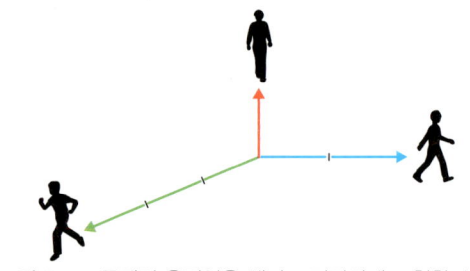

▲ 그림 6-5 물체의 움직임을 벡터로 간단하게 표현할 수 있다

(2) 속력과 속도

앞선 설명에서 '속력'과 '속도'를 구분해서 사용했습니다. 각 용어의 수학과 물리에서의 정의를 정리하고 가도록 하겠습니다.

속력이란 정해진 시간에 물체가 어느 정도 이동했는지를 나타내는 값으로 방향은 고려하지 않습니다.

속도란 속력과 방향을 가진 값을 의미합니다. 속력, 즉 크기와 방향을 가지기 때문에 속도는 벡터량이 됩니다. 또한 **속도 벡터**의 크기가 **속력**이 된다는 사실도 함께 외워 둡시다. 그리고 속도가 벡터라는 것을 확실히 나타낼 때는 속도 벡터라는 말을 사용합니다.

(3) 프로그램으로 물체의 움직임을 계산하는 방법은?

프로그램으로 물체의 움직임을 계산하기 위해서는 다양한 방법을 사용할 수 있습니다. 그 중 주로 사용되는 계산법을 두 가지 알아보겠습니다.

물체의 움직임 계산 방법 ①

> 물체의 좌표를 대입할 변수, 나아가는 속력을 대입할 변수, 나아가는 각도(방향)을 대입할 변수를 준비한다.
> 속력과 각도의 값을 사용해 좌표를 변화시키는 계산을 한다.

그림 6–6은 방법 ①의 계산에 사용하는 변수를 그림으로 나타낸 것입니다.

방법 ①에서 물체의 움직임을 계산하는 예시로 필드 상에서 자유롭게 원하는 방향으로 움직일 수 있는 액션 게임을 생각할 수 있습니다. 혹은 헬리콥터와 같이 360도 선회할 수 있는 기체를 조종하는 게임도 이 방법으로 물체를 움직입니다.

단 이 계산은 일반적으로 삼각 함수를 사용하기 때문에 고도의 지식이 필요합니다.

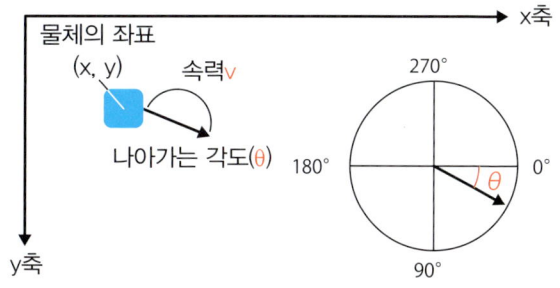

▲ 그림 6–6 물체의 좌표, 속력, 각도로 움직임을 표현하기

물체의 움직임 계산 방법 ②

> 물체의 좌표를 대입할 변수, 물체의 x축 방향 속력을 대입할 변수, y축 방향 속력을 대입할 변수를 준비한다. 물체의 x좌표에 x축 방향 속력을 더하고, y좌표에 y축 방향 속력을 더해서 좌표를 변화시킨다.

※ 방법 ②의 계산에서 사용하는 변수는 다음 그림 6–7에서 설명하겠습니다.

> 될 수 있으면 간단한 계산이 좋아요!

방법 ②는 좌표에 속력을 더하는 간단한 계산으로 물체의 움직임을 표현할 수 있습니다. 이해하기 쉬운 프로그래밍을 위해서는 방법 ②가 적합합니다. 앞으로 만들 테니스 게임은 방법 ②를 사용하여 공을 움직입니다.

(4) 공을 움직이기 위한 변수

방법 ②로 공을 움직이기 위해서 준비할 변수에 대해 설명하겠습니다. 그림 6-7과 같이 공의 x좌표, y좌표, x축 방향의 속력, y축 방향의 속력을 대입할 변수가 필요합니다.

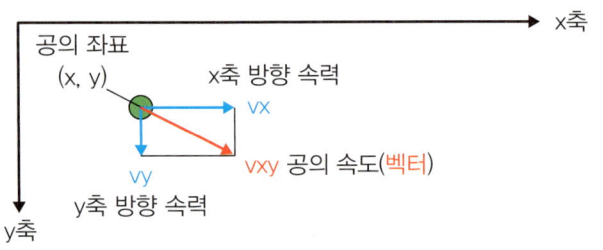

앞으로 만들 테니스 게임은 2차원 평면 상에서 공을 움직입니다. x축과 y축이 있는 평면에서 공을 움직이기 위해 필요한 것은 이와 같은 변수들입니다.

▲ 그림 6-7   공의 움직임을 계산하기 위해 사용하는 변수

그림 6-7에서는 공의 좌표를 대입할 변수를 x와 y로, x축 방향 속력을 대입할 변수를 vx, y축 방향 속력을 대입할 변수를 vy로 했습니다. 공을 움직이는 법은 챕터 6-4에서 설명하겠습니다.

빨간색으로 표시한 **vxy는 vx와 vy를 합성해서 만드는 속도 벡터이며, 공이 어느 정도 속력으로 어느 방향으로 움직였는지 나타내고 있습니다.** vxy는 vx와 vy에 따라 정해지므로 vxy를 변수로 준비할 필요는 없습니다. 앞으로 만들 테니스 게임에서는 vxy의 값을 구하거나 계산에 사용하지 않지만 벡터에 대한 지식으로 기억해 둡시다.

 **MEMO**

벡터 합성

벡터는 더하거나 뺄 수 있습니다. 그림 6-A가 벡터 A와 벡터 B의 덧셈(합성)의 예시입니다.

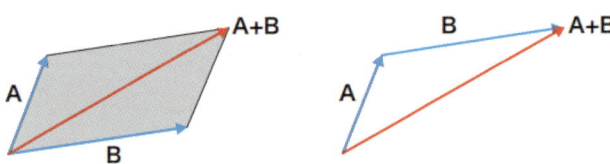

▲ 그림 6-A   벡터 합성

- 왼쪽은 벡터 A와 B를 평행사변형의 두변으로 하는 대각선을 그어서 합성 벡터를 구했다.
- 오른쪽은 벡터 A의 끝점에서 벡터 B를 그어서 A의 시작점에서 B의 끝점까지 선을 그어 합성 벡터를 구했다.

CHAPTER 6 3 테니스 게임을 만들어 보자

STEP 1
배경, 공, 바를 표시해 보자

이제 테니스 게임을 만들어 봅시다. 먼저 배경, 공, 바를 윈도에 표시하고 게임 화면 구성을 확인해 봅시다.

(1) 표시할 것과 표시 위치를 다루는 변수

이 게임의 배경은 이미지 파일을 불러와서 표시합니다. (표 6-3) 이미지 파일 **bg.png**를 미리 프로그램과 같은 폴더에 저장해 둡시다. 공과 바는 도형을 그리는 명령을 사용해 표시합니다. (표 6-3)

앞으로 공과 바를 물체라고 하겠습니다.

▼ 표 6-3 배경, 공, 바를 표시하는 명령

표시할 것	사용하는 명령
배경	PhotoImage()로 불러온 이미지를 create_image()로 표시
공	create_oval()로 원을 표시
바	create_rectangle()로 가로로 긴 사각형을 표시

물체의 좌표를 다루기 위해서 표 6-4의 변수를 준비합니다. 공의 움직임 계산에서 필요한 x축 방향과 y축 방향의 속력을 다루는 변수는 다음 절에서 추가합니다.

▼ 표 6-4 물체의 좌표를 대입할 변수

변수명	용도
ball_x, ball_y	볼의 (x, y)좌표를 대입한다
bar_x, bar_y	바의 (x, y)좌표를 대입한다

이 게임에서는 공을 튕겨 낼 라켓을 바라고 부르는 구나.

이 게임의 화면(캔버스)은 폭 960 픽셀, 높이 720 픽셀로 만듭니다. 화면의 폭을 **WIDTH**, 높이를 **HEIGHT**라는 변수에 대입합니다. (표 6-5)

▼ 표 6-5 화면의 폭과 높이를 정의할 변수

변수명	용도
WIDTH, HEIGHT	게임 화면의 크기를 대입한다

배경 **bg.png**의 크기는 폭 1200 픽셀, 높이 720 픽셀입니다. **WIDTH**에 1200을 대입하면 가로로 넓은 화면으로 만들 수 있습니다. 게임을 완성시킨 뒤에 화면 사이즈를 바꿔 봅시다. 화면 사이즈 변경에 대해서는 챕터 6-8에서 다시 설명하겠습니다.

변수 **WIDTH, HEIGHT**는 대입한 값을 바꿀 수 없기 때문에 상수(값이 고정된 변수)가 됩니다. 프로그래밍에서 상수는 대문자로 표시하는 걸 추천합니다.

(2) 이미지와 도형을 표시해서 게임 화면을 만들자

배경과 물체를 표시하는 프로그램을 알아보겠습니다. 코드 6-1의 프로그램을 입력해서 실행해 봅시다. 프로그램 파일명은 6장 게임의 1단계(STEP 1)라는 의미에서 step_6_1.py로 붙였습니다.

▼ 코드 6-1 step_6_1.py

01	`import tkinter`	tkinter를 불러온다
02		
03	`WIDTH = 960`	게임 화면의 폭과 높이를 정의
04	`HEIGHT = 720`	
05	`ball_x = int(WIDTH/2)`	공의 좌표를 대입할 변수
06	`ball_y = int(HEIGHT/5)`	
07	`bar_x = WIDTH/2`	바의 좌표를 대입할 변수
08	`bar_y = HEIGHT-80`	
09		
10	`def main():`	메인 처리를 담당하는 함수
11	`    cvs.create_image(WIDTH/2, HEIGHT/2, image=bg)`	배경을 표시
12	`    cvs.create_oval(ball_x-10, ball_y-10, ball_x+10, ball_y+10, fill="red")`	공을 표시
13	`    cvs.create_rectangle(bar_x-50, bar_y-5, bar_x+50, bar_y+5, fill="blue")`	바를 표시
14		
15	`root = tkinter.Tk()`	윈도를 만든다
16	`cvs = tkinter.Canvas(width=WIDTH, height=HEIGHT)`	캔버스를 준비
17	`cvs.pack()`	캔버스를 배치
18	`bg = tkinter.PhotoImage(file="bg.png")`	변수 bg에 배경 이미지를 불러온다
19	`main()`	main() 함수를 불러온다
20	`root.mainloop()`	윈도 처리를 시작

▼ 실행 결과

12행 create_oval()로 공을, 13행 create_rectangle()로 바를 표시했군요.

도형을 표시하는 명령은 이제 확실히 익혔군요. 기세를 몰아서 열심히 배워 봅시다.

(3) 변수에 초기 값을 대입하자

3~4행이 화면의 크기를 정의하는 변수(상수), 5~6행이 공의 좌표를 대입할 변수, 7~8행이 바의 좌표를 대입할 변수의 선언입니다.

공과 바의 좌표 초기 값을 WIDTH와 HEIGHT를 사용해 다음과 같이 대입했습니다.

- ball_x = int(WIDTH/2)는 ball_x = int(960/2)와 같으므로 ball_x에 480을 대입한다.
- ball_y = int(HEIGHT/5)는 ball_y = int(720/5)와 같으므로 ball_y에 144를 대입한다.
- bar_x = WIDTH/2로 bar_x에 480을 대입한다(정확히는 480.0이 대입된다. (4)에서 설명).
- bar_y = HEIGHT-80으로 bar_y에 640을 대입한다.

> 이 다음에도 WIDTH와 HEIGHT를 사용해 계산식을 입력합니다.

> 계산 내용에 따라, 정수와 소수의 구분은 중요합니다.
> 예를 들어, 오차가 발생해서는 안 되는 돈 계산에서 정수와 소수를 뒤섞어서 프로그램의 계산식을 작성하면, 올바른 금액을 구할 수 없을 위험이 있습니다.

(4) int()의 기능

Python에는 정수끼리 나눗셈을 할 경우 나머지가 없더라도 실행 결과는 소수가 됩니다. 예를 들어 2/2는 1.0, 100/20은 5.0입니다. 그렇기 때문에 나눗셈의 결과를 정수로 만들고 싶은 경우에는 int()를 사용합니다. int()는 소수나 문자열을 정수로 바꾸는 명령입니다.

이 프로그램에서는 5~6행에서 ball_x = int(WIDTH/2)와 ball_y = int(HEIGHT/5)에서 int()를 사용했습니다. 이 대입식에서 ball_x와 ball_y의 초기 값을 정수로 만듭니다. 단, Python의 tkinter는 좌표를 지정할 때 소수를 사용할 수 있기 때문에 5~6행을 ball_x = WIDTH/2, ball_y = HEIGHT/5로 입력해도 괜찮습니다.

여기서는 int()의 사용법과 Python의 나눗셈 계산 결과에 대해 알아보기 위해 int()를 사용했지만 5~6행의 int()는 입력하지 않아도 되기 때문에 다음 절부터는 생략하도록 하겠습니다.

(5) 이미지 불러오기와 표시

18행에서 bg라는 변수에 배경 이미지를 불러왔습니다. PhotoImage() 명령의 매개 변수 file=로 불러올 이미지 파일을 지정합니다.

11행의 create_image()로 x좌표, y좌표, image=로 이미지를 불러온 변수를 지정해서 배경을 표시합니다. 배경이 캔버스 중앙에 오도록 x좌표를 WIDTH/2, y좌표를 HEIGHT/2로 입력합니다.

이 게임에서 사용하는 이미지는 1장이지만 복수의 이미지를 사용하는 경우에는 파일을 관리하기 쉽게 image와 같은 이름을 붙인 폴더를 만들고 그 안에 이미지를 저장합시다. 폴더에 넣었을 경우 file="image/bg.png"와 같이 폴더명을 포함해서 파일을 지정합니다.

공이 자동으로 움직이게 해 보자

다음으로 공의 속력을 대입할 변수를 준비해 그 값을 사용해 좌표를 변화시키고 공이 자동으로 움직이도록 만들겠습니다. 계산 방법을 설명하고 프로그램으로 입력해서 공의 움직임을 확인해 봅시다.

(1) 공의 속력을 대입할 변수

공의 x축 방향 속력을 대입할 변수와 y축 방향 속력을 대입할 변수를 준비합니다. 공을 움직이기 위해서 필요한 변수는 표 6-6과 같습니다.

▼ 표 6-6 공을 움직이기 위한 변수

변수명	용도
ball_x、ball_y	좌표를 대입한다
ball_vx、ball_vy	x축 방향 속력, y축 방향 속력을 대입한다

ball_x와 ball_y은 챕터 6-3
에서 이미 준비해 뒀네~.

이 변수들을 사용하는 법
은 다음 페이지의 그림
6-8을 참고합시다.

(2) 좌표를 변화시키는 계산

ball_x에 ball_vx의 값을 더하고, ball_y에 ball_vy의 값을 더해서 좌표를 계산할 수 있습니다(그림 6-8). 이 계산으로 좌표가 어떻게 변화하는지 생각해 봅시다.

① **ball_vx의 값이 양수일 때 ➡** ball_x에 ball_vx를 더하면 ball_x의 값이 늘어납니다. x좌표가 커지므로 공이 오른쪽으로 움직입니다.

② **ball_vx의 값이 음수일 때 ➡** ball_x에 ball_vx를 더하면 ball_x의 값이 줄어듭니다. x좌표가 작아지므로 공이 왼쪽으로 움직입니다.

y축 방향도 생각해 봅시다.

③ **ball_vy의 값이 양수일 때 ➡** ball_y에 ball_vy를 더하면 ball_y의 값이 늘어나 공이 아래로 움직입니다.

④ **ball_vy의 값이 음수일 때 ➡** ball_y에 ball_vy를 더하면 ball_y의 값이 줄어들어 공이 위로 움직입니다.

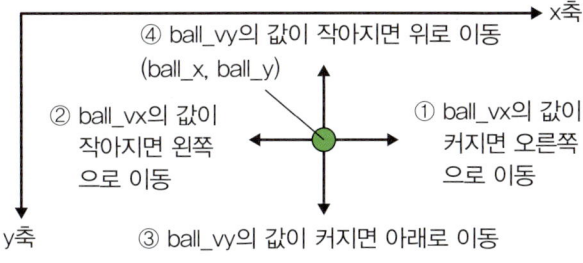

④ ball_vy의 값이 작아지면 위로 이동
(ball_x, ball_y)

② ball_vx의 값이 작아지면 왼쪽으로 이동

① ball_vx의 값이 커지면 오른쪽으로 이동

③ ball_vy의 값이 커지면 아래로 이동

x축

y축

ball_vx와 ball_vy의 값이 음수인지 양수인지에 따라 공이 움직이는 방향이 달라집니다.

음음, 그렇구나~

▲ 그림 6-8   공의 좌표 변화와 이동 방향

그렇다면 ball_vx, ball_vy 모두 양수라면 공은 어느 쪽으로 움직일까요?

모두 양수일 때 ball_x, ball_y의 값도 늘어나므로 공은 오른쪽 아래로 움직입니다.

ball_vx가 양수이고 ball_vy가 음수라면 어떻게 될까요?

그 때는 ball_x의 값은 늘어나고 ball_y의 값은 줄어들기 때문에 공은 오른쪽 위로 움직입니다.

(3) 화면 끝에서 튕기게 해 보자

공이 화면 위아래나 좌우 끝에 도달했을 때 그 대로 공의 좌표를 늘리거나 줄이면 공이 윈도 밖으로 나가버립니다. 그것을 미리 방지하기 위해 공이 화면 끝에 도달하면 반대쪽으로 방향을 바꾸도록 하겠습니다. 그 프로그래밍을 어떻게 하는지 설명하겠습니다.

예를 들어 ball_vx가 양수일 때 ball_x의 값은 점점 늘어나 공이 화면 오른쪽 끝에 도달합니다. 그 때 ball_vx를 음수로 바꾸면 다음 계산부터는 ball_x의 값은 줄어들어 공이 왼쪽으로 이동하여 화면 밖으로 나가지 않습니다. 그림 6-9를 참고로 화면 오른쪽 끝에서 튕겨 나가는 모습을 상상해 봅시다.

만약 ball_vx가 음수라면 ball_x의 값은 줄어들어 화면 왼쪽에 도달합니다. 그 때 ball_vx를 양수로 바꾸면 다음 계산부터 ball_x의 값이 늘어나 공이 오른쪽을 향하고 화면 밖으로 나가지 않습니다.

즉, 화면 좌우 끝에 도달했을 때 ball_vx의 부호를 반전시키면 화면 끝에서 튕기게 할 수 있습니다. 부호의 반전이란 양수를 음수로, 혹은 음수를 양수로 바꾸는 것입니다.

y축일 때도 방법은 똑같습니다. 위아래 끝에 도달했을 때 ball_vy의 부호를 반전하면 화면 끝에서 튕기고 화면 밖으로 나가지 않습니다. 이 계산에 대해서는 프로그램이 동작하는지 확인한 후 다시 설명하겠습니다.

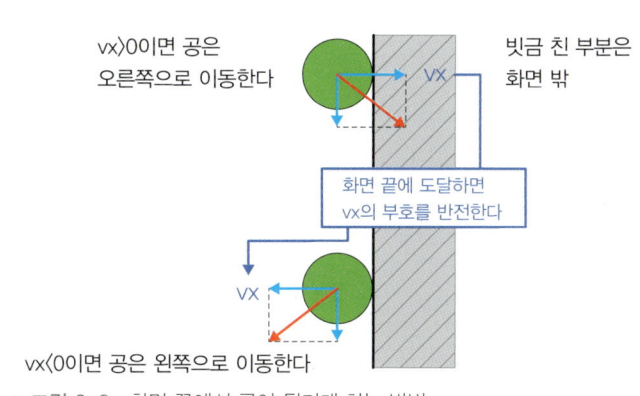

vx>0이면 공은 오른쪽으로 이동한다

빗금 친 부분은 화면 밖

화면 끝에 도달하면 vx의 부호를 반전한다

vx<0이면 공은 왼쪽으로 이동한다

▲ 그림 6-9   화면 끝에서 공이 튕기게 하는 방법

(4) 공이 자동으로 움직이는 프로그램

공이 자동으로 움직이게 하는 프로그램을 알아보겠습니다(**코드 6-2**). 챕터 6-3의 프로그램 (step_6_1.py)에서 색칠한 부분을 추가하거나 변경했습니다.

▼ 코드 6-2   step_6_2.py

01	`import tkinter`	tkinter를 불러오기
02		
03	`WIDTH = 960`	게임 화면의 폭과 높이를 정의
04	`HEIGHT = 720`	
05	`ball_x = WIDTH/2`	공의 좌표를 대입할 변수
06	`ball_y = HEIGHT/5`	
07	`ball_vx = 10`	공의 속력을 대입할 변수
08	`ball_vy = 10`	
09	`bar_x = WIDTH/2`	바의 좌표를 대입할 변수
10	`bar_y = HEIGHT-80`	
11		
12	`def main():`	메인 처리를 담당하는 함수
13	`    global ball_x, ball_y, ball_vx, ball_vy`	변수들을 전역 선언
14	`    ball_x = ball_x + ball_vx`	x좌표에 x축 방향 속력을 더한다
15	`    ball_y = ball_y + ball_vy`	y좌표에 y축 방향 속력을 더한다
16	`    if ball_x<10 or WIDTH-10<ball_x:`	왼쪽, 오른쪽 끝에 도달하면
17	`        ball_vx = -ball_vx`	x축 방향 속력의 부호를 반전
18	`    if ball_y<10 or HEIGHT-10<ball_y:`	위쪽, 아래쪽 끝에 도달하면
19	`        ball_vy = -ball_vy`	y축 방향 속력의 부호를 반전
20	`    cvs.delete("all")`	표시한 것을 모두 삭제
21	`    cvs.create_image(WIDTH/2, HEIGHT/2, image=bg)`	배경을 표시
22	`    cvs.create_oval(ball_x-10, ball_y-10, ball_x+10, ball_y+10, fill="red")`	공을 표시
23	`    cvs.create_rectangle(bar_x-50, bar_y-5, bar_x+50, bar_y+5, fill="blue")`	바를 표시
24	`    root.after(33, main)`	33 밀리초 뒤에 main()을 불러온다
25		
26	`root = tkinter.Tk()`	윈도를 만든다
..	생략: 캔버스 준비, main() 불러오기 등 (step_6_1.py와 같음)	

▼ 실행 결과

와, 공이 움직인다~!

7~8행에서 공의 x축 방향 속력을 대입할 변수 ball_vx와 y축 방향 속력을 대입할 변수 ball_vy를 선언했습니다. 14~15행의 다음 식으로 각각의 변수를 사용해 공의 좌표를 변화시킵니다.

```
14    ball_x = ball_x + ball_vx
15    ball_y = ball_y + ball_vy
```

(2)에서 설명한 대로 x좌표에 x축 방향 속력을 더하고, y좌표에 y축 방향 속력을 더했습니다. 이 프로그램에서는 ball_vx, ball_vy의 초기 값을 10으로 했기 때문에 공은 오른쪽 아래로 움직입니다.

이 식이 공을 움직이는 중요한 계산식입니다.

(5) 화면 끝에서 튕기게 하는 방법

공은 화면 끝에 도달하면 반대 방향으로 튕겨집니다. 그 프로그래밍 방법을 따로 설명하겠습니다.

```
16    if ball_x<10 or WIDTH-10<ball_x:
17        ball_vx = -ball_vx
18    if ball_y<10 or HEIGHT-10<ball_y:
19        ball_vy = -ball_vy
```

16행의 if문 조건식에 입력한 ball_x<10은 공이 왼쪽 끝에 도달했는지, WIDTH-10<ball_x는 오른쪽 끝에 도달했는지 판정합니다. 각 조건식을 or로 이어서 한쪽이 성립하면 17행이 실행됩니다. 논리 연산자에 대해서는 2-5(p.045)를 복습합시다.

17행에서 ball_vx의 부호를 반전시켜서 x축 진행 방향을 반대로 바꿉니다. 예를 들어 ball_vx가 10일 때 ball_vx = -ball_vx로, ball_vx는 -10이 됩니다.

18행의 if문으로 공이 화면 위, 아래 끝에 도달했는지 판정하고 도달했다면 19행에서 ball_vy의 부호를 반전시켜 y축 진행 방향을 반대로 바꿉니다.

(6) 전역 선언을 잊어버리지 말자

ball_x, ball_y, ball_vx, ball_vy의 값을 main() 함수 안에서 변경했습니다. 이 변수들은 함수 밖에서 선언한 변수이기 때문에 함수 안에서 값을 변경하기 위해서는 전역 선언(global 변수 선언)을 합니다. main() 함수의 맨 처음에 있는 global ball_x, ball_y, ball_vx, ball_vy가 전역 선언입니다.

전역 선언은 Python만의 규칙입니다.

(7) 계산과 표시를 실시간으로 반복하자

main() 함수에서 공의 좌표 계산, 화면 끝에 도달 시 방향 변경, 공의 표시 이 3가지 처리를 실시간으로 반복하고 있습니다. 실시간 처리는 지금까지 배운 대로 after() 명령을 사용했습니다.

root.after()로 지정한 밀리초 후에 main()을 계속 불러 내는 거구나.

(8) 물체의 운동을 표현하는 알고리즘

이 절에서 배운, 물체의 좌표와 속력을 대입할 변수를 준비하고 x좌표에 x축 방향 속력을 더하고 y좌표에 y축 방향 속력을 더하는 구조는 물체를 움직이는 알고리즘 중 하나입니다.

이렇게 물체의 좌표 계산과 표시를 실시간으로 계속하면 그 움직임을 눈으로 확인할 수 있습니다. 여기서 배운 지식은 게임 제작뿐만 아니라 물리학의 물체 운동 시뮬레이션에서도 사용할 수 있습니다.

게임 제작 기술이 다른 학문과 이어져 있다는 거네요.

STEP 3 마우스의 움직임에 맞춰 바를 움직이게 해 보자

다음은 마우스 커서의 움직임에 따라 바를 좌우로 움직이는 코드를 입력해 봅시다.

(1) 마우스 이벤트 추가

마우스 커서가 움직였다는 사실을 아는 방법을 복습해 봅시다.

먼저 마우스를 움직였을 때 불러올 함수를 정의합니다. 이 함수를 move()로 정의하려면 root. bind("<motion>", move)라고 입력하면 됩니다. 이렇게 하면 마우스 커서가 움직였을 때 move()를 불러냅니다.

이벤트를 가져올 함수에는 매개 변수를 설정하는 규칙이 있으므로 move() 힘수를 det move(e)로 선언합니다. 매개 변수를 e로 한 경우 e. x와 e. y가 마우스 커서의 좌표가 됩니다.

> 마우스나 키 조작을 이벤트라고 했지요. 이벤트를 가져오는 방법은 4장에서 배웠어요.

(2) 바의 좌표를 어떻게 변화시킬까?

마우스의 움직임에 따라 바(라켓)을 좌우로 움직이게 합시다. 구현을 위해서는 마우스 커서를 움직였을 때 바의 x좌표에 커서의 x좌표를 대입하기만 하면 됩니다. (그림 6-10)

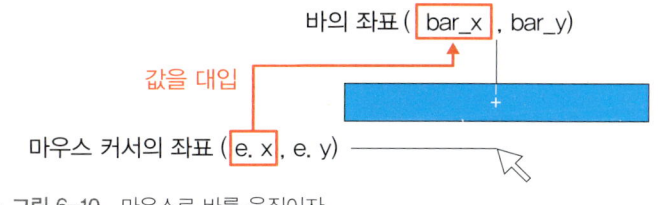

바의 좌표 (bar_x , bar_y)

값을 대입

마우스 커서의 좌표 (e. x, e. y)

▲ 그림 6-10 마우스로 바를 움직이자

> 좌표를 대입하기만 하면 바를 움직일 수 있다니 너무 간단한데, 정말 움직일까?

(3) 바를 움직이는 프로그램 확인

마우스로 바를 움직이는 프로그램을 알아봅시다. (**코드 6-3**) 챕터 6-4의 프로그램(`step_6_2.py`)에서 색칠한 부분을 추가하거나 변경했습니다. 실행해서 마우스 커서를 움직이면 그 위치로 바가 움직입니다.

▼ 코드 6-3　step_6_3.py

```python
01  import tkinter                                                      tkinter를 불러오기
02
03  WIDTH = 960                                                         게임 화면의 폭과 높이를 정의
04  HEIGHT = 720
05  ball_x = WIDTH/2                                                    공의 좌표를 대입할 변수
06  ball_y = HEIGHT/5
07  ball_vx = 10                                                        공의 속력을 대입할 변수
08  ball_vy = 10
09  bar_x = WIDTH/2                                                     바의 좌표를 대입할 변수
10  bar_y = HEIGHT-80
11
12  def move(e):                                                        마우스를 움직였을 때 불러올 함수
13      global bar_x                                                    변수를 전역 선언
14      bar_x = e.x                                                     바의 x좌표를 커서 위치로
15      if bar_x<50:                                                    화면 왼쪽 끝을 넘지 않도록 한다
16          bar_x = 50
17      if bar_x>WIDTH-50:                                              화면 오른쪽 끝을 넘지 않도록 한다
18          bar_x = WIDTH-50
19
20  def main():                                                         메인 처리를 담당하는 함수
21      global ball_x, ball_y, ball_vx, ball_vy                         변수들을 전역 선언
22      ball_x = ball_x + ball_vx                                       x좌표에 x축 방향 속력을 더한다
23      ball_y = ball_y + ball_vy                                       y좌표에 y축 방향 속력을 더한다
24      if ball_x<10 or WIDTH-10<ball_x:                                왼쪽, 오른쪽 끝에 도달하면
25          ball_vx = -ball_vx                                         x축 방향 속력의 부호를 반전
26      if ball_y<10 or HEIGHT-10<ball_y:                               위쪽, 아래쪽 끝에 도달하면
27          ball_vy = -ball_vy                                         y축 방향 속력의 부호를 반전
28      cvs.delete("all")                                              표시한 것을 모두 삭제
29      cvs.create_image(WIDTH/2, HEIGHT/2, image=bg)                   배경을 표시
30      cvs.create_oval(ball_x-10, ball_y-10, ball_x+10, ball_y+10, fill="red")  공을 표시
31      cvs.create_rectangle(bar_x-50, bar_y-5, bar_x+50, bar_y+5, fill="blue")  바를 표시
32      root.after(33, main)                                           33 밀리초 뒤에 main()을 불러온다
33
34  root = tkinter.Tk()                                                윈도를 만든다
35  root.bind("<Motion>", move)                                        이벤트 발생시 불러올 함수를 지정
36  cvs = tkinter.Canvas(width=WIDTH, height=HEIGHT)                    캔버스를 준비
37  cvs.pack()                                                         캔버스를 배치
38  bg = tkinter.PhotoImage(file="bg.png")                             변수 bg에 배경 이미지를 불러온다
39  main()                                                             main() 함수를 불러온다
40  root.mainloop()                                                    윈도 처리를 시작
```

마우스 커서 위치로 이동한다

와, 바가 움직인다!

마우스를 움직였을 때 불러올 함수를 move()라는 이름으로 12~18행에서 정의했습니다. 이 함수를 실행하기 위해 35행에 root.bind("<motion>", move)라고 입력합니다.

```
12  def move(e):
13      global bar_x
14      bar_x = e.x
15      if bar_x<50:
16          bar_x = 50
17      if bar_x>WIDTH-50:
18          bar_x = WIDTH-50
```

17~18행의 WIDTH 의 값은 960입니다.

이벤트를 불러오는 함수에는 매개 변수를 설정합니다. 12행 move(e)의 e가 매개변수입니다.

e.x가 마우스 커서의 x좌표입니다. 14행에서 바의 좌표 변수 bar_x에 e.x의 값을 대입했습니다. 이렇게 하면 마우스를 움직였을 때 커서 위치로 바가 이동합니다.

15~16행의 if문으로 bar_x가 50 미만이 되지 않도록 해서 바가 화면 왼쪽 끝을 넘지 않도록 만들었습니다. 그리고 17~18행의 if문으로 bar_x가 WIDTH-50을 넘지 않도록 해서 화면 오른쪽 끝을 넘지 않도록 만들었습니다.

바를 커서 위치로 움직이게 하는 건 좌표를 대입하기만 하면 되는데, 바가 화면 밖으로 나가지 않도록 하기 위해 그 판정을 하는 거군요?

정답이에요. 프로그래밍 이해도가 많이 늘 었군요.

STEP 4
바로 공이 팅기도록 만들어 보자

다음으로 공이 바에 닿았을 때 팅기도록 만들어 봅시다. 4장에서 배운 충돌 판정을 떠올리며 다음 절을 읽어 봅시다.

(1) 충돌 판정

게임 안에서 어떤 물체와 다른 물체가 접촉했는지 판정하는 것을 **충돌 판정**이라고 합니다. 충돌 판정에는 다양한 알고리즘이 있습니다. 원끼리 접촉했는지 판정하는 방법과 사각형끼리 접촉했는지 판정하는 방법을 챕터 4에서 배웠습니다. (그림 6-11)

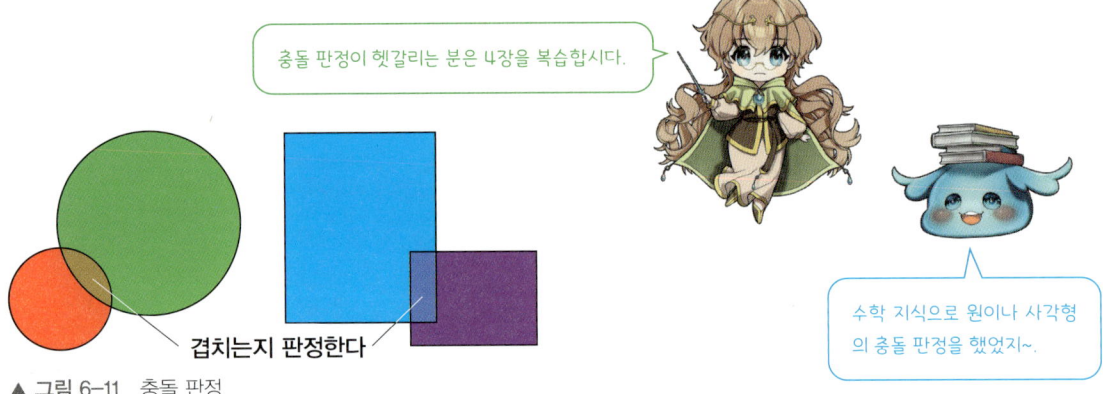

충돌 판정이 헷갈리는 분은 4장을 복습합시다.

겹치는지 판정한다

수학 지식으로 원이나 사각형의 충돌 판정을 했었지~.

▲ 그림 6-11   충돌 판정

원을 이용한 충돌 판정은 물체를 원으로 가정하고 두 원이 겹치는지 확인합니다. 사각형을 이용한 충돌 판정은 물체를 사각형으로 가정하고 두 사각형이 겹치는지 확인합니다.

(2) 원과 사각형의 충돌을 판정해 보자

테니스 게임에서 움직이는 물체는 원인 공과 사각형인 바입니다. 공을 팅기게 하기 위해서는 원과 사각형이 접촉했는지 알아야 합니다. 원과 사각형의 충돌 판정을 정확하게 하기 위해서는 복잡한 계산이 필요합니다. 하지만 복잡한 계산을 하지 않고 원의 중심 좌표가 사각형 안에 있는지 확인하면 간단하게 충돌 판정을 할 수 있습니다.

이 게임에서는 간단한 충돌 판정을 사용합니다. 이 방법은 그림 6-12와 같이 노란색 범위에 공의 중심이 들어갔는지를 확인합니다. 이 범위에 들어가면 공이 위를 향해서 팅깁니다.

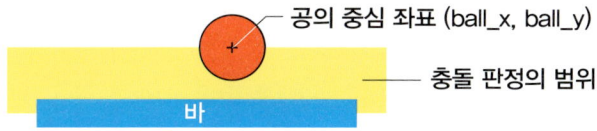
공의 중심 좌표 (ball_x, ball_y)

충돌 판정의 범위

바

▲ 그림 6-12 공과 바의 충돌 판정

이 다음 프로그램 동작 확인을 할 때 제대로 판정하고 있다는 걸 알 수 있어요.

판정 범위를 바 위로 한 이유는 공이 튕기는 모습을 자연스럽게 하기 위해서입니다. 바와 같은 위치에서 판정을 하면 공이 바 안으로 들어갔을 때 충돌 판정이 일어나기 때문입니다. 그러면 공이 튕기는 모습에 위화감이 생기므로 그림 6-12와 같이 노란색 범위에서 충돌 판정을 합니다.

이 충돌 판정은 원과 사각형이 접촉했는지 정확하게 판정하지 않습니다. 하지만 공을 바로 튕겨 내는 판정은 이와 같이 간단한 계산으로 충분합니다.

(3) 공과 바의 충돌 판정 확인

공을 바로 튕겨 내는 프로그램을 알아봅시다. (코드 6-4) 챕터 6-5의 프로그램(step_6_3.py)에서 색칠한 부분을 추가하거나 변경했습니다. 바로 공을 맞춰서 튕기는지 확인해 봅시다. 이 프로그램은 공을 맞춰야 하는 위치를 알기 쉽게 충돌 판정 범위를 노란색 사각형으로 표시했습니다.

▼ 코드 6-4 step_6_4.py

```
01  import tkinter                                                          tkinter를 불러오기
02
03  WIDTH = 960                                                             게임 화면의 폭과 높이를 정의
04  HEIGHT = 720
…   생략: 변수 선언 (step_6_3.py와 같음)                                      …
11
12  def move(e):                                                            마우스를 움직였을 때 불러올 함수
13      global bar_x                                                        변수를 전역 선언
…   생략: 바를 움직이는 처리(step_6_3.py와 같음)                               …
19
20  def main():                                                             메인 처리를 담당하는 함수
21      global ball_x, ball_y, ball_vx, ball_vy                             변수들을 전역 선언
22      ball_x = ball_x + ball_vx                                           x좌표에 x축 방향 속력을 더한다
23      ball_y = ball_y + ball_vy                                           y좌표에 y축 방향 속력을 더한다
24      if ball_x<10 or WIDTH-10<ball_x:                                    왼쪽, 오른쪽 끝에 도달하면
25          ball_vx = -ball_vx                                              x축 방향 속력의 부호를 반전
26      if ball_y<10 or HEIGHT-10<ball_y:                                   위쪽, 아래쪽 끝에 도달하면
27          ball_vy = -ball_vy                                              y축 방향 속력의 부호를 반전
28      dx = ball_x - bar_x                                                 공과 바의 x축 방향 거리
29      dy = ball_y - bar_y                                                 공과 바의 y축 방향 거리
30      if -60<dx and dx<60 and -20<dy and dy<0:                            이 조건식의 범위 안이라면
31          ball_vy = -10                                                  공을 위로 올라가게 한다(튕겨 낸다)
32      cvs.delete("all")                                                  표시한 것을 모두 삭제
33      cvs.create_image(WIDTH/2, HEIGHT/2, image=bg)                       배경을 표시
34      cvs.create_rectangle(bar_x-60, bar_y-20, bar_x+60, bar_y, fill="yellow")   충돌 판정 범위를 표시
35      cvs.create_oval(ball_x-10, ball_y-10, ball_x+10, ball_y+10, fill="red")    공을 표시
```

```
36        cvs.create_rectangle(bar_x-50, bar_y-5, bar_x+50, bar_y+5, fill="blue")      바를 표시
37        root.after(33, main)                                                          33 밀리초 뒤에 main()을 불러온다
38
39  root = tkinter.Tk()                                                                 윈도를 만든다
40  root.bind("<Motion>", move)                                                         이벤트 발생시 불러올 함수를 지정
…
```

※ 34행의 노란색 사각형을 표시하는 create_rectangle(~은 동작 확인용이므로 다음 절에서 삭제합니다.

▼ 실행결과

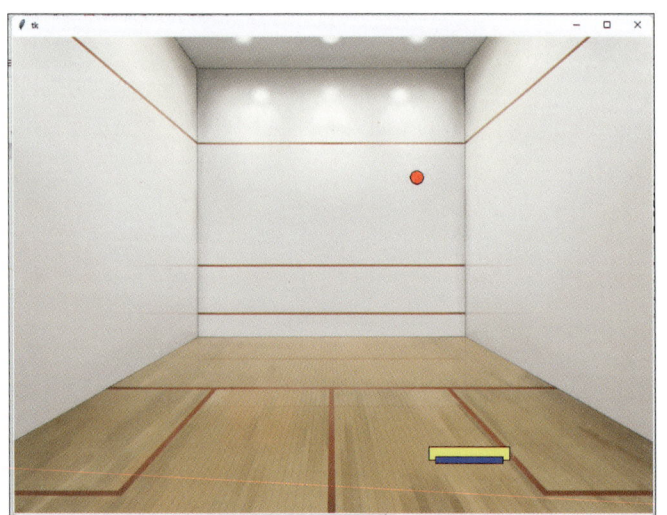

노란색 사각형 범위로 충돌 판정을 하는 거구나.

공이 바에 닿는지 확인하고 닿았다면 공을 위쪽으로 튕겨나게 하는 코드를 28~31행에 입력했습니다.

```
28        dx = ball_x - bar_x
29        dy = ball_y - bar_y
30        if -60<dx and dx<60 and -20<dy and dy<0:
31            ball_vy = -10
```

x축 방향으로 얼마나 떨어져 있는지와 y축 방향으로 얼마나 떨어져 있는지를 값으로 해서 판단합니다.

변수 dx에 공과 바의 x좌표의 차를, 변수 dy에 y좌표의 차를 대입합니다.

이 값들이 그림 6-13의 노란색 범위에 있는지 30행의 if문으로 확인합니다.

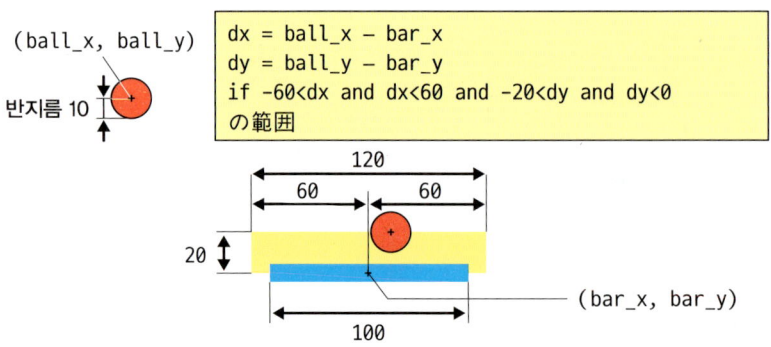

어려워 보이는 식이지만 그림을 보면서 열심히 이해해 보자!

▲ 그림 6-13   공과 바의 충돌 판정

조금 어려운 식이지만 공과 바의 위치와 dx, dy의 값을 구체적으로 생각해보면 이 충돌 판정의 if문이 무슨 의미인지 알 수 있습니다.

예를 들어 공 바로 아래에 바가 있다고 가정해 봅시다. 이 때 dx는 -60~60 사이의 값이고 dy는 -20~-10 정도의 값이 됩니다. 이 값으로 if문의 조건식이 성립하므로 접촉되었다는 것을 알 수 있습니다.

공이 노란색 사각형의 왼쪽 위 모서리에 있다고 가정해 봅시다. 이 때 dx는 -59 정도이고 dy는 -19 정도이므로 조건식이 성립합니다.

또 공이 노란색 사각형의 오른쪽 아래에 있을 때 dx는 59, dy는 -1 정도로 이 또한 조건식이 성립합니다.

if문의 조건식이 성립하면 31행에서 공의 y방향 속력 ball_vy에 -10을 대입해서 공이 위쪽으로 튕겨 나도록 합니다.

공이 노란색 사각형의 왼쪽 아래에 있을 때도 생각해 봅시다.

y축 방향 속력이 음수라면 공의 y좌표가 줄어들고 공이 위쪽으로 간다는 거군요.

정답입니다. 좌표에 대해서도 확실히 이해한 것 같네요.

점수와 하이스코어를 계산해 보자

이어서 공을 팅겨 냈을 때 점수를 올려 봅시다. 또 점수가 하이스코어를 넘어서면 하이스코어를 갱신합니다. 점수와 하이스코어를 대입할 변수를 준비하고 그 계산을 합니다.

(1) 변수에 점수를 대입하고 문자열을 표시하자

점수를 대입할 score라는 변수와 하이스코어를 대입할 hisco라는 변수를 준비합니다. 변수명은 high_score 와 같이 줄이지 않고 사용해도 괜찮습니다. 복수의 단어(이 경우엔 high와 score)를 사용하는 경우 Python에서는 언더바(_)를 사용해 알기 쉽게 하는 것이 일반적입니다. highScore와 같이 단어끼리 구분하기 쉽게 대문자를 사용할 수도 있습니다. 단 너무 긴 변수명을 사용하면 입력할 때 불편하므로 어느 정도 생략하는 경우가 많으며, 이책에서도 생략하고 있습니다.

score와 hisco의 값을 create_text()로 캔버스에 표시합니다. 이 때 숫자를 보기 쉽게 하기 위해 문자열에 그림자 효과를 주겠습니다. 그림자 효과를 주는 방법은 프로그램 동작 확인을 한 뒤 설명하겠습니다.

(2) 프로그램 확인

점수와 하이스코어 표시를 넣은 프로그램을 알아보겠습니다. (코드 6-5) 챕터 6-6의 프로그램 (step_6_4.py) 에서 색칠한 부분을 추가하거나 변경했습니다. 하이스코어의 초기 값은 1000으로 설정합니다. 공을 바로 팅겨 내면 점수가 100 올라가고, 하이스코어를 넘어서면 갱신되는 것을 확인해 봅시다.

공이 바 아래에서 위로 통과하면 점수가 200 올라가지만 신경 쓰지 않아도 괜찮습니다. 다음 6-8에서 완성시킬 때 공을 바로 팅기지 못하면 게임 오버가 되기 때문에 공이 바 아래에 닿는 경우는 없어집니다.

▼ **코드 6-5** step_6_5.py

```
01  import tkinter                          tkinter를 불러오기
02
03  WIDTH = 960                             게임 화면의 폭과 높이를 정의
04  HEIGHT = 720
05  ball_x = WIDTH/2                        공의 좌표를 대입할 변수
06  ball_y = HEIGHT/5
07  ball_vx = 10                            공의 속력을 대입할 변수
08  ball_vy = 10
09  bar_x = WIDTH/2                         바의 좌표를 대입할 변수
10  bar_y = HEIGHT-80
11  score = 0                              점수를 대입할 변수
12  hisco = 1000                           하이스코어를 대입할 변수
```

13		
14	`def move(e):`	마우스가 움직였을 때 불러올 함수
15	`    global bar_x`	변수를 전역 선언
…	생략: 바를 움직이는 처리(step_6_4.py와 같음)	…
21		
22	`def text(x, y, txt, siz, col):`	문자열에 그림자 효과를 주는 함수
23	`    fnt = ("Times New Roman", siz)`	폰트를 정의
24	`    cvs.create_text(x+1, y+1, text=txt, font=fnt, fill="black")`	검은색으로 문자열을 표시
25	`    cvs.create_text(x, y, text=txt, font=fnt, fill=col)`	매개 변수의 색으로 문자열을 표시
26		
27	`def main():`	메인 처리를 담당하는 함수
28	`    global ball_x, ball_y, ball_vx, ball_vy, score, hisco`	변수들을 전역 선언
…	생략: 공의 좌표를 변화시키는 처리(step_6_4.py와 같음)	
35	`    dx = ball_x - bar_x`	공과 바의 x축 방향 거리
36	`    dy = ball_y - bar_y`	공과 바의 y축 방향 거리
37	`    if -60<dx and dx<60 and -20<dy and dy<0:`	이 조건식의 범위 안이라면
38	`        ball_vy = -10`	공을 위로 올라가게 한다(튕겨 낸다)
39	`        score = score + 100`	점수를 올린다
40	`        if score>hisco:`	하이스코어를 넘어서면
41	`            hisco = score`	하이스코어를 갱신한다
42	`    cvs.delete("all")`	표시한 것을 모두 삭제
43	`    cvs.create_image(WIDTH/2, HEIGHT/2, image=bg)`	배경을 표시
44	`    cvs.create_oval(ball_x-10, ball_y-10, ball_x+10, ball_y+10, fill="red")`	공을 표시
45	`    cvs.create_rectangle(bar_x-50, bar_y-5, bar_x+50, bar_y+5, fill="blue")`	바를 표시
46	`    text(200, 30, "SCORE "+str(score), 28, "cyan")`	점수를 표시
47	`    text(WIDTH-200, 30, "HI-SC "+str(hisco), 28, "gold")`	하이스코어를 표시
48	`    root.after(33, main)`	33 밀리초 후에 main()을 불러온다
49		
…	생략: 이하 윈도를 만들고 캔버스를 배치하고	…
…	이미지를 불러오는 처리 (step_6_4.py와 같음)	…

▼ 실행 결과

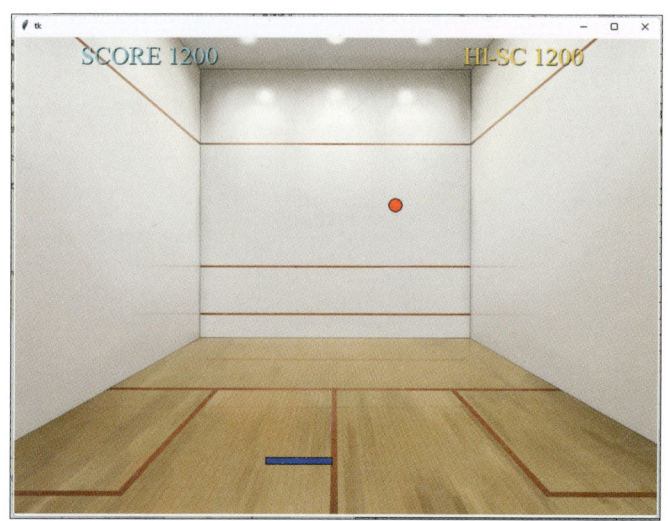

> HI-SC는 high score의 약자구나.
> 점수 표시가 들어가니 거의 완성된
> 것 같아~.

　　11행에서 점수를 대입할 변수 **score**, 12행에서 하이스코어를 대입할 변수 **hisco**를 선언했습니다. 이 변수들의 값을 **main()** 함수 안에서 변경하기 때문에 28행에서 전역 선언에 변수 **score**와 **hisco**를 추가합니다.

39행의 score = score + 100이 점수를 올리는 계산입니다. 이 식은 37행의 충돌 판정 if -60<dx and dx<60 and -20<dy and dy<0 블록에 입력해서 공이 바에 닿았을 때 점수를 올립니다.

40~41행의 if문에서 score가 hisco를 넘었다면 hisco에 score의 값을 대입합니다. 이렇게 하면 하이스코어가 갱신됩니다.

46~47행에서 text()라는 함수를 불러와 점수와 하이스코어를 표시했습니다. text()는 문자열에 그림자 효과를 주기 위해 정의한 함수로 다음 (3)에서 설명하겠습니다.

46~47행의 **str()**은 수를 문자열로 변환하는 함수입니다. 46행에서 'SCORE'라는 문자열에 점수값을 이어서 text()에 매개 변수로 넣습니다. 47행에서 'HI-SC'라는 문자열에 하이스코어의 값을 text()에 매개 변수로 넣습니다. Python에서는 문자열과 수를 +로 이을 수 없기 때문에 str()을 사용하지 않고 "SCORE "+score로 입력하면 오류가 발생합니다.

(3) text() 함수의 구조

22~25행에서 정의한 text() 함수에 대해 설명하겠습니다.

```
22 def text(x, y, txt, siz, col):
23     fnt = ("Times New Roman", siz)
24     cvs.create_text(x+1, y+1, text=txt, font=fnt, fill="black")
25     cvs.create_text(x, y, text=txt, font=fnt, fill=col)
```

이 함수는 문자열을 표시할 x좌표, y좌표, 문자열 txt, 문자의 사이즈 siz, 문자의 색 col을 매개 변수로 받습니다.

23행에서 폰트의 종류를 Times New Roman, 폰트의 크기를 siz로 정하고 fnt라는 변수로 폰트를 정의했습니다.

24행에서 (x+1, y+1) 위치에 검은색으로 문자열을 표시했습니다. 그 다음 25행에서 (x, y) 위치에 매개 변수의 색으로 문자열을 표시했습니다. 검은색 문자열을 오른쪽 아래로 어긋나게 표시하고 그 위에 지정된 색으로 문자열을 겹치게 하여 그림자 효과를 가진 문자열을 표시했습니다.

그림자가 있으니까 폰트가 보기 편하네요.

그렇죠? 다양한 방법으로 원하는 일을 실현하는 것이 프로그래밍의 즐거움이랍니다.

STEP 6 타이틀 화면과 게임 오버 화면을 넣어 게임을 완성시키자

마지막으로 타이틀 화면과 게임 오버 화면을 추가하고 게임을 완성시키도록 하겠습니다.

(1) 화면 전환을 관리하는 변수

화면 전환을 관리하는 변수를 사용해 타이틀 화면 → 게임 플레이 화면 → 게임 오버 화면으로 동작을 세 가지로 나눕니다. (그림 6-14) 화면 전환을 위한 변수는 scene으로 정합니다. (표 6-7)

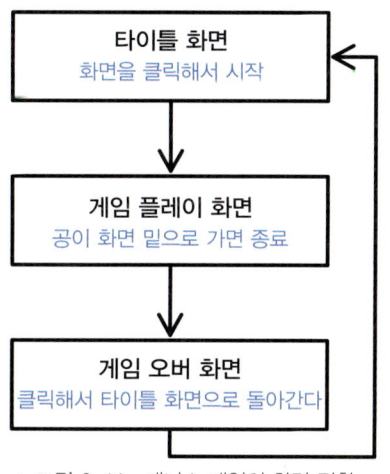

▲ 그림 6-14 테니스 게임의 화면 전환

▼ 표 6-7 변수 scene의 값

scene의 값	이떤 씬인가
타이틀	타이틀 화면
게임	게임 플레이 화면
게임 오버	게임 오버 화면

5장 두더지 잡기와 같이 3개의 씬으로 구성되어 있습니다. 이런 구성이 게임 제작의 기본입니다.

(2) 완성된 프로그램 확인

완성된 프로그램을 확인해 봅시다. (코드 6-6) 챕터 6-7의 프로그램 (`step_6_5.py`)에서 색칠한 부분을 추가하거나 변경했습니다. 공을 팅겨서 하이스코어를 노려 봅시다. 이 게임은 난도가 쉽기 때문에 게임에 익숙한 분들은 계속 플레이할 수 있습니다. 이 절 마지막 (4)에서 게임 개조에 대한 내용이 나옵니다. 어려운 게임을 하고 싶은 분은 그 내용을 참고해서 개조해 봅시다.

완성된 프로그램을 확인해 보자~!

▼ 코드 6-6 tennis_game.py

01	`import tkinter`	tkinter를 불러오기
02		
03	`WIDTH = 960`	⌐게임 화면의 폭과 높이를 정의
04	`HEIGHT = 720`	└
05	`ball_x = WIDTH/2`	⌐공의 좌표를 대입할 변수
06	`ball_y = HEIGHT/5`	└
07	`ball_vx = 0`	⌐공의 속력을 대입할 변수
08	`ball_vy = 0`	└
09	`bar_x = WIDTH/2`	⌐바의 좌표를 대입할 변수
10	`bar_y = HEIGHT-80`	└
11	`score = 0`	점수를 대입할 변수
12	`hisco = 1000`	하이스코어를 대입할 변수
13	`scene = "타이틀"`	신을 관리하는 변수
14		
15	`def move(e):`	마우스가 움직였을 때 불러올 함수
16	`    global bar_x`	변수를 전역 선언
17	`    bar_x = e.x`	바의 x좌표를 커서 위치로
18	`    if bar_x<50:`	⌐화면 왼쪽 끝을 넘지 않도록 한다
19	`        bar_x = 50`	└
20	`    if bar_x>WIDTH-50:`	⌐화면 오른쪽 끝을 넘지 않도록 한다
21	`        bar_x = WIDTH-50`	└
22		
23	`def click(e):`	클릭했을 때 불러올 함수
24	`    global ball_x, ball_y, ball_vx, ball_vy, score, scene`	변수를 전역 선언
25	`    if scene=="타이틀":`	⌐타이틀 화면일 때
26	`        ball_x = int(WIDTH/2)`	│ 공의 첫 좌표와
27	`        ball_y = int(HEIGHT/5)`	│
28	`        ball_vx = 10`	│ 첫 속력을 대입
29	`        ball_vy = 10`	│
30	`        scene = "게임"`	│ scene에 게임을 대입, score를 0으로
31	`        score = 0`	└ 하고 게임 플레이 화면으로 전환
32	`    if scene=="게임 오버":`	⌐게임 오버 화면일 때
33	`        scene = "타이틀"`	└ 타이틀 화면으로 돌아간다
34		
35	`def text(x, y, txt, siz, col):`	문자열에 그림자 효과를 주는 함수
36	`    fnt = ("Times New Roman", siz)`	폰트를 정의
37	`    cvs.create_text(x+1, y+1, text=txt, font=fnt, fill="black")`	검은색으로 문자열을 표시
38	`    cvs.create_text(x, y, text=txt, font=fnt, fill=col)`	매개 변수의 색으로 문자열을 표시
39		
40	`def main():`	메인 처리를 담당하는 함수
41	`    global ball_x, ball_y, ball_vx, ball_vy, score, hisco, scene`	변수들을 전역 선언
42	`    cvs.delete("all")`	표시된 것을 모두 삭제
43	`    cvs.create_image(WIDTH/2, HEIGHT/2, image=bg)`	배경을 표시
44	`    cvs.create_oval(ball_x-10, ball_y-10, ball_x+10, ball_y+10, fill="red")`	공을 표시
45	`    cvs.create_rectangle(bar_x-50, bar_y-5, bar_x+50, bar_y+5, fill="blue")`	바를 표시
46	`    text(200, 30, "SCORE "+str(score), 28, "cyan")`	점수를 표시
47	`    text(WIDTH-200, 30, "HI-SC "+str(hisco), 28, "gold")`	하이스코어를 표시
48		
49	`    if scene=="타이틀":`	⌐타이틀 화면 처리
50	`        text(WIDTH/2, HEIGHT/3, "Tennis Game", 60, "green")`	└ 뒤에서 자세히 설명
51	`        text(WIDTH/2, HEIGHT/3*2, "Click to start.", 30, "lime")`	
52		
53	`    if scene=="게임":`	⌐게임 플레이 화면 처리
54	`        ball_x = ball_x + ball_vx`	└ 뒤에서 자세히 설명
55	`        ball_y = ball_y + ball_vy`	
56	`        if ball_x<10 or WIDTH-10<ball_x:`	
57	`            ball_vx = -ball_vx`	

```
58        if ball_y<10:
59            ball_vy = -ball_vy
60        if ball_y>HEIGHT:
61            scene = "게임 오버"
62        dx = ball_x - bar_x
63        dy = ball_y - bar_y
64        if -60<dx and dx<60 and -20<dy and dy<0:
65            ball_vy = -10
66            score = score + 100
67            if score>hisco:
68                hisco = score
69
70    if scene=="게임 오버":
71        text(WIDTH/2, HEIGHT/3, "GAME OVER", 40, "red")
72
73    root.after(33, main)
74
75 root = tkinter.Tk()
76 root.title("테니스 게임")
77 root.resizable(False, False)
78 root.bind("<Motion>", move)
79 root.bind("<Button>", click)
80 cvs = tkinter.Canvas(width=WIDTH, height=HEIGHT)
81 cvs.pack()
82 bg = tkinter.PhotoImage(file="bg.png")
83 main()
84 root.mainloop()
```

게임 오버 화면 처리
뒤에서 자세히 설명

33 밀리초 후에 main()을 불러온다

윈도를 만든다
타이틀을 지정
윈도 사이즈를 변경할 수 없게 한다
이벤트가 발생했을 때
불러올 함수를 지정
캔버스를 준비
캔버스를 배치
변수 bg에 배경 이미지를 불러온다
main() 함수를 불러온다
윈도 처리를 시작

※ 윈도가 실행 결과와 같은 사이즈가 아니라면 77행 root.resizable(False, False)를 주석 처리하거나 삭제합시다.

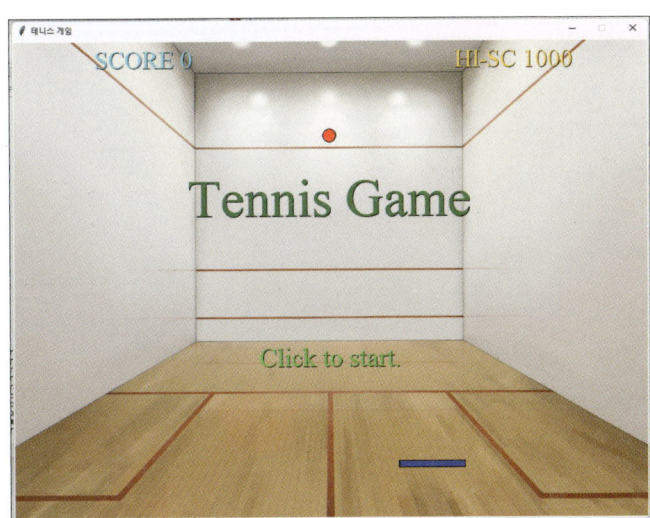

▼ 실행 결과

49행의 if scene=="타이틀", 53행의 if scene=="게임", 70행의 if scene=="게임 오버" 이 3가지 조건 분기로 타이틀 화면, 게임 플레이 화면, 게임 오버 화면을 나누었습니다. 세 가지 프로그래밍에 대해 설명하겠습니다.

정의한 text() 함수로 타이틀 화면과 'Click to start.'라는 문자열을 표시했습니다. 화면을 클릭했을 때 게임이 시작되는 기능은 23~33행에서 정의한 click() 함수가 담당하고 있습니다. click() 함수에 대해서는 뒤에서 자세히 설명하겠습니다.

기본적인 처리 내용은 6-7까지 입력한 내용과 같습니다. 공이 화면 아래로 도달했을 때 60~61행의 if문으로 판정하고 그 때 scene에 '게임 오버'라는 문자열을 대입해서 게임 오버 화면으로 넘어갑니다.

text() 함수로 'GAME OVER'라는 문자열을 표시했습니다. 화면을 클릭했을 때 타이틀 화면으로 돌아가는 기능은 click() 함수가 담당하고 있습니다.

(3) click() 함수

화면을 클릭했을 때 불러오는 click() 함수를 23~33행에서 정의했습니다. 이 함수에 if scene=="타이틀" 과 if scene=="게임 오버" 라는 2개의 if문을 입력했습니다.

```
23 def click(e):
24     global ball_x, ball_y, ball_vx, ball_vy, score, scene
25     if scene=="타이틀":
26         ball_x = int(WIDTH/2)
27         ball_y = int(HEIGHT/5)
28         ball_vx = 10
29         ball_vy = 10
30         scene = "게임"
31         score = 0
32     if scene=="게임 오버":
33         scene = "타이틀"
```

타이틀 화면에서 클릭했을 때 ball_x와 ball_y에 공의 시작 좌표를 대입하고, ball_vx, ball_vy에 시작 속력 값을 대입합니다. 또 scene에 '게임'이라는 문자열을 대입하고, score에 0을 대입해 게임을 시작합니다.

게임 오버 화면에서 클릭했을 때 scene에 '타이틀'이라는 문자열을 대입해서 타이틀 화면으로 돌아가도록 합니다.

(4) 게임을 개조해 보자!

드디어 1인용 테니스 게임을 완성했습니다. 학습을 위해 간결하게 짠 프로그램이기에 난이도를 변경하는 기능은 넣지 않았습니다. 그대로 플레이하면 공의 궤도가 알기 쉬워서 너무 간단하다고 느끼는 사람도 있겠죠. 그러면 게임을 어렵게 개조하는 방법을 알아봅시다.

① 프레임 레이트를 올린다

1초동안 화면이 갱신된 횟수를 **프레임 레이트**라고 합니다. 프레임 레이트는 fps(frames per second)이라는 단위를 사용합니다. `after()` 명령으로 1초동안 약 30번 `main()` 함수가 실행되도록 짜여 있으므로 이 프로그램의 프레임 레이트는 약 30fps입니다.

두더지 잡기 개조에서 간단하게 설명했지만 `after()`의 첫 번째 매개 변수의 값을 바꾸면 프레임 레이트를 변경할 수 있습니다. 73행의 `root.after(33, main)`의 33을 더 작은 값으로 바꾸면 프로그램의 동작이 더 빨라집니다. 공도 같이 빠르게 움직이므로 공을 맞추려면 바를 더 빨리 움직여야 합니다.

after()의 매개 변수를 16으로 하면 1초에 약 60번 처리를 하기 때문에 스피디한 게임이 된답니다.

root.after(16, main)으로 조금 어려워졌네요. 16을 5로 바꾸면 너무 어려워서 금방 게임 오버가 되어 버려요!

단 PC는 CPU의 성능에 따라 처리 속도가 다르므로 대기 시간의 매개 변수 값을 바꿔도 처리가 빨라지지 않는 경우가 있습니다.

② 공을 튕겨 냈을 때 난수로 궤도를 바꾼다

프레임 레이트를 높여도 공의 궤도는 바뀌지 않기 때문에 속도에 금방 적응해서 쉽게 느껴지는 사람도 있겠죠. 이 경우에는 바로 공을 튕겨 냈을 때 공의 방향을 바꾸면 공의 궤도를 알기 어렵게 되어 게임이 더 어려워집니다.

이를 실행하는 다양한 방법이 있지만 난수를 사용해 y축 방향 속도를 난수로 바꾸면 간단하게 실현할 수 있습니다. 프로그램을 다음과 같이 바꾸고 확인해 봅시다.

• 2행에서 random 모듈을 불러온다

```
02 import random
```

• 66행(원래 프로그램의 65행)을 다음과 같이 변경한다

```
66 ball_vy = random.randint(-15,-10)
```

변경하기 전에는 바로 공을 튕겨 냈을 때 ball_vy에 -10을 대입했습니다. 그 값에 -15~-10의 난수를 대입해 바로 튕겨 냈을 때 공의 궤도가 바뀌고 공의 속도도 바뀝니다.

공의 속도가 올라가면 올라갈수록 더 어려워집니다. 단, 속도를 너무 많이 올리면 공을 튕겨내는 충돌 판정 범위를 넘어가는 경우가 생겨서 공을 튕길 수 없게 됩니다. 이럴 때는 충돌 판정의 조건 분기인 if -60<dx and dx<60 and -20<dy and dy<0의 값(특히 dy의 범위)을 변경합시다.

③ 화면 사이즈를 변경한다

3~4행의 WIDTH와 HEIGHT로 화면 사이즈를 정의했습니다. 각각의 값을 바꾸면 화면 사이즈를 바꿀 수 있습니다. 이 테니스 게임은 화면 사이즈를 바꾸더라도 난이도가 크게 바뀌지는 않지만 플레이를 했을 때의 경험이나 느낌이 바뀝니다.

예를 들어 WIDTH = 1200, HEIGHT = 320으로 바꾸었을 때 화면의 폭이 넓어지고 높이가 낮아지기 때문에 공을 더 자주 튕겨 내야 합니다.

세로로 긴 화면으로 만들면 바를 많이 움직이지 않아도 되니까 게임이 간단해지겠네.

이것저것 바꿔 보세요. 게임을 개조해 보는 것도 프로그래밍 실력을 늘리는 방법이랍니다. 한번 도전해 보세요.

알고리즘을 짜 보자 ①

여러분은 이 책으로 공부하면서 다양한 알고리즘을 배웠습니다. 이 COLUMN에서는 기본으로 돌아가서 알고리즘의 기초에 대해 생각해보고 프로그래밍하며 알고리즘을 이해해 봅시다.

문제의 해결법을 생각해 보자

다음 문제를 사용해서 알고리즘을 짜는 법에 대해 알아보겠습니다.

문제 563201, 7802, 19805243 등 다양한 정수가 있다고 가정합니다. 이 숫자들의 천의 자리의 숫자를 변수 t에 대입하는 프로그램을 만들어 봅시다.

> 천의 자리의 숫자면 4번째 숫자구나. 이것만 가져오는 프로그램을 어떻게 만들 수 있을까?

알고리즘으로 해결하자

이 문제를 풀기 위한 다양한 방법이 있습니다. 여기서는 이해하기 쉬운 방법으로 2번 계산해서 천 단위의 값을 구할 수 있습니다.

문제를 푸는 순서

① 주어진 값을 1000으로 나눈 정수를 i라고 한다
② i의 일의 자리 값이 원래 값의 천의 자리의 숫자가 된다
  이 일의 자리 값을 얻기 위해 i를 10으로 나누었을 때의 나머지를 구한다
  예를 들어 t=i%10이라고 하면 t의 값이 구하려는 숫자가 된다

이것이 **문제를 푸는 순서** 즉, **알고리즘**입니다. 이 알고리즘을 프로그램으로 입력해 보겠습니다.

프로그램으로 확인하기

IDLE로 코드 6–A 프로그램을 입력하고 실행해서 동작을 확인해 봅시다. 셀 윈도에 숫자를 입력하라는 메시지가 나오면 아무 값이나 입력해 봅시다. 그 값의 천의 자리의 숫자가 출력됩니다.

아무것도 입력하지 않고 [Enter] 키를 누르면 종료됩니다. 이 프로그램은 정수가 아닌 값을 입력했을 때의 대책이 없으므로 **정수가 아닌 값을 입력하면 오류**가 납니다.

▼ 코드 6-A　thousands_digit.py

```
01  print("좋아하는 정수를 입력해주세요")                          메시지를 출력
02  print("입력하지 않고 [Enter]를 누르면 종료됩니다")
03  while True:                                              while True로 무한하게 반복
04      s = input("입력할 값은 ")                              입력한 문자열을 변수 s에 대입
05      if s=="": break                                      아무것도 입력하지 않으면 break로
                                                             중단
06      n = int(s)                                           s의 값을 int()로 정수로 변환해 n에
                                                             대입
07      i = int(n/1000)                                      n의 값을 1000으로 나누어 정수로 바
                                                             꿔 i에 대입
08      t = i%10                                             i를 10으로 나눈 나머지를 t에 대입
09      print("이 값의 천의 자리의 숫자는 ", t, "입니다")          t의 값을 출력
```

▼ 실행 결과

좋아하는 정수를 입력해주세요
입력하지 않고 [Enter]를 누르면 종료됩니다
입력 할 값은 563201
이 값의 천의 자리의 숫자는 3입니다
입력 할 값은 7802
이 값의 천의 자리의 숫자는 7입니다
입력 할 값은 19805234
이 값의 천의 자리의 숫자는 5입니다
입력 할 값은

어디 보자, 정말 천의 자리의 숫자가 나왔네.

　　0 이상의 정수 값을 입력하면 천의 자리의 숫자가 바르게 출력됩니다. 그럼 −10000이나 −12345와 같은 음의 정수를 입력하면 어떻게 될까요? 직접 입력해 봅시다.

▼ 실행 결과: 음의 정수를 입력했을 때

입력할 값은 −1000
이 값의 천의 자리의 숫자는 9입니다
입력할 값은 −12345
이 값의 천의 자리의 숫자는 8입니다

　　−1000의 천의 자리 숫자는 9, −12345의 천의 자리 숫자는 8이라는 틀린 답이 출력됩니다.
　　프로그램을 실행했을 때 일어나는 오류를 버그라고 합니다. 마이너스 값을 입력하면 왜 버그가 발생할까요? 또 이 버그를 고치려면 어떻게 해야 할까요?
　　7장의 COLUMN에서 이 버그가 발생하는 이유와 해결 방법을 알아봅시다.

이 내용은 7장의 COLUMN(p.214)으로 이어집니다. 정수 이외의 값을 입력했을 때 생기는 오류를 해결하는 방법을 배우니 기대해 주세요.

CHAPTER **7**

레이싱 게임을 만들어 보자

이 장에서는 레이싱 게임을 만듭니다. 프로그래밍 기초 지식과 게임 제작 노하우를 사용하고, 수학 지식을 이용해 게임을 완성하는 제작 과징은 지금까시 반는 게임들과 같습니다. 배운 내용에서 여러 개의 데이터를 효율적으로 처리하는 배열에 대해 자세히 배워 봅시다.

Contents

7-1	이 장에서 만들 게임
7-2	STEP 1 배경을 스크롤하자
7-3	STEP 2 플레이어의 차를 조작할 수 있게 해 보자
7-4	STEP 3 적측 차량을 1대 움직여 보자
7-5	STEP 4 플레이어와 적측 차량이 충돌했는지 확인해 보자
7-6	STEP 5 적측 차량을 여러 대 움직여 보자
7-7	STEP 6 타이틀 화면과 게임 오버 화면을 넣어 게임을 완성시키자
COLUMN	알고리즘을 짜 보자 ②

1 이 장에서 만들 게임

이 장에서 만들 레이싱 게임의 내용을 알아보겠습니다. 완성했을 때 어떤 게임이 될지 상상해 봅시다.

(1) 레이싱 게임이란?

현재 게임 회사에서 만들고 발매하는 대부분의 레이싱 게임은 3D(3차원) 그래픽을 사용해 현실의 자동차와 같은 조작이나 움직임을 리얼하게 재현하고 있습니다.

하지만 컴퓨터의 성능이 지금보다 낮고 3D 그래픽의 묘사가 어려웠던 시절엔 앞으로 만들 2D(2차원)으로 된 화면 구성(그림 7-1)이나 유사 3D 공간을 구현한 레이싱 게임(그림 7-2)이 대부분이었습니다. 이런 레이싱 게임은 좌우 버튼으로 핸들을 돌리고, A버튼이나 B버튼으로 액셀과 브레이크를 조작해 주변 차와 충돌하지 않고 목적지에 도달하는 게임이었습니다.

나는 차 타는 게 좋아요!
재밌을 것 같아요!

차를 조작하는 간단하고 재밌는 게임이죠. 이번에는 2D 레이싱 게임을 만들어 봅시다.

▲ 그림 7-1 2D 레이싱 게임: 이 장에서 만들 게임

▲ 그림 7-2　유사 3D 레이싱 게임 : SEGA AGES OUTRUN
https://archives.sega.jp/segaages/outrun/

이 장에서는 3D에 비해 제작하기 쉬운 2D 레이싱 게임을 만듭니다. 마우스로 차를 조작하고 적측 차량(컴퓨터가 좌표를 계산하는 차)을 피해 계속 달리는 내용입니다.

(2) 레이싱 게임을 만드는 이유

레이싱 게임은 적측 차량이 여러 대 등장합니다. 적측 차량은 컴퓨터가 좌표를 계산해서 움직입니다. 여러 개의 물체를 움직이기 위해 각각의 좌표를 하나씩 계산해야 합니다. 이 장에서는 이 계산을 배열을 사용해 처리하는 방법을 배웁니다.

배열을 사용하는 방법을 배우면 각종 데이터 관리나 집계를 효율적으로 처리할 수 있습니다. 배열은 게임뿐만 아니라 다양한 소프트웨어에 사용됩니다. 이 장에서는 레이싱 게임 프로그램을 통해 배열을 이해해 봅시다.

여러 개의 좌표를 배열로 처리하는 방법을 배우는 구나. 좌표를 계산할 때 수학 지식이 필요하겠네.

맞아요. 반복과 배열로 여러 개의 데이터를 컴퓨터로 처리하는 방법을 배워 봅시다.

(3) 이 장에서 만들 게임의 규칙

다음과 같은 규칙을 가진 레이싱 게임을 만듭니다.

- 화면이 위에서 아래로 스크롤한다
- 플레이어는 자신의 차를 마우스로 이동할 수 있다
- 적측 차량(컴퓨터의 차)이 여러 대 등장해 위에서 아래로 이동한다
- 적측 차량과 충돌하면 게임 오버
- 부딪치지 않게 어디까지 갈 수 있는지(=몇 점을 얻을 수 있는지) 겨루는 게임을 만든다

레이싱 게임의 시작 화면은 그림 7–3과 같습니다.

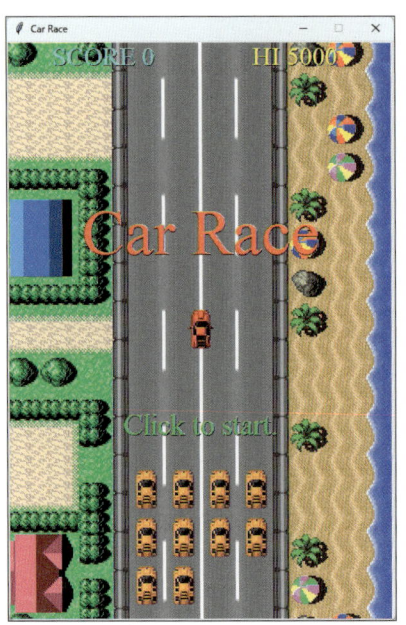

▲ 그림 7–3　레이싱 게임 시작 화면

레트로 게임 같은 도트 게임이네요. 빨간색 차가 플레이어의 차, 노란색 차가 컴퓨터가 움직이는 차네요.

재밌을 것 같아요. 빨리 완성시켜서 플레이하고 싶어요!

게임의 주요 동작을 플로우 차트로 나타냈습니다. (그림 7–4)

플레이어의 차를 움직이는 작업은 마우스 커서를 움직였을 때 불러오는 함수가 담당합니다.

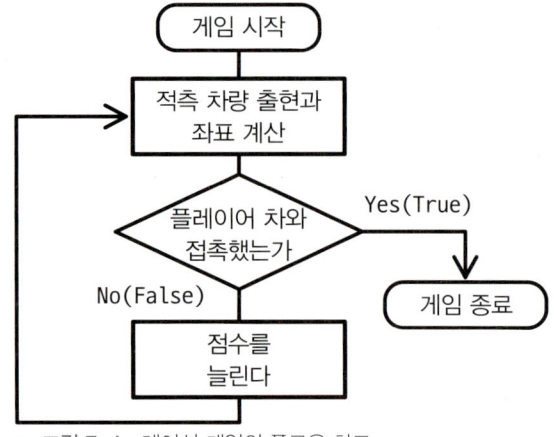

▲ 그림 7–4　레이싱 게임의 플로우 차트

(4) 사용하는 이미지 파일

표 7-1의 이미지 파일을 사용해 게임을 만듭니다. 이미지 파일은 이 책의 샘플 **zip** 안에 들어있습니다. p.iv를 참고해 다운로드합시다.

▼ 표 7-1 이미지 파일

bg.png	car_red.png	car_red.png	car_yellow.png

(5) 어떤 순서로 완성시킬까?

여기서는 각 부분을 6단계(표 7-2)로 나누어 프로그램을 만들고 조합해 게임을 완성시키겠습니다.

▼ 표 7-2

단계	챕터	프로그래밍 내용
STEP 1	7-2	배경을 스크롤하게 만든다(1장짜리 이미지를 스크롤 하는 방법을 배운다)
STEP 2	7-3	마우스로 플레이어의 차를 움직이게 한다
STEP 3	7-4	적측 차량을 1대 등장시킨다(컴퓨터로 좌표를 계산한다)
STEP 4	7-5	플레이어와 적측 차량이 충돌했는지 알 수 있게 한다
STEP 5	7-6	배열을 사용해 적측 차량을 여러 대 움직인다
STEP 6	7-7	타이틀 화면과 게임 오버 화면을 넣어 게임을 완성시킨다

이번에도 한 단계씩 프로그래밍을 하는구나!

맞아요. 하나씩 입력하면서 이해해 봅시다.

레이싱 게임을 만들어 보자

STEP 1

배경을 스크롤하자

레이싱 게임을 바로 만들어 봅시다. 먼저 배경 이미지를 불러와서 표시하고 그 이미지를 스크롤하게 만들어 봅시다.

(1) 배경 이미지

이 게임은 도로와 그 주변 배경을 화면 위에서 아래로 스크롤합니다. 게임 회사에서 만드는 게임은 건물이나 가로수와 같은 다양한 그래픽 데이터를 사용해 게임 화면을 구성하지만 이 책에서는 초보라도 알기 쉽게 배경 전체를 그린 1장의 이미지를 사용해 화면을 스크롤합니다.

(2) 화면을 스크롤하는 방법

레이싱 게임의 화면은 폭 480 픽셀, 높이 720 픽셀로 만듭니다. 배경 이미지도 화면과 같은 크기입니다. 1장의 이미지를 사용해 스크롤하는 방법을 그림 7-5와 함께 설명하겠습니다.

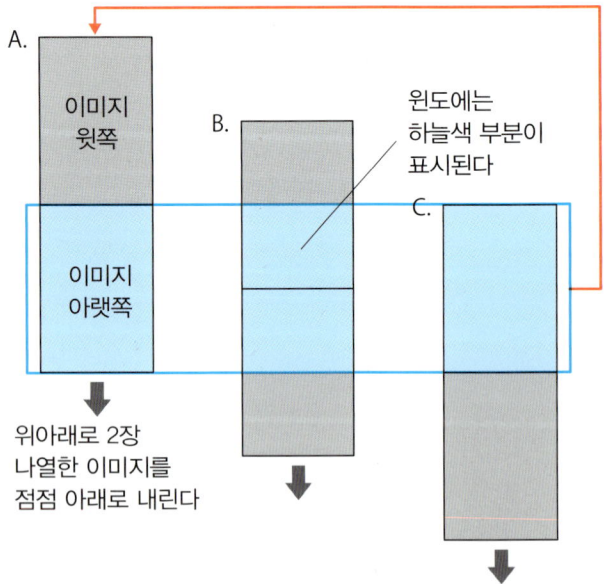

이미지의 표시 위치가 C를 지나면 A로 돌아간다

A.

이미지 윗쪽

B.

윈도에는 하늘색 부분이 표시된다

C.

이미지 아랫쪽

위아래로 2장 나열한 이미지를 점점 아래로 내린다

위아래로 2장 나열한 이미지를 아래로 점점 내려가게 하면 화면을 스크롤할 수 있습니다.

화면을 스크롤하는 알고리즘이 있군요.

▲ 그림 7-5   1장의 이미지를 사용해 스크롤하는 방법

① 이미지의 표시 좌표를 대입할 변수를 준비한다. 그 변수명은 **bg_y**로 한다

② '**bg_y = bg_y + (계산을 1번할 때마다 움직일 픽셀 수)**'를 입력하고 **bg_y**의 값을 매 프레임마다 늘린다

③ **bg_y**가 **720** 이상이 되었을 때 **bg_y**에서 **720**을 뺀다

④ 같은 이미지를 세로로 2장 나열해서 표시한다. 위에 배치할 이미지 좌표를 **(240, bg_y-360)**, 아래에 배치할 이미지 좌표를 **(240, bg_y+360)**으로 한다

※ ④의 값 **360**은 화면의 높이인 **720**을 2로 나눈 값입니다.

②~④의 좌표 계산과 이미지 표시를 실시간으로 처리합니다. 변수로 좌표를 계산하고 그림 7-5처럼 A → B → C 와 같이 표시 위치를 점점 내려서 다시 A로 돌아가면 배경이 계속해서 이어지는 것처럼 보입니다. 이것이 1장의 이미지로 화면을 스크롤하는 알고리즘입니다.

(3) 배경의 스크롤 처리 확인

배경을 스크롤하는 프로그램을 확인하기 위해 코드 7-1의 프로그램을 입력해서 실행해 봅시다. 프로그램의 파일명은 7장의 1단계(STEP 1)이라는 의미에서 **step_7_1.py**로 붙였습니다.

▼ 코드 7-1   step_7_1.py

`01 import tkinter`	tkinter를 불러온다
`02`	
`03 WIDTH, HEIGHT = 480, 720`	게임 화면의 폭과 높이를 정의
`04 bg_y = 0`	배경의 y좌표를 계산하는 변수
`05`	
`06 def main():`	메인 처리를 담당하는 함수
`07     global bg_y`	변수를 전역 선언
`08     bg_y = bg_y + 2`	배경의 y좌표 값을 계산
`09     if bg_y>=HEIGHT: bg_y = bg_y - HEIGHT`	
`10     cvs.delete("all")`	표시한 것을 모두 삭제
`11     cvs.create_image(240, bg_y-360, image=bg)`	배경을 표시
`12     cvs.create_image(240, bg_y+360, image=bg)`	
`13     root.after(33, main)`	33 밀리초 후에 main()을 불러온다
`14`	
`15 root = tkinter.Tk()`	윈도를 만든다
`16 cvs = tkinter.Canvas(width=WIDTH, height=HEIGHT)`	캔버스를 준비
`17 cvs.pack()`	캔버스를 배치
`18 bg = tkinter.PhotoImage(file="image/bg.png")`	변수에 배경 이미지를 불러온다
`19 main()`	main() 함수를 불러온다
`20 root.mainloop()`	윈도 처리를 시작

▼ 실행 결과

와, 화면이 움직인다~!

(4) 계속 사용하는 값을 상수로 정의하기

3행의 `WIDTH, HEIGHT = 480, 720`에서 윈도의 폭과 높이를 변수 `WIDTH`와 `HEIGHT`에 대입했습니다. Python 에서는 변수 값을 여러 개 대입할 때 이렇게 1줄로 입력할 수 있습니다. 폭과 높이와 같이 서로 연관된 변수는 1줄 로 입력하면 알아보기 쉬우니 한번에 선언할 수 있습니다.

(5) 실시간 계산과 이미지 표시

실시간으로 계산하고 표시하기 때문에 `main()` 함수를 정의하고 13행 `root.after(33, main)`으로 `main()`을 계속해서 실행합니다. 실시간 처리 방법은 두더지 잡기나 테니스 게임을 만들 때 배운 방법과 같습니다.

4행에서 선언한 `bg_y`가 배경의 표시 위치를 관리하는 변수입니다. 이 변수의 값을 `main()`에서 변경하기 때문에 함수 앞부분에 `global bg_y`로 전역 선언합니다.

8~9행에서 `bg_y`의 값을 2씩 늘리고 720(`HEIGHT`) 이상이 되었을 때 720을 뺍니다. 초기 값 `0`부터 시작하는 `bg_y`는 이 계산으로 2 → 4 → 6 → 8 → ···· → 710 → 712 → 714 → 716 → 718으로 값이 늘어나고 다시 `0` 으로 돌아갑니다.

`bg_y`의 값을 사용해 (240, `bg_y`-360)과 (240, `bg_y`+360)의 좌표에 이미지를 표시합니다. 세로로 배치한 2장의 이미지가 화면에 보이는 범위에 대해서 그림 7-6에서 알아봅시다.

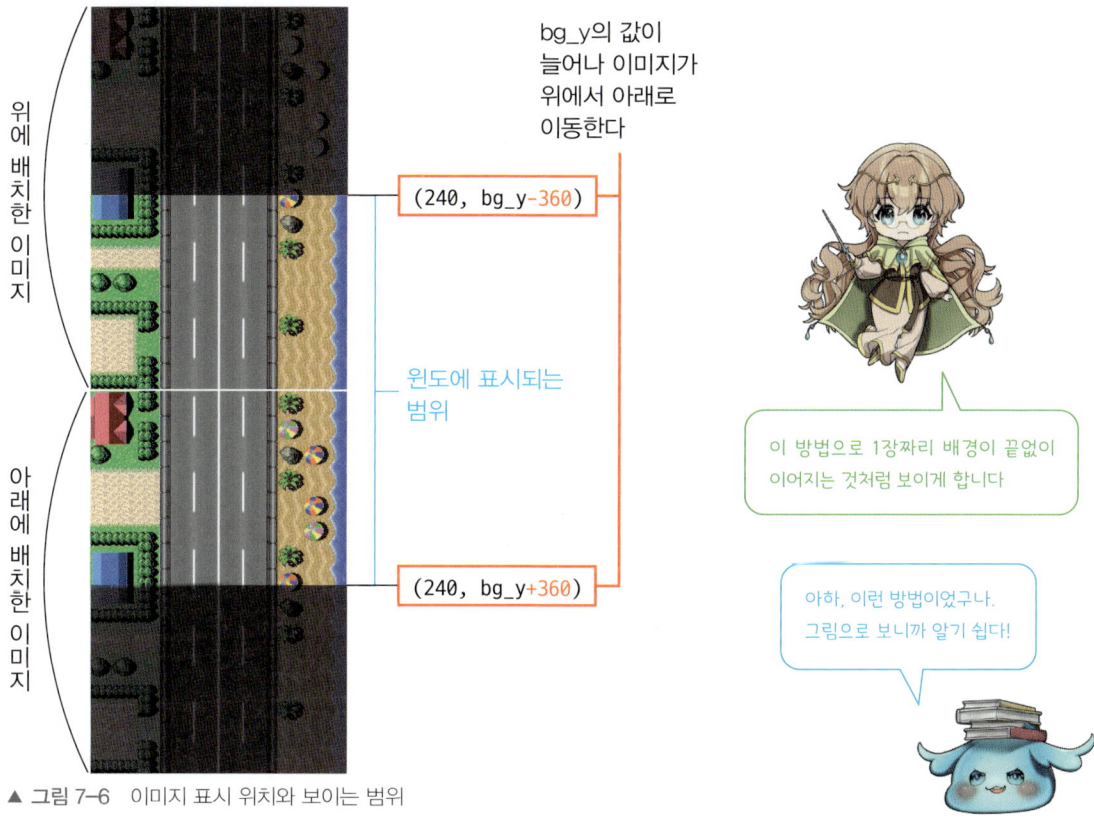

위에 배치한 이미지

아래에 배치한 이미지

bg_y의 값이
늘어나 이미지가
위에서 아래로
이동한다

(240, bg_y-360)

윈도에 표시되는
범위

(240, bg_y+360)

이 방법으로 1장짜리 배경이 끝없이
이어지는 것처럼 보이게 합니다

아하, 이런 방법이었구나.
그림으로 보니까 알기 쉽다!

▲ 그림 7-6 이미지 표시 위치와 보이는 범위

(6) bg_y의 계산을 1줄로 입력하기

8~9행의 계산식과 if문을, 나머지를 구하는 연산자 %를 사용해 1줄로 입력할 수 있습니다.

▼ step_7_1.py: 2줄로 입력

```
08      bg_y = bg_y + 2
09      if bg_y>=HEIGHT: bg_y = bg_y - HEIGHT
```

▼ 1줄로 입력하는 경우

```
08      bg_y = (bg_y + 2)%HEIGHT
```

bg_y = (bg_y + 2)%HEIGHT는 'bg_y에 2를 더하고 720을 나눈 나머지를 bg_y에 대입한다'라는 의미를 가진 식입니다. 이 식으로 bg_y의 값이 2 → 4 → 6 → 8 → ···· → 710 → 712 → 714 → 716 → 718와 같이 2씩 늘어납니다. bg_y가 718일 때 bg_y = (bg_y + 2)%HEIGHT는 bg_y = (718 + 2)%720이 됩니다. 이는 '720을 720으로 나눈 나머지를 bg_y에 대입한다'라는 의미가 되고 bg_y는 0으로 돌아갑니다. (표 7-3)

bg_y가 718일 때, (bg_y+2) % HEIGHT가 0이 되는
것이 핵심입니다.

▼ 표 7-3

bg_y의 값	2	4	6	8	…	712	714	716	718
(bg_y+2)%HEIGHT의 값	4	6	8	10	…	714	716	718	0

bg_y = bg_y + 2, if bg_y>=HEIGHT: bg_y = bg_y − HEIGHT도 마찬가지로 **%**를 사용해 입력할 수 있습니다. 다음 7-3의 프로그램부터는 bg_y = (bg_y + 2)%HEIGHT의 식으로 bg_y의 값을 바꿉니다.

나머지를 구하는 연산자를 사용하면 이와 같이 코드를 간결하게 작성할 수 있습니다. **%**를 사용하는 것이 아직 어렵게 느껴질 수도 있지만, 이렇게 편리한 방법이 있다는 사실을 알아 둡시다.

나머지를 구하는 연산자는 수학에서 사용하는 경우는 거의 없지만 이 또한 수학 계산 중 하나입니다. 어렵게 생각하지 말고 이런 방법이 있다는 정도만 머리 속에 넣어 둡시다.

입력할 코드가 1줄이 되는 건 편리하네요!

플레이어의 차를 조작할 수 있게 해 보자

다음으로 플레이어의 차를 마우스 커서의 위치로 이동시키는 기능을 추가하여, 차를 조작할 수 있게 해 봅시다.

(1) 차의 좌표를 대입할 변수

플레이어가 차를 움직이기 위해서, 차의 좌표를 대입할 변수를 준비합니다. (표 7-4)

▼ 표 7-4   플레이어의 차를 움직이기 위해 사용하는 변수

변수명	용도
pl_x, pl_y	차의 (x, y) 좌표를 대입한다 (그림 7-7)

player의 차 좌표니까 pl_x, pl_y라는 변수명을 붙였구나!

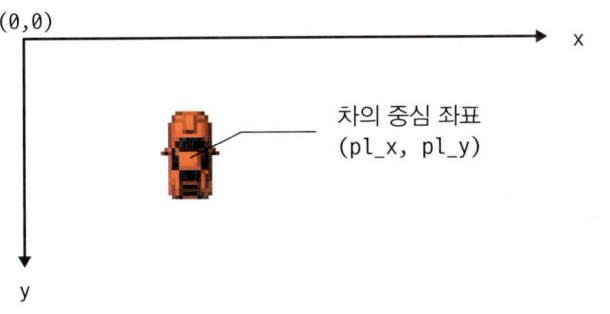

(0,0)

x

차의 중심 좌표
(pl_x, pl_y)

y

▲ 그림 7-7   플레이어의 차 좌표

(2) 마우스를 움직였을 때 차를 이동하기

마우스 커서를 움직였을 때, 플레이어의 차를 커서 위치로 다가오게 만드는 계산을 통해 차를 움직입니다. 이 계산에는 수학에서 **2점을 잇는 선분을 내분하는 식**을 사용합니다. 구체적인 계산 방법은 이 다음에 설명하겠습니다.

마우스의 움직임을 가져오는 방법을 가볍게 복습해 봅시다. 마우스 조작이나 키 입력을 이벤트라고 합니다. `tkinter`로 만든 윈도에는 이벤트가 발생했을 때 불러올 함수를 정의하고 `bind()`로 그 함수를 지정해서 이벤트를 가져올 수 있습니다.

앞으로 확인할 프로그램은 마우스 커서를 움직였을 때 `move()`라는 함수를 불러와 이 함수 안에서 `pl_x`와 `pl_y`의 값을 바꿉니다.

(3) 차를 움직이는 프로그램 확인

플레이어의 차를 움직이는 프로그램을 확인해 봅시다. (코드 7-2) 챕터 7-2의 프로그램(**step_7_1.py**)에서 색칠한 부분을 추가하거나 변경했습니다. 윈도에서 마우스 커서를 움직여 보고 차가 커서를 따라오는지 확인해 봅시다.

▼ 코드 7-2 step_7_2.py

코드	설명
01 `import tkinter`	tkinter를 불러오기
02	
03 `WIDTH, HEIGHT = 480, 720`	게임 화면의 폭과 높이를 정의
04 `bg_y = 0`	배경의 y좌표를 계산하는 변수
05 `pl_x = int(WIDTH/2)`	┬플레이어 차의 좌표를
06 `pl_y = int(HEIGHT/2)`	┘대입할 변수
07	
08 `def move(e):`	마우스를 움직였을 때
09 `    global pl_x, pl_y`	변수를 전역 선언
10 `    pl_x = int(0.8*pl_x+0.2*e.x)`	┬플레이어 차의 좌표를
11 `    pl_y = int(0.8*pl_y+0.2*e.y)`	┘커서에 다가가게 하는 계산
12 `    if pl_x<160: pl_x = 160`	┬도로의 좌우 밖으로
13 `    if pl_x>320: pl_x = 320`	┘나가지 않게 한다
14	
15 `def main():`	메인 처리를 담당하는 함수
16 `    global bg_y`	변수를 전역 선언
17 `    bg_y = (bg_y+2)%HEIGHT`	배경의 y좌표를 계산한다
18 `    cvs.delete("all")`	표시된 것을 모두 삭제
19 `    cvs.create_image(240, bg_y-360, image=bg)`	┬배경을 표시
20 `    cvs.create_image(240, bg_y+360, image=bg)`	┘
21 `    cvs.create_image(pl_x, pl_y, image=mycar)`	플레이어의 차 표시
22 `    root.after(33, main)`	33 밀리초 후에 main()을 불러온다
23	
24 `root = tkinter.Tk()`	윈도를 만든다
25 `root.bind("<Motion>", move)`	이벤트가 발생했을 때 불러올 함수를 지정
26 `cvs = tkinter.Canvas(width=WIDTH, height=HEIGHT)`	캔버스를 준비
27 `cvs.pack()`	캔버스를 배치
28 `bg = tkinter.PhotoImage(file="image/bg.png")`	변수에 배경 이미지를 불러온다
29 `mycar = tkinter.PhotoImage(file="image/car_red.png")`	빨간색 차 이미지를 불러온다
30 `main()`	main() 함수를 불러온다
31 `root.mainloop()`	윈도 처리를 시작

※ 17행의 화면을 스크롤하는 계산을 7-2에서 설명했던 %을 사용한 식으로 바꿨습니다.

5~6행에서 플레이어의 차 좌표를 대입할 변수 **pl_x, pl_y**를 선언했습니다. 각 초기 값에 캔버스 폭의 **1/2**인 정수, 높이의 **1/2**인 정수를 대입하고 프로그램을 실행했을 때 화면 중앙에 차가 표시되도록 했습니다.

▼ 실행 결과

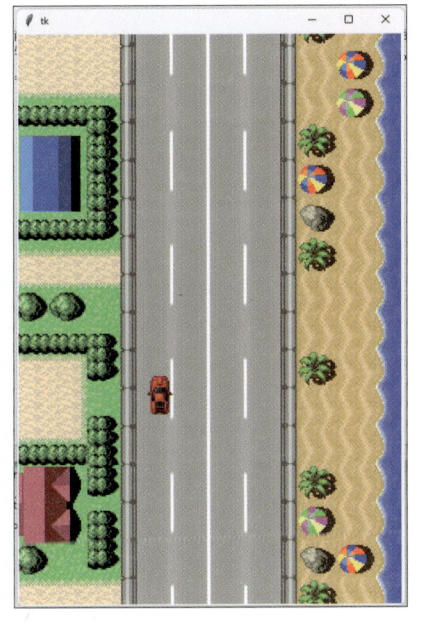

와~
해변을 따라서 드라이브하는 기분이야♪

빨간색 차 이미지를 29행에서
mycar라는 변수에 불러왔습니다.

(4) 마우스 커서를 움직였을 때 좌표를 변화시키기

마우스 커서를 움직였을 때 불러올 move()라는 함수를 8~13행에서 정의했습니다.
이 함수로 pl_x와 pl_y의 값을 변화시킵니다.

```
08  def move(e):
09      global pl_x, pl_y
10      pl_x = int(0.8*pl_x+0.2*e.x)
11      pl_y = int(0.8*pl_y+0.2*e.y)
12      if pl_x<160: pl_x = 160
13      if pl_x>320: pl_x = 320
```

move()를 불러오기 위해 25행에서
root.bind("<motion>", move)를 입력
했습니다.

함수 밖에서 선언한 pl_x와 pl_y의 값을 함수 안에서 바꾸기 때문에 9행에서 global pl_x, pl_y로 전역 선언합니다.

10~11행의 식으로 pl_x와 pl_y의 값을 마우스 커서의 좌표에 가깝게 만듭니다. 이 식의 의미는 다음과 같습니다.

- 10행 → pl_x와 e. x를 2 : 8로 내분한 값을 pl_x에 대입한다
- 11행 → pl_y와 e. y를 2 : 8로 내분한 값을 pl_y에 대입한다

이 내용은 평면 상의 2점 A$(x_1,\ y_1)$와 B$(x_2,\ y_2)$를 잇는 선분 AB를 m:n으로 내분하는 점(**내분점**)을 구하는 계산식입니다. 다음 (5)에서 선분의 내분점에 대해 설명하겠습니다. 또한 12행과 13행은 차가 도로 밖으로 나가지 않게 하는 if문입니다.

(5) 선분의 내분점을 구하는 식

그림 7-8의 내분점 P의 좌표는 $\left(\dfrac{nx_1 + mx_2}{m + n},\ \dfrac{ny_1 + my_2}{m + n}\right)$로 구할 수 있습니다.

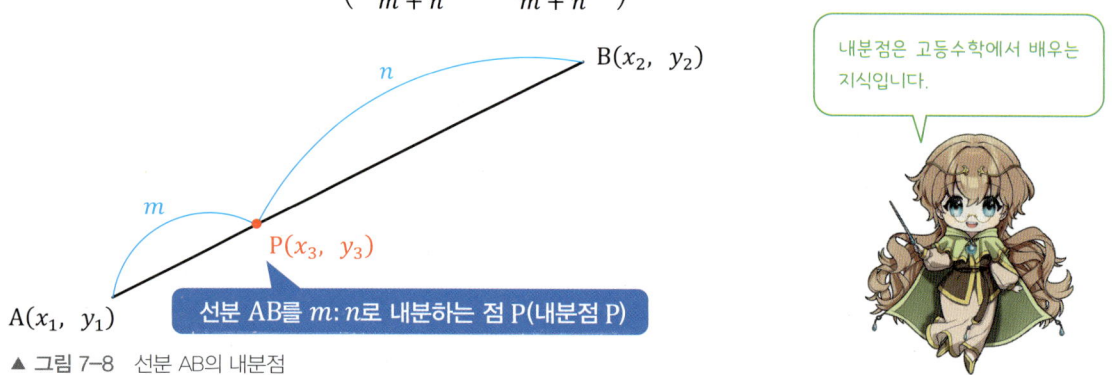

선분 AB를 $m : n$로 내분하는 점 P(내분점 P)

내분점은 고등수학에서 배우는 지식입니다.

▲ 그림 7-8 선분 AB의 내분점

step_7_2.py 프로그램에서는 m을 2, n을 8로 하고 2:8로 내분하는 좌표를 구했습니다. 10~11행의 pl_x와 pl_y가 x1과 y2, e.x와 e.y가 x2, y2에 해당합니다.

(6) 수식을 프로그램의 식으로 만들자

수식을 어떻게 프로그램의 식으로 만들었는지 그림 7-9로 설명하겠습니다.

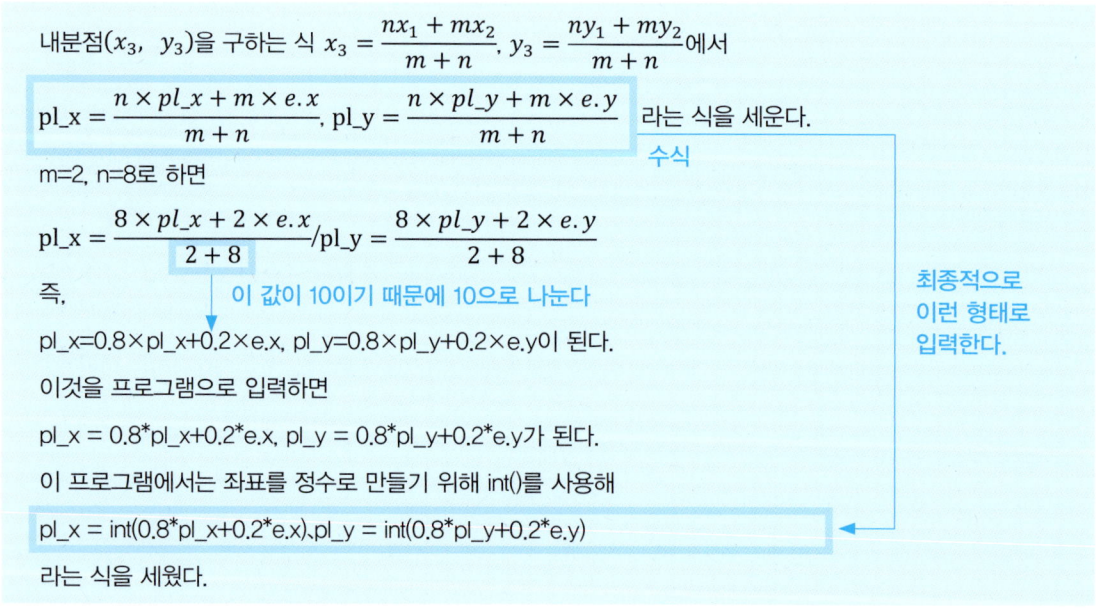

내분점$(x_3,\ y_3)$을 구하는 식 $x_3 = \dfrac{nx_1 + mx_2}{m + n}$, $y_3 = \dfrac{ny_1 + my_2}{m + n}$에서

$pl\_x = \dfrac{n \times pl\_x + m \times e.x}{m + n}$, $pl\_y = \dfrac{n \times pl\_y + m \times e.y}{m + n}$ 라는 식을 세운다.

수식

m=2, n=8로 하면

$pl\_x = \dfrac{8 \times pl\_x + 2 \times e.x}{2 + 8}$ / $pl\_y = \dfrac{8 \times pl\_y + 2 \times e.y}{2 + 8}$

즉,   이 값이 10이기 때문에 10으로 나눈다

pl_x=0.8×pl_x+0.2×e.x, pl_y=0.8×pl_y+0.2×e.y이 된다.

이것을 프로그램으로 입력하면

pl_x = 0.8*pl_x+0.2*e.x, pl_y = 0.8*pl_y+0.2*e.y가 된다.

이 프로그램에서는 좌표를 정수로 만들기 위해 int()를 사용해

pl_x = int(0.8*pl_x+0.2*e.x), pl_y = int(0.8*pl_y+0.2*e.y)

라는 식을 세웠다.

최종적으로 이런 형태로 입력한다.

▲ 그림 7-9 수식을 프로그램 식으로 바꾸기

마우스 커서를 움직였을 때 이 계산에 따라 **pl_x**는 **e.x**의 값에 가까워지고 **pl_y**는 **e.y**의 값에 가까워집니다. 차가 어떻게 커서를 향해서 움직이는지 그림 7-10으로 설명하겠습니다.

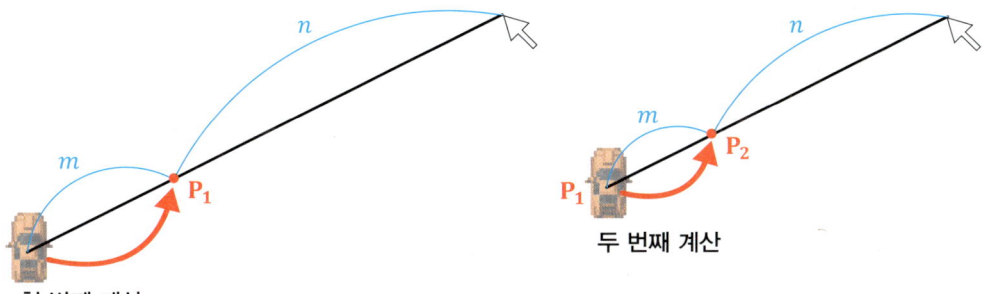

▲ 그림 7-10 차가 커서에 가까워지는 구조

마우스를 움직이면 move() 함수를 불러와 좌표 계산을 합니다. 첫 번째 계산으로 차는 현재 위치와 커서의 사이에 있는 좌표 **P₁**으로 이동합니다.

마우스가 움직였을 때 짧은 시간에 move()를 몇 번이고 불러옵니다. 두 번째 계산으로 파는 **P₁**과 커서 사이에 있는 좌표 **P₂**로 이동합니다. 몇 번 더 함수를 불러와 계산을 하면 접점 커서에 가까운 위치로 차가 이동합니다.

(7) 마우스 커서의 좌표를 직접 대입하면…

좌표를 내분하는 계산을 하지 않고 **pl_x**와 **pl_y**에 마우스 커서의 좌표를 직접 대입해서 차를 움직일 수도 있습니다. 이럴 경우 10~11행을 다음과 같이 입력합니다.

```
10    pl_x = e.x
11    pl_y = e.y
```

단, 이렇게 입력하면 마우스를 움직이자 마자 커서의 위치로 차가 이동합니다. 그러면 마치 차가 순간 이동하는 것처럼 보이게 됩니다.

이 장에서 만드는 레이싱 게임은 내분점으로 좌표를 계산해서 차가 커서를 따라 부드럽게 움직이게 합니다. 게임에서 조작감은 중요합니다. 조작할 때 위화감이 있으면 유저가 즐기기 어렵습니다.

그러게요. 조작감이 나쁜 게임을 하면 왠지 화가 나더라구요. 게임 만들 때 주의해야겠어요!

STEP 3
적측 차량을 1대 움직여 보자

이어서 적측 차량을 1대 움직여 봅시다. 적측 차량이란 컴퓨터가 좌표를 계산하는 차량을 말합니다.

(1) 적측 차량의 좌표를 대입할 변수

적측 차량도 플레이어의 차량과 마찬가지로 좌표를 대입할 변수를 준비합니다. (표 7-5)

▼ 표 7-5   적측 차량을 움직이기 위해 사용하는 변수

변수명	용도
com_x, com_y	좌표를 대입한다(그림 7-11)

computer가 좌표를 계산하니까 com_x, com_y로 변수명을 붙였구나!

(0,0)

x

적측 차량의 중심 좌표
(com_x,com_y)

y

▲ 그림 7-11   적측 차량의 좌표

이 변수들을 7-6의 STEP 5에서 배열로 바꾸어 여러 대의 차를 움직이게 만들 예정입니다. 프로그램으로 입력하는 과정을 이해하기 쉽도록 챕터 7-4 STEP 3에서는 먼저 차 1대만 움직이게 만들겠습니다.

(2) 적측 차량을 움직이는 프로그램의 확인

적측 차량의 y좌표를 변화시켜 화면 위에서 아래로 이동하는 프로그램을 확인해 봅시다. (코드 7-3) 챕터 7-3의 프로그램(step_7_2.py)에서 색칠한 부분을 추가하거나 변경했습니다.

▼ 코드 7-3   step_7_3.py

```
01  import tkinter                          tkinter를 불러온다
02  import random                           random을 불러온다
03
04  WIDTH, HEIGHT = 480, 720                 게임 화면의 폭과 높이를 정의
```

```
05  bg_y = 0                                              배경의 y좌표를 계산하는 변수
06  pl_x = int(WIDTH/2)                                   플레이어 차의 좌표를
07  pl_y = int(HEIGHT/2)                                  대입할 변수
08  com_x = int(WIDTH/2)                                  적측 차량의 좌표를
09  com_y = 0                                             대입할 변수
10
11  def move(e):                                          마우스를 움직였을 때 불러올 함수
…      생략: 플레이어의 차를 움직이는 처리(step_7_2.py와 같음)    …
17
18  def main():                                           메인 처리를 담당하는 함수
19      global bg_y                                       변수를 전역 선언
20      global com_x, com_y
21      bg_y = (bg_y+30)%HEIGHT                            배경의 y좌표를 계산한다
22      cvs.delete("all")                                 표시된 것을 모두 삭제
23      cvs.create_image(240, bg_y-360, image=bg)         배경을 표시
24      cvs.create_image(240, bg_y+360, image=bg)
25      cvs.create_image(pl_x, pl_y, image=mycar)         플레이어의 차를 표시
26      com_y = com_y + 5                                 적측 차량을 아래로 움직인다
27      if com_y>HEIGHT+40:                               y좌표가 HEIGHT+40을 넘을 때
28          com_x = random.randint(160, 320)             x좌표를 난수로 정한다
29          com_y = -60                                   y좌표를 -60으로 설정한다
30      cvs.create_image(com_x, com_y, image=comcar)      적측 차량을 표시
31      root.after(33, main)                              33 밀리초 후에 main()을 불러온다
32
33  root = tkinter.Tk()                                   윈도를 만든다
34  root.bind("<Motion>", move)                           이벤트가 발생했을 때 불러올 함수를 지정
35  cvs = tkinter.Canvas(width=WIDTH, height=HEIGHT)      캔버스를 준비
36  cvs.pack()                                            캔버스를 배치
37  bg = tkinter.PhotoImage(file="image/bg.png")          변수에 배경 이미지를 불러온다
38  mycar = tkinter.PhotoImage(file="image/car_red.png")  변수에 빨간색 차 이미지를 불러온다
39  comcar = tkinter.PhotoImage(file="image/car_yellow.png")  변수에 노란색 차 이미지를 불러온다
40  main()                                                main() 함수를 불러온다
41  root.mainloop()                                       윈도 처리를 시작
```

▼ 실행 결과

노란색 차 이미지를 39행에서 comcar라는 변수에 불러왔습니다.

이 프로그램은 앞에서 만든 프로그램보다 배경의 스크롤 속도를 올려서 속도감을 높였습니다. 배경의 표시 위치 계산을 bg_y = (bg_y+30)%HEIGHT로 입력해 30 픽셀씩 좌표를 바꿨습니다.

그래서 스크롤이 빨라졌구나!

(3) 적측 차량을 움직이는 처리

적측 차량이 출현하는 좌표를 난수로 정하기 위해 2행에서 **random** 모듈을 가져왔습니다.

8~9행에서 적측 차량의 좌표를 대입할 변수 **com_x**, **com_y**를 선언했습니다. **com_x**의 초기 값을 **int(WIDTH/2)**, **com_y**의 초기 값을 **0**으로 하고 프로그램을 실행했을 때 화면 가운데 위쪽에 표시되도록 했습니다.

main() 함수에 적측 차량의 좌표를 변수에 저장시키는 처리를 추가했습니다. 그 부분만 따로 설명하겠습니다.

```
26    com_y = com_y + 5
27    if com_y>HEIGHT+40:
28        com_x = random.randint(160, 320)
29        com_y = -60
30    cvs.create_image(com_x, com_y, image=comcar)
```

26행에서 y좌표 값을 5씩 늘립니다. 27~29행의 **if**문과 대입식으로 차의 y좌표가 화면 아래쪽 바깥으로 조금 나갔을 때 **com_x**에 난수를 대입하고, **com_y**에 **-60**을 대입합니다. y좌표의 **-60**이라는 값은 화면 위쪽 바깥으로 60 픽셀 벗어난 위치입니다.

정수 값으로 난수를 발생시키는 **randint(최솟값, 최댓값)**을 사용해 차의 x좌표는 배경의 도로 범위 안인 160~320 중 하나의 값이 됩니다. (그림 7–12) 이렇게 하면 적측 차량이 화면 바깥으로 나갔을 때 다시 화면 위쪽에서 등장하게 됩니다.

↑ y좌표는 60 픽셀 바깥 위치

←→ 적측 차량가 출현하는 범위 x좌표
(160~320 사이의 값)

▲ 그림 7–12   적측 차량의 좌표

STEP 5(7-6)에서 여러 대의 차 좌표를 배열로 처리하는 방법을 배웁니다. 여기서 배운 내용은 그 준비입니다.

STEP 4 플레이어와 적측 차량이 충돌했는지 확인해 보자

플레이어와 적측 차량이 충돌했는지 확인하는 충돌 판정 알고리즘을 짜봅시다.

(1) 충돌 판정

4장에서 원을 이용한 충돌 판정과 사각형을 이용한 충돌 판정을 배웠습니다. 레이싱 게임에 나오는 차들은 세로로 긴 직사각형에 가까운 모양이기 때문에 사각형을 이용하여 충돌을 판정하겠습니다. (그림 7-13)

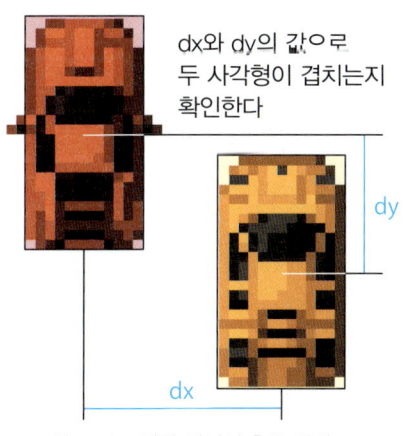

dx와 dy의 값으로 두 사각형이 겹치는지 확인한다

dy

dx

6장 테니스 게임에서 원과 사각형의 충돌 판정을 간단하게 알아보는 방법에 대해 배웠죠.

충돌 판정은 게임에 반드시 필요한 알고리즘이구나.

▲ 그림 7-13 차량 사이의 충돌 판정

사각형을 이용한 충돌 판정은 두 사각형의 중심 좌표가 x축 방향으로 얼마나 떨어져 있는지, y축 방향으로 얼마나 떨어져 있는지 확인해서 충돌했는지 판단합니다.

(2) 프로그램 확인

플레이어와 적측 차량이 충돌하면 플레이어의 차량 위에 하얀색 사각형을 표시하는 프로그램을 확인해 봅시다. (코드 7-4) 챕터 7-4의 프로그램(step_7_3.py)에서 색칠한 부분을 추가하거나 변경했습니다.

하얀색 사각형은 충돌 판정용이고, 게임을 완성할 때는 적측 차량과 충돌하면 게임 오버가 됩니다.

이 게임에서 플레이어 차량의 사이드 미러와 컴퓨터가 움직이는 차량이 닿아도 판정하지 않습니다. 여러 대의 적측 차량이 나왔을 때 사이드 미러가 닿아서 게임 오버가 된다면 너무 어려워지기 때문입니다.

▼ 코드 7-4 step_7_4.py

```
01  import tkinter                                          tkinter를 불러온다
02  import random                                          random을 불러온다
03
04  WIDTH, HEIGHT = 480, 720                                게임 화면의 폭과 높이를 정의
05  bg_y = 0                                                배경의 y좌표를 계산하는 변수
06  pl_x = int(WIDTH/2)                                     플레이어 차의 좌표를
07  pl_y = int(HEIGHT/2)                                    대입할 변수
08  com_x = int(WIDTH/2)                                    적측 차량의 좌표를
09  com_y = 0                                               대입할 변수
10
11  def move(e):                                            마우스를 움직였을 때
…    생략: 플레이어 차를 움직이는 처리(step_7_3.py와 같음)    …
17
18  def main():                                             메인 처리를 담당하는 함수
19      global bg_y                                         변수를 전역 선언
20      global com_x, com_y
21      bg_y = (bg_y+30)%HEIGHT                             배경의 y좌표를 계산한다
22      cvs.delete("all")                                   표시한 것을 모두 삭제
23      cvs.create_image(240, bg_y-360, image=bg)          배경을 표시
24      cvs.create_image(240, bg_y+360, image=bg)
25      cvs.create_image(pl_x, pl_y, image=mycar)          플레이어 차를 표시
26      com_y = com_y + 5                                   적측 차량를 아래로 움직인다
27      if com_y>HEIGHT+40:                                 y좌표가 HEIGHT+40을 넘으면
28          com_x = random.randint(160, 320)               x좌표를 난수로 정한다
29          com_y = -60                                     y좌표를 -60으로 설정한다
30      cvs.create_image(com_x, com_y, image=comcar)       적측 차량을 표시
31      dx = abs(com_x-pl_x)                                dx에 x축 방향 거리를 대입
32      dy = abs(com_y-pl_y)                                dy에 y축 방향 거리를 대입
33      if dx<26 and dy<44:                                플레이어 차와 접촉하면
34          cvs.create_rectangle(pl_x-16, pl_y-24, pl_x+16, pl_y+24, fill="white")  하얀색 사각형을 표시
35      root.after(33, main)                               33 밀리초 후에 main()을 불러온다
36
37  root = tkinter.Tk()                                    윈도를 만든다
38  root.bind("<Motion>", move)                            이벤트 발생 시 불러올 함수를 지정
39  cvs = tkinter.Canvas(width=WIDTH, height=HEIGHT)       캔버스를 준비
40  cvs.pack()                                             캔버스를 배치
41  bg = tkinter.PhotoImage(file="image/bg.png")           변수에 배경 이미지를 불러온다
42  mycar = tkinter.PhotoImage(file="image/car_red.png")   빨간색 차 이미지를 불러온다
43  comcar = tkinter.PhotoImage(file="image/car_yellow.png")  노란색 차 이미지를 불러온다
44  main()                                                 main() 함수를 불러온다
45  root.mainloop()                                        윈도 처리를 시작
```

▼ 실행 결과

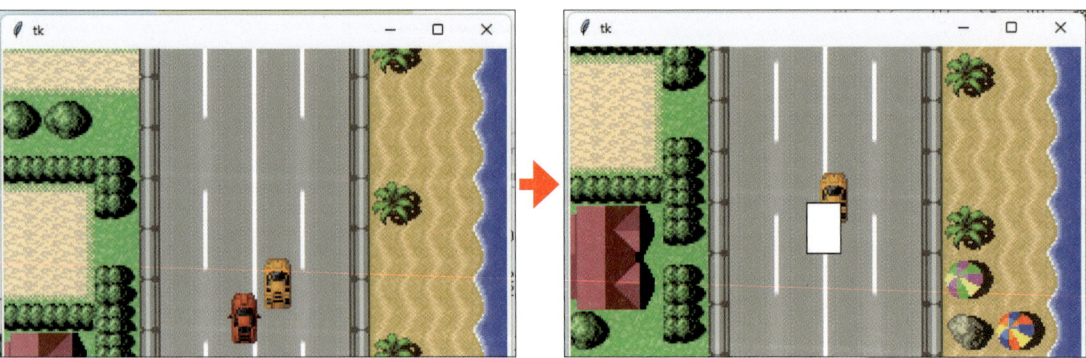

▲ 2대가 접촉하면 하얀색 사각형을 표시한다

플레이어의 차량과 적측 차량이 접촉했는지 확인하는 코드를 31~34행에 입력했습니다. 이 부분만 따로 설명하겠습니다.

abs()는 절댓값을 구하는 명령입니다.

```
31      dx = abs(com_x-pl_x)
32      dy = abs(com_y-pl_y)
33      if dx<26 and dy<44:
34          cvs.create_rectangle(pl_x-16, pl_y-24, pl_x+16, pl_y+24, fill="white")
```

변수 dx에 x축 방향으로 몇 픽셀이나 떨어져 있는지, dy에 y축 방향으로 몇 픽셀이나 떨어져 있는지 대입합니다. 33행의 if문으로 dx가 26보다 작고 동시에 dy가 44보다 작을 때 2대의 차가 충돌했다고 판단합니다. 이 충돌 판정은 4장 p.105에서 이미 배웠습니다. 헷갈리는 부분이 있다면 돌아가서 복습합시다.

(3) 충돌 판정 범위

dx가 26 미만, dy가 44 미만일 때 '충돌했다'고 판정했습니다. 이 값들의 의미를 설명하겠습니다. (그림 7-14)

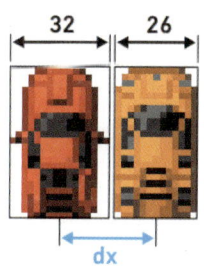

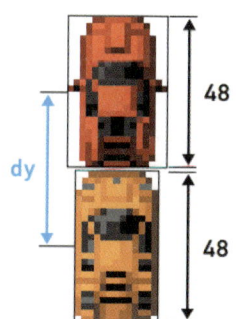

▲ 그림 7-14   차 이미지와 크기

빨간색 차의 폭이 32 픽셀, 노란색 차의 폭이 26 픽셀이고 높이는 2대 모두 48 픽셀입니다. dx의 값이 $\frac{32}{2}+\frac{26}{2}$인 29 이하, dy의 값이 $\frac{48}{2}+\frac{48}{2}$인 48 이하일 때 두 이미지가 겹칩니다. 하지만 이미지 파일에 표시된 부분은 차의 크기와 완전히 동일하지 않습니다. dx<=29 and dy<=48로 했을 경우 차가 표시되지 않은 부분이 닿더라도 충돌 판정이 생깁니다. 그래서 33행과 같이 dx<=26 and dy<=44 로 판정 범위를 줄여서 차가 완전히 닿았을 때 충돌 판정이 발생하도록 합니다.

dx<26으로 입력했기 때문에 플레이어 차의 사이드 미러에 적측 차량이 닿더라도 충돌 판정이 일어나지 않아요.

게임은 그저 수식이나 값을 입력하는 게 아니고 플레이어를 생각하면서 만들어야 하는구나. 게임 제작은 참 심오하네요.

STEP 5

적측 차량을 여러 대 움직여 보자

챕터 7-4 STEP 3 에서 입력한 적측 차량의 변수를 배열로 바꿔서 차를 여러 대 움직여 봅시다.

(1) 배열을 사용해 보자

적측 차량의 좌표를 대입할 변수 com_x, com_y를 com_x[], com_y[]라는 배열로 바꿉니다. (그림 7-15)

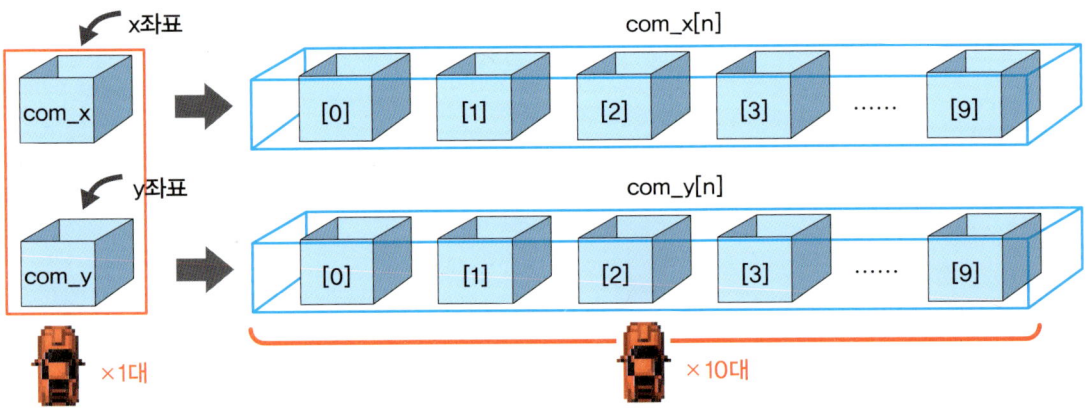

▲ 그림 7-15　변수를 배열로 바꾼다

배열의 요소는 **10**개로 합니다. **10**이 적측 차량의 수량입니다. 프로그램 이곳 저곳에 **10**이라는 변수를 사용하기 때문에 **COM_MAX = 10**이라는 정의도 추가합니다.

(2) 프로그램 확인

10대의 차가 움직이는 프로그램을 확인해 봅시다. (**코드 7-5**) 7-4의 프로그램(**step_7_4.py**)에서 색칠한 부분을 추가하거나 변경했습니다. 적측 차량의 변수를 배열로 바꾸는 것 외에도 차량의 좌표 초기 값을 대입하는 함수도 정의했습니다. 동작 확인 후에 추가한 내용을 설명하겠습니다.

```
01  import tkinter                                            tkinter를 불러온다
02  import random                                            random을 불러온다
03
04  WIDTH, HEIGHT = 480, 720                                 게임 화면의 폭과 높이를 정의
05  bg_y = 0                                                 배경의 y좌표를 계산하는 변수
06  pl_x = 0                                                 ┌플레이어 차의 좌표를
07  pl_y = 0                                                 └대입할 변수
08  COM_MAX = 10                                             적측 차량이 몇 대인가
09  com_x = [0]*COM_MAX                                      ┌적측 차량의 좌표를
10  com_y = [0]*COM_MAX                                      └대입할 변수
11
12  def set_car():                                           차의 초기 위치를 대입할 함수
13      global pl_x, pl_y                                    변수를 전역 선언
14      pl_x = int(WIDTH/2)                                  ┌플레이어 차의 좌표를
15      pl_y = int(HEIGHT/2)                                 └윈도 중앙으로 한다
16      for i in range(COM_MAX):                             적측 차량의 대수만큼 반복
17          com_x[i] = 172+46*(i%4)                          적측 차량의 x좌표를 대입
18          com_y[i] = 560+60*int(i/4)                       적측 차량의 y좌표를 대입
19
20  def move(e):                                             마우스를 움직였을 때 불러올 함수
21      global pl_x, pl_y                                    변수를 전역 선언
22      pl_x = int(0.8*pl_x+0.2*e.x)                         ┌플레이어 차 좌표를
23      pl_y = int(0.8*pl_y+0.2*e.y)                         └커서에 가깝게 하는 계산
24      if pl_x<160: pl_x = 160                              ┌도로 좌우 밖으로
25      if pl_x>320: pl_x = 320                              └나가지 않게 한다
26
27  def main():                                              메인 처리를 담당하는 함수
28      global bg_y                                          변수를 전역 선언
29      bg_y = (bg_y+30)%HEIGHT                              배경의 y좌표를 계산
30      cvs.delete("all")                                   표시한 것을 모두 삭제
31      cvs.create_image(240, bg_y-360, image=bg)           ┌배경을 표시
32      cvs.create_image(240, bg_y+360, image=bg)           └
33      cvs.create_image(pl_x, pl_y, image=mycar)           플레이어의 차를 표시
34
35      for i in range(COM_MAX):                             적측 차량의 대수만큼 반복
36          com_y[i] = com_y[i] + 5 + i%5                    적측 차량을 아래로 움직인다
37          if com_y[i]>HEIGHT+40:                           y좌표가 HEIGHT+40을 넘으면
38              com_x[i] = random.randint(160, 320)          x좌표를 난수로 정한다
39              com_y[i] = -60*i                             y좌표를 계산식으로 정한다
40          cvs.create_image(com_x[i], com_y[i], image=comcar)  적측 차량을 표시
41          dx = abs(com_x[i]-pl_x)                          dx의 x축 거리를 대입
42          dy = abs(com_y[i]-pl_y)                          dy의 y축 거리를 대입
43          if dx<26 and dy<44:                              플레이어 차에 접촉하면
44              cvs.create_rectangle(pl_x-16, pl_y-24, pl_x+16, pl_y+24, fill="white")  하얀색 사각형을 표시
45      root.after(33, main)                                 33 밀리초 후에 main()을 불러온다
46
47  root = tkinter.Tk()                                      윈도를 만든다
48  root.bind("<Motion>", move)                              이벤트 발생 시 불러올 함수를 지정
49  cvs = tkinter.Canvas(width=WIDTH, height=HEIGHT)         캔버스를 준비
50  cvs.pack()                                               캔버스를 배치
51  bg = tkinter.PhotoImage(file="image/bg.png")            변수에 배경 이미지를 불러온다
52  mycar = tkinter.PhotoImage(file="image/car_red.png")    빨간색 차량 이미지를 불러온다
53  comcar = tkinter.PhotoImage(file="image/car_yellow.png") 노란색 차량 이미지를 불러온다
54  set_car()                                                차량의 초기 좌표를 대입
55  main()                                                   main() 함수를 불러온다
56  root.mainloop()                                          윈도 처리를 시작
```

적측 차량이 한번에 늘어났어! 배열은 편리하구나.

8행에서 적측 차량의 대수(배열 요소의 개수)를 정수로 정의하고, 9~10행에서 좌표를 대입할 배열을 선언했습니다. Python에서는 **배열명=[초기 값]*요소의 개수**라고 입력하면 모든 요소에 초기 값이 대입된 배열을 만들 수 있습니다.

```
08  COM_MAX = 10
09  com_x = [0]*COM_MAX
10  com_y = [0]*COM_MAX
```

이 선언은 간단하게 입력할 수 있고 편리하니 꼭 외워두세요.

(3) for문으로 반복해서 배열의 값을 변경하기

여러 대의 차를 움직이는 처리를 main() 함수의 35~44행에 입력했습니다. 이 부분만 따로 설명하겠습니다.

```
35      for i in range(COM_MAX):
36          com_y[i] = com_y[i] + 5 + i%5
37          if com_y[i]>HEIGHT+40:
38              com_x[i] = random.randint(160, 320)
39              com_y[i] = -60*i
40          cvs.create_image(com_x[i], com_y[i], image=comcar)
41          dx = abs(com_x[i]-pl_x)
42          dy = abs(com_y[i]-pl_y)
43          if dx<26 and dy<44:
44              cvs.create_rectangle(pl_x-16, pl_y-24, pl_x+16, pl_y+24, fill="white")
```

배열의 모든 값을 계산하기 위해 이렇게 반복을 합니다.

35행의 `for`문에서 `i`는 0부터 시작해 `COM_MAX`-1까지 1씩 늘어납니다. `COM_MAX`는 10이므로 0부터 시작해 9까지 늘어납니다.

36행에서 `com_y[i]` = `com_y[i]` `+5` `+` `i%5`로 차의 y좌표를 5~9씩 늘립니다. `i%5`는 `i`의 값을 5로 나눈 나머지로 표 7-6과 같이 0~4 중 하나의 정수입니다.

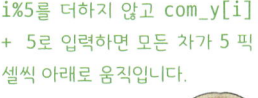

▼ 표 7-6 반복되는 변수 i의 값과 i%5의 값

i	0	1	2	3	4	5	6	7	8	9
i%5	0	1	2	3	4	0	1	2	3	4

> i%5를 더하지 않고 com_y[i] + 5로 입력하면 모든 차가 5 픽셀씩 아래로 움직입니다.

차량의 y좌표를 늘리기 위해 5를 더하고 추가로 `i%5`를 더해서 차마다 움직이는 속도를 다르게 합니다.

37~39행의 `if`문으로 차가 화면 아래 밖으로 나갔을 때 x좌표를 랜덤으로 바꾸고, y좌표를 화면 위 윈도 바깥 위치에서 다시 출현하도록 만들었습니다.

이 때 y좌표를 `com_y[i]` = `-60*i`라는 식으로 `i`의 값을 다르게 해서 출현하는 위치를 다르게 했습니다. 차를 다른 위치에서 출현하게 하는 이유는 같은 위치에 한번에 적측 차량가 출현하면 플레이어의 차가 적측 차량을 피할 수 없기 때문입니다.

41~44행에서 플레이어 차량과 충돌 판정을 하는 코드는 챕터 7-5의 **STEP 4**에서 입력한 것과 같습니다. 플레이어와 적측 차량의 x축 방향과 y축 방향 거리(픽셀 수)를 측정하고 충돌 판정을 합니다.

> 각 차와 모두 충돌 판정을 하고 접촉하면 하얀색 사각형을 표시합니다.

(4) 차량의 초기 좌표를 대입하는 함수

이 프로그램에는 차량의 초기 좌표를 대입하는 `set_car()`라는 함수가 추가되었습니다.

```
12  def set_car():
13      global pl_x, pl_y
14      pl_x = int(WIDTH/2)
15      pl_y = int(HEIGHT/2)
16      for i in range(COM_MAX):
17          com_x[i] = 172+46*(i%4)
18          com_y[i] = 560+60*int(i/4)
```

> 전체 코드를 보니 이 함수를 54행에서 호출하고, 다음 줄에서 main()을 호출하고 있네.

전역 변수인 `pl_x`와 `pl_y`를 함수 안에서 바꾸기 때문에 13행에서 전역 선언을 했습니다. **배열은 전역 선언을 하지 않고 함수 안에서 각 요소의 내용을 변경할 수 있습니다.**

`for i in range(COM_MAX)`의 반복에서 적측 차량의 배열에 좌표를 대입했습니다. x좌표는 `com_x[i]` = `172+46*(i%4)`라는 식으로, y좌표는 `com_y[i]` = `560+60*int(i/4)`라는 식으로 대입했습니다. 이 식들에서 계산된 좌표 값은 표 7-7과 같습니다. (그림 7-16)

▼ 표 7-7 적측 차량의 좌표

i의 값	0	1	2	3	4	5	6	7	8	9
i%4	0	1	2	3	0	1	2	3	0	1
x좌표	172	218	264	310	172	218	264	310	172	218
int(i/4)	0	0	0	0	1	1	1	1	2	2
y좌표	560	560	560	560	620	620	620	620	680	680

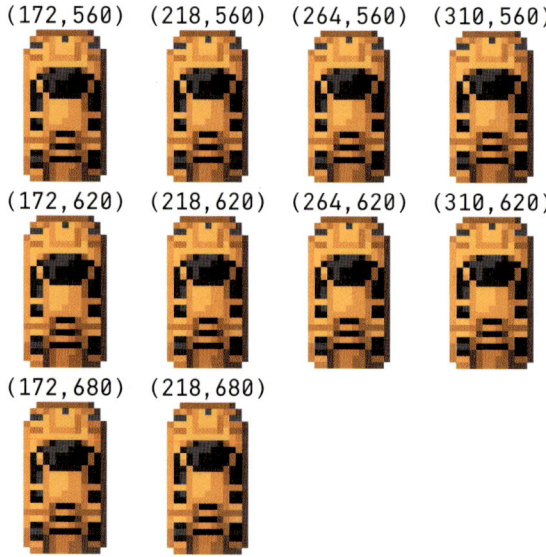

(172,560) (218,560) (264,560) (310,560)

(172,620) (218,620) (264,620) (310,620)

(172,680) (218,680)

▲ 그림 7-16 차량의 초기 좌표

이제 곧 완성이네요. 배열은 이해하기 어렵지만 한번에
차를 여러 대로 늘려주니까 정말 편리한 것 같아요!

배열로 다양한 데이터를 효율적으로 처리할 수 있어요.
배열을 잘 사용할 수 있게 되면 훌륭한 프로그래머가
될 수 있어요.

STEP 6 타이틀 화면과 게임 오버 화면을 넣어 게임을 완성시키자

타이틀 화면과 게임 오버를 추가하고 레이싱 게임을 완성시켜 봅시다.

(1) 화면 전환을 관리하는 변수

화면 전환을 관리하는 변수를 사용해 타이틀 화면 → 게임 플레이 화면 → 게임 오버 화면의 3가지 화면으로 나누겠습니다. (그림 7-17) 변수명은 scene으로 붙입니다. (표 7-8)

▼ 표 7-8

scene의 값	어떤 신인가
타이틀	타이틀 화면
게임	게임 플레이 화면
세임 오버	세임 오버 화면

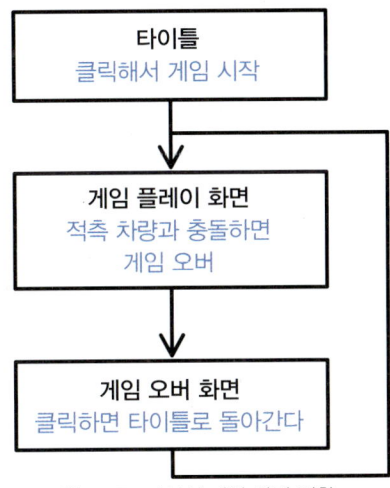

▲ 그림 7-17 레이싱 게임 화면 전환

(2) 점수 계산을 추가해 보자

점수를 대입할 score라는 변수와 하이스코어를 대입할 hisco라는 변수를 준비하고 점수를 계산합니다. 점수는 달리는 동안 자동으로 올라갑니다.

(3) 완성된 프로그램 확인

완성된 프로그램을 확인해 봅시다. (코드 7-6) 7-6의 프로그램(step_7_5.py)에서 색칠한 부분을 추가하거나 변경했습니다. 화면을 클릭해서 게임을 시작하고 적측 차량을 피해 달리면서 하이스코어를 달성해 봅시다.

```
01  import tkinter                                   tkinter를 불러온다
02  import random                                    random을 불러온다
03
04  WIDTH, HEIGHT = 480, 720                          화면의 폭과 높이를 정의
05  bg_y = 0                                          배경의 y좌표를 계산하는 변수
06  pl_x = 0                                         ┐플레이어 차량의 좌표를
07  pl_y = 0                                         ┘대입할 변수
08  COM_MAX = 10                                      적측 차량이 몇 대 있는가
09  com_x = [0]*COM_MAX                              ┐적측 차량의 좌표를
10  com_y = [0]*COM_MAX                              ┘대입할 변수
11  scene = "타이틀"                                   씬을 관리하는 변수
12  score = 0                                         점수를 대입할 변수
13  hisco = 5000                                      하이스코어를 대입할 변수
14
15  def set_car():                                    차의 초기 좌표를 대입할 변수
16      global pl_x, pl_y                             변수를 전역 선언
17      pl_x = int(WIDTH/2)                          ┐플레이어 차의 좌표를
18      pl_y = int(HEIGHT/2)                         ┘윈도 중앙으로 한다
19      for i in range(COM_MAX):                      적측 차량 대수만큼 반복
20          com_x[i] = 172+46*(i%4)                   적측 차량의 x좌표를 대입
21          com_y[i] = 560+60*int(i/4)                적측 차량의 y좌표를 대입
22
23  def move(e):                                      마우스를 움직였을 때 불러올 함수
24      global pl_x, pl_y                             변수를 전역 선언
25      if scene=="게임":                             게임 플레이 중이라면
26          pl_x = int(0.8*pl_x+0.2*e.x)             ┐플레이어 차 좌표를
27          pl_y = int(0.8*pl_y+0.2*e.y)             ┘커서에 가깝게 만드는 계산
28          if pl_x<160: pl_x = 160                  ┐도로 좌우 밖으로
29          if pl_x>320: pl_x = 320                  ┘나가지 않도록 한다
30
31  def click(e):                                     클릭했을 때 불러올 함수
32      global scene, score                           변수를 전역 선언
33      if scene=="타이틀":                          ┐타이틀 화면이라면
34          scene = "게임"                            │scene에 게임을 대입
35          score = 0                                ┘score를 0으로 하고 게임 시작
36      if scene=="게임 오버":                       ┐게임 오버라면
37          set_car()                                 │차의 초기 좌표를 대입
38          scene = "타이틀"                          ┘타이틀 화면으로 돌아간다
39
40  def text(x, y, txt, siz, col):                    그림자 효과를 준 문자를 표시하는 함수
41      fnt = ("Times New Roman", siz)                폰트를 정의
42      cvs.create_text(x+1, y+1, text=txt, font=fnt, fill="black")   검은색으로 문자열을 표시
43      cvs.create_text(x, y, text=txt, font=fnt, fill=col)           매개 변수의 색으로 문자열을 표시
44
45  def main():                                       메인 처리를 담당하는 함수
46      global bg_y, scene, score, hisco              변수를 전역 선언
47      cvs.delete("all")                             표시된 것을 모두 삭제
48      cvs.create_image(240, bg_y-360, image=bg)    ┐배경을 표시
49      cvs.create_image(240, bg_y+360, image=bg)    ┘
50      cvs.create_image(pl_x, pl_y, image=mycar)     플레이어의 차를 표시
51
52      for i in range(COM_MAX):                      적측 차량 대수만큼 반복
53          if scene=="게임":                         게임 플레이 중이라면
54              com_y[i] = com_y[i] + 5 + i%5         적측 차량를 아래로 움직인다
55              if com_y[i]>HEIGHT+40:                y좌표가 HEIGHT+40을 넘으면
56                  com_x[i] = random.randint(160, 320)   x좌표를 난수로 정한다
57                  com_y[i] = -60*i                  y좌표를 계산식으로 정한다
```

58	`        dx = abs(com_x[i]-pl_x)`	dx에 x축 방향 거리를 대입
59	`        dy = abs(com_y[i]-pl_y)`	dy에 y축 방향 거리를 대입
60	`        if dx<26 and dy<44:`	플레이어 차량과 충돌하면
61	`            scene = "게임 오버"`	게임 오버 화면으로 전환
62	`        cvs.create_image(com_x[i], com_y[i], image=comcar)`	적측 차량을 표시
63		
64	`    if scene=="타이틀":`	┬타이틀 화면 처리
65	`        text(240, 240, "Car Race", 60, "red")`	│ 뒤에서 자세히 설명
66	`        text(240, 480, "Click to start.", 28, "lime")`	│
67	`        bg_y = (bg_y + 2)%HEIGHT`	┘
68		
69	`    if scene=="게임":`	┬게임 플레이 화면 처리
70	`        score += 10`	│ 뒤에서 자세히 설명
71	`        if score>hisco: hisco = score`	│
72	`        bg_y = (bg_y + 30)%HEIGHT`	┘
73		
74	`    if scene=="게임 오버":`	┬게임 오버 화면 처리
75	`        cvs.create_image(pl_x, pl_y, image=mycar2)`	│ 뒤에서 자세히 설명
76	`        text(240, 320, "GAME OVER", 40, "red")`	┘
77		
78	`    text(120, 20, "SCORE "+str(score), 24, "cyan")`	점수를 표시
79	`    text(360, 20, "HI "+str(hisco), 24, "yellow")`	하이스코어를 표시
80	`    root.after(33, main)`	33 밀리초 후에 main()을 불러본다
81		
82	`root = tkinter.Tk()`	윈도를 만든다
83	`root.title("Car Race")`	타이틀을 지정
84	`root.resizable(False, False)`	윈도 사이즈를 바꿀 수 없도록 한다
85	`root.bind("<Motion>", move)`	┬bind()로 이벤트가 발생했을 때
86	`root.bind("<Button>", click)`	┘ 불러올 함수를 지정
87	`cvs = tkinter.Canvas(width=WIDTH, height=HEIGHT)`	캔버스를 준비
88	`cvs.pack()`	캔버스를 배치
89	`bg = tkinter.PhotoImage(file="image/bg.png")`	변수에 배경 이미지를 불러온다
90	`mycar = tkinter.PhotoImage(file="image/car_red.png")`	빨간색 차 이미지를 불러온다
91	`mycar2 = tkinter.PhotoImage(file="image/car_red2.png")`	부서진 빨간색 차 이미지를 불러온다
92	`comcar = tkinter.PhotoImage(file="image/car_yellow.png")`	노란색 차 이미지를 불러온다
93	`set_car()`	차의 초기 좌표를 대입
94	`main()`	main() 함수를 불러온다
95	`root.mainloop()`	윈도 처리를 시작

※ 윈도가 실행 결과와 같은 사이즈가 아니라면 84행 root.resizable(False, False)를 주석 처리하거나 삭제합시다.

Python의 장점 중 하나는 프로그램을 짧고 간결하게 입력할 수 있다는 점입니다. 이 레이싱 게임도 95줄로 완성했습니다.

▼ 실행 결과

와! 레이싱 게임을 완성했다!

64행의 if scene=="타이틀", 69행의 if scene=="게임", 74행의 if scene=="게임 오버" 이 3가지 조건 분기로 타이틀 화면, 게임 플레이 화면, 게임 오버 화면을 나누었습니다.

이 프로그램에는 앞선 if문 외에도 main()에 입력한, 적측 차량을 움직이는 코드에 if scene=="게임"이라는 조건 분기를 추가해서(53행) 게임 플레이 중일 때만 적측 차량이 움직이도록 했습니다. 또 마우스를 움직였을 때 불러오는 move() 함수에도 if scene=="게임"을 추가해(25행) 게임 플레이 중일 때만 플레이어의 차량이 움직이도록 했습니다.

조건 분기를 여러 개 입력해서 씬마다 다른 처리를 할 수 있어요.

main() 함수에서 담당하는 타이틀 화면, 게임 플레이 화면, 게임 오버 화면에 대해 자세히 설명하겠습니다.

① 타이틀 화면 (64~67행)

타이틀과 Click to start.라는 문자열을 40~43행에서 정의한 text() 함수로 표시했습니다. 화면을 클릭했을 때 게임을 시작하는 처리는 click()이라는 함수를 정의하고 그 안에서 처리합니다. click() 함수의 내용은 (5)에서 설명하겠습니다.

타이틀 화면에서는 배경의 y좌표를 bg_y = (bg_y + 2)%HEIGHT라는 식으로 2 픽셀씩 움직이도록 만들어 천천히 스크롤합니다.

배경을 bg_y = (bg_y + 30)%HEIGHT로 30 픽셀씩 스크롤해서 차가 빠르게 달리는 모습을 표현했습니다.

이 게임은 달리는 동안 계속 점수가 올라가는 규칙을 가지고 있으므로 70행에 score += 10을 작성하여 매 프레임마다 10점씩 점수가 올라가게 했습니다. score += 10은 score = score + 10과 같은 식입니다.

71행의 if문으로 점수가 하이스코어를 넘었을 때 하이스코어를 갱신합니다.

플레이어의 차와 적측 차량이 충돌하면 게임 오버가 되는 기능은 (4)에서 설명하겠습니다.

③ 게임 오버 화면 (74~76행)

플레이어의 차에 부서진 차 이미지를 겹쳐서 충돌했음을 그래픽으로 표현합니다. 또한 text() 함수로 GAME OVER라는 문자열을 표시합니다. 화면을 클릭했을 때 타이틀로 돌아가는 기능은 (5)에서 설명할 click() 함수가 담당하고 있습니다.

(4) 충돌 판정과 게임 오버 화면 전환

플레이어와 적측 차량이 충돌하면 게임 오버가 되는 기능에 대해 설명하겠습니다.

main() 함수 안 52~62행에 적측 차량을 움직이는 코드를 입력했습니다. 그 중 58~61행에서 플레이어와 적측 차량이 접촉했는지 확인합니다. 만약 접촉했다면 변수 scene에 게임 오버라는 문자열을 대입하고 게임 오버 화면으로 전환합니다.

이전의 step_7_5.py에서는 플레이어와 적이 닿으면 흰색 사각형을 표시하고 있었습니다.

(5) click() 함수

31~38행에서 화면을 클릭했을 때 불러오는 함수에 click()이라는 함수명을 붙여 정의했습니다.

```
31  def click(e):
32      global scene, score
33      if scene=="타이틀":
34          scene = "게임"
35          score = 0
36      if scene=="게임 오버":
37          set_car()
38          scene = "타이틀"
```

타이틀 화면에서 클릭하면 scene에 게임이라는 문자열을 대입하고 게임을 시작합니다. 게임 오버 화면에서 클릭하면 scene에 타이틀이라는 문자열을 대입하고 타이틀 화면으로 돌아갑니다.

(6) 그 외에 추가한 내용

40~43행에서 그림자 효과를 준 문자열을 표시하는 함수를 정의했습니다.

```
40 def text(x, y, txt, siz, col):
41     fnt = ("Times New Roman", siz)
42     cvs.create_text(x+1, y+1, text=txt, font=fnt, fill="black")
43     cvs.create_text(x, y, text=txt, font=fnt, fill=col)
```

그림자가 있으니까 글자가 보기 쉽고 멋있어 보여!

6장의 테니스 게임을 만들 때와 같은 함수입니다. 매개 변수의 좌표 (x, y)에서 1 픽셀 오른쪽 아래로 이동한 위치에 검은색으로 문자열을 표시하고, (x, y)의 위치에 매개 변수의 색으로 문자열을 겹치게 하면 그림자 효과가 들어간 문자를 표시할 수 있습니다.

(7) 개조해 보자

레이싱 게임이 완성되었습니다. 이 프로그램도 개조해서 지식과 노하우를 향상시켜 봅시다.

① 프로그램의 수치를 변경하는 개조 예시

● 적측 차량 대수를 늘린다

8행의 COM_MAX = 10은 적측 차량 대수에 대한 정의입니다. 이 값을 늘리면 게임이 어려워지고, 줄이면 쉬워집니다.

● 충돌 판정 범위를 늘리거나 줄인다

60행 if dx<26 and dy<44의 26과 44의 값을 작게 바꾸면 적측 차량과 조금 닿더라도 게임 오버가 되지 않습니다. 이것을 '충돌 판정을 널널하게 한다'라고 표현합니다. 게임이 어렵게 느껴진다면 충돌 판정 범위를 줄여봅시다. 반대로 이 값을 크게 만들면 스치기만 해도 게임 오버가 되어 어렵게 만들 수 있습니다.

● 스크롤하는 속도를 바꾼다

67행과 72행에서 bg_y의 값을 계산합니다. bg_y에 더하는 값을 변경하면 배경이 스크롤하는 속도를 바꿀 수 있습니다. 이 값을 바꿔도 게임의 난이도에는 영향이 없지만 '속도감'이 달라지므로 한번 시험해 봅시다.

② 코드를 추가로 입력하는 개조 예시

● 적측 차량의 x좌표를 변화시킨다

적측 차량의 x좌표를 변화시키면 지그재그로 운전하거나 플레이어 차에 다가오는 등 다양한 움직임을 가진 차를 만들 수 있습니다.

그럼 x좌표를 변화시키려면 어떻게 해야 할까요?

이를 위한 다양한 방법이 있지만 그 중 한 가지를 이미 6장 테니스 게임에서 배웠습니다. 차의 x좌표의 변화량을 대입할 배열을 준비하고 차가 좌우 어느 쪽으로 움직일지 계산하는 방법입니다. 조금 어려운 개조지만 6장을 복습하는 겸 도전해 보시기 바랍니다.

현실 세계에서는 위험 운전을 하면 안 되지만, 이건 게임이니까 학습을 위해 위험한 차를 만들어 보는 것도 재미있습니다.

● 게임을 진행할수록 적측 차량이 늘어나게 한다

예를 들어 맨 처음 시작했을 때 적측 차량은 1대이고 진행할수록 적측 차량이 점점 늘어나도록 합니다. 그렇게 하면 게임을 시작했을 때는 쉽지만 진행할수록(점수가 늘어날수록) 점점 어려워집니다. 이 개조를 하기 위해 적측 차량이 몇 대인지 대입할 변수를 준비합니다. 맨 처음 그 값을 1로 합니다. 그리고 점수가 어느 정도에 도달할 때마다 변수 값을 1씩 늘립니다. 적측 차량을 움직이는 반복 (for문)으로 각 변수 번호를 가진 차를 움직이게 할 수 있습니다.

● 플레이어를 추월하는 적을 만든다

적측 차량 중 몇 대를 화면 아래에서 위로 움직이도록 y좌표 값을 변화시키고 플레이어의 차를 추월하도록 만들면 더 몰입되는 게임을 만들 수 있습니다. 이 개조도 6장에서 배운 내용을 활용합니다(y축 방향의 변화량을 대입할 배열을 준비한다).

적측 차량이 위와 아래에서 출현하면 게임 난이도가 올라갑니다. 충돌 판정 범위를 줄이는 등 게임의 전체적인 밸런스를 조정하며 개조해 봅시다.

어려운 개조에 도전해 봅시다.

이것 저것 개조해 볼 게요~!

알고리즘을 짜 보자 ②

6장의 COLUMN(p.179) 내용에서 이어집니다. 천의 자리의 숫자를 가져오는 프로그램을 알아봤습니다. 하지만 이 프로그램은 음의 정수를 입력하면 제대로 작동하지 않았습니다. 이런 오류를 수정하고 프로그램을 완성시켜 봅시다.

천의 자리의 숫자를 가져오는 프로그램

6장의 COLUMN에서는 다음과 같은 프로그램을 만들었습니다.

▼ thousands_digit.py (6장 COLUMN과 같음)

```
01 print("좋아하는 정수를 입력해주세요")
02 print("입력하지 않고 Enter를 누르면 종료됩니다")
03 while True:
04     s = input("입력할 값은 ")
05     if s=="": break
06     n = int(s)
07     i = int(n/1000)
08     t = i%10
09     print("이 값의 천의 자리의 숫자는 ", t, "입니다")
```

이 프로그램은 26783이나 999같이 0 이상의 값을 입력하면 천 자리의 숫자를 정확하게 출력합니다. 하지만 −1000을 입력하면 천의 자리의 숫자가 9로 출력됩니다. 이 버그가 왜 일어나는지 생각해 봅시다.

음수에서 정확한 숫자를 가져오지 못하는 이유

음수를 입력했을 때 7행에서 i의 값도 음수가 됩니다. 구체적으로 말하면 −1000을 입력하면 i는 −1이 됩니다.

8행에서 i를 10으로 나눈 나머지를 t에 대입했습니다. 음수에 %연산자를 사용하면 Python에서는 표7-A와 같은 결과가 나옵니다.

▼ 표 7-A Python에서 %연산자에 음수를 대입했을 때의 결과

식	결과	식	결과	식	결과
−9%10	1	−6%10	4	−3%10	7
−8%10	2	−5%10	5	−2%10	8
−7%10	3	−4%10	6	−1%10	9

나머지를 구하는 연산자를 사용할 때 주의점

나머지를 구하는 연산자는 0 이상의 수를 계산에 사용할 때 모든 프로그래밍 언어에서 같은 결과(수학과 같은 결과)가 나옵니다. 하지만 **음수에 나머지를 구하는 연산자를 사용하면 프로그래밍 언어마다 다른 값이 나옵니다.**

프로그램을 개조해서 버그가 일어나지 않게 해 보자

음수를 입력했을 때 일어나는 버그를 해결하기 위해서는 7행을 i = abs(int(n/1000))으로 바꿉니다. abs()는 매개 변수의 절댓값을 구하는 명령입니다. abs()를 추가하면 -1000을 입력했을 때 i가 -1이 아닌 1이 됩니다. 그리고 8행의 t = i%10으로 올바른 결과를 가져올 수 있습니다. -1000 이외의 음수를 입력해도 당연히 제대로 작동합니다.

숫자 외의 값을 입력해도 멈추지 않게 만들어 보자

thousands_digit.py는, 예를 들어 a와 같은 문자를 입력하면 오류가 나고 프로그램이 멈춰버립니다.

어디 보자, 확실히 천의 자리 숫자를 뽑아냈네.

▼ 실행 결과 (오류가 나는 예시)

```
입력할 값은 a
Traceback (most recent call last):
  File "C:\Users\....\Desktop\PythonGame\Chapter 6\thousands_digit.py", line 6, in
<module>
    n = int(s)
ValueError: invalid literal for int() with base 10: 'a'
```

a는 숫자가 아닌 문자입니다. 6행 n = int(s)에서 문자를 정수로 변환하려고 할 때 이 오류가 발생합니다.

Python에는 오류가 발생했을 때 이 오류를 따로 가져와 처리하는 기능이 탑재되어 있습니다. 이를 ==예외 처리==라고 하며, ==try except==라는 명령으로 사용합니다.

개조한 프로그램 확인

예외 처리를 추가하고 문자나 문자열을 입력해도 오류가 나지 않도록 만든 프로그램을 확인해 봅시다. (코드 7-A) 색칠한 부분이 try~except가 적용된 부분입니다.

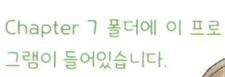

Chapter 7 폴더에 이 프로그램이 들어있습니다.

▼ 코드 7-A   thousands_digit_2.py

```
01  print("좋아하는 정수를 입력해 주세요")
02  print("입력하지 않고 Enter를 누르면 종료됩니다")
03  while True:
04      s = input("입력할 값은 ")
05      if s=="": break
06      try:
07          n = int(s)
08      except:
09          print("정수를 입력해 주세요")
10          continue
11      i = abs(int(n/1000))
12      t = i%10
13      print("이 값의 천의 자리의 숫자는", t, "입니다")
```

▼ 실행 결과

좋아하는 정수를 입력해 주세요
입력하지 않고 [Enter]를 누르면 종료됩니다
입력할 값은 안녕하세요
정수를 입력해 주세요
입력할 값은 abc
정수를 입력해 주세요
입력할 값은 -1000
이 값의 천의 자리의 숫자는 1입니다
입력할 값은 -123456789
이 값의 천의 자리의 숫자는 6입니다
입력할 값은

try 다음에 오류가 발생할 가능성이 있는 코드를 입력합니다. 오류가 발생했을 때 except 블록에 입력한 코드가 실행됩니다.

원래 프로그램은 정수 외의 값을 입력하면 n = int(s)에서 오류가 발생하고 멈춰버렸습니다. 개조한 프로그램은 오류가 발생하면 except 블록에 있는 print("정수를 입력해 주세요")가 실행됩니다. 그리고 이어서 continue로 while문의 처음으로 돌아가서 다시 4행의 input()이 실행됩니다.

예외 처리를 올바르게 사용하자

이렇게 try except를 잘 사용하면 프로그램이 오류로 멈추는 일을 막고 계속 동작할 수 있습니다. 단, 오류가 생길 것 같은 곳에 그저 예외 처리를 하면 된다는 것은 아닙니다. 프로그램에서 버그를 발견하면 오류가 왜 일어나는지를 파악하고 그 원인을 제거해야 합니다. 유저가 조작했을 때 오류가 일어날 수 있는 가능성이 남아 있는 곳에 예외 처리를 사용합시다.

그러니까, 프로그램을 다양한 조건에서 테스트해보고 오류가 생기는지 확인해야 한다는 거네요?

정답입니다. 시험 문제를 풀 때 시간이 남아있는 만큼 다시 확인해 보고 틀린 부분이 없는지 확인하죠? 프로그램도 이와 마찬가지로 입력한 다음 제대로 작동하는지 확인하고 잘못된 부분이나 오류가 없는지 찾아봐야 합니다.

CHAPTER 8

슈팅 게임으로 복습해 보자

이 장에서는 우주에서 온 외계인을 클릭해서 쓰러트리는 '슈팅 게임' 프로그램을 만들며 이 책에서 배운 수학이나 알고리즘 지식, 게임 제작 노하우를 복습하겠습니다.

Contents

8-1	이 장에서 만들 프로그램과 복습할 내용
8-2	프로그램 내용을 살펴보자
8-3	프로그램을 전체적으로 뜯어 보자
8-4	동작의 자세한 내용을 이해해 보자
COLUMN	계산 소프트웨어를 만들어 보자

열심히 복습해 봅시다!

네엡!

이 장에서 만들 프로그램과 복습할 내용

적을 클릭해서 맞추는 슈팅 게임을 만들며 이 책에서 배운 내용을 복습해 봅시다. 이 프로그램의 이름은 '갤럭시 디펜더'입니다.

(1) 슈팅 게임이란?

슈팅 게임이란 전투기 따위를 조종해 적을 쏴서 맞추는 게임을 통칭하는 말입니다. (그림 8-1) 영어로는 Shooting Game, 줄여서 STG라고 표기하기도 합니다.[1]

▲ 그림 8-1   슈팅 게임: 이 장에서 만들 갤럭시 디펜더

이 장에서는 전투기로 레이저를 쏴서 적을 쓰러트리는 STG 느낌의 게임을 만들며 이 책에서 배운 내용을 복습하겠습니다.

---

1   '슈팅 게임'이라고 하면 FPS를 떠올리는 분도 계실 수도 있습니다. FPS는 First Person Shooting의 약칭으로 3D로 이루어진 1인칭 시점 화면에서 적을 쓰러트리는 게임을 통칭합니다. STG와 FPS는 다른 장르로 구분됩니다.

(2) 실행해 보자

Chapter 8폴더 안에 들어있는 **galaxy_defender.py**를 IDLE로 열어서 실행해봅시다. 그림 8-2와 같은 게임이 실행됩니다.[2]

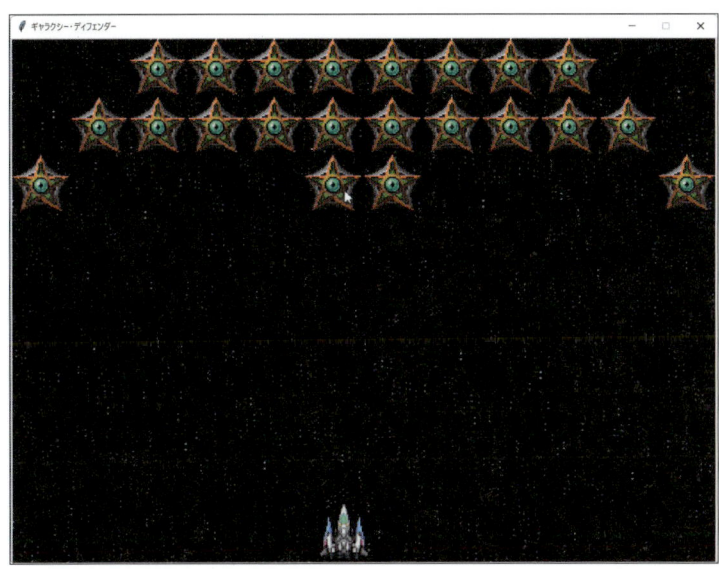

마우스로 적을 클릭하면 그림 8-1과 같이 레이저 콜 빌사힐 수 있어요.

간단하고 재밌어요! 적을 전부 맞춰 보자~

▲ **그림 8-2** 갤럭시 디펜더 실행 화면

갤럭시 디펜더는 다음과 같은 내용을 가진 게임입니다.

갤럭시 디펜더의 기본 규칙

- 화면 위쪽에 우주에서 온 침략자(이하 적)이 3줄 늘어서서 표시된다
- 플레이어의 전투기(이하 전투기)는 아래쪽에 표시된다
- 마우스 커서를 움직이면 커서의 위치에 맞춰 전투기가 좌우로 움직인다
- 화면을 클릭하면 그 위치에 전투기가 하늘색 선(이하 레이저)를 발사한다
- 클릭한 위치에 적이 있으면 폭발하는 연출이 표시되고 적을 파괴한다

이 프로그램은 이 책에서 배운 내용을 복습할 수 있도록 최대한 적게 입력했습니다. 전투기를 좌우로 움직이고 레이저를 발사해서 적을 쓰러트릴 수 있지만, 적이 움직이거나 게임 오버가 되는 처리는 넣지 않았습니다. 게임을 완전하게 만들기 위해서는 어떤 개조가 필요할지는 이 장 마지막에서 설명하겠습니다. 복습한 다음 이 게임을 개조해 봅시다.

---

2 윈도가 실행 화면과 같은 사이즈가 아니라면 61행의 `root.resizable(False, False)`를 주석 처리하거나 삭제합시다.

(3) 사용할 이미지 파일

갤럭시 디펜더는 표 8-1의 이미지를 사용해 만듭니다. 이 이미지들은 Chapter 8의 폴더 안 image 폴더에 저장되어 있습니다.

먼저 폴더 안을 확인해 보자!

▼ 표 8-1 이미지 파일

bg.png	fighter.png	invader.png

(4) 복습할 내용

갤럭시 디펜더 프로그램을 만들며 다음과 같은 내용을 복습합니다.

① **프로그래밍 기초 지식**

→ 변수와 배열, 조건 분기, 반복, 함수

② **수학 지식**

→ 사칙연산이나 %연산자와 같은 계산, 2차원 평면과 좌표

③ **게임 제작 노하우**

→ 도형과 화면 표시, 이벤트 가져오기, 실시간 처리

다음 절에서 프로그램의 내용을 확인합니다.

지금까지 배운 것의 복습이네요. 힘내자~!

프로그램의 내용을 살펴보자

먼저 갤럭시 디펜더 프로그램을 전체적으로
살펴봅시다.

프로그램이 어떻게 되어있는지 살
펴보며 지금까지 배운 내용을 정리
해 봅시다.

(1) galaxy_defender.py 확인

갤럭시 디펜더는 총 70줄짜리 프로그램입니다. (코드 8-1)

▼ 코드 8-1 ˚ galaxy_defender.py

`01 import tkinter`	tkinter를 불러온다
`02 import time`	time을 불러온다
`03`	
`04 WIDTH, HEIGHT = 960, 720`	게임 화면의 폭과 높이를 정의
`05 bg_y = 0`	배경의 y좌표를 계산하는 변수
`06 pl_x, pl_y = 0, HEIGHT-40`	전투기의 좌표를 대입할 변수
`07 cl_x, cl_y = 0, 0`	클릭한 위치를 대입할 변수
`08 fire = False`	클릭했는지 확인하는 플래그
`09 SIZE = 80`	적의 크기(픽셀 수)
`10 enemy = [`	┌ 적의 유무를 관리하는 배열
`11     [0,0,1,1,1,1,1,1,1,0,0],`	│
`12     [0,1,1,1,1,1,1,1,1,1,0],`	│
`13     [1,0,0,0,0,1,1,0,0,0,0,1]`	│
`14 ]`	└
`15`	
`16 def move(e):`	마우스를 움직였을 때 불러올 함수
`17     global pl_x`	변수를 전역 선언
`18     pl_x = int(pl_x*0.9+e.x*0.1)`	전투기의 x좌표를 계산
`19`	
`20 def click(e):`	클릭했을 때 불러올 함수
`21     global cl_x, cl_y, fire`	변수를 전역 선언
`22     cl_x = e.x`	┌ 클릭한 좌표를
`23     cl_y = e.y`	└ cl_x, cl_y에 대입
`24     fire = True`	클릭한 플래그를 세운다
`25`	
`26 def effect(cx, cy):`	이펙트를 표시하는 함수
`27     for i in range(10):`	for로 반복
`28         cvs.create_oval(cx, cy, cx+SIZE, cy+SIZE, fill="red")`	매개 변수의 좌표에 빨간색 원을 표시
`29         cvs.update()`	화면을 갱신
`30         time.sleep(0.01)`	0.01초 대기
`31         cvs.create_oval(cx, cy, cx+SIZE, cy+SIZE, fill="yellow")`	매개 변수의 좌표에 노란색 원을 표시
`32         cvs.update()`	화면을 갱신
`33         time.sleep(0.01)`	0.01초 대기
`34`	
`35 def main():`	메인 처리를 담당하는 함수
`36     global bg_y, fire`	변수를 전역 선언
`37     bg_y = (bg_y+2)%HEIGHT`	배경의 y좌표를 계산
`38     cvs.delete("all")`	표시한 것을 모두 삭제
`39     cvs.create_image(WIDTH/2, bg_y-HEIGHT/2, image=bg)`	┌ 배경 이미지를 세로로 2장
`40     cvs.create_image(WIDTH/2, bg_y+HEIGHT/2, image=bg)`	└ 나열해서 표시

```
41      for y in range(3):
42          for x in range(12):
43              if enemy[y][x]==1:
44                  X = x*SIZE + SIZE/2
45                  Y = y*SIZE + SIZE/2
46                  cvs.create_image(X, Y, image=invader)
47      cvs.create_image(pl_x, pl_y, image=fighter)
48      if fire==True:
49          cvs.create_line(pl_x, pl_y, cl_x, cl_y, fill="cyan", width=3)
50          fire = False
51          ax = int(cl_x/SIZE)
52          ay = int(cl_y/SIZE)
53          if 0<=ax and ax<=11 and 0<=ay and ay<=2:
54              if enemy[ay][ax]==1:
55                  effect(ax*SIZE, ay*SIZE)
56                  enemy[ay][ax] =
57      root.after(33, main)
58
59  root = tkinter.Tk()
60  root.title("갤럭시 디펜더")
61  root.resizable(False, False)
62  root.bind("<Motion>", move)
63  root.bind("<Button>", click)
64  cvs = tkinter.Canvas(width=WIDTH, height=HEIGHT)
65  cvs.pack()
66  bg = tkinter.PhotoImage(file="image/bg.png")
67  fighter = tkinter.PhotoImage(file="image/fighter.png")
68  invader = tkinter.PhotoImage(file="image/invader.png")
69  main()
70  root.mainloop()
```

y는 0부터 2까지 1씩 늘어난다	
x는 0부터 11까지 1씩 늘어난다	
enemy[y][x]가 1이라면	
┐캔버스의 적 좌표를 계산한다	
┘	
적을 표시	
전투기를 표시	
fire가 True라면	
선을 긋는 명령으로 레이저를 표시	
fire가 False라면	
┐클릭한 좌표에서 배열의 인덱스를 구해	
┘ax, ay에 대입	
ax, ay가 2차원 배열 범위 안이고	
그곳에 적이 존재할 경우	
이펙트를 표시	
그 요소를 0으로 만들어 적을 없앤다	
33 밀리초 후에 main()을 불러온다	
원도를 만든다	
타이틀을 지정	
원도 사이즈를 변경할 수 없도록 만든다	
┐이벤트 발생 시 불러올 함수를 지정	
┘	
캔버스를 준비	
캔버스를 배치	
변수에 배경 이미지를 불러온다	
전투기 이미지를 불러온다	
적 이미지를 불러온다	
main() 함수를 불러온다	
원도 처리를 시작	

(2) 기초 지식 없이는 소프트웨어를 만들 수 없다

프로그램 전체적으로 어떤 부분을 보든 대입식이나 계산식, if나 for를 사용한 코드가 있다는 사실을 알 수 있습니다. 프로그래밍 기초 지식을 익히지 않는다면 소프트웨어를 만들 수 없다는 사실은 이미 다들 알고 있겠죠. 익혀 둬야 할 프로그래밍 기초 지식은 다음과 같습니다.

입력과 출력 ➡ 컴퓨터에 데이터를 입력하는 것/필요한 데이터를 출력하는 것

변수와 배열 ➡ 값이나 문자열 같은 데이터를 넣어두는 상자

조건 분기 ➡ 일정한 조건이 성립했을 때 처리 순서를 나누는 구조

반복 ➡ 컴퓨터에서 반복적인 처리를 하는 구조

함수 ➡ 컴퓨터가 처리하는 일을 한번에 묶어서 입력한 것

이 지식들 중 아직 헷갈리는 부분이 있다면 2장을 복습합시다.

다음 8-3에서는 갤럭시 디펜더의 처리 순서와 사용한 변수들을 알아보겠습니다. 또 챕터 8-4에서는 각 내용을 자세히 설명하겠습니다.

클릭한 게 적인지 어떻게 판단하지?

화면에 늘어선 적을 2차원 배열로 관리합니다. 8-4절에서 클릭한 것이 적인지 판단하는 방법을 알아봅시다.

8 3 프로그램을 전체적으로 뜯어 보자

갤럭시 디펜더의 처리 순서, 사용된 변수와 배열, 정의한 함수에 대해 설명하겠습니다.

(1) 동작 순서

동작 순서를 플로우 차트로 나타냈습니다. (그림 8-3) main() 함수가 이 동작을 담당합니다.

※ 전투기의 이동(좌표 계산)은 마우스 커서를 움직일 때 불러오는 move() 함수가 담당합니다.

그림 8-3으로 프로그램의 전체적인 동작 순서를 확인해 봅시다.

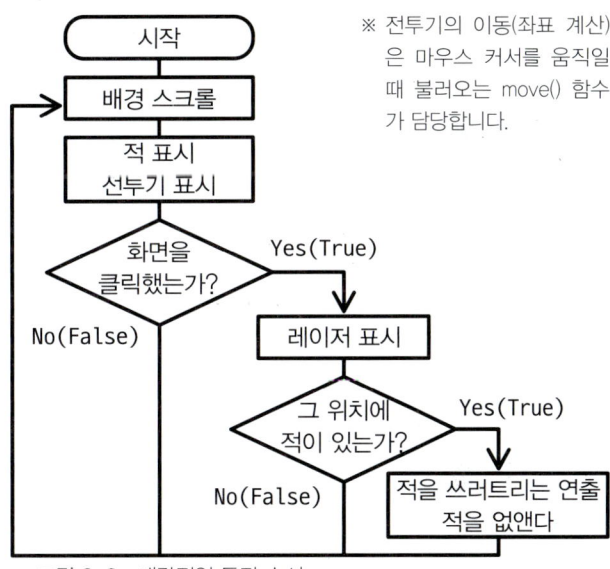

▲ 그림 8-3 　대략적인 동작 순서

(2) 변수와 배열

이 프로그램에서 사용한 변수와 배열을 확인해 봅시다. (표 8-2, 표 8-3)

▼ 표 8-2　선언한 변수와 배열

변수명	용도
WIDTH, HEIGHT	게임 화면의 크기(픽셀 수)를 대입(상수로 취급하는 변수)
bg_y	배경을 스크롤하기 위해 y좌표를 대입
pl_x, pl_y	전투기의 (x, y)좌표를 대입 (그림 8-4)
cl_x, cl_y	화면을 클릭했을 때 (x, y)좌표를 대입 (그림 8-4)
fire	클릭했는지 판단하는 플래그(MEMO p.224 참고)
SIZE	적이 표시될 칸의 폭과 높이의 픽셀 수
enemy[][]	적이 존재하는지 관리하는 2차원 배열

변수명이 대문자로 된 것은 상수(로 취급하는 변수)입니다.

4~14행에서 변수와 배열을 선언했죠.

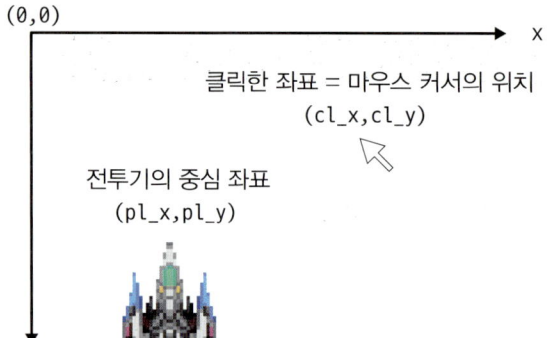

(0,0)

x

클릭한 좌표 = 마우스 커서의 위치

(cl_x,cl_y)

전투기의 중심 좌표

(pl_x,pl_y)

y

▲ 그림 8-4　전투기와 클릭했을 때 좌표 변수

▼ 표 8-3　이미지를 불러오는 변수

변수명	용도
bg	배경을 불러온다
fighter	전투기를 불러온다
invader	적을 불러온다

이미지는, 66~68행의 PhotoImage()로 불러오고 있습니다.

MEMO

플래그

어떤 조건이 성립했을 때 동작을 분기하기 위해 사용하는 변수를 **플래그**라고 합니다. 플래그에는, 예를 들어 시작할 때 0이나 False를 대입하고 조건이 변화했을 때 다른 값(1이나 True)를 대입합니다. 이 프로그램에서는 fire에 False를 대입하고 화면을 클릭했을 때 True로 바꿔서 main() 함수 안에서 클릭한 것을 판정할 수 있게 만듭니다.

(3) 정의한 함수

다음으로 정의한 함수를 알아보겠습니다. (표 8-4) 이 함수들이 담당하는 기능은 8-4에서 자세히 설명하겠습니다.

▼ 표 8-4　정의한 함수

함수명	역할
move(e)	마우스 커서를 움직였을 때 불러오는 함수. 전투기의 좌표를 계산한다
click(e)	화면을 클릭했을 때 불러오는 함수 cl_x, cl_y에 클릭한 좌표를 대입하고 fire를 True로 바꾼다
effect(cx, cy)	적을 파괴하는 연출을 표시하는 함수. 자세한 내용은 챕터 8-4 참고
main()	메인 처리를 담당하는 함수 자세한 내용은 챕터 8-4 참고

지금까지 배운 내용대로 여러 함수를 사용해서 각각 역할을 부여했네요.

맞아요. 어떤 동작을 담당하는지 8-4에서 확인해 봅시다.

동작의 자세한 내용을 이해해 보자

갤럭시 디펜더의 동작을 자세하게 설명하겠습니다.

(1) 수학 계산

조금 어려운 수학 계산을 담당하는 부분을 설명하겠습니다.

① 선분의 내분점

7장 레이싱 게임에서 선분의 내분점을 구하는 공식을 사용해 플레이어 차의 좌표를 변화시켰습니다. 선분의 내분점이란, 그림 8–5와 같이 두 점 $A(x_1,\ y_1)$, $B(x_2,\ y_2)$ 가 있을 때 선분 AB를 $m:n$으로 나누는 점 $P(x_3,\ y_3)$를 의미합니다.

맞아, 그랬지. 내 차를 자연스럽게 움직이도록 이 식을 사용했어.

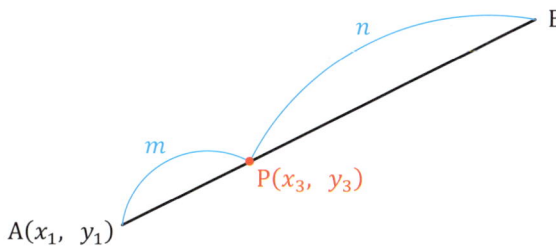

내분점의 좌표를 구하는 공식

$$x_3 = \frac{nx_1 + mx_2}{m + n}$$

$$y_3 = \frac{ny_1 + my_2}{m + n}$$

▲ 그림 8–5 선분의 내분점

18행을 확인해 봅시다. pl_x = int(pl_x*0.9+e.x*0.1)이라는 식으로 전투기의 x좌표 pl_x와 마우스 커서의 x좌표 e.x를 1:9로 내분하는 점을 구하고 그 좌표를 pl_x에 대입했습니다. 이 계산으로 마우스를 움직였을 때 전투기의 x좌표가 마우스 커서의 x좌표에 가까워집니다.

수식을 프로그래밍의 식으로 입력하는 방법은 p.194에서 배웠습니다. 18행의 식의 의미가 헷갈리는 분은 그 부분을 참고로 복습해 봅시다.

② 나머지를 구하는 연산자 활용

수학에서 나머지를 구하는 연산자를 사용하는 경우는 거의 없지만, 수학 계산이 필요하기 때문에 여기서 같이 설명하겠습니다.

main() 함수 안 37행에서 배경을 스크롤하기 위한 y좌표를 bg_y = (bg_y+2)%HEIGHT라는 식으로 계산했습니다. HEIGHT에는 4행에서 720을 대입했습니다.

(bg_y+2)%HEIGHT는 'bg_y에 2를 더하고 720으로 나눈 나머지를 bg_y에 대입하라'라는 의미입니다. 이 식으로 bg_y의 값은 2 → 4 → 6 → 8 → ⋯ → 710 → 712 → 714 → 716 → 718과 같이 2씩 늘어납니다. bg_y의 값이 718일 때 (bg_y+2)%HEIGHT는 bg_y = (718+2)%720이 됩니다. 720을 720으로 나눈 나머지를 bg_y에 대입하므로 bg_y는 0으로 돌아갑니다.

이 식으로 y의 좌표를 계산하고 세로로 2장 나열한 이미지를 슬라이드해서 화면이 스크롤하는 방법을 7장에서 배웠습니다. 내용이 기억나지 않는다면 챕터 7–2(p.186)를 복습해 봅시다.

이와 같은 식을 7장 레이싱 게임에서 사용했습니다.

(2) 2차원 배열로 적을 관리하자

2차원 배열은 프로그래밍에서 중요합니다. 여기서 확실하게 익혀 둡시다.

갤럭시 디펜더 화면에는 3행 12열로 적이 표시됩니다. 각 적을 한 마리씩 클릭해서 쓰러트릴 수 있습니다. 적을 어떻게 관리하는지 설명하겠습니다.

① 적의 유무를 2차원 배열로 관리한다

적이 있는지 없는지 enemy[행][열]이라는 2차원 배열로 관리합니다. 배열의 요소를 칸이라고 부르겠습니다. (그림 8–6)

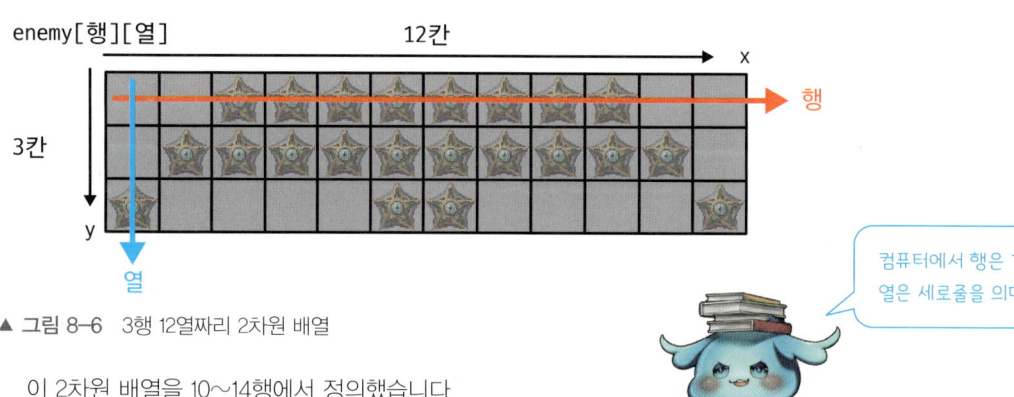

▲ 그림 8–6 3행 12열짜리 2차원 배열

컴퓨터에서 행은 가로줄, 열은 세로줄을 의미해.

이 2차원 배열을 10~14행에서 정의했습니다.

```
10  enemy = [
11      [0,0,1,1,1,1,1,1,1,1,0,0],
12      [0,1,1,1,1,1,1,1,1,1,1,0],
13      [1,0,0,0,0,1,1,0,0,0,0,1]
14  ]
```

값이 1인 칸에는 적이 있고, 값이 0인 칸에는 적이 없습니다. (그림 8-7) 예를 들어 왼쪽 위 모서리 칸(enemy[0][0])에는 0을 대입했으므로 적이 없습니다. 왼쪽 아래 모서리 칸(enemy[2][11])에는 1을 대입했으므로 적이 있습니다.

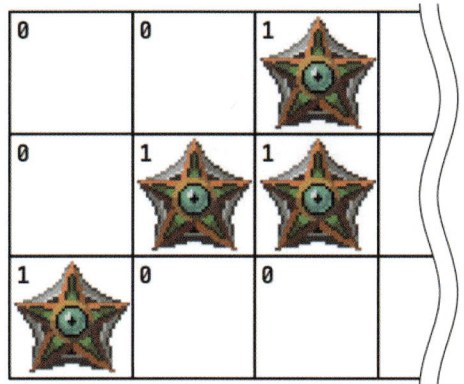

적의 유무를 수치로 관리합니다.

▲ 그림 8-7 요소의 값과 적의 유무

② 좌표와 인덱스의 관계

화면을 클릭했을 때 클릭한 칸 위치(인덱스의 번호)를 51~52행의 식에서 변수 **ax**와 **ay**에 대입했습니다. **ax**와 **ay**는 **main()** 함수 안에서 입력한 지역 변수입니다. 클릭한 좌표로 칸의 위치를 어떻게 구하는지 설명하겠습니다.

클릭한 좌표로 칸의 위치를 구하는 법

① 화면을 클릭했을 때 **click()** 함수에서 클릭한 좌표를 변수 **cl_x**, **cl_y**에 대입한다. 이 때, 변수 **fire**에 **True**를 대입한다

② **main()** 함수 안에서 **fire**가 **True**인지 **if**문으로 판정한다. **True**라면 화면을 클릭했기 때문에 전투기에서 발사하는 레이저를 표시한다. 그리고 클릭한 좌표에서 그 칸의 행과 열의 값을 **ax = int(cl_x/SIZE)**, **ay = int(cl_y/SIZE)**로 구한다

※ 변수 **SIZE**의 값은 **80**입니다. 이 **80**이라는 값은 칸의 폭과 높이를 나타내는 픽셀 수입니다.

ax = int(cl_x/SIZE)와 **ay = int(cl_y/SIZE)**로 인덱스 번호를 구할 수 있는 이유에 대해서 설명하겠습니다. 그림 8-8과 같이 마우스 커서가 2행 3열(enemy[1][2]) 칸에 있다고 가정합니다. 일반적으로 가장 위에 있는 행을 1행, 가장 왼쪽에 있는 열을 1열이라고 부르지만 프로그래밍 배열의 인덱스에서는 **0**부터 시작한다는 사실을 주의합시다.

enemy[y][x]

클릭한 x좌표의 값

	0~79	80~159	160~239	240~319	320~	~879	800~959
0~79	[0][0]	[0][1]	[0][2]	[0][3]			[0][11]
80~159	[1][0]	[1][1]	[1][2]	[1][3]			[1][11]
160~239	[2][0]	[2][1]	[2][2]	[2][3]			[2][11]

클릭한 y좌표의 값

▲ 그림 8-8 클릭한 좌표와 2차원 배열의 인덱스 사이의 관계

커서가 (170, 90) 좌표에 있다고 가정합니다. cl_x가 170, cl_y가 90입니다. cl_x를 SIZE의 값인 80으로 나눈 정수는 2, cl_y를 80으로 나눈 정수는 1입니다. 이 중 2가 enemy[행][열]에 들어갈 열의 값, 1이 행의 값입니다. 칸의 폭과 높이가 각각 80도트이므로, 커서의 x좌표를 80으로 나누면 2차원 배열의 열 번호가 되고, y좌표를 80으로 나누면 2차원 배열의 행 번호가 됩니다.

(3) 이미지를 처리하는 법, 이벤트를 가져오는 법, 실시간 처리 복습

이미지를 불러오는 방법, 마우스나 키 조작을 가져오는 방법, 실시간 처리 방법에 대해 복습하겠습니다.

여기서부터 게임 제작 노하우를 복습합니다.

① 이미지를 불러와서 표시하는 방법

이미지를 불러오기 위해서는 PhotoImage()를 사용해서 매개 변수에 file=로 불러올 파일명을 지정하고 변수에 이미지를 불러옵니다. 갤럭시 디펜더에서 사용하는 이미지 파일은 프로그램과 같은 폴더 안 image 폴더에 들어있으므로, img = tkinter.PhotoImage(file="image/이미지 파일명")과 같이 폴더명과 파일명을 지정합니다(66~68행).

이미지를 표시하기 위해서는 캔버스 변수에 create_image() 명령을 사용합니다. create_image()의 매개변수는 x좌표, y좌표, image=이미지를 불러온 변수입니다. (39, 40, 46, 47행)

create_image()의 x좌표와 y좌표는 이미지의 중심 위치에요.

② 이벤트(마우스나 키 조작)를 가져오는 법

이벤트가 발생했다는 사실을 알기 위해서는, 이벤트가 발생했을 때 불러올 함수를 정의합니다. 마우스나 키 조작을 했을 때 그 함수를 불러오기 위해서 bind() 명령을 사용합니다.

이 프로그램에서는 마우스 커서가 움직였을 때 불러올 move()라는 함수를 정의했습니다. (16~18행) 마우스를 움직였을 때 move()를 불러오기 위해서, 62행에 root.bind("<motion>", move)라고 입력했습니다.

이벤트를 가져오는 함수에는 매개 변수가 필요합니다. move()의 매개 변수를 e라고 했을 때, e.x와 e.y가 커서의 위치가 됩니다.

또한, 이 프로그램에는 화면을 클릭했을 때 동작하는 click()이라는 함수를 정의했고(20~24행), 63행에서 bind() 명령을 사용해 그 함수를 불러오도록 하고 있습니다.

③ 실시간 처리 방법

실시간 처리는 after()라는 명령을 사용합니다. after()는 윈도의 오브젝트 변수에 대해 사용하는 변수입니다. root.after(밀리초, 불러올 함수)라고 입력하면 매개 변수에 입력한 시간이 지난 뒤 지정한 함수를 불러옵니다.

이 프로그램에서는 main() 함수 마지막에 root.after(밀리초, main)이라고 입력해서 main()을 실시간으로 처리했습니다.

이 책에서 사용하는 모든 프로그램은 윈도를 만들 때 변수명을 root로 지정했습니다.

이런 처리의 기본은 4장에서 배웠습니다. 헷갈리는 부분이 있다면 4장을 복습해 봅시다.

(4) 각 함수의 역할

프로그램에서 정의한 4개의 함수에 대해서 설명하겠습니다.

마지막으로 객관식의 역할을 확인합니다.

① move() 함수 (16~18행)

마우스 커서를 움직였을 때 불러오는 함수입니다. 전투기의 x좌표를 마우스 커서의 x좌표에 가깝게 하는 계산을 담당합니다.

② click() 함수 (20~24행)

마우스를 클릭했을 때 불러오는 함수입니다. 클릭한 좌표를 변수 cl_x와 cl_y에 대입합니다. 또한 변수 fire에 True를 대입합니다.

③ effect() 함수 (26~33행)

적을 파괴하는 연출을 담당하는 함수입니다. 매개 변수 cx, cy로 캔버스 좌표를 가져오고, (cx, cy)를 왼쪽 위 모서리로 하는, 폭과 높이가 SIZE(반지름이 SIZE)인 원을 빨간색과 노란색으로 교대로 표시합니다. 표시한 원이 즉시 화면에 표시되도록 update() 명령을 사용했습니다. 또한 time 모듈의 sleep() 명령을 사용해 표시할 때 아주 잠깐 시간을 멈춰서 빨간색과 노란색 원이 제대로 표시되도록 합니다.

time.sleep(0.01)로 표시를 0.01초 만큼 멈출 수 있습니다.

④ main() 함수 (35~57행)

배경을 위에서 아래로 스크롤합니다. (37~40행)

변수 y와 x를 사용한 2중 반복문으로 enemy[y][x]의 값을 구하고, 적이 존재할 때 캔버스의 좌표를 계산해서 적을 표시합니다. (41~46행)

전투기를 표시합니다. (47행)

변수 fire가 True일 때 클릭한 좌표와 전투기를 잇는 하늘색 선을 긋고 레이저가 발사되는 연출을 담당합니다. (48~49행) 화면을 클릭했는지 판단하는 플래그가 fire의 값을 리셋(False를 대입)합니다. (50행) 그리고 클릭한 위치에 적이 있는지 판단하고, 적이 있다면 effect() 함수로 적을 파괴하는 연출을 표시하고, 클릭한 위치 enemy[ay][ax]를 0으로 바꾼 뒤 적을 없앱니다. (51~56행)

모든 처리를 after() 명령을 사용해 실시간으로 처리합니다. (57행)

복습해 보니 어땠나요?

2차원 배열이 어려웠지만 어떻게든 이해할 수 있을 것 같아요!

(5) 개조해 보자

갤럭시 디펜더는 아직 완성되지 않았습니다. 마지막으로 게임을 완성시킬 수 있도록 힌트를 보고 갑시다.

① 게임 규칙을 정한다

예를 들어 '시간 내에 적을 쓰러트린다'는 규칙을 정합니다. 시간 제한이 있는 게임으로 만들기 위해서는 시간을 대입할 변수를 준비합니다. 그리고 게임을 시작할 때 그 변수에 초기 값을 대입하고, 게임 플레이 중에 점점 그 값을 줄이고 0이 되면 게임 오버가 되도록 만듭니다.

② 타이틀 화면 → 게임 플레이 화면 → 게임 오버 화면 순서를 만든다

프로그램을 실행했을 때 타이틀 화면이 나오고, 화면을 클릭하거나 키보드의 키를 눌렀을 때 게임을 플레이할 수 있게 합니다. 또한, 게임 오버가 되는 조건을 넣어 게임이 끝나도록 합니다.

씬마다 처리를 분기하는 방법은 두더지 잡기, 테니스 게임, 레이싱 게임을 만들 때 배웠습니다. scene과 같은 변수를 준비하고 이 값을 바꿔서 처리를 분기합니다.

③ 새로운 적이 출현하도록 한다

2차원 배열 enemy의 요소를 1로 바꾸면 그 위치에 적이 출현합니다. '일정 시간마다 적이 출현한다', '랜덤으로 적이 출현한다' 와 같은 규칙을 정하고 그 동작에 필요한 코드를 입력합니다.

④ 적이 공격한다

적이 공격을 하도록 만들기 위해서 다양한 방법이 있습니다. 그 중 한 가지 방법은 다음과 같습니다. (그림 8-9)

적이 공격하도록 만드는 방법 예시

- 2차원 배열 enemy[][]를 9행 12열로 만든다
- 일정 시간이 지나면 배열의 값을 바꿔서 적이 점점 아래로 내려오도록 한다
- 전투기 위치에 적이 도달하면 게임 오버가 되도록 한다

▲ 그림 8-9 적이 공격하도록 만든 예시

좋아, 어려운 개조에 도전해 보자!

적을 쓰러트렸을 때 점수를 올리는 계산도 넣어봅시다.

게임으로 완성한 프로그램은 Chapter 8 폴더 안에 있는 **galaxy_defender_2.py**라는 파일입니다. 이 완성판 프로그램에서 중요한 처리를 따로 설명하겠습니다.

11~13행에서 **append()** 명령으로 9행 12열짜리 2차원 배열을 준비합니다. **append()**는 배열에 데이터를 추가하는 명령입니다. 여기서는 **enemy[]**라는 빈 배열에 **[0, 0, 0, 0, 0, 0, 0, 0, 0, 0, 0, 0]**를 9줄 추가해서 2차원 배열을 만들었습니다.

```
11  enemy = []                                  enemy[]라는 빈 배열을 준비
12  for i in range(9):                          i는 0부터 8까지 1씩 늘어난다
13      enemy.append([0,0,0,0,0,0,0,0,0,0,0,0])  0이 12개 늘어선 1차원 배열을 추가
```

scene이라는 변수로 타이틀 화면, 게임 플레이 화면, 게임 오버 화면을 각각 나눴습니다. 게임을 플레이하는 동안 **if scene=="게임"** 블록으로 적 무리가 일정 시간마다 1행씩 아래로 내려오는 코드를 추가했습니다.

```
72      if scene=="게임":                            게임을 플레이하는 중에
73          if timer%30==0:                         30프레임에 한번씩 아래 코드를 실행한다
74              for y in range(8, 0, -1):           y는 8부터 1까지 1씩 줄어든다
75                  for x in range(12):             x는 0부터 11까지 1씩 늘어난다
76                      enemy[y][x] = enemy[y-1][x]  배열의 요소를 1행 아래로 내린다
77              for x in range(12):                 x는 0부터 11까지 1씩 늘어난다
78                  enemy[0][x] = random.choice([0,0,0,1])  가장 위쪽 행에 새로운 적을 배치
79              for x in range(12):                 for문과 if문으로 가장 아래쪽 행에
80                  if enemy[8][x]==1:              적이 있는지 확인하고, 있을 경우에는
81                      scene = "게임 오버"            scene에 게임 오버를 대입
82                      timer = 0                   timer를 0으로 하고 게임 오버 화면으로 전환
```

74행의 변수 y를 사용한 **for**문과 75행의 변수 x를 사용한 **for**문으로 2차원 배열의 요소를 다음 행으로 내려가게 했습니다.

적 전체를 아래로 내린 뒤, 77~78행에서 가장 위쪽 행에 새로운 적을 배치했습니다.

random.choice([0, 0, 0, 1])의 **[0, 0, 0, 1]**을 예를 들어 **[0, 1]**로 바꾸면 적이 더 많이 배치되어 어려워집니다. 난이도를 낮추려면 **[0, 0, 0, 0, 0, 1]**과 같이 바꿉시다.

random 모듈의 choice()는 매개 변수의 배열 중에 하나를 요소로 선택하는 명령입니다.

1이 선택되면 적이 배치되는구나.
아하, 그래서 [0, 1]이나 [0, 0, 0, 0, 0, 1]로 변경하면 1이 선택될 확률이 바뀌니까 난이도를 조정할 수 있는 거네요!

계산 소프트웨어를 만들어 보자

이 책에서는 **tkinter**로 만든 윈도에 도형이나 이미지를 표시하는 캔버스를 배치하고, 게임을 만들었습니다. 윈도에는 캔버스뿐 아니라 문자열을 입력하는 부품, 출력하는 부품, 버튼 등을 배치할 수 있습니다.

여기서는 문자열을 입력하는 **엔트리(Entry)**라는 부품, 문자열을 출력하는 **라벨(Label)**이라는 부품을 사용해서 만든 간단한 계산 소프트웨어를 소개하겠습니다.

실행해 보자

Chapter8 폴더 안에 들어있는 calc_soft.py를 IDLE로 열어봅시다. 실행하면 그림 8–A와 같은 화면이 나옵니다.

문자를 입력할 수 있는 칸 2군데에 숫자를 입력하고 '계산' 버튼을 눌러봅시다. 두 숫자를 더한 값이 줄력(표시)됩니다.

이 프로그램은 코드 8–A와 같은 내용입니다.

▲ 그림 8–A calc_soft.py의 실행 화면

▼ 코드 8–A calc_soft.py

01 `import tkinter`	tkinter를 불러온다
02 `import tkinter.messagebox`	tkinter.messagebox를 불러온다
03	
04 `def btn_on():`	버튼을 눌렀을 때 불러올 함수
05 `try:`	오류를 처리한다
06 `v1 = float(e1.get())`	엔트리1의 값을 v1에 대입
07 `v2 = float(e2.get())`	엔트리2의 값을 v2에 대입
08 `ans = str(v1+v2)`	덧셈 결과를 ans에 대입
09 `l2["text"] = "= "+ans`	라벨2의 문자열을 ans의 값으로 바꾼다
10 `except:`	오류가 발생하면
11 `tkinter.messagebox.showinfo("","엔트리에 숫자를 입력해주세요")`	메시지를 출력
12	
13 `root = tkinter.Tk()`	윈도를 만든다
14 `root.geometry("400x200")`	윈도 크기를 지정
15 `root.title("계산기")`	타이틀 지정
16 `e1 = tkinter.Entry(width=10)`	⌐엔트리1 부품을 준비하고
17 `e1.place(x=10, y=10)`	└좌표를 지정해서 배치
18 `l1 = tkinter.Label(text="+")`	⌐라벨1 부품을 준비하고
19 `l1.place(x=110, y=10)`	└좌표를 지정해서 배치
20 `e2 = tkinter.Entry(width=10)`	⌐엔트리2 부품을 준비하고
21 `e2.place(x=170, y=10)`	└좌표를 지정해서 배치
22 `l2 = tkinter.Label(text="= ?")`	⌐라벨2 부품을 준비하고
23 `l2.place(x=260, y=10)`	└좌표를 지정해서 배치
24 `bu = tkinter.Button(text="계산", command=btn_on)`	⌐버튼 부품을 준비하고
25 `bu.place(x=10, y=50)`	└좌표를 지정해서 배치
26 `root.mainloop()`	윈도 처리를 시작

문자열 입력, 출력부 배치

16~17행과 20~21행에서 문자열을 입력하는 **엔트리**라는 부품을 윈도에 배치했습니다. 엔트리는 Entry()라는 명령으로 만듭니다. 매개 변수 width=는 문자 수를 지정합니다. 이 프로그램의 엔트리 폭은 **10글자** 사이즈입니다. 문자 수로 엔트리의 폭을 정하지만 지정한 문자 수를 넘어가더라도 입력할 수 있습니다.

18~19행과 22~23에서 문자열을 출력(표시)하는 **라벨**이라는 부품을 배치했습니다. 라벨은 label()이라는 명령으로 만듭니다. 매개 변수 text=로 배치했을 때 표시할 문자열을 지정합니다.

이 부품들을 place()라는 명령으로 x좌표와 y좌표를 지정해서 배치합니다.

버튼 배치

24~25행에서 버튼을 배치했습니다. 버튼은 Button()이라는 명령으로 만듭니다. 매개 변수 text=로 버튼에 표시할 문자열을 지정합니다. 또한, command=로 **버튼을 눌렀을 때 불러올 함수를 지정**합니다.

게임을 만들 때 캔버스를 pack()으로 윈도 전체에 배치했습니다. 부품을 배치하는 place()를 사용할 때는 어디에 배치할지 지정할 수 있습니다.

버튼을 눌렀을 때의 동작

버튼을 눌렀을 때 불러올 함수를 btn_on()이라는 함수명으로 4~11행에서 정의했습니다. 24행에서 버튼을 만들 때 Button()의 매개 변수 command=로 이 함수를 지정했다는 사실을 알 수 있습니다. command=로 지정한 함수명은 ()를 붙이지 않는다는 규칙이 있습니다. btn_on() 함수는 따로 설명하도록 하겠습니다.

```
04 def btn_on():
05     try:
06         v1 = float(e1.get())
07         v2 = float(e2.get())
08         ans = str(v1+v2)
09         l2["text"] = "= "+ans
10     except:
11         tkinter.messagebox.showinfo("","엔트리에 숫자를 입력해 주세요")
```

try except의 예외 처리를 사용했습니다. 예외 처리에 대해서는 뒤에서 설명하겠습니다.

6행과 7행에서 엔트리에 입력한 문자열을 get()으로 가져온 뒤, float()로 소수로 변환해서, 변수 v1과 v2에 대입했습니다. 8행에서 v1과 v2를 더한 값을 str로 문자열로 변환해서, ans에 대입했습니다. 문자열로 만드는 이유는 다음 9행에서 "= "와 ans의 값을 이어서 문자열로 라벨에 표시하기 위해서입니다.

9행에서는 '**라벨의 변수[텍스트]=문자열**' 이라고 입력해서 라벨의 문자열을 변경했습니다. Python에서 tkinter로 만드는 부품은 '**부품의 변수[속성]=값**'이라고 입력하면 부품에 표시할 문자열을 바꿀 수 있습니다.

예외 처리

예외 처리란 프로그램 실행 중에 발생한 오류를 가져와, 대응을 하는 처리를 말합니다. Python에서는 **try**와 **except**로 예외 처리를 합니다. 7장 COLUMN에서 **try except**를 사용했지만 여기서 한번 더 설명하겠습니다.

오류가 발생할 가능성이 있는 부분에 **try** 블록을 입력합니다. 오류가 발생했을 때, **except** 블록에 입력한 처리가 실행됩니다.

엔트리에 숫자가 아닌 값을 입력하고 버튼을 누르면 6행이나 7행의 **float()**로 소수로 변환하지 못하고 오류가 발생합니다. 오류가 발생했을 때, **except** 블록에 있는 메시지 박스를 표시하는 명령으로 정보 메시지를 띄웁니다. (그림 8-B)

try, except와 함께 사용하는 finally라는 명령도 있지만 이 책에서 배우는 내용에서 finally는 필요하지 않으므로 생략했습니다.

▲ 그림 8-B 정보 메시지

메시지 박스를 사용하기 위해서 **tkinter.messagebox** 모듈을 가져옵니다. 이 프로그램은 11행의 **showinfo()**라는 명령으로 메시지 박스를 표시했습니다. **showinfo()**는 첫 번째 매개 변수로 메시지 박스의 타이틀, 두 번째 매개 변수로 표시할 문자열을 지정합니다.

메시지 박스는 표 8-A와 같은 종류가 있습니다.

▼ 표 8-A 메시지 박스의 종류

명령	어떤 메시지 박스인가?
showinfo()	정보를 표시한다
showwarning()	경고를 표시한다
showerror()	오류를 표시한다
askyesno()	'예', '아니요'버튼을 표시한다
askokcancel()	'확인', '취소'버튼을 표시한다

tkinter.massagebox를 가져오면 명령 하나로 메시지를 출력할 수 있구나! 이건 편리할 것 같아.

버튼이 2개 있는 메시지 박스는 '**변수=tkinter.massagebox.askyesno(타이틀, 메시지)**'로 입력하면 메시지 박스의 리턴 값을 대입할 수 있습니다. 예(yes)나 확인을 누르면 True, 아니요(No)나 취소를 누르면 **False** 값을 얻을 수 있습니다.

개조로 실력을 키워 보자!

calc_soft.py는 숫자를 더하는 기능만 있는 심플한 계산기입니다. 이것을 사칙연산이 전부 가능한 계산기로 개조해 봅시다.

Chapter8 폴더 안에 있는 **calc_soft_2.py**라는 파일이 사칙연산이 가능한 계산기 프로그램의 예시입니다. 이 프로그램의 실행 화면은 다음과 같습니다.

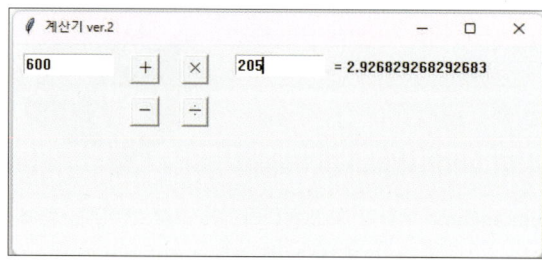

▲ 그림 8-C   calc_soft_2.py의 실행 화면

IDLE로 **calc_soft_2.py**를 열어서 실행하고 동작을 확인해 봅시다. 또한, 어떤 코드를 추가해서 계산기를 개조했는지 프로그램 내용도 확인해 봅시다.

특별 부록

A

점프 액션 게임으로 배워 보자

모든 징을 끝낸 여러분에게 디옥 심도있는 내용을 배울 수 있도록 특별 부록을 2가지 준비했습니다. 첫 번째는 가로로 스크롤하는 화면에서 주인공을 좌우로 움직이고, 구멍으로 떨어지지 않도록 점프하는 액션 게임 프로그램입니다. 물체가 포물선에 가까운 궤적으로 움직이는 계산을 넣은 게임입니다.

Contents

A-1	게임 내용
A-2	프로그램을 살펴보자
A-3	프로그램을 전체적으로 뜯어 보자
A-4	기능을 자세히 이해해 보자 ① 주인공의 움직임
A-5	기능을 자세히 이해해 보자 ② 바닥과 구멍의 스크롤

A1 게임 내용

이 특별 부록의 프로그램은 '악마에게 납치된 공주를 구하러 간다'는 내용을 가진 게임입니다. 게임 타이틀은 '헬프! 프린세스'로 붙였습니다. 먼저 헬프! 프린세스의 개요를 살펴봅시다.

(1) 액션 게임이란?

액션 게임이란, 주인공 캐릭터를 조종해 적을 피하거나 쓰러트리면서 정해진 목적을 달성하는 게임을 통칭합니다. 일반적으로 액션 게임 장르로 분류되는 많은 게임들은 다양한 규칙을 가진 게임이 많습니다. 그 중에서 특히 유명한 장르가 화면이 가로로 스크롤하고, 방해물이나 적을 점프로 피하면서 목적지로 향하는 타입의 게임입니다. 헬프! 프린세스는 이와 같은 타입의 게임으로, 주인공 캐릭터로 바닥에 뚫린 구멍을 점프로 피하며 목적지를 향합니다.

> 닌텐도의 슈퍼마리오 브라더스[1]는 세계적으로 유명한 액션 게임의 대표작입니다.

(2) 실행해 보자

AppendixA 폴더에 있는 `help_princess.py`를 IDLE로 열어서 실행해 봅시다. 실행하면 그림 A-1과 같은 화면이 나옵니다.[2]

▲ 그림 A-1 헬프! 프린세스 실행 화면

> 클릭으로 점프를 할 수 있구나.

---

[1] https://www.nintendo.com/jp/famicom/software/smb1/index.html

[2] 윈도가 실행 화면과 같은 사이즈가 아니라면 111행 root.resizable(False, False)를 주석 처리하거나 삭제합시다.

헬프! 프린세스는 다음과 같은 내용입니다.

끝까지 달리면 공주님을 구할 수 있어요.

헬프! 프린세스의 기본 규칙

- 게임을 시작하면 화면 아래 바닥이 오른쪽에서 왼쪽으로 스크롤한다
- 주인공 캐릭터는 마우스 커서가 캐릭터보다 왼쪽에 있으면 왼쪽으로, 오른쪽에 있으면 오른쪽으로 움직인다
- 마우스를 클릭하면 캐릭터가 점프한다
- 구멍에 떨어지지 않도록 앞으로 나아간다
- 거리(distance)가 0이 되면 게임 클리어이다

(3) 사용하는 이미지 파일

이 게임은 표 A-1의 이미지 파일을 사용해 만듭니다. 이 이미지 파일들은 AppendixA 폴더 안 image 폴더에 들어있습니다.

▼ 표 A-1 이미지 파일

bg.png	block.png
player0.png~player2.png	princess

폴더 안에 추가로 악마 이미지(devil.png)도 들어있습니다. 개조할 때 사용해 보세요.

나는 착한 몬스터인데, 이 악마는 나쁜 녀석 같네.

A2 프로그램을 살펴보자

다음으로 프로그램의 개요를 확인하겠습니다.

(1) help_princess.py 확인하기

헬프! 프린세스 프로그램의 내용을 살펴봅시다. (코드 A-1)

▼ 코드 A-1　help_princess.py

01	`import tkinter`	tkinter를 불러온다
02	`import random`	random을 불러온다
03		
04	`WIDTH, HEIGHT = 1200, 720`	화면의 폭과 높이를 정의
05	`FLOOR_Y = 600`	바닥 y좌표의 위치를 정의
06	`SIZE = 24`	바닥 블록 1개의 가로 폭을 정의
07	`BLOCKS = 50`	바닥 블록의 총 개수를 정의
08	`floor = [1]*BLOCKS`	블록용 배열을 준비
09	`space = 0`	블록이 없는 위치의 수를 계산하기 위한 변수
10	`pl_x = 300`	⌐주인공 좌표를
11	`pl_y = FLOOR_Y`	└ 대입할 변수
12	`pl_yp = 0`	y축 방향 변화량을 대입할 변수
13	`pl_jump = False`	점프용 플래그
14	`scene = "타이틀"`	씬을 관리하는 변수
15	`timer = 0`	시간을 카운트하는 변수
16	`dist = 0`	골까지 거리를 대입할 변수
17	`mouse_x, mouse_y = 0, 0`	마우스 커서의 x, y좌표
18	`mouse_c = False`	마우스 클릭 플래그
19		
20	`def move(e):`	마우스가 움직였을 때 불러올 함수
21	`    global mouse_x, mouse_y`	변수를 전역 선언
22	`    mouse_x = e.x`	⌐mouse_x, mouse_y에
23	`    mouse_y = e.y`	└ 마우스의 좌표를 대입
24		
25	`def click(e):`	클릭했을 때 불러올 함수
26	`    global mouse_c`	변수를 전역 선언
27	`    mouse_c = True`	mouse_c를 False로 설정한다
28		
29	`def release(e):`	마우스 버튼에서 손을 뗐을 때 불러올 함수
30	`    global mouse_c`	변수를 전역 선언
31	`    mouse_c = False`	mouse_c를 False로 한다
32		
33	`def text(x, y, txt, siz, col):`	그림자 효과를 준 문자를 표시하는 함수
34	`    fnt = ("Times New Roman", siz)`	폰트를 정의
35	`    cvs.create_text(x+1, y+1, text=txt, font=fnt, fill="black")`	검은색으로 문자열을 표시
36	`    cvs.create_text(x, y, text=txt, font=fnt, fill=col)`	매개 변수의 색으로 문자열을 표시
37		
38	`def main():`	메인 처리를 담당하는 변수

```
39        global floor                                                      배열을 전역 선언
40        global mouse_c, space, pl_x, pl_y, pl_yp, pl_jump, scene, timer, dist    변수를 전역 선언
41
42        timer += 1                                                         timer를 1 늘린다
43        cvs.delete("all")                                                  표시된 것을 모두 삭제
44        cvs.create_image(WIDTH/2, HEIGHT/2, image=bg)                      배경을 표시
45        for i in range(BLOCKS):                                            ┌바닥을 표시
46            if floor[i]==1:                                                │
47                cvs.create_image(i*SIZE+SIZE/2, FLOOR_Y+56, image=block)   │
48        ani = int(timer/3)%4                                               주인공의 애니메이션 번호를 계산
49        cvs.create_image(pl_x, pl_y, image=player[ani])                    ani번에 주인공 이미지를 표시
50        text(120, 40, "distance "+str(dist), 30, "white")                  남은 거리를 표시
51
52        if scene=="타이틀":                                                ┌타이틀 화면 처리
53            text(WIDTH/2, HEIGHT*0.2, "Jump Action Game", 30, "gold")      │타이틀 문자열을 표시하고
54            text(WIDTH/2, HEIGHT*0.4, "HELP! PRINCESS", 60, "pink")        │화면을 클릭하면
55            text(WIDTH/2, HEIGHT*0.7, "Click to start.", 40, "skyblue")    │게임을 시작한다
56            if mouse_c==True:                                              │
57                floor = [1]*BLOCKS                                         뒤에서 자세히 설명
58                pl_x = 300                                                 │
59                pl_y = FLOOR_Y                                             │
60                pl_yp = 0                                                  │
61                pl_jump = False                                           │
62                scene = "게임"                                            │
63                timer = 0                                                  │
64                dist = 1000                                               ┘
65
66        if scene=="게임":                                                 ┌게임 플레이 화면 처리
67            if pl_x>mouse_x and pl_x>30:                                   │주인공 캐릭터를 조작,
68                pl_x -= 12                                                 │구멍에 떨어졌는지 판정,
69            if pl_x<mouse_x and pl_x<WIDTH-30:                             │게임 클리어 판정,
70                pl_x += 12                                                 │바닥 스크롤 등을 담당한다
71            if pl_jump==False:                                            │
72                fx = int(pl_x/SIZE)                                        뒤에서 자세히 설명
73                if floor[fx]==0: # 구멍에 떨어졌나?                        │
74                    scene = "게임 오버"                                    │
75                    timer = 0                                              │
76                if mouse_c==True:                                          │
77                    pl_yp = -60                                            │
78                    pl_jump = True                                         │
79            else:                                                          │
80                pl_y += pl_yp                                              │
81                pl_yp += 6                                                 │
82                if pl_y>=FLOOR_Y: pl_jump = False                          │
83            dist -= 1                                                      │
84            if dist==0:                                                    │
85                scene = "게임 클리어"                                      │
86                timer = 0                                                  │
87            if dist%30==0: space = random.randint(2, 12)                   │
88            floor.pop(0)                                                   │
89            if space==0:                                                   │
90                floor.append(1)                                           │
91            else:                                                          │
92                floor.append(0)                                           │
93                space -= 1                                                ┘
94
95        if scene=="게임 오버":                                            ┌게임 오버 화면 처리
96            if timer<50:                                                   │뒤에서 자세히 설명
97                pl_y += 6                                                  │
98            else:                                                         │
```

```
 99              text(WIDTH/2, HEIGHT*0.33, "GAME OVER", 60, "red")
100          if timer>150: scene = "타이틀"
101
102      if scene=="게임 클리어":
103          cvs.create_image(pl_x+60, pl_y, image=princess)
104          text(WIDTH/2, HEIGHT*0.33, "Congratulations!", 60, "pink")
105          if timer>150: scene = "타이틀"
106
107      root.after(50, main)
108
109  root = tkinter.Tk()
110  root.title("Jump Action Game")
111  root.resizable(False, False)
112  root.bind("<Motion>", move)
113  root.bind("<Button>", click)
114  root.bind("<ButtonRelease>", release)
115  cvs = tkinter.Canvas(width=WIDTH, height=HEIGHT)
116  cvs.pack()
117  bg = tkinter.PhotoImage(file="image/bg.png")
118  block = tkinter.PhotoImage(file="image/block.png")
119  princess = tkinter.PhotoImage(file="image/princess.png")
120  player = [
121      tkinter.PhotoImage(file="image/player0.png"),
122      tkinter.PhotoImage(file="image/player1.png"),
123      tkinter.PhotoImage(file="image/player0.png"),
124      tkinter.PhotoImage(file="image/player2.png")
125  ]
126  main()
127  root.mainloop()
```

게임 클리어 화면 처리
뒤에서 자세히 설명

50 밀리초 후에 main()을 불러온다

윈도를 만든다
타이틀을 지정
윈도 사이즈를 바꿀 수 없도록 한다
이벤트 발생 시에 불러올
함수를 bind()로 지정
캔버스를 준비
캔버스를 배치
변수에 배경 이미지를 불러온다
블록 이미지를 불러온다
공주 이미지를 불러온다
배열에 주인공 이미지를
불러온다

main() 함수를 불러온다
윈도 처리를 시작

42행 timer += 1은 timer = timer + 1 과 같은 식입니다. 83행 dist -=1은 dist = dist - 1과 같은 식입니다. 82, 87, 100, 105행의 if문은 콜론으로 줄을 바꾸지 않고 입력했습니다.

100줄이 넘는 프로그램이지만 열심히 이해해 봅시다!

다음 절에서 처리 순서를 설명할 테니, 천천히 읽어 봅시다.

A3 프로그램을 전체적으로 뜯어 보자

이어서 헬프! 프린세스의 주요한 동작 순서, 사용한 변수와 배열, 정의한 함수에 대해 설명하겠습니다.

(1) 게임 플레이 시의 동작 순서

게임을 플레이할 때의 동작 순서를 플로우 차트로 나타냈습니다(그림 A-2). main() 함수의 if scene=="게임" 블록에서 이 동작을 담당합니다.

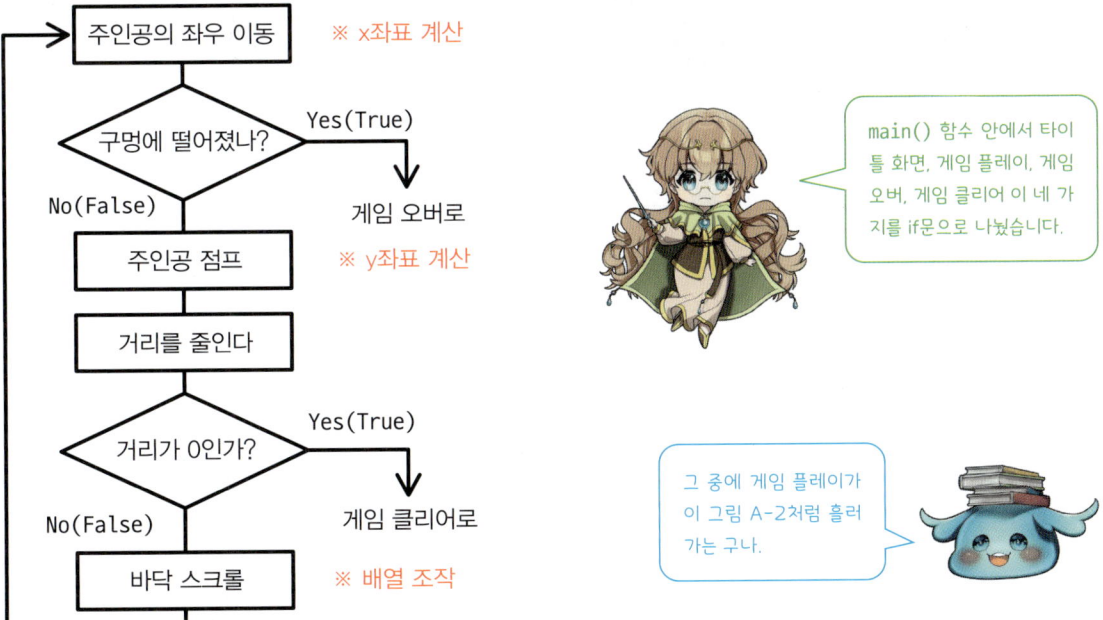

▲ 그림 A-2　게임 플레이 중의 동작 순서

(2) 변수와 배열

이 프로그램에서 사용한 변수와 배열을 확인하겠습니다. (표 A-2, 표 A-3)

변수명	용도
WIDTH, HEIGHT	게임 화면의 크기를 정의(상수로 사용)
FLOOR_Y	바닥의 y좌표 위치를 정의(상수로 사용)
SIZE	바닥 블록 1개의 폭을 정의(상수로 사용)
BLOCKS	블록을 가로로 몇 개 나열해 바닥을 만들 것인가(상수로 사용)
floor[]	바닥 블록의 상태를 관리하는 배열
space	바닥에 구멍을 배치하는 계산에 사용
pl_x, pl_y	주인공의 (x, y) 좌표를 대입
pl_yp	점프 중 y축 방향 변화량(픽셀 수: 그림 A−3)
pl_jump	점프 중인지 확인하는 플래그[1]
scene	어떤 신인지 관리
timer	게임 안 시간을 관리
dist	골까지의 거리를 대입
mouse_x, mouse_y	마우스 커서의 (x, y)좌표를 대입
mouse_c	마우스 버튼을 클릭했는지 확인하는 플래그[2]

4~18행에서 변수나 배열을 선언했죠.

1 점프 중이 아니라면 False, 점프 중일 땐 True를 대입한다.
2 버튼을 누르지 않았을 땐 False, 누르고 있을 땐 True를 대입한다.

이미지는 117~125행 PhotoImage()로 불러왔습니다.

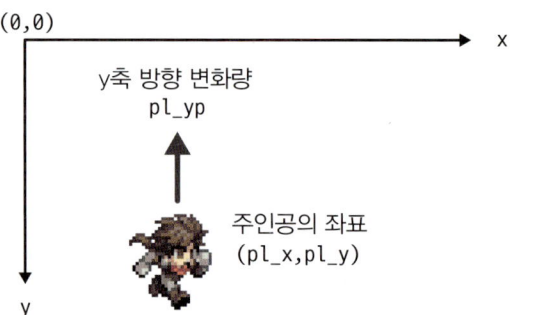

(0,0)

x

y축 방향 변화량
pl_yp

주인공의 좌표
(pl_x,pl_y)

y

▲ 그림 A−3 주인공의 변수

▼ 표 A−3 이미지를 불러오는 변수, 배열

변수명	용도
bg	배경 이미지를 불러온다
block	블록 이미지를 불러온다
princess	공주 이미지를 불러온다
player[]	주인공 이미지를 불러온다

(3) 정의한 함수

다음으로, 정의한 함수도 알아보겠습니다. (표 A−4)

▼ 표 A−4 정의한 함수

함수명	역할
move(e)	마우스 커서를 움직였을 때 불러오는 함수. mouse_x, mouse_y에 마우스 커서 좌표를 대입
click(e)	마우스 버튼을 눌렀을 때 불러오는 함수. mouse_c에 True를 대입
release(e)	마우스 버튼을 뗐을 때 불러오는 함수. mouse_c에 False를 대입
text()	그림자 효과를 준 문자를 표시하는 함수
main()	메인 처리를 담당하는 함수. 자세한 내용은 챕터 A−4, A−5에서 설명

A4 기능을 자세히 이해해 보자 ①
주인공의 움직임

이번 절과 A-5에서, 헬프! 프린세스의 기능에 대해 자세히 설명하겠습니다. 여기서는 수학 계산과 주인공을 움직이는 기능에 대해 설명하겠습니다.

(1) 수학 계산

조금 어려운 수학적인 계산에 대해 설명하겠습니다.

① 포물선 운동

대각선 위쪽으로 던진 공은 그림 A-4와 같은 궤적을 그리며 날아갑니다. 이 곡선을 **포물선**이라고 부릅니다. 또한 이런 물체의 움직임을 **포물선 운동**이라고 부릅니다.

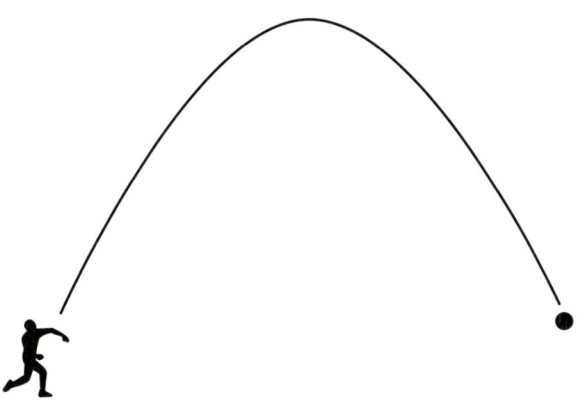

▲ 그림 A-4　포물선

> 포물선 운동은 고등학교 물리에서 배웁니다. 이 게임에서는 물리를 고르지 않은 사람도 포물선 운동과 비슷한 움직임을 표현할 수 있도록 계산합니다.

주인공 캐릭터가 점프하는 모습을 관찰해보면, 포물선 운동과 비슷하게 움직인다는 사실을 알 수 있습니다. 포물선 운동을 정확하게 계산하기 위해선 다음 페이지의 MEMO에 나온 물리학 지식이 필요하지만, 헬프! 프린세스에서는 물리 공식을 사용하지 않고 포물선 운동에 가까운 움직임을 표현합니다.

MEMO

포물선 운동

고등학교 물리에서 **포물선 운동**을 배웁니다. 포물선 운동 공식은 다음과 같습니다. (그림 A)

수평 방향(x축 방향)

속도 $v_x = v_0 \cos \theta$

변위 $x = v_0 t \cos \theta$

연직 방향(y축 방향)

속도 $v_y = v_0 \sin \theta - gt$

변위 $y = v_0 t \sin \theta - \frac{1}{2} g t^2$

물리학의 2차원 평면 상의 운동에서 이 그림과 같이 물체의 속도를 x축 방향과 y축 방향으로 분해해서 계산합니다.

$v_y = v_0 \sin \theta$

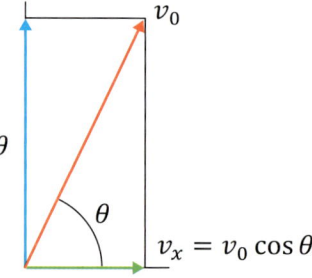

$v_x = v_0 \cos \theta$

▲ 그림 A　포물선 운동의 발사 각도

이 공식은 발사 속도가 v_0(m/s), 각도가 θ로 물체를 던졌을 때 경과한 시간 t에서의 속도와 좌표 변화를 나타냅니다. g는 지구의 중력으로 생기는 중력 가속도이며, 일반적으로 $g = 9.8 m/s^2$으로 계산합니다.

② 주인공을 움직이는 계산

헬프! 프린세스는 2차원 화면으로 구성된 게임입니다. 물체(주인공 캐릭터)는, 2차원 평면 상에서 이동합니다. 이런 운동은 움직임을 x축 방향과 y축 방향으로 나누어 계산합니다.

이 게임의 주인공은 점프 중에 좌우로 이동할 수 있지만, 좌우로 움직이지 않고 점프하는 모습을 관찰해 보면 포물선을 그리고 있다는 사실을 알 수 있습니다. 이런 움직임을 어떻게 계산하는지에 대해 설명하겠습니다.

먼저, 포물선의 움직임과 별개로 주인공을 좌우로 움직이는 처리부터 설명하겠습니다. `main()` 함수 안 67~70행에 다음 if문을 입력했습니다.

67~68행에서 주인공의 x좌표가 마우스 커서의 x좌표보다 크고, 동시에 x좌표가 30보다 크다면 pl_x의 값을 줄여서 왼쪽으로 이동합니다.

69~70행에서 주인공의 x좌표가 마우스 커서의 x좌표보다 작고, 동시에 x좌표가 `WIDTH-30`보다 작다면 `pl_x`의 값을 늘려서 오른쪽으로 이동합니다. (그림 A-5)

```
67        if pl_x>mouse_x and pl_x>30:
68            pl_x -= 12
69        if pl_x<mouse_x and pl_x<WIDTH-30:
70            pl_x += 12
```

마우스 커서의 x좌표 쪽으로 주인공을 이동시킨다

▲ 그림 A-5　주인공의 좌우 이동

x좌표가 **30**보다 큰지, **WIDTH-30**보다 작은지를 판정하는 이유는 주인공이 화면 좌우 밖으로 나가지 않도록 하기 위해서입니다.

```
71          if pl_jump==False:
72              fx = int(pl_x/SIZE)
73              if floor[fx]==0: # 구멍에 떨어졌나?
74                  scene = "게임 오버"
75                  timer = 0
76              if mouse_c==True:
77                  pl_yp = -60
78                  pl_jump = True
79          else:
80              pl_y += pl_yp
81              pl_yp += 6
82              if pl_y>=FLOOR_Y: pl_jump = False
```

다음으로 설명할 코드는 71~82행의 **if**문과 **y**좌표 계산으로 포물선 운동에 가까운 움직임을 표현하는 기능을 담당하고 있습니다.

pl_jump는 주인공이 점프하는 중일 때와 점프하지 않고 있을 때(바닥에 발을 딛고 있을 때)로 나누기 위한 플래그입니다. **pl_jump**가 **False**일 때 주인공은 바닥에 발을 딛고 있는 상태입니다. 이 때, 71~78행의 다음 두 가지 동작을 실행합니다.

주인공이 점프를 하지 않고 있을 때의 동작

① 73~75행에서 구멍에 떨어졌는지 판정하고, 떨어졌다면 게임 오버 화면으로 전환한다
② 76~78행에서 마우스 버튼이 눌렸는지 판정하고, 이 때 **pl_yp**를 **-60**으로, **pl_jump**를 **True**로 바꾸고 점프 동작으로 넘어간다

79~82행은 **else** 블록이 주인공이 점프를 하는 계산입니다. 여기에 **pl_y**에 **pl_yp** 값을 더하는 식과 **pl_yp**를 6 늘리는 식을 입력했습니다. 이 식들이 포물선을 표현하기 위한 계산입니다. 82행의 **if**문은 점프를 하고 정점에 도달하면 아래로 다시 떨어져 바닥에 닿았는지 판정합니다. 바닥에 닿으면 **pl_jump**에 **False**를 대입하고 점프 계산을 끝냅니다.

80~81행의 계산으로 **pl_y**와 **pl_yp**가 어떻게 변하는지 표 A-5로 정리했습니다. 표 A-5의 계산 횟수는 점프를 시작했을 때가 1번이고, 위로 점점 올라가는 계산을 2번, 3번, 4번… 로 계속하다가 21번 계산에서 다시 바닥으로 돌아간다는 것을 나타냅니다. (그림 A-6)

▼ 표 A-5 주인공의 y좌표와 y축 방향 변화량

계산 횟수	시작 값	1번	2번	3번	4번	5번	6번	7번	8번	9번	10번
y좌표(pl_y)	600	540	486	438	396	360	330	306	288	276	270
변화량(pl_yp)	-60	-54	-48	-42	-36	-30	-24	-18	-12	-6	0

계산 횟수	11번	12번	13번	14번	15번	16번	17번	18번	19번	20번	21번
y좌표(pl_y)	270	276	288	306	330	360	396	438	486	540	600
변화량(pl_yp)	6	12	18	24	30	36	42	48	54	60	66

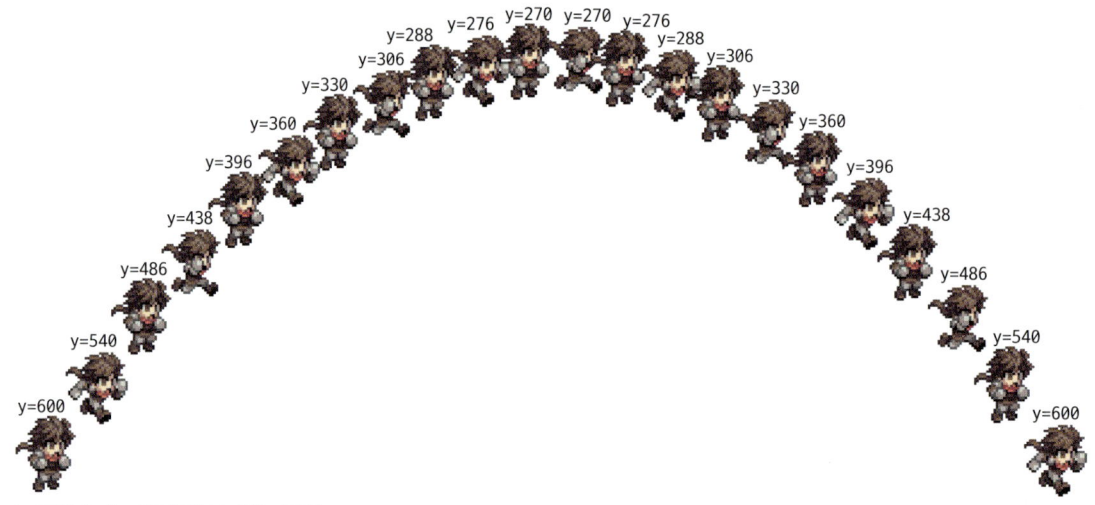

▲ 그림 A-6　주인공이 그리는 궤적

주인공 캐릭터가 바닥에 서 있을 때 y좌표 값은 600입니다. 이 600이라는 값은 5행에서 FLOOR_Y = 600으로 정의했습니다.

pl_yp에는 점프를 시작했을 때 -60을 대입합니다. pl_y에 pl_yp를 더하기 때문에 주인공의 y좌표는 60 줄어들고, 주인공은 화면 위쪽으로 이동합니다.

pl_y에 pl_yp를 계속 더하는 동시에 pl_yp에 6씩 더합니다. pl_yp의 값은 -60 → -54 →-48→ -42→ -36 →… 으로 6씩 늘어나며 0에 가까워집니다. 그래서 주인공은 위로 이동할수록 한번 계산할 때마다 변화하는 y좌표의 픽셀 수가 적어집니다. 즉, 처음엔 큰 폭으로 이동을 하지만 정점에 가까워질수록 y축 방향 움직임의 폭이 줄어듭니다.

표 A-5에서 10번과 11번 값을 확인해 봅시다. pl_y의 값이 270으로 이 때가 가장 높이 뛴 상태입니다.

정점에 도달한 후 pl_yp는 0→6→12→18→…. 으로 점점 늘어납니다. 이 값을 pl_y에 더하기 때문에 y좌표 값이 늘어나고, 주인공은 점점 빠르게 아래로 떨어집니다.

이 게임은 바닥이 오른쪽에서 왼쪽으로 자동으로 스크롤하기 때문에, 주인공이 오른쪽을 향해 달리는 것처럼 보입니다. 여기서 설명한 y축을 변화시키는 계산과 오른쪽으로 달리는 연출로 인해 캐릭터가 포물선을 그리며 점프하는 것 같이 보입니다.

y좌표를 대입할 변수와 y축 방향 변화량을 대입할 변수를 준비하는 게 포인트입니다. 이 계산으로 포물선 운동에 가까운 움직임을 쉽게 표현할 수 있습니다.

그렇구나~. 어려운 공식을 사용하지 않아도 변수 2개만으로 마리오처럼 점프하는 모습을 표현하는 게 대단해요!

(2) 주인공의 애니메이션

120~125행의 코드로 player라는 배열에 주인공의 이미지를 불러왔습니다. (표 A-6)

```
120  player = [
121      tkinter.PhotoImage(file="image/player0.png"),
122      tkinter.PhotoImage(file="image/player1.png"),
123      tkinter.PhotoImage(file="image/player0.png"),
124      tkinter.PhotoImage(file="image/player2.png")
125  ]
```

이미지는 3장인데 배열의 요소는 4개를 준비했네.

▼ 표 A-6 주인공 이미지를 불러온 배열

배열	player[0]	player[1]	player[2]	player[3]
파일명	player0.png	player1.png	player0.png	player2.png
이미지				

player[0]와 player[2]에는 같은 이미지를 불러왔습니다. 이 이미지들을 순서대로 표시하면 캐릭터가 달리는 것처럼 표현할 수 있습니다.

주인공 이미지는 48~49행에서 순서대로 표현해서 애니메이션 효과를 줍니다.

```
48      ani = int(timer/3)%4
49      cvs.create_image(pl_x, pl_y, image=player[ani])
```

ani = int(timer/3)%4로 변수 ani에 0~3 중 하나의 숫자를 대입합니다. cvs.create_image(pl_x, pl_y, image=player[ani])로 어떤 이미지를 표시할지를 ani로 지정합니다. 이 계산에 대해서 설명하겠습니다.

변수 timer의 값을 42행의 timer += 1로 1씩 늘립니다. timer는 0 → 1 → 2 → 3 → 4 → 5 → 6 → 7 → 8 → 9 → 10 → 11 → 12 → 13 → 14 → 15 → 16 → 17 → 18 → 19 → 20 → 21 → … 로 계속 늘어납니다.

int(timer/3)은 그 값을 3으로 나눈 정수이기 때문에 timer가 3 늘어날 때마다 0 → 1 → 2 → 3 → 4 → 5 → 6 → 7 → … 로 점점 늘어납니다.

int(timer/3)%4는 그 값을 4로 나눈 나머지이기 때문에 0 → 1 → 2 → 3 → 0 → 1 → 2 → 3 → … 으로 0부터 3까지 반복됩니다.

이 계산으로 주인공 이미지를 player[0] → player[1] → player[2] → player[3]의 순서로 표시해서 달리는 애니메이션을 표현합니다.

예를 들어 int(timer/3)%4를 int(timer/2)%4나, timer%4로 바꾸면 주인공의 움직임이 더 빨라집니다. 반대로 int(timer/10)%4와 같이 timer를 나누는 값을 크게 만들면 움직임이 느려집니다.

%는 나눗셈의 나머지를 구하는 연산자입니다. 이 책에서 몇 번 사용했습니다. %는 편리한 연산자이니 사용법을 꼭 익혀 둡시다.

A5 기능을 자세히 이해해 보자 ②
바닥과 구멍의 스크롤

다음으로, 스크롤하는 바닥을 어떻게 프로그래밍했는지 설명하겠습니다.

(1) 배열을 사용해 바닥을 만들자

주인공이 디딜 바닥의 상태를 배열로 관리합니다. 그 구조를 먼저 설명하겠습니다.

① 바닥의 유무를 배열에 대입한다

7~8행에서 BLOCKS = 50, floor = [1]*BLOCKS로 1차원 배열을 준비했습니다. 이렇게 입력하면 floor[0]부터 floor[49]까지 요소가 50개 생성됩니다.

floor[n]의 값은 그림 A-7과 같이, 1이면 블록이 있고 0이면 블록이 없는(구멍이 있는) 상태입니다.

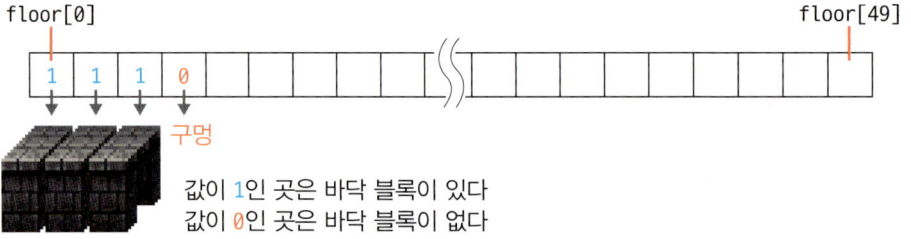

값이 1인 곳은 바닥 블록이 있다
값이 0인 곳은 바닥 블록이 없다

▲ 그림 A-7　바닥을 관리하는 배열

② 블록이 늘어선 바닥을 만든다

45~47행의 변수 i를 사용한 for문과 if문으로 floor[i]의 값을 확인하고 1이면 블록 이미지를 표시합니다.

```
45    for i in range(BLOCKS):
46        if floor[i]==1:
47            cvs.create_image(i*SIZE+SIZE/2, FLOOR_Y+56, image=block)
```

SIZE에는 6행에서 24를 대입했습니다. 이 값은 블록의 폭을 나타내는 픽셀의 개수입니다. 블록 이미지를 24픽셀마다 배치하면 바닥이 만들어집니다. (그림 A-8) 24픽셀마다 배치하기 위해 47행 create_image()의 x좌표 매개 변수에 i*SIZE+SIZE/2를 대입합니다.

24 픽셀

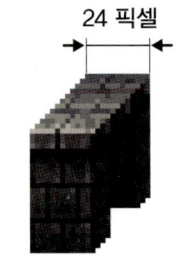

▲ 그림 A-8　바닥 블록의 폭

create_image()의 좌표 매개 변수는 이미지의 중심을 지정하므로 +SIZE/2를 대입합니다.

③ 좌표와 인덱스의 관계

주인공이 구멍으로 떨어지는 판정에 대해 설명하겠습니다.

주인공의 x좌표 값으로 주인공이 디디고 있는 바닥 배열의 인덱스를 계산하고 그 요소를 확인합니다. floor[주인공이 디딘 블록 번호]가 0이라면 그 위치에 구멍이 있기 때문에 게임 오버 처리로 넘어갑니다. 그 처리를 72~75행에 입력했습니다.

```
72          fx = int(pl_x/SIZE)
73          if floor[fx]==0: # 구멍에 떨어졌나?
74              scene = "게임 오버"
75              timer = 0
```

변수 fx가 주인공이 디딘 바닥 floor[]의 인덱스입니다. ②에서 설명한 대로 블록 1개의 폭은 24픽셀(SIZE의 값)입니다. 72행과 같이 주인공의 x좌표를 SIZE로 나눈 정수가 인덱스 번호가 됩니다.

8장에서 배운 슈팅 게임 '갤럭시 디펜더' 프로그램에서는 같은 방법으로 클릭한 좌표로 적을 관리하는 2차원 배열 인덱스를 구했습니다. 이 방법이 헷갈리는 분은 p.226을 복습합시다.

(2) 요소의 삭제와 추가를 이용해 바닥을 스크롤하자

바닥을 오른쪽에서 왼쪽으로 스크롤하는 기능에 대해 설명하겠습니다.

88행의 pop()이라는 명령으로 배열의 맨 앞 요소를 삭제하고 90행과 92행의 append()라는 명령으로 배열의 맨 끝에 새로운 요소를 추가합니다. 이 두 가지 명령을 사용해 배열 전체를 왼쪽으로 이동시켜 바닥을 움직이게 합니다. 이 구조를 그림으로 살펴봅시다. (그림 A-9)

pop(인덱스 번호)로 배열의 요소를 전부 삭제하고, append(데이터)로 배열의 맨 끝에 새로운 데이터가 들어간 요소를 추가할 수 있습니다.

pop()과 append()는 편리한 명령이구나.

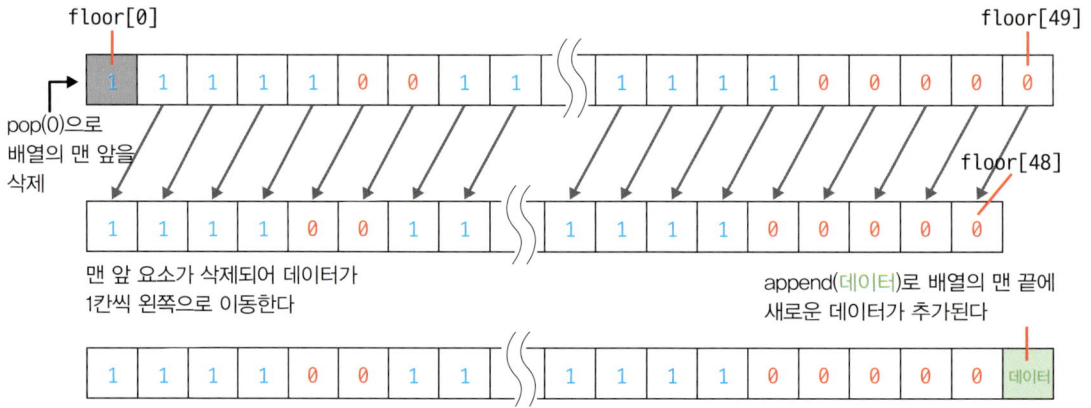

floor[0] ... floor[49]

pop(0)으로 배열의 맨 앞을 삭제

맨 앞 요소가 삭제되어 데이터가 1칸씩 왼쪽으로 이동한다

floor[48]

append(데이터)로 배열의 맨 끝에 새로운 데이터가 추가된다

▲ 그림 A-9 pop()과 append()로 배열의 요소를 이동시킨다

(3) 바닥에 구멍을 배치한다

83~93행에 골까지의 거리를 구하는 계산과 구멍을 배치하는 코드를 입력했습니다. 그 부분을 따로 설명하겠습니다.

```
83          dist -= 1
84          if dist==0:
85              scene = "게임 클리어"
86              timer = 0
87          if dist%30==0: space = random.randint(2, 12)
88          floor.pop(0)
89          if space==0:
90              floor.append(1)
91          else:
92              floor.append(0)
93              space -= 1
```

dist가 남은 거리를 나타내는 변수입니다. 게임을 시작할 때 **1000**을 대입하고 게임 플레이 중 **1**씩 줄여서 **0**이 되면 게임 클리어입니다.

87행에서 **dist**를 30으로 나눈 나머지가 **0**일 때 **space**라는 변수에 **2~12**의 난수를 대입했습니다. 이 난수는 블록을 몇 개 제외할 것인가(구멍의 폭이 얼마나 될 것인가)를 나타내는 값입니다.

88행의 **pop()** 명령으로 **floor[]**의 맨 앞 요소를 삭제했습니다. 90행, 92행의 **append()** 명령으로 **floor[]**의 맨 끝에 새로운 데이터를 추가했습니다. 이 때 89행의 **if**문으로 **space**가 **0**이라면 블록(값 1)을 추가하고, 91행의 **else**로 **space**가 **0**보다 크다면 구멍(값 0)을 추가하고 **space**를 1 줄입니다. 이러면 거리가 30 줄어들 때마다 블록 **2~12**칸 분량의 구멍이 배치됩니다.

floor[n]이 1이라면 블록이 있고, 0이면 블록이 없어서 구멍이라는 거네요. 배열로 데이터를 처리하는 방법을 이해했어요!

대단해요. 배열로 데이터를 잘 다룰 수 있다면 다양한 처리를 구현할 수 있어요.

특별 부록 **B**

3D 던전 탐색 프로그램으로
배워 보자

> 파이썬 파크에 3D 던전
> 어트랙션이 생겼대.

> 심심한데, 가 볼까.

두 번째 특별 부록은 3D로 표현된 미로를 탐색하는 프로그램입니다. 레이캐스팅이라는 기술로 컴퓨터 안에 3차원 공간을 표현합니다.

Contents

B-1	게임 내용
B-2	레이캐스팅
B-3	프로그램을 살펴보자
B-4	프로그램을 전체적으로 뜯어 보자
B-5	동작을 자세히 알아보자
B-6	3차원 공간 표현 방법을 이해해 보자
COLUMN	나만의 미로를 만들어 보자

B ① 게임 내용

이 특별 부록의 프로그램은 3차원 컴퓨터 그래픽(CG)으로 표현된 미로를 탐색해 출구를 찾는다는 내용입니다. 게임 타이틀은 '라비린스 익스플로러'입니다. 먼저 라비린스 익스플로러의 개요를 살펴봅시다.

(1) 3D 게임

게임 영상 표현은 2D(2차원)와 3D(3차원)로 나눕니다.

물체를 3D 그래픽으로 표현하는 데에는 다양한 방법이 있습니다. 그 중 대표적인 3가지를 설명하겠습니다.

> 게임 그래픽은 크게 2D 와 3D로 나뉘지만 이 외에도 이 책 맨 앞에 나온 퀴즈처럼 텍스트로 만든 게임과 영상이 아닌 소리만으로 플레이하는 게임도 있습니다.

3D 그래픽을 표현하는 방법(대표적인 3가지)

방법 ①

모델 데이터(사람이나 물체의 외관 데이터)와 그 모델의 움직임을 지정하는 모션 데이터를 이용해 3차원 영상을 컴퓨터 화면에 표시한다. 이 방법은 프로그램 개발 환경이나 라이브러리로 모델 데이터를 3차원 영상으로 변환하기 때문에 프로그래머는 모델을 불러오는 명령. 모델을 표시하는 명령, 카메라 위치를 설정하는 명령 등을 입력한다. (3D를 만드는 알고리즘을 프로그래밍할 필요가 없다)

대표 예시 SQUARE ENIX 'FINAL FANTASY VII REMAKE' https://www.jp.square-enix.com/ffvii_remake/

방법 ②

3차원 공간을 만들기 위한 계산 처리를 프로그램으로 입력하고 도형을 표시하는 명령으로 물체를 3차원 영상으로 표시한다. 즉, 3D를 표시하는 알고리즘을 프로그래밍한다. 이걸 위해선 공간 좌표 같은 3차원 공간 지식과 3차원 입체를 2차원 영상으로 변환하는 계산하기 위한 수학 지식이 필요하다.

대표 예시 GAME ARTS 'SILPHEED' https://www.gamearts.co.jp/ja/products/pc-silpheed.html

방법 ③

일러스트나 도트와 같은 2차원 이미지를 확대, 축소나 변형, 크기를 변화하는 등 3차원처럼 보이게 영상을 표현한다. 이 방법으로 표현된 컴퓨터 그래픽을 유사 3D라고 부르는 경우도 있다. 이 방법은 ②에 비해 어려운 지식이 필요하지 않지만, 실제 3D가 아닌 3D처럼 보이게 하는 표현 기술이다.

대표 예시 닌텐도 슈퍼패미컴 'F-ZERO' https://www.nintendo.co.jp/clvs/soft/f_zero.html

PC, 스마트폰, 게임기 등으로 발매된 게임의 대다수는 방법 ①을 사용합니다. ①은 3D를 만드는 알고리즘을 만들 필요가 없습니다. 반면 ②나 ③은 3차원 영상을 만들기 위한 처리를 직접 프로그래밍해야 합니다.

(2) 라비린스 익스플로러의 3D 표현 방법

라비린스 익스플로러는 레이캐스팅이라는 방법을 통해 3차원 공간을 표현합니다. 사각형을 표시하는 명령만으로 입체적인 미로를 만들며, 모델 데이터나 영상은 사용하지 않습니다.

레이캐스팅을 이용한 3D 표현 방법은 ②로 분류되지만, 이 특별 부록의 프로그램은 간단한 계산으로 3차원 공간을 표현하기 때문에 방법 ③도 어느정도 사용한다고 할 수 있습니다.

레이캐스팅에 대해서는 챕터 B-2에서 개요를 설명하고 B-6에서 그 알고리즘에 대해 자세히 설명하겠습니다.

많은 분늘이 이해하실 수 있도록 라비린스 익스플로러의 프로그램은 가능한 쉽게 입력했으며 간단한 계산으로 3차원 공간을 표현했습니다.

(3) 실행해 보자

AppendixB 폴더 안에 있는 labyrinth_explorer.py를 IDLE로 열어 실행하면 그림 B-1과 같은 화면이 나옵니다.

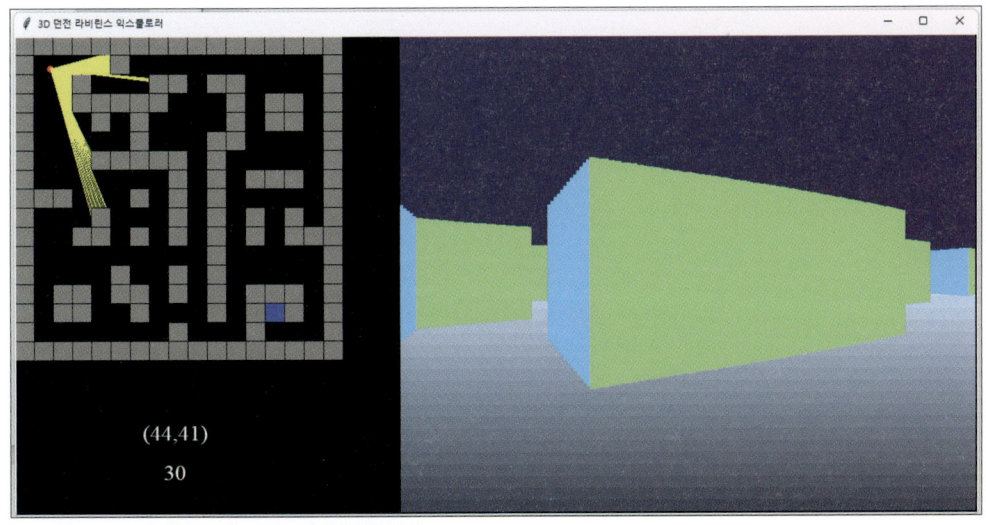

▲ 그림 B-1　라비린스 익스플로러의 실행 화면

화면 오른쪽이 당신(플레이어)이 있는 곳에서 보이는 풍경입니다. 화면 왼쪽은 미로 전체가 2차원 지도로 표시되어 있습니다. 지도 위에 있는 빨간색 점이 당신이 있는 위치입니다. 노란색 선은 시선이 닿는 곳에 벽이 있는지 계산할 때 사용하는 선입니다. 이 선은 원래 표시할 필요는 없지만 프로그램 내용을 이해하기 쉽게 표시했습니다. 챕터 B-6에서 이 선의 의미를 설명하겠습니다.

라비린스 익스플로러의 조작 설명 (그림 A)

- 방향키 ← 를 누르면 왼쪽으로, → 를 누르면 오른쪽으로 방향을 바꿉니다. 키를 누를 때마다 10도씩 방향이 바뀝니다.
- ↑ 키를 누르면 앞으로 전진하고, ↓ 를 누르면 후진합니다. 후진은 방향을 바꾸지 않고 뒷걸음치듯 이동합니다.

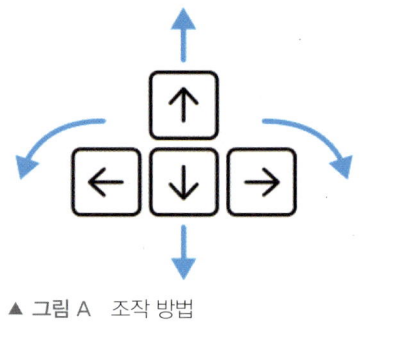

▲ 그림 A   조작 방법

골에 도착하면 '축하합니다! 골에 도착했습니다.' 라고 표시됩니다. 이 때 실시간 처리가 끝나고 윈도가 표시된 채로 키 입력을 할 수 없게 됩니다. 골에 도착하면 윈도의 X버튼으로 종료합시다.

레이캐스팅으로 3D 표현을 하기 위해서는 몇가지 계산이 필요합니다. 이 책에서는 **시선이 닿는 곳에 있는 미로의 벽까지의 거리를 계산해서 그 값에서 벽의 높이를 변경해 표시하는 방법으로 3차원 공간을 표현**했습니다. 이 방법은 레이캐스팅 기법 중 가장 기초적인 계산입니다. 다음 절에서 레이캐스팅의 개요를 설명하겠습니다.

게임 타이틀의 라비린스(labyrinth)는 미로라는 뜻입니다. 롤플레잉 게임 세상에서 탐험하는 미로를 던전(dungeon)이라고 부르죠. 던전이란 원래 성 안에 있는 지하 감옥을 가리키는 말입니다. 미로를 나타내는 다른 말로 메이즈(maze)도 있죠.

화면 왼쪽이 전체 지도, 오른쪽이 내 시점에서 본 미로를 탐색하는 게임이네요. 왠지 두근거려요!

B 2 레이캐스팅

레이캐스팅의 알고리즘을 살펴봅시다.

(1) 레이캐스팅이란?

레이캐스팅이란 영어로 ray casting입니다. ray는 광선, cast는 던지다, 보내다는 뜻을 가졌습니다. **레이캐스팅** 이란 영어의 뜻 그대로 시선에서 광선을 보내 그 광선이 닿는 위치에 있는 물체까지의 거리를 구한 뒤, 물체의 형태를 구하거나 입체를 표현하는 기법입니다

레이캐스팅의 알고리즘은 실제로 빛을 쏘는 것이 아니라 그림 B-2와 같이 시선에서 무수한 광선을 쏘는 것처럼 계산해서 물체의 각 부분까지의 거리를 구합니다. 그리고 그 거리 값을 사용해 물체를 3차원 영상으로 표현합니다.

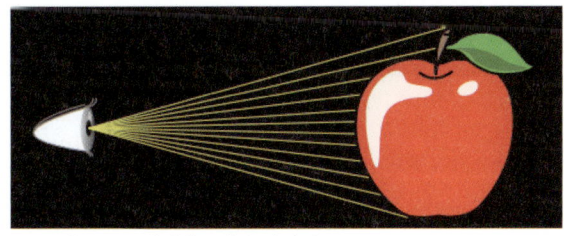

▲ 그림 B-2　레이캐스팅의 이미지

사과와 같은 입체를 표현하기 위해서는 어려운 계산이 필요하지만 미로와 같은 공간을 만드는 계산은 그렇게 어렵지 않습니다. 다음에서 미로를 만드는 구체적인 방법을 설명하겠습니다.

우리는 사과를 볼 때 그 전체적인 모습을 알 수 있지만, 컴퓨터라는 하드웨어는 이를 알 수 있는 기능이 없습니다. 이런 기능은 소프트웨어(프로그램)으로 구현합니다.

컴퓨터가 물체의 전체적인 모습을 알 수 있는 방법 중에 하나가 레이캐스팅인 거군요!

(2) 3차원 미로를 만드는 법

레이캐스팅으로 3차원 미로를 만드는 순서는 다음과 같습니다. (그림 B-3)

레이캐스팅으로 3차원 미로를 그리기

① 미로 데이터를 정의한다. 이 책에서는 그 데이터에 통로는 0, 벽은 9라는 값을 대입해서 2차원 배열로 정의했다
② 미로 안 어디에 플레이어가 있는지(좌표)를 대입할 변수와 플레이어의 방향(각도)를 대입할 변수를 준비한다

③ 플레이어의 위치에서 시선이 닿는 곳으로 여러 개의 광선을 쏜다. 광선이란 계산 방법을 비유한 표현이다. 광선은 왼쪽에서 오른쪽(혹은 오른쪽에서 왼쪽)으로 보이는 범위에 있는 벽까지의 거리를 계산한다
④ 광선이 벽에 도달하는 거리에 따라 광선이 닿는 벽 부분의 높이를 계산하고 벽을 표현한다 (계산 방법은 챕터 B-3에서 설명한다)

① 미로의 데이터를 정의한다

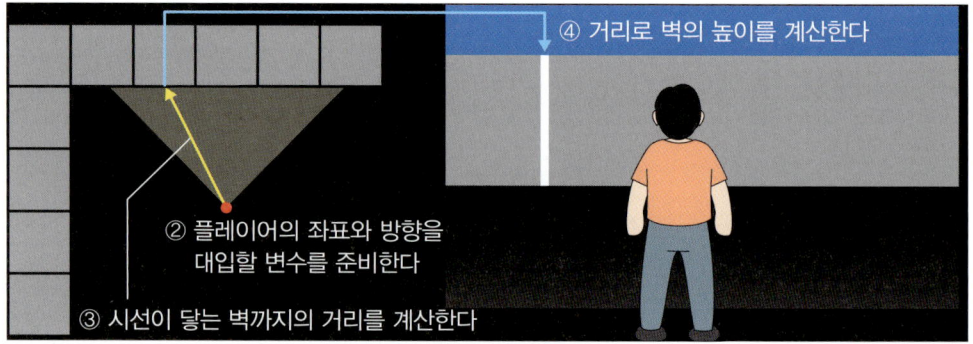

▲ 그림 B-3 미로 데이터에서 벽까지의 거리를 구하고 벽을 표시한다

멀리 있는 물체는 작게 보이고, 가까이 있는 물체는 크게 보입니다. 벽 높이의 경우, 멀리 있는 벽은 낮게(세로로 짧게), 가까이 있는 벽은 높게(세로로 길게) 보입니다. 벽을 표시할 때 거리 값에 따라 높이가 정해집니다. 이렇게 하면 보이는 풍경이 입체적으로 표현됩니다. 프로그램을 확인하면서 이 계산 방법을 배워 봅시다.

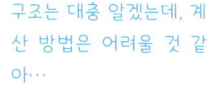

구조는 대충 알겠는데, 계산 방법은 어려울 것 같아…

걱정하지 마세요. 일단 '가까운 벽은 높게, 먼 벽은 낮게 보인다', '거리에 따라 벽의 높이를 다르게 표시한다' 이 두 가지만 이해하고 넘어갑시다.

MEMO

레이트레이싱

레이캐스팅에서 발전한 **레이트레이싱**이라는 알고리즘이 있습니다. <mark>레이트레이싱</mark>은 시선이 닿는 물체 표면의 빛의 반사율[1], 그 물체의 투명도나 굴절률[2], 광원의 위치(빛이 어디에서 오는가), 관측하는 물체와 광원 사이를 가로막는 물체가 있는가, 주위에 어떤 빛이 비치는가 등 공간 안 빛의 경로를 모두 추적해서 이를 통해 다양한 값을 구해 물체 표면의 색을 정하는 3D 기법입니다.

시선이 닿는 물체까지의 거리만으로 3D를 간단하게 표현하는 레이캐스팅에 비해 레이트레이싱의 알고리즘은 물체의 색이나 질감, 음영을 충실하게 구현한 사실에 가까운 3D를 표현할 수 있습니다.

1 예를 들어 거울처럼 100%에 가깝게 빛을 반사하는지, 아니면 종이처럼 일부 성분만 반사하는지.

2 예를 들어 도자기 그릇인지, 유리 그릇인지.

프로그램을 살펴보자

이어서 프로그램의 개요를 확인해 봅시다.

(1) AppendixB 폴더에 있는 py 파일

AppendixB 폴더에는 다음 2개의 py 파일이 들어있습니다. (그림 B-4)

- labyrinth_explorer.py → 3차원 공간을 표현하고 그 안을 탐색하는 처리를 담당하는 프로그램
- maze_data1.py → 미로 데이터를 징의한 프로그램

labyrinth_explorer.py

| 3D 표현
미로 내 이동 등 | 필요한
데이터를
가져온다 | 미로 데이터 |

maze_data1.py

3차원 공간을 표현하는 프로그램과 미로 데이터를 정의한 파일로 이루어져 있습니다.

▲ 그림 B-4 두 프로그램의 역할

라비린스 익스플로러는 labyrinth_explorer.py에서 maze_data1.py의 데이터를 불러오는 식으로 구성되어 있습니다.

(2) 프로그램 확인 ① - labyrinth_explorer.py

3차원 공간 풍경을 계산해서 표현하는 labyrinth_explorer.py부터 살펴봅시다. (코드 B-1)

▼ 코드 B-1 labyrinth_explorer.py

```
01 import tkinter
02 import math
03 import maze_data1
04
05 WIDTH, HEIGHT = 1200, 600
06 MAZE = maze_data1.DATA
07 ROW, COL, SIZE, COLOR1, COLOR2 = maze_data1.get_param()
08 pl_x, pl_y, pl_a = maze_data1.init_player()
09 WALL = 9
10 FNT = ("Times New Roman", 20)
11
```

	설명
01	tkinter를 불러온다
02	math를 불러온다
03	maze_data1을 불러온다
05	화면의 폭과 높이를 정의
06	미로의 구성을 참고할 배열
07	미로의 각종 데이터를 대입
08	플레이어의 좌표와 방향
09	벽 데이터 번호를 정의
10	폰트를 정의

```python
12  def wall(x, y): # 벽 판정
13      ax, ay = int(x/SIZE), int(y/SIZE)
14      if MAZE[ay][ax]==WALL: return True
15      return False
16
17  def pkey(e): # 키 입력 (플레이어 이동)
18      global pl_x, pl_y, pl_a
19      key = e.keysym
20      if key=="Left": pl_a -= 10
21      if key=="Right": pl_a += 10
22      if pl_a<0: pl_a += 360
23      if pl_a>359: pl_a -= 360
24      s = 0
25      if key=="Up": s = 1
26      if key=="Down": s = -1
27      if s!=0:
28          xp = s*math.cos(math.pi*pl_a/180)
29          yp = s*math.sin(math.pi*pl_a/180)
30          for i in range(5):
31              if wall(pl_x+xp, pl_y+yp): break
32              pl_x += xp
33              pl_y += yp
34
35  def draw_3d_space(sx, sy, sa): # 3차원 공간 계산
36      cvs.create_rectangle(480, 0, 1200, 300, fill="navy", outline="")
37      for i in range(20): # 바닥 표시
38          col = "#{:02x}{:02x}{:02x}".format(192-8*i, 224-8*i, 255-8*i)
39          cvs.create_rectangle(480, 300+15*i, 1200, 300+15*(i+1), fill=col, outline="")
40      wall_w = 4
41      wall_x = 482
42      wall_y = 300
43      rd = -45
44      for i in range(180):
45          rx, ry = sx, sy
46          xp = math.cos(math.pi*(sa+rd)/180)/5
47          yp = math.sin(math.pi*(sa+rd)/180)/5
48          while wall(rx, ry)==False:
49              rx += xp
50              ry += yp
51          cvs.create_line(sx, sy, rx, ry, fill="yellow")
52          dis = math.sqrt((rx-sx)**2 + (ry-sy)**2) * math.cos(math.pi*rd/180)
53          wall_h = 8000/dis
54          if wall_h>HEIGHT: wall_h = HEIGHT
55          col = COLOR1
56          if wall(rx-0.5, ry)==False or wall(rx+0.5, ry)==False:
57              col = COLOR2
58          cvs.create_rectangle(wall_x-wall_w/2, wall_y-wall_h/2, wall_x+wall_w/2, wall_
    y+wall_h/2, fill=col, outline="")
59          wall_x += wall_w
60          rd = rd + 0.5
61
62  COLOR = ["black", "blue", "black", "black", "black", "black", "black", "black",
    "black", "gray"]
63
64  def draw_2d_map(): # 2차원 지도를 표시
65      for y in range(ROW):
66          for x in range(COL):
67              X, Y = x*SIZE, y*SIZE
68              cvs.create_rectangle(X, Y, X+SIZE, Y+SIZE, fill=COLOR[MAZE[y][x]])
```

벽이 있는지 판정하는 함수
뒤에서 자세히 설명

키를 눌렀을 때 불러올 함수
플레이어의 방향을
변경하거나 전진, 후진을 담당

뒤에서 자세히 설명

3차원 공간을 표현하는 함수
레이캐스팅을
사용한 계산으로 입체적인
미로를 표현한다

뒤에서 자세히 설명

지도에 표시할 색을 정의

지도를 표시하는 함수
2중 반복문 for문으로
2차원 지도를 표시

뒤에서 자세히 설명

```
69    cvs.create_oval(pl_x-5, pl_y-5, pl_x+5, pl_y+5, fill="red")
70    cvs.create_text(200, 500, text="("+str(int(pl_x))+","+str(int(pl_y))+")",
font=FNT, fill="white")
71    cvs.create_text(200, 550, text=pl_a, font=FNT, fill="white")
72
73 def main(): # 메인 처리
74    cvs.delete("all")
75    draw_2d_map()
76    draw_3d_space(pl_x, pl_y, pl_a)
77    if MAZE[int(pl_y/SIZE)][int(pl_x/SIZE)]==1:
78        cvs.create_text(WIDTH/2, HEIGHT/2, text="축하합니다!\n골에 도착했습니다.",
font=FNT, fill="white")
79        return
80    root.after(50, main)
81
82 root = tkinter.Tk()
83 root.title("3D 던전 라비린스 익스플로러")
84 root.bind("<Key>", pkey)
85 cvs = tkinter.Canvas(width=WIDTH, height=HEIGHT, bg="black")
86 cvs.pack()
87 main()
88 root.mainloop()
```

코드	주석
69–71	메인 처리를 담당하는 함수
73	표시한 것을 모두 삭제
74	표시한 것을 모두 삭제
75	지도를 표시
76	3차원 공간을 표시
77	골에 도착했는지 판정
78	도착했다면 메시지를 표시
79	함수에서 빠져나간다
80	main()을 실시간으로 실행
82	윈도를 만든다
83	타이틀을 지정
84	이벤트 발생시 불러올 함수
85	캔버스를 준비
86	캔버스를 배치
87	main() 함수를 불러온다
88	윈도 처리를 시작

(3) 프로그램 확인 ② – maze_data1.py

미로를 정의한 **maze_data1.py**를 확인하겠습니다. (코드 B-2) 이 파일에는 다음 2가지가 들어있습니다.

- 미로의 구조가 입력된 2차원 배열
- 미로의 크기나 색을 반환하는 함수와 플레이어의 초기 좌표, 방향을 반환하는 함수

▼ **코드 B-2** maze_data1.py

```
01 DATA = [
02    [9,9,9,9,9,9,9,9,9,9,9,9,9,9,9,9,9,9],
03    [9,0,0,0,0,9,0,0,0,0,0,0,0,0,0,0,0,9],
04    [9,0,0,9,0,0,0,9,9,0,9,9,0,0,0,0,0,9],
05    [9,0,0,9,9,9,9,9,0,0,0,9,0,9,9,0,0,9],
06    [9,0,0,9,0,0,9,0,0,0,9,0,9,9,0,0,9],
07    [9,0,0,0,0,0,0,0,9,0,9,0,0,0,0,0,9],
08    [9,0,0,9,0,9,0,9,0,0,9,0,0,0,0,0,9],
09    [9,0,0,0,0,0,0,0,9,0,0,9,0,9,9,0,9],
10    [9,9,9,0,0,0,0,0,9,0,9,9,0,0,9,0,9],
11    [9,0,0,0,9,0,0,0,9,0,0,9,0,0,0,9],
12    [9,0,0,9,0,9,0,9,0,9,0,0,9,9,9,9],
13    [9,0,0,0,0,0,0,0,9,0,0,0,0,0,0,9],
14    [9,0,0,0,9,0,0,9,0,9,0,0,0,0,0,9],
15    [9,0,9,9,9,9,0,9,0,9,0,9,9,9,0,9],
16    [9,0,9,9,9,9,0,9,0,9,1,9,0,9],
17    [9,0,0,0,0,0,0,9,0,0,9,0,0,0,9],
18    [9,9,9,9,9,9,9,9,9,9,9,9,9,9,9,9,9]
19 ]
20
```

코드	주석
01–19	미로의 구조

```
21  # 행의 수, 열의 수, 1 칸의 크기, 가로 방향 벽의 색, 세로 방향 벽의 색을 반환
22  def get_param():
23      return len(DATA), len(DATA[0]), 24, "#40c0ff", "#80ff80"          ⌐ 함수1
                                                                          ⌐ 뒤에서 자세히 설명
24
25  # 플레이어의 초기 위치와 방향을 반환
26  def init_player():
27      return 36, 36, 0                                                 ⌐ 함수2
                                                                          ⌐ 뒤에서 자세히 설명
```

1~19행의 2차원 배열로 미로의 구조를 정했습니다. 값 **0**이 통로, **1**이 골, **9**가 벽입니다.

22~23행에 미로의 행의 수, 열의 수, 통로나 벽 1칸의 크기, x축과 평행한 벽의 색, y축과 평행한 벽의 색을 반환하는 **get_param()**이라는 함수를 정의했습니다. 또, 26~27행에 플레이어의 초기 좌표와 방향을 반환하는 **init_player()**라는 함수를 정의했습니다. 이 함수들에 대한 내용은 챕터 B-5에서 자세히 설명하겠습니다.

(4) maze_data1.py를 임포트한다

라비린스 익스플로러는 labyrinth_explorer.py에 maze_data1.py를 불러와서(**코드 B-1의 3행**) 미로의 데이터를 labyrinth_explorer.py에서 참조했습니다. (**코드 B-1의 6행**) 또, maze_data1.py에 정의한 함수를 labyrinth_explorer.py에서 불러와서 필요한 값을 가져왔습니다. (**코드 B-1의 7~8행**)

 **MEMO**

Python의 모듈

이 책 8장에서는 **tkinter**, **random**, **math** 등 Python에 기본으로 탑재된 모듈(표준 라이브러리)를 사용해서 게임을 만들었습니다. 하지만 코드B-2의 **maze_data1.py**와 같이 Python 모듈을 직접 만들 수 있습니다. 예를 들어 게임을 만들 때 필요한 함수를 직접 프로그래밍해서 **game_func.py**라는 파일로 저장했다고 합시다. 새로운 게임을 만들 때 프로그램의 맨 앞에 **import game_func**라고 입력해 game_func.py를 가져와서 직접 정의한 함수를 사용할 수 있습니다. (**그림 B**)

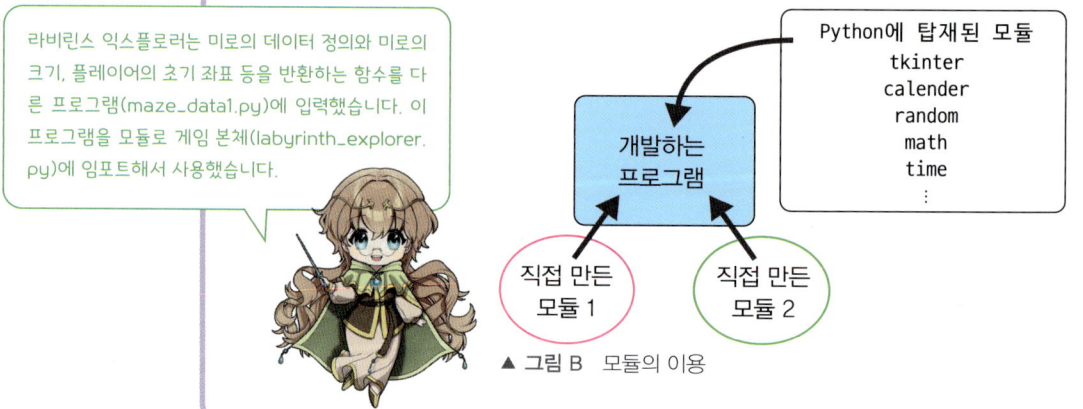

라비린스 익스플로러는 미로의 데이터 정의와 미로의 크기, 플레이어의 초기 좌표 등을 반환하는 함수를 다른 프로그램(maze_data1.py)에 입력했습니다. 이 프로그램을 모듈로 게임 본체(labyrinth_explorer. py)에 임포트해서 사용했습니다.

▲ 그림 B 모듈의 이용

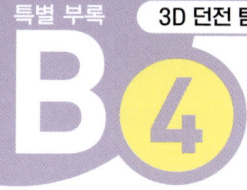

프로그램을 전체적으로 뜯어 보자

라비린스 익스플로러의 동작 순서, 사용된 변수와 배열, 정의한 함수에 대해 설명하겠습니다.

(1) 동작 순서

동작 순서를 플로우 차트로 나타냈습니다. (그림 B-5) main() 함수에서 이 동작을 담당하고 있습니다.

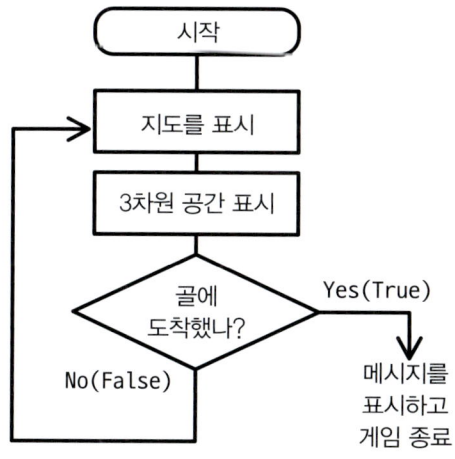

▲ 그림 B-5 게임 플레이 중의 동작 순서

라비린스 익스플로러의 main() 함수는 고작 8줄입니다. main()에서 지도를 표시하는 함수와 3차원 공간을 표시하는 함수를 불러왔습니다.

플레이어의 방향을 바꾸고, 앞뒤로 움직이는 처리는 키를 눌렀을 때 불러오는 함수가 담당합니다.

(2) 변수와 배열

이 프로그램에서 사용한 변수와 배열을 확인하겠습니다. (표 B-1)

영어로 행은 row, 열은 column이라고 합니다. ROW와 COL은 영단어를 줄인 변수명입니다.

▼ 표 B-1 선언한 변수, 배열

변수명	용도
WIDTH, HEIGHT	게임 화면의 크기(픽셀 수)를 정의 (상수로 사용)
MAZE[][]	미로의 데이터(maze_data1.py에서 정의한 2차원 배열을 참조)
ROW, COL	미로의 행과 열의 수 (상수로 사용)
SIZE	미로 한 칸의 크기 (지도 한 칸의 픽셀 수. 상수로 사용)
COLOR1, COLOR2	3차원 공간의 벽을 표현할 색 (상수로 사용) COLOR1은 x축 방향 벽의 색, COLOR2는 y축 방향 벽의 색
pl_x, pl_y, pl_a	플레이어의 좌표, 방향

그림 B-6을 보며 설명하겠습니다.

pl_x, pl_y에는 미로 안에서 플레이어가 있는 위치(좌표)를 대입합니다. 미로의 왼쪽 위 모서리를 원점(0, 0)이라고 합니다.

pl_a에는 플레이어가 어디를 바라보는지 그 방향을 대입합니다. 방향은 각도를 대입합니다. 동쪽 (2차원 지도상에서 오른쪽 방향)이 0도, 시계 방향으로 점점 값이 늘어나 한바퀴를 돌면 360도가 됩니다.

수학에서는 y축 위쪽을 기준으로 반시계 방향으로 각도를 세지만, 컴퓨터에서는 일반적으로 y축 아래쪽을 기준으로 하기 때문에 각도도 시계 방향으로 셉니다.

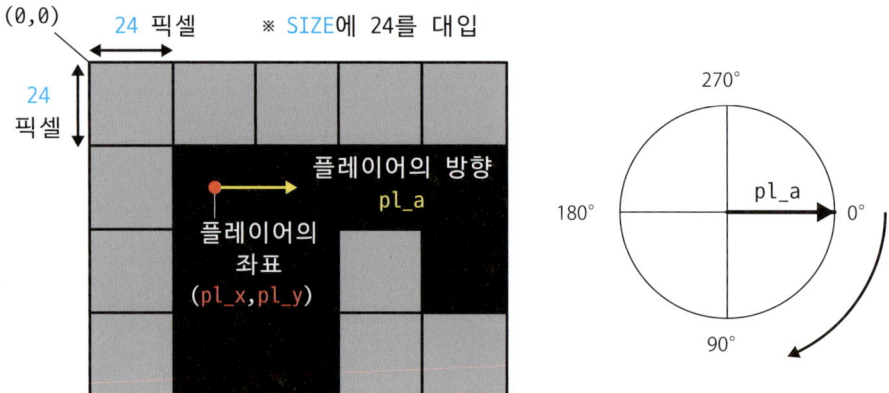

▲ 그림 B-6　플레이어의 좌표와 방향을 대입한 변수 (pl_x, pl_y, pl_a)

(3) 정의한 함수

다음으로, 정의한 함수를 확인하겠습니다. (표 B-2)

▼ 표 B-2　정의한 함수

함수명	역할
wall(x, y)	매개 변수 (x, y) 위치가 벽인지 판정하는 함수
pkey(e)	키를 눌렀을 때 불러오는 함수 플레이어의 방향과 좌표를 변경한다. 자세한 내용은 챕터 B-5에서 설명
draw_3d_space(sx, sy, sa)	3차원 공간을 계산해서 표현하는 함수. 자세한 내용은 챕터 B-6에서 설명
draw_2d_map	2차원 지도를 표시하는 함수. 자세한 내용은 챕터 B-5에서 설명
main()	메인 처리를 담당하는 함수

함수를 5개 정의했네요. 그 중에 draw_3d_space() 함수가 제일 중요해 보이는데요?

맞아요. 3차원 미로를 표현하기 위한 함수예요. B-5, B-6에서 이 함수들이 담당하는 처리를 확인해 볼게요.

(4) 삼각 함수

라비린스 익스플로러에는 삼각 함수를 사용한 계산식이 들어있습니다. 다음 절부터 프로그램을 자세히 살펴보는데, 3차원 공간을 표현하는 계산을 이해하기 위해서는 삼각 함수에 대한 지식이 필요합니다. 여기서 삼각 함수의 기본을 알아봅시다.

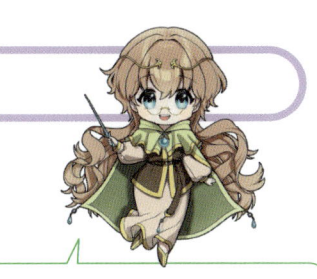

삼각형의 각의 크기와 변의 길이를 나타내는 함수가 <mark>삼각 함수</mark>입니다. 그림 B-7에서 $\sin\theta = \dfrac{y}{r}$, $\cos\theta = \dfrac{x}{r}$, $\tan\theta = \dfrac{y}{x}$로 정의한 것이 삼각 함수입니다.

삼각 함수는 고등학교 수학에서 배웁니다. 삼각 함수를 처음보는 분도, 배웠지만 까먹은 분도 여기서 기본을 익혀 둡시다.

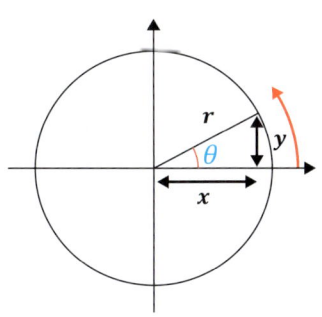

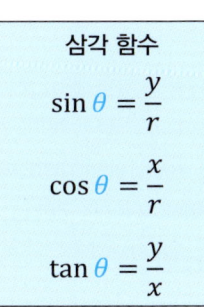

삼각 함수
$$\sin\theta = \frac{y}{r}$$
$$\cos\theta = \frac{x}{r}$$
$$\tan\theta = \frac{y}{x}$$

$(x,\ y)$는 반지름이 r인 원주 위의 좌표입니다.

어려울 것 같지만, 열심히 익혀 볼게요!

▲ 그림 B-7 삼각 함수의 공식

그림 B-7은 수학에서 배운 내용에 맞춰 y축 방향 위쪽을 기준으로 각도를 반시계 방향으로 셉니다.

사인(sin)과 코사인(cos)의 값은 -1부터 1 사이에서 변화합니다. 탄젠트(tan)는 $-\infty$부터 $+\infty$사이에서 변화합니다. ∞는 무한대를 나타내는 기호입니다. θ가 0도에서 90에 가까워질수록 $\tan\theta$는 0부터 시작해 양의 무한대에 가까워집니다.

Python에서 삼각 함수를 사용하기 위해서는 `math` 모듈을 임포트해야 합니다. 그리고 `math.sin(각도)`, `math.cos(각도)`, `math.tan(각도)`로 각 삼각 함수의 값을 구할 수 있습니다.

각도의 매개 변수에서 주의할 점이 있습니다. 이 함수들의 매개 변수에는 각도가 아닌 라디안이라는 단위의 값을 대입합니다. 라디안이란 각도를 나타내는 단위 중 하나입니다. 각도와 라디안의 관계는 표 B-3과 같습니다.

▼ 표 B-3 각도와 라디안의 관계

각도	0°	90°	180°	270°	360°
라디안	0	$\dfrac{\pi}{2}$	π	$\dfrac{3}{2}\pi$	2π

π는 원주율입니다.

각도를 라디안으로 변환하기 위해서는 $\boldsymbol{\pi \times 각도 \div 180}$라는 식으로 계산합니다.

B5 동작을 자세히 알아보자

이어서, 라비린스 익스플로러의 동작을 자세히 알아봅시다.

(1) maze_data1.py에서 데이터를 불러온다

labyrinth_explorer.py는 maze_data1.py와 세트로 작동하는 프로그램입니다. maze_data1.py에 정의한 데이터를 labyrinth_explorer.py에서 불러오는 구조를 가지고 있기 때문입니다. 그 방법에 대해서 설명하겠습니다.

labyrinth_explorer.py의 3행에서 maze_data1.py를 임포트했습니다.

```
03 import maze_data1
```

maze_data1.py에서 정의한 미로 데이터를 처리하기 위해 labyrinth_explorer.py의 6행에서 MAZE라는 배열을 선언했습니다. MAZE = maze_data1.DATA라고 입력해서 maze_data1.py에 있는 DATA[행][열]의 내용을 참조할 수 있는 MAZE[행][열]이라는 2차원 배열을 만들었습니다.

7~8행으로 maze_data1.py에서 정의한 함수를 불러와서, 미로가 몇 칸으로 이루어져 있는지, 한 칸의 크기, 벽의 색, 플레이어의 초기 좌표와 방향을 가져와 변수에 대입했습니다.

```
06 MAZE = maze_data1.DATA
07 ROW, COL, SIZE, COLOR1, COLOR2 = maze_data1.get_param()
08 pl_x, pl_y, pl_a = maze_data1.init_player()
```

SIZE에 대입하는 값은 화면 왼쪽 2차원 지도를 표시할 때 벽 하나, 바닥 하나 만큼의 픽셀 수가 됩니다. 구체적으로 SIZE에 24를 대입했습니다.

(2) maze_data1.py의 함수

labyrinth_explorer.py의 7~8행으로 가져온 값을 확인하기 위해, 여기서 일단 maze_data1.py를 에디터로 열어서 프로그램을 살펴봅시다. maze_data1.py에는 get_param()과 init_player()라는 두 가지 함수가 있습니다.

① get_param() 함수 (22, 23행)

이 함수는 21행의 주석처럼 미로의 행 수(y 방향으로 몇 칸인가), 열 수 (x 방향으로 몇 칸인가), 한 칸의 크기, x축 방향 벽의 색, y축 방향 벽의 색을 반환합니다.

```
21 # 행의 수, 열의 수, 1 칸의 크기, 가로 방향 벽의 색, 세로 방향 벽의 색을 반환
22 def get_param():
23     return len(DATA), len(DATA[0]), 24, "#40c0ff", "#80ff80"
```

3차원 공간을 표현할 때, 벽 방향에 따라 밝은 하늘색과 밝은 초록색으로 벽을 각각 표시합니다. (화면 오른쪽 지도에서 x축으로 평행한 벽과 y축으로 평행한 벽의 색을 바꿉니다) 이 색들을 이 함수로 반환했습니다. `labyrinth_explorer.py` 내 56행의 `if`문으로 y축과 평행한 벽을 판정해 색을 표시했습니다.

23행의 `len()`은 `len(2차원 배열)`이라고 입력하면, 이 2차원 배열을 반환합니다. 또한, `len(1차원 배열)`이라고 입력하면, 이 1차원 배열의 요소의 개수를 반환합니다. 즉, `len(DATA)`로 미로가 y 방향으로 몇 칸인지를 반환하고, `len(DATA[0])`으로 x 방향으로 몇 칸인지 반환합니다.

② init_player() 함수 (26, 27행)

이 함수는 플레이어의 초기 좌표와 방향을 반환합니다. 플레이어의 초기 좌표를 그림 B–8과 같이 (36, 36)으로 정합니다.

```
25  # 플레이어의 초기 위치와 방향을 반환
26  det init_player():
27      return 36, 36, 0
```

> 라비린스 익스플로러는 미로 한 칸의 폭과 높이가 24픽셀로 정했지만 이 값은 자유롭게 바꿀 수 있습니다. 또한, 플레이어가 어디서 시작할지도, 초기 좌표를 변경하면 바꿀 수 있습니다.

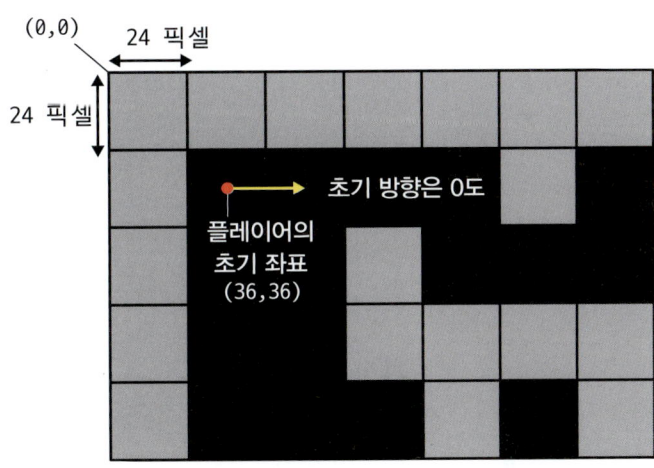

▲ 그림 B–8   플레이어의 초기 좌표와 방향

(3) labyrinth_explorer.py에서 정의한 함수

게임 본체 프로그램인 `labyrinth_explorer.py`를 확인해 봅시다. `labyrinth_explorer.py`에서 다음 5가지 함수를 정의했습니다.

① wall(x, y) 함수 (12~15행)

매개 변수 (x, y)의 위치에 벽이 있는지 판정하는 함수입니다. 벽이 있으면 **True**를 반환하고, 벽이 없으면 **False**를 반환합니다. 이 함수는 `ax, ay = int(x/SIZE), int(y/SIZE)`라는 식으로 매개 변수의 좌표 x를 SIZE로 나눈 정수를 ax에 대입하고, 좌표 y를 SIZE로 나눈 정수를 ay에 대입합니다. ax가 2차원 배열 MAZE[행][열]의 열의 값, ay가 행의 값이 됩니다.

좌표를 배열의 인덱스로 변환하는 계산은 8장 슈팅 게임에서 배웠습니다. `wall()` 함수가 담당하는 계산의 의미가 헷갈리는 분은 p.227로 돌아가 복습합시다.

② pkey(e) 함수 (17~33행)

키보드의 키를 눌렀을 때 불러오는 함수입니다. 좌우 키를 눌렀을 때의 동작부터 설명하겠습니다.

```
19    key = e.keysym
20    if key=="Left": pl_a -= 10
21    if key=="Right": pl_a += 10
22    if pl_a<0: pl_a += 360
23    if pl_a>359: pl_a -= 360
```

20행의 if문으로 방향키 ←(왼쪽 키)를 누르면 pl_a를 10 줄이고, 21행의 if문으로 →(오른쪽 키)를 누르면 pl_a를 10 늘립니다. 22~23행의 if문으로 pl_a가 0~359의 범위 안에서 변화하도록 만들었습니다.

다음으로 방향키 ↑↓(위, 아래쪽 키)를 눌렀을 때의 동작을 설명하겠습니다.

```
24    s = 0
25    if key=="Up": s = 1
26    if key=="Down": s = -1
27    if s!=0:
28        xp = s*math.cos(math.pi*pl_a/180)
29        yp = s*math.sin(math.pi*pl_a/180)
30        for i in range(5):
31            if wall(pl_x+xp, pl_y+yp): break
32            pl_x += xp
33            pl_y += yp
```

이 부분으로 ↑(위쪽 키)를 눌렀을 때 앞으로 갈 수 있는지 확인하고, 갈 수 있으면 전진하고, ↓(아래쪽 키)를 눌렀을 때 뒤로 갈 수 있는지 확인하고, 뒤로 갈 수 있으면 후진하는 계산을 합니다.

24행에서 변수 s에 0을 대입하고, 25~26행에서 ↑(위쪽 키)를 누르면 1을, ↓(아래쪽 키)를 누르면 -1을 태입합니다.

앞뒤로 움직일 때, 나아가는 방향에 벽이 있다면 움직이지 못하게 바꿉니다. 28~33행에서 이 동작을 처리합니다.

28~29행에서 나아갈 방향의 x축 방향 변화량을 xp에 대입하고 y축 방향 변화량을 yp에 대입했습니다. xp와 yp의 값은 플레이어의 방향을 대입한 pl_a 값에 삼각 함수를 사용해 계산했습니다. ↓(아래쪽 키) 로 후진할 때는 s에 -1을 대입하기 때문에, xp와 yp는 플레이어의 방향과 반대로 움직이도록 하는 값이 됩니다.

31행의 if문으로 (pl_x+xp, pl_y+yp)의 위치에 벽이 있는지 확인하고, 벽이 있으면 반복을 중단합니다(그림 B-9). 나아갈 방향에 벽이 없다면 x좌표에 xp의 값을 더하고, y좌표에 yp의 값을 더해 좌표를 변화시킵니다.

xp, yp는 각각 -1부터 1 사이의 값입니다. 나아가는 방향에 벽이 없으면 x좌표에는 xp를 5번 더하고, y좌표에는 yp를 5번 더했습니다. 30행의 for문을 반복하는 횟수를 늘리면 ↑↓(위, 아래쪽 키)를 눌렀을 때 이동하는 거리가 늘어납니다.

이렇게 반복을 사용해 좌표를 조금씩 변화시키면, 플레이어를 벽 바로 옆까지 이동할 수 있습니다.

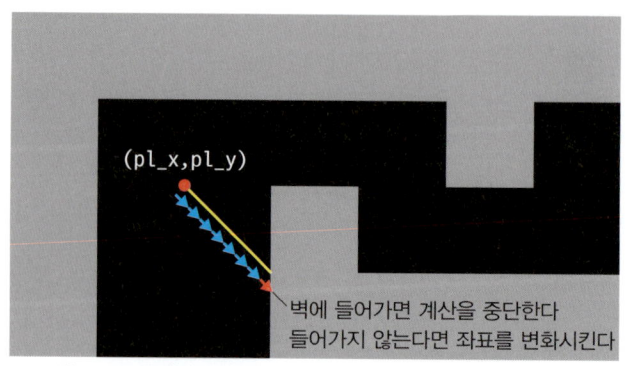

(pl_x,pl_y)

벽에 들어가면 계산을 중단한다
들어가지 않는다면 좌표를 변화시킨다

▲ 그림 B-9　플레이어의 좌표를 변화시킬 때 벽에 들어가지 않도록 한다

③ draw_3d_space(sx, sy, sa) 함수 (35~60행)

3차원 공간을 표현하는 함수입니다. 매개 변수는 플레이어의 좌표와 각도입니다. 이 함수는 플레이어가 보고 있는 정면 왼쪽 45도에서 시작해 오른쪽 90도 범위 안에 있는 벽까지의 거리를 계산하고, 그 거리를 이용해 벽을 표시하는 기능을 담당합니다. 이 함수가 라비린스 익스플로러의 핵심이라고 할 수 있습니다. 이 함수에 대한 설명은 다음 절에서 더 자세히 하겠습니다.

> draw_3d_space()는 이 프로그램에서 가장 중요한 함수입니다. 다음 절에서 자세하게 알아봅시다.

④ draw_2d_map() 함수 (64~71행)

미로의 2차원 지도를 표시하는 함수입니다. 변수 y와 x를 사용한 for 2중 반복문으로 미로의 데이터를 확인하고, 벽이 있는 위치에 사각형을 표시하는 명령으로 벽을 표현해서 지도를 그립니다.

또한, 이 함수로 플레이어가 있는 위치를 지도 상에 빨간색 원으로 표시하고, 지도 밑에 플레이어의 좌표와 방향 값을 표시합니다.

⑤ main() 함수 (73~80행)

화면에 표시한 것을 모두 삭제하고, draw_2d_map()과 draw_3d_space() 함수를 불러와서 2차원 지도와 3차원 공간을 표시합니다.

플레이어가 골에 도착하면 create_text()로 화면에 문자열을 표시합니다. 골에 도착하지 않았을 때는 after() 명령으로 main()을 계속 불러와 실시간으로 처리합니다.

> 함수마다 역할을 나누는 게 왜 중요한지 알게 되었어요. 롤플레잉 게임의 파티에서 튼튼한 전사는 앞에서 싸우고, 회복 마법을 사용하는 성직자는 뒤에서 지원해 주면서 서로 역할을 나누면 효율적으로 싸울 수 있는 거랑 닮았네요!

> 맞아요. 역할 분담은 다양한 분야에서 중요하답니다. 일할 때 모두 힘을 합치면 몇 배로 성과를 낼 수 있죠. 프로그램도 각자 역할을 가진 함수를 정의하고 잘 사용한다면, 효율적으로 데이터를 처리할 수 있답니다. 그리고 버그도 줄어 들지요.

3차원 공간 표현 방법을 이해해 보자

마지막으로 3차원 공간을 표현하는 draw_3d_space() 함수에 대해 설명하겠습니다.

(1) draw_3d_space()를 확인해 보자

35~60행에서 정의한 draw_3d_space() 함수를 확인해 보겠습니다.

```
35  def draw_3d_space(sx, sy, sa):
36      cvs.create_rectangle(480, 0, 1200, 300, fill="navy", outline="")
37      for i in range(20): # 바닥 표시
38          col = "#{:02x}{:02x}{:02x}".format(192-8*i, 224-8*i, 255-8*i)
39          cvs.create_rectangle(480, 300+15*i, 1200, 300+15*(i+1), fill=col, outline="")
40      wall_w = 4
41      wall_x = 482
42      wall_y = 300
43      rd = -45
44      for i in range(180):
45          rx, ry = sx, sy
46          xp = math.cos(math.pi*(sa+rd)/180)/5
47          yp = math.sin(math.pi*(sa+rd)/180)/5
48          while wall(rx, ry)==False:
49              rx += xp
50              ry += yp
51          cvs.create_line(sx, sy, rx, ry, fill="yellow")
52          dis = math.sqrt((rx-sx)**2 + (ry-sy)**2) * math.cos(math.pi*rd/180)
53          wall_h = 8000/dis
54          if wall_h>HEIGHT: wall_h = HEIGHT
55          col = COLOR1
56          if wall(rx-0.5, ry)==False or wall(rx+0.5, ry)==False:
57              col = COLOR2
58          cvs.create_rectangle(wall_x-wall_w/2, wall_y-wall_h/2, wall_x+wall_w/2, wall_y+wall_h/2, fill=col, outline="")
59          wall_x += wall_w
60          rd = rd + 0.5
```

미로의 벽을 표시하기 위해 표 B-4의 지역 변수를 함수 안에서 선언했습니다.

▼ 표 B-4 벽을 그리기 위한 지역 변수

변수명	선언한 행	용도
wall_w	40	벽 한 칸의 폭
wall_x, wall_y	41,42	벽의 중심 좌표
rd	43	플레이어 정면 왼쪽 45도부터 계산을 시작하기 위한 변수
wall_h	53	플레이어와 벽 사이의 거리로 계산한 벽의 높이

함수 안에서 선언한 변수를 지역 변수라고 하고, 함수 밖에서 선언한 변수를 전역 변수라고 합니다.

이 변수를 사용해서 세로로 길고 얇은 사각형을 왼쪽부터 오른쪽까지 180개 나열해서 플레이어 정면에 보이는 벽을 표현합니다. 이 계산 방법은 (2)~(5)에서 설명하겠습니다.

(2) draw_3d_space() 함수의 매개 변수

이 함수는 매개 변수 sx, sy에 플레이의 위치(좌표), sa에 플레이어의 방향을 대입해서 불러옵니다. sa의 각도를 중심으로 왼쪽 45도부터 오른쪽 45도, 총 90도 범위에 광선을 쏴서 벽까지의 거리를 측정합니다. (그림 B-10) 광선의 각도를 바꾸는 계산에는 변수 rd를 사용합니다.

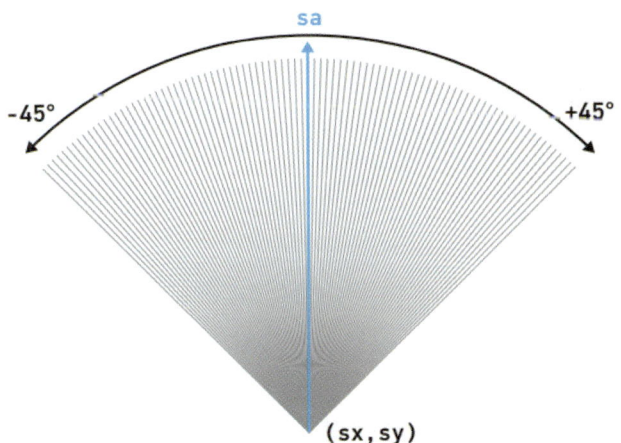

'광선을 쏜다'는 표현은 실제로 빛을 발사한다는 의미가 아니고, 시선이 닿는 범위에 벽이 얼마나 멀리 있는지 측정하는 방법을 비유한 것입니다. 깜깜한 곳에서 손전등을 들고 왼쪽에서 오른쪽으로 조금씩 움직이면서 앞에 있는 것을 찾는 모습을 상상해 봅시다. 이 프로그램에서 사용한 레이캐스팅 알고리즘은 이와 같은 느낌으로 계산을 합니다.

▲ 그림 B-10 광선을 쏘는 범위

(3) 레이캐스팅 알고리즘

레이캐스팅 알고리즘에 대해 설명하겠습니다.

플레이어 정면 왼쪽 45도부터 계산을 시작하기 위해, 43행에서 변수 rd에 −45를 대입했습니다.

다음 44행의 변수 i를 사용한 for문으로 180번 반복하고, 60행으로 rd를 0.5씩 늘려서 90도 범위에 광선을 쏩니다.

즉, 이 프로그램에서는 광선을 0.5도 간격으로 180번 쏩니다. 180 × 0.5 = 90의 90이 광선을 쏘는 범위입니다. 이 프로그램에서는 빛을 0.5도 간격으로 쏘았지만, 이 값을 작게 바꾸면 더 정밀하게 측정할 수 있고, 벽도 더 세밀하게 표시되기 때문에 3차원 공간을 더 깔끔하게 표현할 수 있습니다. 하지만, 거리를 계산할 때 일정한 시간이 걸리기 때문에 값을 너무 작게 바꾼다면 계산 시간이 늘어나고, 처리 속도가 느려집니다.

광선을 쏘기 시작하는 좌표는 매개 변수 sx, sy(플레이어의 위치)입니다. (그림 B-11) 이 값들은 45행에서 변수 rx와 ry에 대입했습니다. 또, 46~47행에서 광선의 좌표를 변화시키기 위한 값을 변수 xp와 yp에 대입했습니다.

```
45        rx, ry = sx, sy
46        xp = math.cos(math.pi*(sa+rd)/180)/5
47        yp = math.sin(math.pi*(sa+rd)/180)/5
```

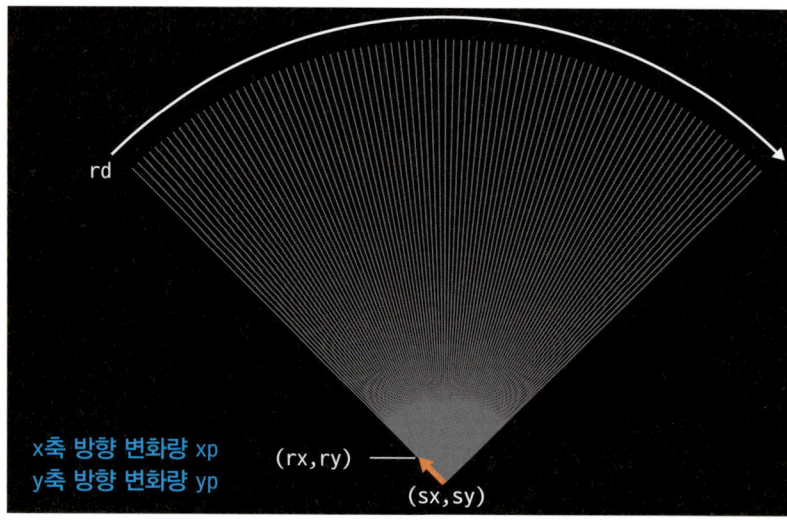

▲ 그림 B-11   광선을 쏘기 위해 사용하는 변수

삼각 함수의 매개 변수는 라디안 값을 대입합니다. math.pi가 π(3.141592653589793)입니다.

46~47행의 식을 5로 나눕니다. 삼각 함수의 계산 값을 이렇게 나누는 이유는 xp와 yp를 가능한 작은 값으로 만들어 벽까지의 거리를 더욱 정확하게 측정하기 위해서입니다. 5로 나누지 않아도 측정은 할 수 있지만, 가까이에 있는 여러 개의 벽까지의 거리가 비슷한 값이 되기 때문에 3차원 공간으로 표현했을 때 벽이 울퉁불퉁하게 표시됩니다.

더 큰 값으로 나누면 거리 측정이 더 정확해지고 벽이 더 매끄럽게 표현되지만, 너무 큰 값으로 나누면 측정하는 계산이 과하게 늘어나게 되고, 성능이 좋지 않은 PC의 경우 동작이 느려집니다.

48~50행에서 광선을 쏘는 계산을 담당합니다. while문의 조건식을 wall(rx, ry)==False로 하고, rx에 xp를 더하고, ry에 yp를 더해서 빛이 벽에 도달하는 과정을 반복합니다. while문이 중단되었을 때 rx와 ry에 플레이어가 쏜 빛이 벽에 닿은 순간의 좌표가 대입됩니다.

```
48        while wall(rx, ry)==False:
49            rx += xp
50            ry += yp
51        cvs.create_line(sx, sy, rx, ry, fill="yellow")
```

51행에서 (sx, sy)와 (rx, ry)를 노란색 선으로 이어서 광선을 표시합니다. 광선은 2차원 지도 상에 표시됩니다. 이 선은 레이캐스팅 알고리즘을 이해하기 위해 표시했으므로 주석 처리하거나 삭제해도 3차원 공간 계산에는 아무 영향이 없습니다.

(4) 벽까지의 거리를 구하는 식

플레이어가 쏜 빛이 벽에 도달할 때까지의 거리를 다음 식으로 변수 **dis**에 대입합니다.

```
52         dis = math.sqrt((rx-sx)**2 + (ry-sy)**2) * math.cos(math.pi*rd/180)
```

이 식은 두 점 사이의 거리를 구하는 공식 $\sqrt{(x_1 - x_2)^2 + (y_1 - y_2)^2}$에 삼각 함수 cos()의 값을 곱하는 복잡한 식입니다. `math.cos(math.pi*rd/180)`을 곱하는 이유는 (6)에서 설명하겠습니다. 다음 (5)에서 이 식으로 구한 거리로 벽의 높이를 구하는 계산에 대해 설명하겠습니다.

(5) 거리로 벽의 높이를 정한다

53행으로 벽의 높이를 계산하고, 53행의 if문으로 이 값이 윈도의 높이인 **HEIGHT**를 넘지 않도록 했습니다. **HEIGHT**에는 5행에서 **600**을 대입했습니다.

```
53         wall_h = 8000/dis
54         if wall_h>HEIGHT: wall_h = HEIGHT
```

물체까지의 거리가 멀수록 물체는 작게 보입니다. **wall_h**의 값을 계산하는 식이 먼 물체는 작고, 가까운 물체는 크게 보이는 원리를 표현하기 위한 식입니다. (그림 B-12) 임의의 값(이 프로그램에서는 **8000**)을 거리로 나눠서 벽의 높이를 구하면, 멀리 있는 벽은 낮게, 가까이 있는 벽은 높게 만들 수 있습니다.

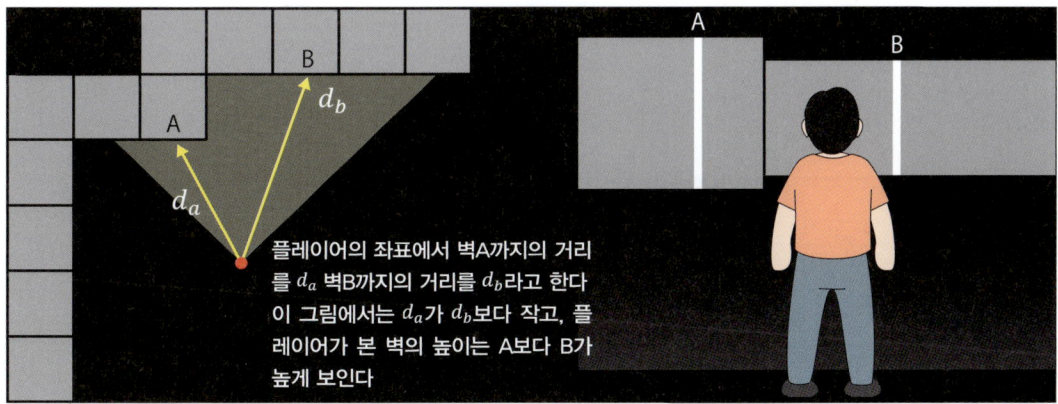

플레이어의 좌표에서 벽A까지의 거리를 d_a 벽B까지의 거리를 d_b라고 한다 이 그림에서는 d_a가 d_b보다 작고, 플레이어가 본 벽의 높이는 A보다 B가 높게 보인다

▲ 그림 B-12 벽 높이를 계산으로 정한다

지금은 **8000**이라는 값을 사용했지만, 이 값을 바꾸면 벽의 높이가 달라지고, 미로의 분위기나 원근감이 바뀝니다. **1000~20000** 범위에서 값을 바꿔서 확인해 봅시다.

(6) 벽의 왜곡을 막는 계산을 넣자

dis = math.sqrt((rx-sx)**2 + (ry-sy)**2)에 math.cos(math.pi*rd/180)를 곱하는 이유를 설명하겠습니다.

이 식을 이해하기 위해, 일단 math.cos(math.pi*rd/180)를 곱하지 않은 상태를 확인해 봅시다. 52행을 dis = math.sqrt((rx-sx)**2 + (ry-sy)**2) # * math.cos(math.pi*rd/180)와 같이 * math 이후 부분을 주석 처리해서 실행하고 미로를 탐색해 봅시다. 벽을 살펴보면 플레이어 위치에 따라 그림 B-13과 같이 벽이 왜곡된다는 사실을 알 수 있습니다.

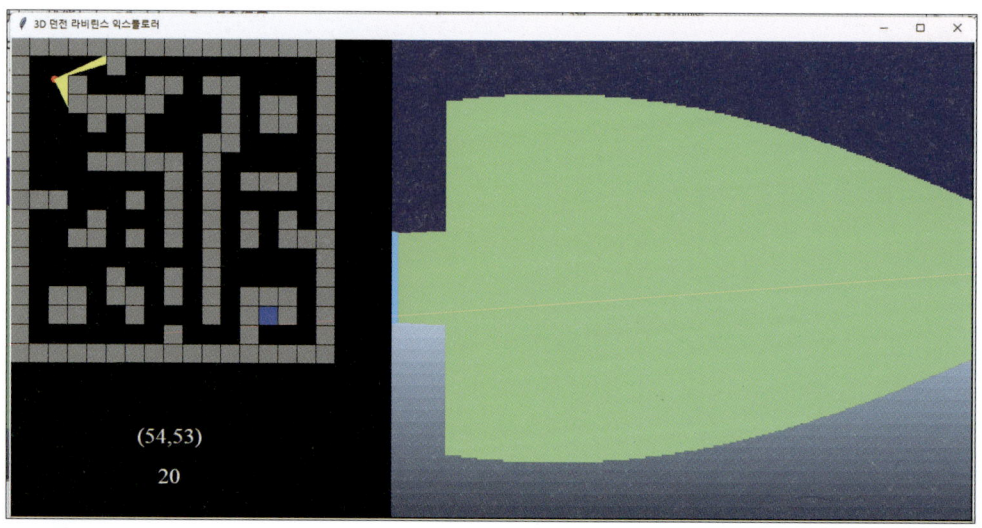

▲ 그림 B-13 벽의 왜곡

벽이 왜곡되는 이유를 그림 B-14를 보며 설명하겠습니다.

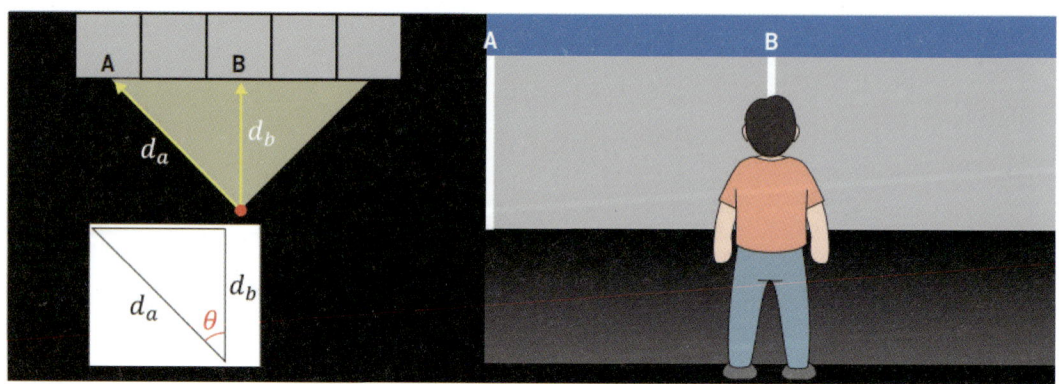

▲ 그림 B-14 벽까지의 거리

d_a가 플레이어의 위치(원점)에서 벽 A까지의 거리, d_b가 벽 B까지의 거리입니다. 플레이어가 이 그림의 정면에 있는 벽을 볼 때 $d_a > d_b$가 됩니다. 그림 B–14의 두 노란색 선의 길이를 그대로 '높이 = 8000÷거리'로 벽의 높이를 정한다면 B가 A보다 높은 벽이 됩니다. 이것이 벽이 왜곡되는 이유입니다. 그림 B–14와 같이 벽과 플레이어의 위치 관계에서 3차원 공간을 표현한 벽의 높이는 A와 B가 같아야 합니다.

$\cos\theta$를 곱해서 거리를 보정하면, A까지의 거리와 B까지의 거리가 같은 값으로 만들 수 있습니다. 구체적으로 그림B–14에서 d_a에 $\cos\theta$를 곱하면 그 값이 d_b가 됩니다. 즉, 거리를 $r \times \cos\theta$로 계산해서 구하면 A까지의 거리와 B까지의 거리가 같은 값이 됩니다.

cos θ를 곱해서 거리를 보정한다

삼각 함수의 정의에 따라 $\cos\theta = \dfrac{d_b}{d_a}$

거리 $\mathrm{dis} = d_a \times \cos\theta = d_a \dfrac{d_b}{d_a}$

따라서 $\mathrm{dis} = d_b$

θ가 0일 때를 생각해 봅시다. 정면 (벽 B의 위치)을 볼 때입니다. 이 때 $\cos\theta$가 1이 되고 B까지의 거리는 2점 사이의 거리를 구하는 공식의 값과 같습니다.

각도 θ는 빛을 쏘는 계산에 사용하는 변수 rd의 값입니다. 이렇게 시선이 닿는 곳에 있는 벽까지의 거리를 삼각 함수로 보정해서 벽이 왜곡되는 것을 막을 수 있습니다.

그렇구나. 지도나 미로를 표현할 때 수학 계산이 잔뜩 나왔어요. 열심히 배워 봅시다!

이 식들은 3차원 공간을 표현하기 위한 계산에 필요한 최저한의 식입니다. 여기까지 배운 여러분이라면 이해할 수 있을 거예요. 자신감을 가지고 배워 봅시다.

나만의 미로를 만들어 보자

미로 데이터를 정의한 maze_data1.py를 참고해서 자신만의 미로를 만들어 봅시다. 라비린스 익스플로러에는 미로의 크기(2차원 배열의 행과 열의 수), 한 칸의 크기, 벽의 색 등을 자유롭게 설정할 수 있습니다.

새로운 미로를 만들 때 maze_data1.py 파일에 직접 입력하지 말고 maze_data2.py와 같이 파일을 따로 저장합시다. 예를 들어 maze_data2.py로 이름을 붙인 경우, labyrinth_explorer.py 3행과 6~8행을 다음과 같이 바꿔서 maze_data2.py를 임포트합시다.

```
01 import tkinter
02 import math
03 import maze_data2
04
05 WIDTH, HEIGHT = 1200, 600
06 MAZE = maze_data2.DATA
07 ROW, COL, SIZE, COLOR1, COLOR2 = maze_data2.get_param()
08 pl_x, pl_y, pl_a = maze_data2.init_player()
```

이렇게 미로를 정의한 여러 파일을 만들어 색칠한 부분만 바꾸면 다양한 미로를 탐색할 수 있습니다. 아래는 한 가운데에 기둥이 1개 세워진 간단한 정사각형의 방(그림 C)을 정의한 예시입니다.

```
01 DATA = [
02     [9,9,9,9,9],
03     [9,0,0,0,9],
04     [9,0,9,0,9],
05     [9,0,0,0,9],
06     [9,9,9,9,9],
07 ]
08
09 def get_param():
10     return len(DATA), len(DATA[0]), 80, "#ffa0ff", "#ffc080"
11
12 def init_player():
13     return 120, 120, 45
```

이 예시는 골이 설정되어 있지 않습니다. 골을 설정할 때는 그 위치의 배열 값을 1로 합시다.

▶ 그림 C　새로운 미로 실행 화면

마치며

이 책을 끝까지 읽어 주셔서 감사합니다.

여러 프로그래밍 언어 중에 Python은 최근 인기가 높아졌고, 소프트웨어를 개발하는 언어 중 하나로 채용한 회사들이 늘어나고 있습니다. 또한, 학습을 위한 프로그래밍 언어로 Python을 사용하는 교육 기관도 늘어났습니다. 이 책을 모두 읽으신 여러분은 Python으로 프로그래밍 노하우를 익혔습니다.

또한 직접 게임을 만들고 싶거나 게임 제작자를 목표로 하시는 분들은 이 책으로 게임 개발의 기초 지식을 습득했습니다. 게임 제작은 프로그래밍 지식을 총동원해야 하기 때문에 만들면 만들수록 프로그래밍 실력이 늘어납니다. 다양한 자작 게임을 만들어 실력을 길러봅시다. 처음부터 만드는 것이 어렵다고 느끼는 분은 이 책의 게임을 개조해 보세요. 프로그램을 개조하는 것도 지식과 노하우를 늘리는 방법 중 하나입니다.

이 책이 여러분의 꿈에 조그마한 도움이 되길 빕니다.

히로세 츠요시 廣瀬 豪

작가 소개

- **히로세 츠요시 廣瀬 豪** 게임 기획자&프로그래머 / 게임 제작 기술 강사

와세다 대학교 이공학부 졸업. 남코와 닌텐도 주식회사에서 근무했고, 게임 제작 회사를 설립해 세가, 타이토, 켐코 명의의 게임을 100개 이상 개발했다. 현재는 프로그래밍 서적 집필, 프로그래밍과 게임 개발 교육, 프로그래밍 교육 방송의 감수 등 다양한 활동을 하고 있다.

프로그래밍은 중학교때 시작해 C/C++, C#, Java, JavaScript, Python, Scratch, 어셈블리어 등 다양한 언어로 게임 개발과 알고리즘을 연구하고 있다. 저서로는 '7大ゲームの作り方を 完全マスター! ゲームアルゴリズムまるごと図鑑', '野田クリスタルのこんなゲームが作りたい! Scratch3.0対応', '파이썬으로 만드는 게임 개발 입문 강좌' 등이 있다.

참가 크리에이터

일러스트레이터

- 스승과 제자 **이시하라 히로카 石原 洋香**

- 5장 두더지 잡기 **히다카 사쿠라 日髙 さくら**

• 6장 테니스 게임 **나가타 모에** 永田 もえ

• 7장 레이싱 게임 **나가오 루나** 長尾 琉愛

• 특별 부록 A 헬프! 프린세스 **이시하라 히로카** 石原 洋香

• 특별 부록 B 던전 익스플로러 **마루야마 미사키** 丸山 美咲

• 4장 COLUMN (Ninja Run) **이로토리도리** イロトリドリ

• 1장 2장 COLUMN **아카마 치히로** 赤間 千紘

게임 화면 디자이너

- 요코쿠라 히로키 横倉 太樹　세키 리우타 セキ リウタ　이로토리도리 イロトリドリ
- 히다카 사쿠라 日髙 さくら　나가타 모에 永田 もえ

4장 Ninja Run

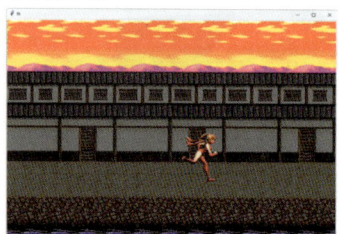

5장 두더지 잡기

6장 테니스 게임

8장 갤럭시 디펜더

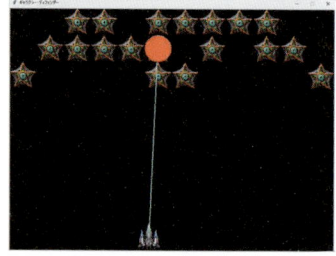

7장 레이싱 게임

특별 부록 A 헬프! 프린세스

특별 부록 B 라비린스 익스플로러

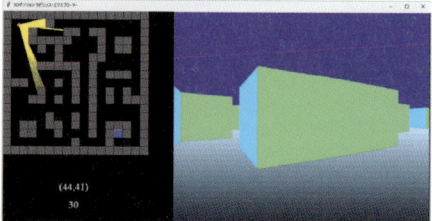

도트 디자인

세키 리우타　요코쿠라 히로키　WWS 디자인 팀

리뷰 협력

히로세 마리아 廣瀬 まりあ

Special Thanks

키쿠치 히로유키 菊地 寛之 (학교 법인 TBC학원 국제 테크니컬 디자인 · 자동차 전문 학교)

파이썬만으로 시작하는 1인 게임 개발

1판 1쇄 2025년 12월 5일

저 　 자 | 히로세 츠요시
역 　 자 | 박동원
발 행 인 | 김길수
발 행 처 | ㈜영진닷컴
주 　 소 | ㈜08512 서울특별시 금천구 디지털로9길 32
　　　　갑을그레이트밸리 B동 10층 ㈜영진닷컴
등 　 록 | 2007. 4. 27. 제16-4189호

ⓒ 2025. ㈜영진닷컴

ISBN | 978-89-314-8169-3

YoungJin.com **Y.**
영진닷컴